本书为教育部人文社会科学重点研究基地项目
（项目号：08JJD840193）结题成果

四川大学
中国俗文化
研究所丛书

李 黎丨著

宋代民俗与诗歌研究

中国社会科学出版社

图书在版编目（CIP）数据

宋代民俗与诗歌研究/李黎著．—北京：
中国社会科学出版社，2017.7
ISBN 978 - 7 - 5203 - 0537 - 2

Ⅰ.①宋… Ⅱ.①李… Ⅲ.①风俗习惯—研究—中国—宋代
②宋诗—诗歌研究 Ⅳ.①K892②I207.22

中国版本图书馆 CIP 数据核字（2017）第 135662 号

出 版 人	赵剑英
责任编辑	郭晓鸿
特约编辑	席建海
责任校对	李 莉
责任印制	戴 宽

出 版	中国社会科学出版社
社 址	北京鼓楼西大街甲 158 号
邮 编	100720
网 址	http://www.csspw.cn
发 行 部	010 - 84083685
门 市 部	010 - 84029450
经 销	新华书店及其他书店

印 刷	北京明恒达印务有限公司
装 订	廊坊市广阳区广增装订厂
版 次	2017 年 7 月第 1 版
印 次	2017 年 7 月第 1 次印刷

开 本	710×1000 1/16
印 张	28.5
插 页	2
字 数	348 千字
定 价	119.00 元

凡购买中国社会科学出版社图书，如有质量问题请与本社营销中心联系调换
电话：010 - 84083683

序

"风俗对艺术的发展有重要的影响。丹纳在《艺术哲学》中将这种影响与'时代精神'并列，突出到了'艺术品的最后的解释，也是决定一切的基本原因'的地步。尽管丹纳的观点在其后就受到了批评，今天看来也确有一定的片面性，但他的片面中包含了部分真理，却是无可置疑的，而风俗对诗歌创作的影响也许更为直接。"

这是我在《孤寂与熙悦：唐代寒食诗歌二重意趣阐释》一文开头的话，该文发表于1996年第2期《文学遗产》上。20世纪80年代后期至90年代中期，我一度对民俗学，特别是民俗与诗歌的关系研究颇有兴趣，而且还曾准备将这方面研究扩展到唐宋两代诗歌。然而，因为师从钱仲联先生攻读博士学位的缘故，学术方向逐渐转移到明清诗文，民俗与诗歌关系研究基本中断了。但我仍然关注着这方面的研究成果，刘航和赵睿才两位学者在攻读博士学位期间专门研究唐代民俗与文学关系，写成了很好的论文，这让我感到欣喜。宋代文学研究者中也有不少专题性的研究成果，我基本都读过，也颇受启发。可以说，这一批中青年学者是有学术追求和探索精神的，如果说我在较早的时候稍有发现，在唐代和宋代的几个学术视点上有一些即兴发挥，他们则进行了较为完整、形成体系的研究，使这个跨学科领域的研究水平提高到了新层次。

在宋代文学与民俗的关系方面，我当年是从节日风俗和隐逸习俗入手的，虽然浅尝辄止，但已经感觉到宋代民俗现象更为丰富，与文学的关系更为密切，可以讨论的问题更多，学术空间也更大。司马光说："教化，国家之急务也，而俗吏慢之；风俗，天下之大事也，而庸君忽之。夫惟明智君子，深识长虑，然后知其为益之大而收功之远也。""国家之治乱本于礼，而风俗之善恶系于习。"也许正是由于士大夫之精英阶层具有敏锐意识，宋代诗人中，对风俗"忽之"者是很少的，他们一方面问俗、知俗、正俗，形成了一系列的理论观点；另一方面，他们受到民俗的影响，成为宋代民俗史的一个部分。因此，他们的诗歌创作就成为其民俗文化观的体现，也同时是其参与民俗活动的记录。仅就这两端而言，宋代民俗与诗人、诗歌的关系就有很多问题需要讨论了。

更为复杂一些的是，宋代社会生活的世俗化倾向非常突出。这是从中唐承袭下来的，但中唐只是贵族精神消解、俗化意识肇端、生活形态发生某种转折变化之始，而宋代城市的繁荣发展使市民阶层扩大，也使城市文化中的世俗性增强，文人在城市民俗画卷中的位置较中晚唐文人显示度大为提高，色调也极为斑斓驳杂。因此，以诗歌文本为对象，描绘出这幅民俗画卷是颇有难度的。而城市只是社会空间的一个部分，更为广大的是城市以外的部分。哪里有人居，就有一方水土，就有一种民俗现象在。诗人，是一个具有混层性、流动性的群体，生活在城市以外空间或流动到乡村僻壤的诗人，他们接触或参与了更为丰富且具有差异性的民俗现象。这种丰富性与差异性涉及社会历史、文化地理、区域经济、族群文明等诸多学术问题，也许描述起来并不困难，但深入阐述却非易事。

或许正是因为宋代民俗与文人、文学的关系具有复杂性，至今专题性讨论很多，在宋代文化史专著中也有专门部分的论述，但限于眼力，全面研究的专著尚未多见。现在李黎博士将她的学位论文《宋代民俗与诗歌研究》加以修改并即将出版，使我感到非常高兴。再复杂的学术工作总要有人去做，中青年学者要敢于迎接挑战，至少应该在最青春的学术年华找一个"硬"一点的课题，全面磨炼一下自己。

研究一代民俗与文学的关系，有不同的方法和思路：可以从民俗现象的类别入手；也可以从地理空间、文化空间入手；也可以从典型性的问题入手；当然还可以从民俗诗学的角度展开讨论。这本书的总体构架分为上下编，上编以时、地、人为三个主要维度，展现宋代民俗诗歌的繁荣状况，并深入分析其原因。这个谋篇布局颇有些创意，作者能钩稽文献为证，将时、地、人三者贯通起来，在诗人的人生经历中写出民俗对其创作的影响，在诗人的行旅流动中纳入民俗的万般风景，颇有独到的见解。下编主要就靖康南渡以后社会生活、民俗世态发生变化的若干问题进行讨论，初看与上编不太接榫，细读后，感到如此处理倒也显现出南宋历史发生重大变迁后的"民俗与文学关系"的某种特殊性，可以看作上编的延伸与深化。这一部分写南宋时代商业发展、娱乐倾向、狂欢心态的"俗化"表现比较精彩，读来颇有兴味。

胡兰成在《中国的礼乐风景》一文中说，"礼乐是人世的风景，乐是风，礼是景致"。李黎在著作中是将"礼乐"与"民俗"区别开来的，我大体同意这个观念。不过，这里可以套用胡兰成的话："民俗是人世的风景。"当然这片风景更民间化，更有中下层社会的具体实态，甚至更多底边文化的具象表现。庄子认为道无所不在，甚至"道在屎溺之中",王艮认为"百姓日用即道"。从这个意义上说,研究民俗之"俗"与研究礼乐之"雅",两者间并没有一条明显的鸿沟,而宋人的特点往往就体现在以俗为雅、以俗为美。所以,探讨宋代民俗与文学的关系就是求索宋人的精神世界新内涵,求索其"道"的新的表现形式。能够从形而下的描述臻于形而上的抽象表达,这需要文献支撑,更需要一定的理论思维素质,虽然作者在这方面还有努力的余地,但总体看来已经相当成功,而这正是我特别欣赏之处。

李黎是从四川大学博士毕业后进我校博士后流动站,跟从我进行研究的,一晃差不多两年时间了。进站后,她与其他博士、硕士研究生一起听课,随班参加课堂讨论。初期她总是远远地看着我,我对她了解也不多。时间一长,渐渐发现她在学术上有追求,也有一定的想法,功底也很不错。印象更深的是,她冷板凳坐得下来,苦吃得进去。对这样的中青年学者,你不会不逐渐产生好感、寄于期望。近两年,她的水平又有了较大提升,写出来的文字更具可读性,学术质量也明显提升。"重坐冷板凳,再吃一遍苦",而后能不断成长,作为合作导师,我是深感欣慰的。

自从来到苏州大学,她的学术方向逐渐转到元明清诗文和地域文学研究了。这是学术空间的拓展,但我仍然希望她不要放弃对民俗与文学关系的多年研究,将前后两方面有机结合起来,形成新的知识视野与学术面向。若能如此,则可以期待她写出更多佳作,为学界贡献更多成果。

是为序。

罗时进

2016 年岁末写于吴门

目　录

下编　南宋诗歌嬗变的民俗观照

绪　　论

　　唐末至五代间是贵族时代进入平民时代的过渡期。宋代科举制度的发展促进了庶族地主阶层的兴起，百姓的地位悄然改变，进入"平民发展"① 的时代。普通百姓的民俗生活日益受到关注，民俗诗歌兴盛于宋成为一个突出的文学现象。而文学与民俗的交叉型专题研究则是一个"具有诱人发展空间的研究视角"②，因此，本书以民俗为切入

---

　　① 此观点来自 19 世纪 20 年代日本学者内藤湖南提出的"宋代近世说"：中国历史应该划分为——从开天辟地到后汉中期为上古时代、从后汉后半期到西晋为第一过渡期；从五胡十六国到唐代中期为中世、唐末五代为第二过渡期；宋元和明清分别为近世前期和近世后期。见内藤湖南《中国史通论·中国上古史绪言》，夏应元选编并监译，北京：社会科学文献出版社 2004 年版，第 5—6 页。"宋代近世说"的提法将历史分为上古、中古、近世等。内藤湖南所说的"平民时代"的形成时间界定在宋代以后："从宋代就是平民时代。……而到明清，平民精神就至此又盛行，怎么也回不到昔日的贵族时代。这就是在所谓近代的要素中最重要的，我认为就是平民发展。"见内藤湖南《东洋文化史研究》，东京：弘文堂书房 1948 年版，第 149—150 页。

　　② 王水照先生在第七届中国宋代文学国际学术研讨会上致闭幕词说："我们的文学研究观念新时期以来有了根本性的转换，从摆脱文学是政治附庸的长期桎梏、提倡回归文学本位以来，学者们又发现单纯从文学到文学的研究路径的局限，于是兴起了一股'交叉型专题研究'的热潮。就宋代文学研究而言，文学与科举、文学与党争、文学与地域、文学与传播、文学与家族，这五个方面取得的成果更为突出，或可称之为'五朵金花'。当然，还有其他角度，如文学与经济、文学与宗教、文学与民俗等。这些都是具有诱人发展空间的研究视角。"见刘扬忠、王兆鹏主编《宋代文学研究年鉴 2010—2011》，武汉出版社 2013 年版，第 20 页。

点，研究宋代民俗诗歌的发展状况、民俗诗歌兴盛原因及对诗歌的影响。

早在周代，统治者就十分重视民俗，《礼记·王制第五》曰，"命太师陈诗，以观民风。"①《左传·昭公二十一年》曰，"天子省风以作乐"②，统治者选派官员观民风、察民俗，建立采诗制度。并且统治者还注重通过各种方式干预民风民俗，使社会形成良好的风气。例如，《礼记·缁衣》："故君民者，章好以示民俗。"③《荀子·乐论篇》："乐者，圣人之所乐也，而可以善民心，其感人深，其移风易俗，故先王导之以礼乐而民和睦。"④《汉书·董仲舒传》："变民风，化民俗。"⑤

而这种状况到了宋代达到一种新的高度。宋代社会经济文化异常繁荣，各种各样的传统民俗都被人们继承并发扬光大，皇帝和各级官员还参与举办民俗活动，显示与民同乐之意，彰显太平盛世的景象。市民阶层的崛起也促进市民文化的兴起，新的社会阶层形成不同的社会风气和习俗，对于原来的习俗具有一定的冲击力。宋代的官僚士大夫一直重视风俗的教化作用。司马光曰："教化，国家之急务也，而俗吏慢之；风俗，天下之大事也，而庸君忽之。夫惟明智君子，深识长虑，然后知其为益之大而收功之远也。"⑥ 又曰："宫掖者，风俗之原

---

① （汉）郑玄笺、（唐）孔颖达疏：《礼记正义》卷十一，《十三经注疏》，中华书局1980年版，第1328页。

② （晋）杜预注，（唐）孔颖达疏：《春秋左传正义》卷五十，《十三经注疏》，中华书局1980年版，第2097页。

③ （汉）郑玄注，（唐）孔颖达疏：《礼记正义》卷五十五，《十三经注疏》，中华书局1980年版，第1648页。

④ 王先谦撰，沈啸寰、王星贤点校：《荀子集解》卷十四，中华书局1988年版，第381页。

⑤ （汉）班固：《汉书》卷五十六，中华书局1962年版，第2499页。

⑥ （宋）司马光编著：《资治通鉴》卷六十八，中华书局1956年版，第2173页。

也；贵近者，众庶之法也。故宫掖之所尚，则外必为之；贵近之所好，则下必效之，自然之势也。"① 所以，司马光重视社会风俗的培养，重视习俗上行下效的传播方式。他认为，要改变社会风俗，首先要正京师、宫掖的习俗。

正因为宋人重视民俗，宋人的民俗意识不断高涨，所以宋人民俗著作激增，史志著作、笔记随笔、家训著作都反映了各种不同的民俗。与此同时，宋代诗人也用诗歌的形式反映民俗，宋代民俗诗歌出现蓬勃发展的局面。并且，因为宋代诗人具有明确的民俗意识，宋代民俗诗歌具有不同于前代民俗诗歌的特性，宋代民俗诗歌是以民俗作为主要创作对象的诗歌。这是一个值得重视的文学现象，是一个值得深入研究的课题。

一　民俗与礼俗、风俗之别

《说文解字》对于"民"的解释是"众氓也"。民俗一词的连用，较早出现在《礼记·缁衣》："故君民者，章好以示民俗。"《汉书·董仲舒传》："变民风，化民俗。"这都表现统治阶级对于下层百姓习俗的引导作用。在宋代，民俗的含义也是指下层百姓的习俗。史浩曰："今夫民俗之善，不过出入相友，守望相助，疾病相扶持，其极则凿井耕田日用饮食而已。何有于君上哉？何知于礼节荣辱哉？唯夫士俗之善，则礼义廉耻由此而生。"② 其分"民俗"与"士俗"之不同，民俗的含义则特指下层百姓。现代民俗学也持这种观点，中国民俗学大师钟敬文先生认为："民俗，即民间风俗，指一个国家或民族中广大民众所创造、享用和传承的生活文化。"并进一步说，"民间，顾名思义，

---

① （宋）赵汝愚编：《宋朝诸臣奏议》，上海古籍出版社1999年版，第1095页。
② （宋）史浩：《尚书讲义》卷十六，影印文渊阁四库全书本。

是指民众中间，它对应官方而言。概而言之，除统治集团机构以外，都可称作民间。它的主要组成部分，是直接创造物质财富和精神财富的广大中、下层民众"。① 另有一些外国学者如邓迪斯，认为民俗之"民"应该指"所有的人群"②，刘航先生在《中唐诗歌嬗变的民俗观照》一书中采用"所有的人群"观点，她说："这种认识诚然与唐人对于风俗的理解相距甚远，但拙作之所以择取民俗这一角度，乃是希望通过对中唐生活文化的考察，阐释中唐诗歌之嬗变。"因为许多诗歌反映朝廷或者各级州府机构组织参与的活动，如有时清明赐新火属于朝廷对于官员的礼遇，宫词中大量宫廷生活的描写等。这些是否属民俗诗歌？如果归于该文的考察范围，就涉及对于民俗之"民"的理解。刘航先生不得已而违背传统观念采用邓迪斯的观点，其实也是出于这个原因。

笔者认为"民俗"之"民"主要指中下层百姓，"民俗"是中下层百姓约定俗成的习俗。但民俗活动的参与者不一定是下层百姓，也可能包括所有人。从民俗的形成来看，有的民俗是由于上层人士的提倡或者影响形成民间认可并参与的习惯，于是形成民俗。所谓"上好是物，下必有甚者矣"③（《礼记·缁衣》），如"楚灵王好细腰，而国中多饿人"④，说明上层人士的喜好对下层百姓的影响。再从民俗形成

---

① 锺敬文主编：《民俗学概论·绪论》，上海文艺出版社1998年版，第1—2页。
② 美国著名的民俗学家阿兰·邓迪斯（Dundes, Alan）在为《世界民俗学》中译本所写的序言里说："我希望研究者们从我的书中，了解到'民间（folk）'的概念已经不再局限于农民或无产者，所有的人群——无论其民族、宗教、职业如何，都可以构成一个独特的民间，并具有值得研究的相应民俗。"见［美］邓迪斯《世界民俗学》，陈建宪、彭海斌译，上海文艺出版社1990年版，第2页。
③ （汉）郑玄注，（唐）孔颖达疏：《礼记正义》卷五十五，《十三经注疏》，中华书局1980年版，第1648页。
④ （清）王先慎撰，锺哲点校：《韩非子集解》，《韩非子·二柄》，中华书局1998年版，第42页。

之后的影响看，有的民俗产生于民间，但是上层人士也积极参与，不能因为有上层人士的参与就把此民俗排除在外。还有一些民俗已经分不清楚产生之初是什么样的上下促进关系，但是却为社会各阶层所共同沿用遵守，如一些节令民俗等。所以，不同社会群体都可以参与民俗活动。本书所考察的民俗诗歌既包括反映中下层百姓所参与民俗活动的诗歌，又包括其他阶层参与民俗活动的诗歌。故而本书以"民俗诗歌"为题，其"民俗"的含义主要指中下层劳动者的民俗。

但所谓"民俗"不包括反映上层社会中的专有礼俗。礼俗，即礼仪与习俗，指婚丧、祭祀、交往等各种场合的礼节。传统的礼俗内容有冠礼、生辰、婚姻、祭拜、座次、丧葬等。《周礼·天官·大宰》云，"六曰礼俗，以驭其民"①，中国古代有"礼不下庶人，刑不上大夫"②的说法，所以中国的礼仪多为上层人士而设。但是，正如上文所言，统治者重视上行下效的教化作用，所以上层社会之礼仪也多为下层百姓所模仿，从而形成一定的习俗。一旦礼俗为下层百姓所习而形成风俗，自然属于民俗的一部分。司马光说："国家之治乱本于礼，而风俗之善恶系于习。"③ 他的话说明由"礼"到"俗"的转化过程。但是也有一些内容仍然是皇室大臣专属的礼仪。例如，元日朝会、祭祀大典等。这些由皇室专门的礼仪官员负责，并形成一套严格的仪式。这些"礼俗"不属于"民俗"的范围。尽管在宋代诗歌中涉及这类朝廷皇室礼俗的诗歌也有很多，但宋代反映各种民俗的诗作，一个明显

---

① 《周礼·天官·大宰》："以八则治都鄙：一曰祭祀，以驭其神；二曰法则，以驭其官；三曰废置，以驭其吏；四曰禄位，以驭其士；五曰赋贡，以驭其用；六曰礼俗，以驭其民；七曰刑赏，以驭其威；八曰田役，以驭其众。"（汉）郑玄注，贾公彦疏：《周礼正义》卷二，《十三经注疏》，中华书局 1980 年版，第 646 页。

② （汉）郑玄注，（唐）孔颖达疏：《曲礼上》，《礼记正义》卷三，《十三经注疏》，中华书局 1980 年版，第 1249 页。

③ （宋）赵汝愚编：《宋朝诸臣奏议》，上海古籍出版社 1999 年版，第 235 页。

的变化是由上层生活、朝堂礼仪向下层生活的转变。所以，本书的研究重点也在"民俗"研究而不在"礼俗"研究上。

中国传统"风俗"一词的使用范围很广泛，含义较为复杂。《孝经·广要道》曰，"移风易俗，莫善于乐"①，其"风"与"俗"对举，互文则义现，所谓"风"者同于"俗"也。在其他先秦文献中"风"也有"俗"之意味，如《尚书·毕命》"世变风移"②，《左传·昭公二十一年》"天子省风以作乐"，《吕氏春秋·音律》："是故闻其声而知其风，察其风而知其志"③，"风"与"俗"合在一起，也有风尚习俗之意，如《诗经·周南·关雎序》曰，"美教化，移风俗"④，《荀子·强国篇》曰："入境，观其风俗，其百姓朴，其声乐不流污。"⑤ 则"风俗"连用，两句话的意思均为引导社会习尚向好的方向发展。强调声乐、教化与"风俗"的因果关系。

《重修玉篇》曰："风以动万物也，风者，萌也，以养物成功也。"《康熙字典》引用《玉篇》解释"风"曰"教也"，《书·毕命》："旌别淑慝，表厥宅里，彰善瘅恶，树之风声。"孔传："言当识别顽民之善恶，表异其居里，明其为善，病其为恶，立其善风，扬其善声。"⑥ 在这些解释中，"风"有自然界风吹动万物，养物成功的特征，引申为上层社会通过培植一种社会风气，来达到教化的目的。这里的

---

① （宋）邢昺注释：《孝经注疏》卷六，《十三经注疏》，中华书局 1980 年版，第 2556 页。

② （汉）孔安国撰，（唐）孔颖达疏：《尚书正义》卷十九，《十三经注疏》，中华书局 1980 年版，第 245 页。

③ 许维遹撰，梁运华整理：《吕氏春秋集释》，中华书局 2009 年版，第 143 页

④ 孔颖达疏：《毛诗正义》卷一，《十三经注疏》，中华书局 1980 年版，第 279 页。

⑤ （清）王先谦撰，沈啸寰、王星贤点校：《荀子集解》卷十一，中华书局 1988 年版，第 303 页。

⑥ （汉）孔安国撰，（唐）孔颖达疏：《尚书正义》卷十九，《十三经注疏》，中华书局 1980 年版，第 245 页。

"风"强调形成一种如自然风一样的，有上对下的引导作用的社会风气。所以后人也往往分开解释"风""俗"二字。例如，《礼记集说》："君上所化谓之风，民下所习谓之俗。"① 司马光在嘉祐七年（1062）上仁宗皇帝的《上谨习疏》中说："上行下效谓之风，熏蒸渐渍谓之化，沦胥委靡谓之流，众心安定谓之俗。"② 这样解释风俗，是因为中国传统的经书多治理国家，管理民众之论，强调君王怎样培养社会的良好风气，强调管理者的作用，强调在社会习尚的形成中上行下效的熏染作用。例如，"楚灵王好细腰，而国中多饿人"。司马光关于风俗的解释也是为了强调上流社会的习气对于社会整体习俗的影响，他说："故天子之令，必行于诸侯；诸侯之令，必行于卿大夫士；卿大夫士之令，必行于庶人。使天下之势，如身之使臂，臂之使指，莫不率从。"③ 又说："宫掖者，风俗之源也；贵近者，众庶之法也。故宫掖之所尚，则外必为之；贵近之所好，则下必效之，自然之势也。"④ 上述例子尽管肯定上层社会在培育良好的社会风尚中的作用，但是也不可否认，只有达到"下效"之后，形成一定的习俗，才能称之为"风"。所以尽管分开解释风俗二字，但是不能否定"风俗"的合成意义仍然为习尚、习俗之意。

在汉代，因为地理学的发展，人们认识到不同地区的人们习俗不同，所谓一方水土养一方人。在解释风俗的时候，重视风俗的地理特征。《汉书·地理志》曰："凡民秉五常之性，而又刚柔缓急，音声不同，系风土之风气，故谓之风；好恶取舍，动静无常，随君上之情欲，

---

① （宋）卫湜撰：《礼记集说》卷九十五，影印文渊阁四库全书本。
② （宋）赵汝愚编：《宋朝诸臣奏议》，上海古籍出版社1999年版，第235页。
③ 同上。
④ （宋）李焘撰：《续资治通鉴长编》卷一九六，中华书局1995年版，第4759页。

故谓之俗。"① 东汉末年学者应劭认为："风者，天地有寒暖，地形有险易，水泉有美恶，草木有刚柔；俗者，含血之类，像之而生。"② 这样两种观点共同的地方在于，都认为由地理环境造成的习俗不同为"风"，由社会因素造成的习俗不同为"俗"。但是，其"风俗"连用也就包含所有因素造成的习俗之不同。张亮采认为："风俗乌乎始？始于未有人类以前。盖狉榛社会，蚩蚩动物，已自成为风俗。至有人类，则渐有群，而群之多数人之性情、嗜好、言语、习惯，常以累月经年，不知不觉，相演相嬗，成为一种之风俗。"③ 所以现代社会解释"风俗"，认为其是"历代相传积久成习的风尚、习俗"（《辞海》），是"社会上长期形成的风尚、礼节、习惯等的总和"（《现代汉语词典》）。

所以风俗一词，在古代与民俗一词在词义上是相通的，但是使用时有所偏重。其一，因为重视教化，所以"前人观察风俗，其眼光所注射，不外奢俭、劳逸、贞淫、忠孝、廉节、信实、仁让等方面。而尤以去奢崇俭，教忠教孝为改良风俗之先著。历代帝王之诏令、士大夫之训诫，每兢兢于此焉"。④ 其二，因为重视不同地域民俗之不同，所以在使用范围上风俗多用于地域习俗之不同。正因为"风俗"的含义有所偏向，所以本书题目舍"风俗"而取"民俗"。

二 关于民俗与诗歌

诗歌作为一种反映社会生活表达思想的文学体裁，也与民俗的关系密不可分。诗歌自产生之初，就显示与民俗的关系非同寻常。周代的采诗制度直接促成了《诗经》的产生，《诗经》中的诗歌，尤其是

---

① （汉）班固：《汉书》卷二十八下，中华书局 1962 年版，第 1640 页。
② （汉）应劭撰，王利器校注：《风俗通义校注》，中华书局 2010 年版，第 8 页。
③ 张亮采：《中国风俗史·序例》，东方出版社 1996 年版。
④ 同上。

"风诗",直接来自民间的歌谣,反映当时人们的生产、生活、婚姻、信仰等方面的民俗。先秦时期文人创作的诗歌中屈原的大量诗歌也反映楚地祭祀等民俗。西汉时政府建立专门的官署——乐府,负责制谱度曲、训练乐工、采辑民谣,以供朝廷祭祀宴享时演唱,并作为观察风土人情、考见政治得失之用。汉乐府诗歌为读者呈现一幅汉代的民俗画卷。南北朝时期乐府民歌同样是南北迥然不同社会民俗的明证。到了唐代,白居易的新乐府运动直接推动诗歌与民俗的结合;刘禹锡的《竹枝词》反映诗人向民歌学习诗歌描写民俗的倾向;柳宗元被贬南方,写了大量反映当地生活民俗的诗歌。

宋代社会经济繁荣,宋人的民俗文化生活更加丰富,宋代文人具有浓厚的民俗意识,所以这种诗歌与民俗相结合的传统被更好地继承和发扬,诗歌与民俗的关系更加密切。许多诗歌不仅把民俗作为记人叙事、抒情达意的背景,还有不少诗歌本身就以描写民俗为目的,或者表现不同地域的不同民俗,或者反映不同社会群体的习俗,或者表现此时代不同于前代的民俗等。例如,范成大的《腊月村田乐府》以其客观的民俗描写树立起民俗诗歌的典范,说明民俗已经成为各类诗歌题材中非常重要的一部分。正因为如此,研究民俗的学者已经开始关注宋代诗歌,从诗歌中挖掘民俗成分①。但是很少有文学研究者把目光投向民俗题材的诗歌研究,也很少有文学研究者从民俗视角关注宋代诗歌。而宋代诗歌与民俗的关系十分密切,离开对于民俗题材诗歌的研究,对于宋诗的研究将是不全面的。本书把"宋代民俗诗歌"

---

① 目前,关于宋代民俗学的研究已经取得了丰硕的成果:姚瀛艇先生的《宋代文化史》,河南大学出版社 1992 年版;柯大课先生的《中国宋辽金夏习俗史》,人民出版社 1994 年版;朱瑞熙等著的《辽宋西夏金社会生活史》,中国社会科学出版社 1998 年版;陈高华、徐吉军主编,徐吉军、方建新等著的《中国风俗通史·宋代卷》,上海文艺出版社 2001 年版;萧放先生的《岁时:传统中国民众的时间生活》,中华书局 2002 年版。

作为考察对象，加以具体研究，并通过这些民俗诗歌看诗人的民俗意识。反过来，理解诗人的民俗意识，亦有助于研究民俗诗歌。

三 关于民俗诗歌

"民俗诗歌"是以诗歌的题材作为诗歌的分类标准。此种诗歌分类方法出现很早，萧统《文选》把诗歌分23部，就是以题材为划分标准的。初唐的《李峤杂咏》也是以题材为标准的。顾陶的《唐诗类选》从题目可知也是以题材分类的，与《艺文类聚》相似，均以"类"划分诗歌。在宋代，《文苑英华》收编180卷诗歌，也是以类相从。单个诗人诗集的题材分类，如王十朋编写的《东坡先生诗集注》分苏轼诗歌为纪行、游览、古迹、咏史、述怀、书事等。由此可见，在宋代，诗人的题材意识增强。现在学界对于诗歌的研究也有按照题材进行分类研究的，如咏物诗研究，咏史诗研究，节令诗研究等，且各类诗歌研究均已成熟，民俗诗歌的研究相对较新，应该引起学界重视。

而到目前为止，关于民俗诗歌的定义，学界仍在讨论之中。《唐代民俗与民俗诗》一书认为：

> 我们说唐代民俗诗，是从其表现了某种民俗事象这一点来说的，它既不同于民俗学教程，也不同于民俗笔记小说，专门记载某一民俗物征、源流、传承、变异等等。作为诗歌，它有其自己的特点，民俗的内容是通过具体的形象而表现的，我们则从具体的形象中，把它抽象和概括出来。从我们所选的诗来看，表现民俗形式主要有几方面特点：（一）直接描绘某一民俗事象。……（二）在"托物言志"或"借景抒情"中反映出一定的民俗。……（三）诗的特殊手法的运用，表现一定内容。……

（四）诗人在表现某种思想感情时，融合进某些民俗事象。①

王政先生认为：

> 我国古代各地风土民情、俗信事象以及习俗观念，一旦进入诗人们的创作视野与艺术描写，成为诗语、诗境、诗象、诗意等诗篇的构成因素，便不应将之排除在民俗诗研究之外。或许可以这样说：民俗诗应以古代民情风习、俗信事象与文人"诗思"间的互渗关系及其发展规律为核心研究对象，兼及这种关系所连带的各种俗事源流与"诗艺"内涵；研究者要拓荒的是我国传统诗学智慧中诗与民俗文化交叉的那一块。②

吴邦江先生认为，"民俗诗以诗歌记载或表现民俗生活、民俗活动和民俗事象"。笔者认为，《唐代民俗与民俗诗》重点突出了民俗诗歌的表现形式，王政先生突出了民俗诗的研究对象，都不能说是民俗诗歌的定义。笔者比较赞同吴邦江先生的观点，简单说来，民俗诗歌是以民俗，包括民俗生活、民俗活动和民俗事象、风土民情、俗信事象及习俗观念等为创作题材的诗歌。但关于民俗诗歌的范围还需要明确以下几点。

其一，诗歌反映民俗，其中"反映"的含义有主动反映与被动反映的问题，即一种情况是作者的主观目的在于反映民俗，另一种情况是作者的目的不在于反映民俗，但是后来的读者却从诗歌中看到了当时的民俗。例如，《唐代民俗与民俗诗》中选入的《茅屋为秋风所破歌》，该诗尽管反映当时以茅草作为房顶的民俗，但作者笔下的茅屋却

---

① 何立智等选注：《唐代民俗和民俗诗》，语文出版社1993年版。
② 王政：《关于建设中国古代"民俗诗学"》，《文艺研究》2011年第10期。

不是以一种建筑习俗出现的。笔者认为，民俗诗歌首先是指那些作者明确以民俗为写作对象的诗歌，即使这些反映民俗的部分在诗歌中分量不一定是百分之百的。而那些作为一般社会情况或现象的诗歌，即使其中有个别地方能够反映民俗，但是因为作者的写作目的不在于此，笔者认为其不是民俗诗歌。如宋代诗歌中有大量的饮食类诗歌，如果该食物不是作为一种饮食习惯出现在诗歌中，那么，该诗就不属于民俗诗歌，不属于本书的考察范围。

其二，一般的人类生活活动与民俗活动的区分。例如，婚丧嫁娶，生儿育女属于人类所共有的生活活动，如果没有一种特定的仪式，没有大家要遵守的习俗，它只属于一般的人类生活的必需。而在这种活动中，一旦加入纳彩、问名、纳吉、纳征、请期、亲迎之类的婚姻礼节，加入洗儿、周晬之类育子民俗等，就为人类生命本身的活动添加一些民俗的外衣。那么，民俗诗歌反映的是人类活动的外在的民俗形式，而不是反映一般的人类生活活动。例如，写结婚仪式的诗歌属于民俗诗歌，而仅仅表达结婚愉悦之情的诗歌就不属于民俗诗歌。

其三，一些诗歌尽管创作于民俗活动中，但是诗歌的内容是在特定环境中作者的言语，如催妆诗、洗儿诗、挽诗等。笔者认为，关于此现象应该具体问题具体对待，如果其中反映了具体的民俗，或者对某一具体民俗发表看法、抒发感情，则属于民俗诗歌；如果只是表达特定场合中对于他人的祝福、期望、哀思等，则不属于民俗诗歌。

四　学界关于宋代民俗诗歌的研究现状

在诗词领域开展的民俗研究，就中国古代文学来说，各个时段的研究是不平衡的。先秦时代距离我们最为久远，民俗的隔阂已经造成了读者的阅读障碍，正因为如此，学者对于先秦时代的民俗研究最为广泛。以《诗经》为例，关于《诗经》中的服饰习俗、婚恋习俗、生产习俗、祭祀习俗等都有了专门的研究。这样的研究是非常必要的，如若不然，后来的阅读者将很难把握《诗经》诗歌的文化内涵。因此，可以说这也是文学研究的需要促成民俗研究的繁荣。

　　唐代诗歌领域中民俗的研究也是很突出的。较早的有何立智等人选注的《唐代民俗和民俗诗》，该书按照生产民俗、消费民俗、社会民俗、节日民俗、信仰民俗、游乐民俗、边塞民俗的排列方式，选录了一些诗歌来分析说明当时的民俗状况。刘航先生于 2004 年出版了《中唐诗歌嬗变的民俗观照》，该书"从风俗诗兴盛于中唐这一引人注目的现象入手，从风俗角度观照中唐这一诗歌史上由唐音转入宋调的关键时期，在努力挖掘风俗诗史料价值和文学价值的基础之上，力求准确地把握中唐的时代精神，寻绎中唐诗歌嬗变的轨迹及其缘由"①。换句话说，该书是以民俗为切入点，探究诗人是如何利用民俗这个主题来进行诗歌创新和突围并造成中唐诗歌嬗变的。赵睿才先生出版了《唐诗与民俗关系研究》②，该书采用"互证法"研究唐代民俗与诗歌，他在《导论》中解释说："以唐诗印证唐代民俗，以唐代的风俗诠释唐诗。"该书从服饰、饮食、居行、婚姻、丧葬、祭祀、节令七个方面探讨唐诗与民俗的关系，着重表现唐人的时代精神。还有一些单篇论文，如《民俗视角下的唐代诗歌》③《试析杜诗中的唐代节日民俗》④《略谈唐四诗人诗中的民俗风情》⑤ 等。可见，唐代的文学与民俗的结

①　见刘航《中唐诗歌嬗变的民俗观照·提要》，学苑出版社 2004 年版。
②　《唐诗与民俗关系研究》，上海古籍出版社 2008 年版。
③　刘果：《民俗视角下的唐代诗歌》，《求索》1995 年第 2 期。
④　李霞峰、李桂英：《试析杜诗中的唐代节日民俗》，《杜甫研究学刊》1995 年第 2 期。
⑤　吴在庆：《略谈唐四诗人诗中的民俗风情》，《南平师专学报》1997 年第 1 期。

合研究也是蔚为壮观。

　　而在民俗与诗词的结合研究方面，宋代部分只有较少著作出现。1994 年，程伯安先生就甄取苏轼的诗歌，编写《苏东坡民俗诗解》。该书从民俗学角度来研究苏诗，全书精选苏诗百余首，按照民俗学的分类方法，将全书分成岁时篇、生产生计篇、衣食住行篇、婚丧寿诞篇和祭祀占卜篇五大类，逐一评说。乌丙安先生在该书序言中说："这部《苏东坡民俗诗解》的出版，不仅对中国文学史的研究有价值，而且具有研究中国民俗文化史的意义。"① 童庆炳认为该书"另辟蹊径"，是"一种创造性研究"②。但是，该书是以分析单首诗歌所反映的民俗现象的模式进行的，和《唐代民俗和民俗诗》的研究模式类似。二者可以代表 20 世纪 90 年代关于民俗与文学的交叉研究。就在 2010 年，又有关于民俗与诗歌研究的新书出现，即《宋代民俗诗研究》，作者吴邦江先生，该书是江苏省教育厅高校哲学社会科学基金项目"宋代民俗与诗歌"的课题研究成果。该书"采用双向研究方式，不仅从民俗学的角度来研究诗歌，而且从诗歌的角度来研究宋代的民俗"③。在体例安排上，该书按照建筑、婚恋、饮食、农事、节令分类说明宋代各类民俗诗歌的状况，各自为一章，在每一章中首先介绍该类诗歌的源流演变，其次介绍其史学价值和民俗学价值及审美价值。附带提及，近年黄杰先生把宋词与民俗结合起来出版了《宋词与民俗》④，《宋词与民俗》从民俗角度切入，论述宋词与节序民俗、礼仪民俗、花卉民俗、宴饮民俗的关系，其实也是采用词与民俗互证的方法。诗词一家，词学的研究同样可以作为诗学研究的参考。

---

① 程伯安：《苏东坡民俗诗解》，中国书籍出版社 1994 年版。
② 见《〈苏东坡民俗诗解〉评介》，《咸宁师专学报》1994 年第 8 期。
③ 吴邦江：《宋代民俗诗研究·序》，南京大学出版社 2010 年版。
④ 黄杰：《宋词与民俗》，商务印书馆 2005 年版。

以上学者所进行的研究取得了丰硕的成果，但是，用诗歌民俗互证的方法研究诗歌或者探讨诗歌的史学、民俗及美学价值，这样的研究仍是远远不够的，这些方法终究只是在诗歌的外部打游击，研究范围在诗歌与民俗的交叉地带。笔者认为，文学的研究最终还是要回归于文学本身。

五 本书研究思路

传统研究民俗与文学关系的学者往往以《民俗视角下的××诗歌》为题，用民俗学的眼光去观照诗歌中呈现出的民俗事象及民俗观念等。本书不同于这类研究方式，而是研究宋代民俗诗歌自身的特点及宋代诗人如何以自己所见所闻的民俗作为诗歌的重点反映对象，并分析宋代民俗诗歌中呈现出的诗人自身对于民俗的主动观照以及诗人的世俗情怀。

本书分为上、下两编，上编侧重两宋的整体研究，以宋代民俗诗歌为研究对象；下编聚焦南宋，以民俗的视角重点考察南宋诗歌嬗变。

不同时代有不同时代的民俗，不同地域有不同地域的民俗，不同社会群体也有不同社会群体的民俗。甚至同一种民俗，在不同时代、不同地域或者不同社会群体中表现形式也会有所差异。而这些民俗的差异变化促使诗人用史学去记录、用文学去表现。地域、时代、社会群体提供了考察民俗研究纵横交错的三种维度，现代的民俗学者往往以这样三种维度去研究。其实，今古相通，察己可以知人，古人并不异于今人。宋代诗人用好奇的目光打量着异地民俗，以亲切的目光关注着农人的民俗，以艳羡或对比的目光思考商人与其他阶层的习俗，以自我参与的方式记载那个时代发生着的民俗，当然也对那个时代的民俗有自己的思考。所以，宋代诗人在关注民俗的时候也会注意到民俗的地域之别、社会群体之异以及时代之变。与之相对应的宋代民俗诗歌分为反映地域的民俗诗歌，反映社会群体的民俗诗歌及反映时代的民俗诗歌。因此，本书上编前三章分别论述宋代的地域民俗诗歌、社会咏"人"民俗诗歌及咏"时"民俗诗歌。同时，通过这样的研究，也有助于发现不同地域的民俗在诗人心中引起的感慨，发现诗人对于不同社会群体的观察和认识，发现时代的风貌及时代的变化在诗人心中留下的影子，也有助于探究各种不同的民俗诗歌繁荣的成因。

上编第四章分析宋代诗人由于民俗意识的高涨，在各类诗歌题材中注入了民俗的成分，促使各类文学与民俗的结合，使传统题材诗歌获得新发展。在旅行中关注民俗，促进纪行诗的民俗化；在田家诗中关注田家的民俗生活，促进田家诗歌的民俗化；咏物诗歌多选择民俗之物，并且其他咏物诗歌也注意与民俗的结合，促进咏物诗歌的民俗化。

宋代民俗诗歌之所以不同于前代而凸显出来，是因其自身特有的特点。由现象到本质，故而上编第五章在前面三章对于宋代民俗诗歌客观认识的基础上，归纳总结出宋代民俗诗歌的四个典型特征，即民俗主体化、人物具象化、风格俚俗化、民俗诗意化。这四个特征互相交融，使宋代诗歌展现出区别于前代民俗诗歌的特性，使其具有独立的研究价值。

由表及里，故上编第六章从诗人自身因素深入分析宋代民俗诗歌繁荣及形成自己独特风貌的原因。因为在前面已经就每一章节的论点进行一定的原因分析，因此，本章重点在于进一步补充，更深入探讨诗人的官员之眼光、文人文学自觉之精神，以及诗人之眼光对于民俗诗歌创作的促进作用。

所谓"文变染乎世情，兴废系乎时序"（《文心雕龙·时序》），宋朝以靖康之变、宋王朝南渡为转折点，分为北宋和南宋。宋代文学及宋代诗歌也随之分为北宋和南宋两个时期。南宋诗歌与北宋文学既一脉相承，又有很大的区别。在南宋时期，随着宋王朝及大批士人的南迁，带来了不同民俗文化的交融与碰撞，诗人因为流寓他乡，对于这些民俗变化感受更加深刻。随着"主战"与"主和"两派的斗争，官僚士大夫宦海沉浮，有时被远远地贬谪远方，士大夫看到不同于中原的民俗文化，往往用诗歌、笔记等形式记录异乡的民俗。在南宋末期，南宋的半壁江山也难以保存，在爱国爱家精神的激励下，诗人的家园意识更加浓烈，家园面临不保的局面，而诗人对于家园文化及家乡民俗资料的保存意识更加急切。在宋代，尤其南宋时期，史志、民俗笔记等民俗著作出现了繁荣的局面。与此同时，诗人对民俗的关注影响了诗歌的主题，使以民俗为主题的诗歌大量涌现。

　　下编聚焦南宋，重点以南宋诗歌为考察研究对象。下编第一章首先分南宋为南渡时期、中兴时期和晚宋时期，细致分析南宋不同时段的民俗诗歌创作状况。第二章则转换视角，不从诗歌的发展角度看民俗题材的逐渐繁荣，而是考察民俗题材的繁荣对于诗歌带来的影响。主要体现为两点：其一，在民俗视角观照下，发现南宋诗歌中的人物形象发生了变化，农民、市人、儿童、游人成为表现对象；其二，在民俗视角观照下，发现南宋诗人带着审美的眼光，审视常常被诗人厌恶的市场和市声。

　　下编第三章、第四章进一步分析南宋民俗诗歌繁荣的原因。南宋经济的发展有力地促进了人们的审美意识。第三章从民俗审美化谈起，从世人生活应酬、节日习俗、商业习俗三个方面的审美追求说明了民俗诗歌的繁荣。

　　靖康之变以后，南宋时期社会的高雅情趣不断消退，以此相随的是世俗情怀、庸俗思想的滋生。南宋时期白热化的党争使诗人对政治心存畏惧，人们的目光不由从匡时济俗转向身家的利害得失，由高尚转向庸俗。在朝廷不思进取的思想影响下，南宋人的偏安心理严重，也同时滋生了享乐之风。所以，南宋整个社会充斥着一种世俗的精神。在诗人世俗精神的追求下，宋代的诗人日益关注民俗，呈现出对于民俗的主动关注。所以，下编第四章重点深入诗人内心，探讨诗人世俗化心态，包括其尚奇心态、家园心态与南宋民俗诗歌繁荣的关系。

上编

宋代民俗诗歌研究

第一章　宋代地域民俗诗歌

第一节　宋代地域民俗诗歌创作

中国人固有的安土重迁意识使人们守在自己的一片土地上，对外面的世界缺少了解、缺乏关注。中国古代历来的政策也是重农轻商，而这种政策势必鼓励人们居住在家、忙于耕作，这样也便于统治阶级管理。并且，古代交通不发达，人们外出不便，因为缺少外出机会，没有不同民俗的冲击，人们往往忘记自身生活中所存在的民俗。

人们对于自己没有见过的或不同于自己往常经验的人或者事都持以新鲜好奇的态度，所以往往到了其他地方的时候，一方面，成为他人观照的对象，另一方面，也在观照他人。苏轼在《纵笔三首》诗中言道，"父老争看乌角巾，应缘曾现宰官身"①，写他到了海南后，当

---

① 孔凡礼点校：《苏轼诗集》卷四十二，中华书局 1982 年版，第 2328 页。

地人们争相观看中原来的大官。高宗时期因与秦桧不合而被贬琼州（今海南）的李光在《黎人》（其二）也表达了同样的现象："桄榔林里便为家，白首那曾识使华。莫说蛮村与黎洞，郡人观睹亦咨嗟。"①写海南的人民一生以桄榔林为家，到老也没有见过中原来的使者，所以见到中原来的人后都唏嘘感叹，就连郡上的人也是一样的。李光在《黎人》（其一）诗中说明了中原人其实对于异地异族的海南人也是一样好奇的："褰帷露冕更停轮，渺渺旌麾入瘴云。异境尽凭诗写去，郡僚争喜得新闻。"②这首诗写诗人自己到了海南之后，不断写诗记载当地的风物风俗人情等传给中原的朋友，他们非常高兴获得新的见闻。范成大《蚤晴发广安军，晚宿萍池村庄》云："羁人正奔波，观者何陆续。翠盖立严妆，青裙行跣足。"③该句写出路人与当地人互相观看的情形，"羁人"是作者自指，他看到当地女子身着青裙，不穿袜子。而当地人也在看着这些外来的使者——"翠盖立严妆"。所以司马光说，"世俗之情安于所习，骇所未见，固其常也"④。例如，范成大《南塘寒食书事》记载南塘这个地方的寒食节日民俗，曰："裹鱼蒸菜把，馈鸭锁笭笼。酒侣晨相命，歌场夜不空。"然后曰："土风并节物，不与故乡同。"⑤正因为该地寒食的民俗不同于故乡，所以才激发诗人的记录意识、创作欲望。人们往往对于异地新奇的民俗感到惊奇，异地民俗成为民俗诗歌的主要部分。

宋代许多诗人在诗歌中关注了不同地方的民俗，如陆游《新春感

---

①（宋）李光：《庄简集》卷七，影印文渊阁四库全书本。

②（宋）李光：《庄简集》卷七，影印文渊阁四库全书本。

③（宋）范成大著，富寿荪标校：《范石湖集》卷十六，上海古籍出版社 2006 年版，第 226 页。

④（宋）司马光：《上谨习疏》，《传家集》卷二十四，影印文渊阁四库全书本。

⑤（宋）范成大著，富寿荪标校：《范石湖集》卷五，上海古籍出版社 2006 年版，第 55 页。

事八首终篇因以自解》① 回忆不同地方的民俗：

> 忆到夔门正月初，竹枝歌舞拥肩舆。
> 当时光景应如昨，绿鬓治中八十余。（夔府）

> 锦城旧事不堪论，回首繁华欲断魂。
> 绣毂金羁三十里，至今犹梦小东门。
> 玻璃江上柳如丝，行乐家家要及时。
> 只怪今朝空巷出，使君人日宴蟆颐。（眉州）

> 梁州陌上女成群，铜绿春衫罨画裙。
> 相唤游家园里去，秋千高挂欲侵云。（兴元）

陆游该诗作于晚年退居山阴时，回忆不同地方新春时节的民俗，写夔州时重点突出当地人们竹枝歌舞的民俗。刘禹锡《竹枝词·并序》称，"岁正月，余来建平（今夔州）。里中儿联歌竹枝，吹短笛击鼓以赴节。歌者扬袂睢舞，以曲多为贤"。锦城，即成都，又名锦官城，简称锦城。诗歌以小东门大队车马的华美装饰突出锦城的繁华。小东门者，据民国《华阳县志》卷二十七"古迹一"："小东门：门名，屡见放翁诗，如《平明出小东门观梅》及《花时遍游诸家园》诗注……《虞道园集》亦有'先庐旧在小东郭'句，皆成都东门尔。"② 写眉州时突出新春时节人们到玻璃江行乐的民俗及地方长官人日于蟆颐设宴的习俗。蟆颐，蟆颐津的简称，在眉山东蟆颐山下，为玻璃江

---

① 钱仲联校注：《剑南诗稿校注》卷七十四，上海古籍出版社 2005 年版，第 4088 页。

② 转引自《剑南诗稿校注》卷六《花时遍游诸家园》第六首诗注，钱仲联校注《剑南诗稿校注》，上海古籍出版社 2005 年版，第 540 页。

的津渡，为当地人正月宴游之所。唐庚《人日》诗曰："挑菜年年俗，飞蓬处处身。螟颐频语及，仿佛到东津。"① 陆游《开岁》诗曰："相寻蚕市人何在，烂醉螟津事亦非。"② 在写梁州新春民俗的时候，陆游突出梁州人在新春时喜爱荡秋千的民俗。陆游其他诗作也提到过梁州的这一民俗："路入梁州似掌平，秋千蹴鞠趁清明"③ "寒食梁州十万家，秋千蹴鞠尚豪华"④。陆游的诗歌是在同一首组诗中展现不同地方的民俗，是南宋时期诗歌反映地域民俗的典型例子。

并不是所有的诗人都把不同地方在同一时期的民俗一一比对，有的诗人只是关注一些地域的饮食民俗、生产民俗、娱乐民俗，并在诗歌中加以描述。

一 地域性饮食民俗

一个人到了一个新的地方首先遇到的是当地的风景，但风景大同小异，不一定每个人都有感受。饮食却是每一个人都需要的，体会也是具体而深刻的，所以写当地饮食民俗的特别多。例如，韩元吉祖籍开封雍丘（今河南杞县），南渡后居信州上饶（今属江西），孝宗乾道元年（1165）为江南东路转运判官。他的诗作《食田螺》写到吴地食田螺的民俗，提到南北人吃田螺的不同方法："北风饫竹实，南俗夸针取"⑤，诗下注释曰："北人以田螺作弗，吴中富家以银针食螺。"他作

---

① （宋）蒲积中编，徐敏霞点校：《古今岁时杂咏》卷六，辽宁教育出版社1998年版，第72页。

② 钱仲联校注：《剑南诗稿校注》卷五十，上海古籍出版社2005年版，第2978页。

③ 《感旧四首末章盖思有以自广》，钱仲联校注《剑南诗稿校注》卷三十七，上海古籍出版社2005年版，第2397页。

④ 《春晚感事》，钱仲联校注《剑南诗稿校注》卷三十七，上海古籍出版社2005年版，第2370页。

⑤ （宋）韩元吉：《南涧甲乙稿》卷一，影印文渊阁四库全书本。

此诗首先说明自己在吴地的饮食印象："几年客勾吴，盘馔索无有。鳀咸咀彭蜞，臭腐羹石首。牛心与熊掌，梦寐不到口。"彭蜞是蟹的一种，体小而少肉；石首，以头中有骨两枚，色白，大如豆，坚如石，故名。也叫黄花鱼或者带鱼。从中我们可以看到吴地人因为处在水乡，多以海产品为食物。而作者实在不习惯其吃法，称彭蜞吃起来又咸又腥，黄花鱼做出的汤有一股臭味。后来他来到"灵山"下，吃到美味的田螺，非常高兴。

谢景初《粤俗》写人们嗜好海鲜的民俗："粤俗嗜海物，鳞介无一遗。虾嬴味已厚，况乃蟹与蜞。潮来浦屿涨，遮捕张藩篱。潮去沙满滩，拾掇盈篱箕。杀烹数莫记，琐碎臭且奇。"① 诗歌开篇就直接点明该诗是写民俗的。粤地人喜欢吃海鲜，所以鳞介之类的生物没有不成为人们食物的。潮涨起时就用网捕捉，潮水回落，就在沙滩上捡拾海物。

郑域《槟榔》曰："海角人烟百万家，蛮风未变事堪嗟。果堆羊豕乌青榄，菜饤丁香紫白茄。杨枣实酸薄荔子，山茶无叶木棉花。一般气味真难学，日啖槟榔当啜茶。"② 首句言"蛮风未变"，说明海南一带喜食槟榔民俗的独特性及该民俗的延续性。关于海南一带吃槟榔的民俗，刘克庄也多有描写。因为有人来访，吃了槟榔，他一下子作了四首诗歌。在这些诗歌中反映当地人关于槟榔的民俗："俚俗相传祛瘴厉，方书或谓健脾神"③ "百粤姻盟常主约，三彭谗舌竟无神"④

---

① 傅璇琮主编：《全宋诗》第9册，北京大学出版社1998年版，第6296页。

② （宋）陈景沂：《全芳备祖·后集》卷三十一，影印文渊阁四库全书本。

③ 《林卿见访食槟榔而醉明日示诗次韵一首》，（宋）刘克庄《后村先生大全集》卷三十六，四川大学出版社2008年版，第965页。

④ 《四和林卿槟榔韵一首》，（宋）刘克庄《后村先生大全集》卷三十六，四川大学出版社2008年版，第979页。

"海贾垂涎规互市，夷人嚼血赛媒神"①，自注曰："南中有媒人庙淫奔者以槟榔血涂神口。"

项安世《茱萸茶》道："城郭千山隘，晨昏二气并。乍如冰底宿，忽似甑中行。蚯蚓方雄长，茱萸可扞城。龙团宁小忍，异味且同倾。"② 因为在三峡一带蚯蚓很多，容易引起一种叫"蚯蚓瘴"的疾病。当地民俗认为饮茱萸茶可以防止蚯蚓瘴。所以，尽管项安世认为此茶味道不好，但是依然随俗而饮用。

范成大也写了巴蜀人好食生蒜和峤南人食用槟榔的民俗："旅食谙殊俗，堆盘骇异闻。南餐灰荐蛎，巴馔菜先荤。幸脱荖藤醉，还遭胡蒜熏。"③

郑刚中，高宗绍兴二年（1132）进士。高宗十七年（1145），以忤秦桧罢，提举江州太平兴国宫，桂阳居住，徙复州，封州安置。看到封州人大多不种蔬菜，当地人采摘小蓼吃，又有一种辣蓼，又名尖头蓼，与小蓼相似，只是叶子尖而细，如果误食辣蓼有可能导致人死亡，当地人还喜食河豚，作者就告诫自己不要吃。全诗如下：

> 远地穷乡口腹殊，居然孤客莫随渠。路旁施采尖头蓼，江上争寻胀肚鱼。野葛可尝虽是惯，马肝不食未为疏。此生余日皆君赐，馔粥充饥自有余。④

> ——《封州大率园不蔬，人采小蓼食之。叶尖而细，号尖头

---

① 《次林卿槟榔韵二首》其一，（宋）刘克庄《后村先生大全集》卷三十六，四川大学出版社 2008 年版，第 969 页。
② （宋）项安世：《平庵悔稿》（宛委别藏本）卷二，江西古籍出版社 1988 年版。
③ 《巴蜀人好食生蒜，臭不可近。顷在峤南，其人好食槟榔合蛎灰、扶留藤，一名荖藤，食之辄昏然，已而醒快，三物合和，唾如脓血可厌。今来蜀道，又为食蒜者所熏，戏题》。
④ （宋）郑刚中：《北山文集》卷二十二，中华书局 1985 年版，第 296 页。

蓼，亦谓之辣蓼，误食往往杀人。又春水肥时，河豚鱼极贱。二物郡人所酷嗜也，作诗自戒。河豚，本草一名胀肚鱼》

朱翌也有多首诗歌反映地域饮食民俗。《曲江渔者得鳜鱼弃之目为师婆鱼》（其一）写人们对于鳜鱼美食的普遍喜爱："巨口细鳞初出网，鳒皮玳瑁乃同斑。了无骨鲠人人喜，更捣盐虀发笑颜。"① 《曲江渔者得鳜鱼弃之目为师婆鱼》（其二）写曲江之人不吃鳜鱼的民俗："溪友渔翁忍弃捐，却应游泳得长年。遐方未识珍馐贵，不道杨凭已得仙。"

二　地域性生产民俗

不同地域有不同的地质条件和气候条件，所以生产方式也有所不同。生产方式也是民俗的一部分，具有地域特征的生产民俗也是宋代诗人所乐意反映的。例如，三峡一带有烧畲耕种的民俗。所谓"烧畲"，是指焚烧田地里的草木，用草木灰做肥料的原始耕作方法。对此，范成大解释甚详：

> 畲田，峡中刀耕火种之地也。春初斫山，众木尽蹶，至当种时，伺有雨候。则前一夕火之，藉其灰以粪。明日雨作，乘热土下种，即苗盛倍收，无雨反是。山多硗确，地力薄，则一再斫烧始可艺。

范成大看到峡中地区尽管土地贫瘠，生产方式落后，这里的人们甚至平生不知道秔稻，但是他们也未曾挨饿。而回忆家乡吴中地区，尽管所产稻谷优良，但是因为公私输捐重，所以还不如峡农可以获得一饱。他因此感慨，写下《劳畲耕》反映该地方的生产民俗，并表达

---

① （宋）朱翌：《灊山集》卷三，影印文渊阁四库全书本。

自己对于百姓的同情及对于"奸吏""盗胥"的痛恨：

> 峡农生甚艰，斫畲大山巅。赤埴无土膏，三刀财一田。颇具穴居智，占雨先燎原。雨来亟下种，不尔生不蕃。麦穗黄剪剪，豆苗绿芊芊。饼饵了长夏，更迟秋粟繁。税亩不什一，遗秉得餍餐。何曾识秔稻，扪腹尝果然。我知吴农事，请为峡农言。吴田黑壤腴，吴米玉粒鲜。长腰瓠犀瘦，齐头珠颗圆。红莲胜雕胡，香子馥秋兰。或收虞舜余，或自占城传。早籼与晚穤，溢吹甑甗间。不辞春养禾，但畏秋输官。奸吏大雀鼠，盗胥众螟蟓。掠剩增釜区，取盈折缗钱。两钟致一斛，未免催租瘝。重以私债迫，逃屋无炊烟。晶晶云子饭，生世不下咽。食者定游手，种者长流涎。不如峡农饱，豆麦终残年。①

其他反映地域性生产民俗的诗歌很多，如苏过《夜猎行》，序云："海南多鹿豨，土人捕取，率以夜分月出，度其要寝，则合围而周陃之，兽无轶者。"该诗反映海南打猎的生产民俗："空山无人柴径熟，豨肥鹿饱眠长坡。山夷野獠喜射猎，腰下长铗森相摩。平沙仿佛见遗迹，踊跃不待张虞罗。均呼夜起山谷应，披抉草木穷株窠。何人得隽喜叫绝，胾割未羡青丘多。"②

三 地域性服饰、居住、娱乐等民俗

不同地方的娱乐民俗也有不同，就以宋代女子普遍喜爱的秋千活动来说，四明（浙江宁波）女子就不喜欢秋千。这种民俗之不同就引

---

① （宋）范成大著，富寿荪标校：《范石湖集》卷十六，上海古籍出版社 2006 年版，第 217 页。

② （宋）苏过著，舒大刚等校注：《斜川集校注》，巴蜀书社 1996 年版，第 98 页。

发了晁说之的感慨，他说"越女腰支胜赵女，平生不敢赛秋千"①。

爱美之心，人皆有之。一般情况下，大家都希望女孩子长得漂漂亮亮的。但是，巫山一代的人们却以王昭君的悲剧为戒而形成在女孩子脸上灼疤的民俗。宋人邵博在《闻见后录》中言道："归州有昭君村，村人生女无美恶，皆炙其面。"② 南宋王十朋《昭君村》也反映了这一民俗："十二巫峰下，明妃生处村。至今粗丑女，灼面亦成痕。"③

即使是相同的游乐民俗，不同地方也有不同的风貌、不同的胜景。例如，同是游春，西湖民俗就不同于夔州民俗。蔡襄《四月清明西湖》曰："千顷平湖绿一遭，空城游乐自奢豪。画船争胜飞江鹊，翠幰都浮载海鳌。芳草堤边裙带短，柔桑陌上髻鬟高。楼前尽日闻歌笑，不管秋风卷怒涛。"④ 该诗突出西湖清明节的时候，万人空巷在西湖游玩的民俗胜景：江上画船争胜，鸟儿惊飞；山倒影在水中，好像浮在水面，而海鳌在水里游来游去，又如被倒影在水里面的山载着一般；西湖堤上，是如织的游人，美丽的女子身着短裙，挽着高高的发髻；而西湖的楼阁上面笑声不断，响如涛声。再如陆游《闰二月二十日游西湖》也写人们爱游西湖的民俗："西湖二月游人稠，鲜车快马巷无留。梨园乐工教坊优，丝竹悲激杂清讴。追逐下上暮始休，外虽狂酲乐则不。"⑤ 因为二月正值春天，西湖分外热闹，来来往往的是鲜车快马，声声入耳的是梨园乐人的丝竹与清唱。

夔州一带有"人日"（农历正月初七）"蹋碛"的民俗，陆游《蹋

① 《闻四明人不喜秋千因作》，（宋）晁说之：《景迂生集》卷六，影印文渊阁四库全书本。

② （宋）邵博撰，刘德权、李剑雄点校：《邵氏闻见后录》卷二十六，中华书局1983年版，第208页。

③ （宋）王十朋：《梅溪集·后集》卷十五，影印文渊阁四库全书本。

④ （宋）蔡襄：《端明集》卷七，影印文渊阁四库全书本。

⑤ 钱仲联校注：《剑南诗稿校注》卷一，上海古籍出版社2005年版，第55页。

碛》诗曰："鬼门关外逢人日，踢碛千家万家出。竹枝惨戚云不动，剑气联翩日将夕。行人十有八九瘿，见惯何曾羞顾影。江边沽酒沙上卧，峡口月出风吹醒。"① 每年"人日"，市民在江边沙碛八阵图故址"踢碛"游春，成为古代夔州独特的民俗。《蜀中广记》曰："夔人重诸葛武侯，以人日倾城出游八阵图，谓之踏碛游，妇人拾小石之可穿者，贯以彩索，系于钗头，以为一岁之祥。"② "踢碛"亦作"踏碛"。陆游看到异地民俗想起西湖的民俗，言道："人生未死信难知，憔悴夔州生鬓丝。何日画船摇桂楫，西湖却赋探春诗。"说明地域不同民俗亦不同。

还有一些异地民俗诗歌，反映异地的其他别致民俗。例如，郑刚中的两首诗歌云：

素馨玉洁小窗前，采采轻花置枕边。

仿佛梦回何所似，深灰慢火养龙涎。③

——《广人谓取素馨半开者，囊置卧榻间，终夜有香。用之果然》

初疑云母光相射，又似秋蝉翼乍枯。

智慧有灯千佛供，菩提叶巧一孤灯。④

——《广中菩提树，取其叶用水浸之，叶肉尽溃而脉理独存，绡縠不足为其轻也。土人能如莲花累之，号菩提灯。见而戏为此绝》

---

① 钱仲联校注：《剑南诗稿校注》卷二，上海古籍出版社 2005 年版，第 185 页。
② （明）曹学佺：《蜀中广记》卷五十七，影印文渊阁四库全书本。
③ （宋）郑刚中：《北山文集》卷十九，中华书局 1985 年版，第 216 页。
④ 同上书，第 220 页。

宋吴曾《能改斋漫录·方物》："岭外素馨花,本名耶悉茗花,丛
脞么么,似不足贵。唯花洁白,南人极重之,以白而香,故易其名。"
郑刚中写广人把半开的素馨制作成香囊的民俗,认为其香气可与名贵
的龙涎香媲美。后一首诗歌赞美广人制作菩提灯的民俗,其制作方法
是把菩提叶置于水中,待叶肉全部溃烂只剩下脉理独存的时候,就把
它如莲花瓣一样层层串起,制成菩提灯。这种灯明亮又轻巧,且有佛
教中菩提之义,很受人欢迎。

四　地域性育子民俗

南宋时期,多有生子不举的民俗,而尤以闽粤一带为盛。福建路
杀溺幼婴的风俗最为盛行。朱熹的父亲朱松在福建做官,曾记:"闻闽
人不喜多子,以杀为常……虽有法而不能胜。"① 陈渊说:"不举子之
俗,惟闽中为甚。"② 赵善璙说,"闽人生子多者,至三四子则率皆不
举""若女则不待三,往往临蓐,以器贮水,才产即溺之,谓之洗
儿"。③ 杨时说:"闽之八州,惟建、剑、汀、邵武之民,多计产育子,
习之成风,虽士人间亦为之,恬不知怪。……富民之家,不过二男一
女,中下之家,大率一男而已。"④ 刘子翚《喻俗》(其三)批判闽粤
一带的杀子民俗。

> 何州无战争,闽粤祸未销。或言杀子因,厉气由此招。
>
> 蛮陬地瘠狭,世业患不饶。生女堂分赀,生男野分苗。
>
> 往往衣冠门,继嗣无双髫。前知饮啄定,妄以人力侥。

---

① 朱松:《韦斋集》卷十《戒杀子文》,影印文渊阁四库全书本。
② (宋)陈渊:《默堂先生文集》卷二十《策问》,四部丛刊本。
③ (宋)赵善璙:《自警编》卷八,影印文渊阁四库全书本。
④ 《寄俞仲宽别纸》,(宋)杨时《龟山集》卷三,影印文渊阁四库全书本。

三纲既自绝,余泽岂更遥。王化久淘漉,刑章亦昭昭。

那无舐犊慈,恩勤愧鸱鸮。冤报且勿论,兹义古所标。①

五 地域民俗全景

还有的诗歌全面反映一个地区民俗。例如,陈藻的《海口吟》:"按图自古无人到,二百年来户口添。架屋上山成市井,张官近海课鱼盐。估客趁潮撑米入,没人忍冻采蚝粘。仲尼有庙尘谁扫,寺观峥嵘香火严。"②张焞的《梅山歌》反映梅山(今安化)的风俗民情:"人家迤逦见板屋,火耕硗确多畲田。穿堂之鼓堂壁悬,两头击鼓歌声传。长藤酌酒跪而饮,何物爽口盐为先。白巾裹髻衣错结,野花山果青垂肩。"③反映梅山一带的建筑、生产、娱乐、饮食、服饰等各方面民俗。再如祖无择的《记万载民俗三首》④也反映江西万载酿酒民俗和建筑民俗:

居民覆其屋,大半施白瓦。山际两三家,如经新雪下。(其一)

官酤米为曲,酿出成红酒。里社醉丰年,便是宣城酎。(其二)

由上可见,宋代地域民俗诗歌是如此丰富多彩。究其原因,是因为宋人外出的机会增多,感受到不同民俗的碰撞。在宋代,交通发达,人们外出方便,游宦、科举、为官、贬谪等也促进、加速了这种流动。

---

① (宋)刘子翚:《屏山集》卷十二,影印文渊阁四库全书本

② (宋)陈藻:《乐轩集》卷一,影印文渊阁四库全书本。

③ (清)厉鹗辑:《宋诗纪事》卷二十二,上海古籍出版社 1983 年版,第 545 页。

④ 傅璇琮主编:《全宋诗》,北京大学出版社 1998 年版,第 7 册,第 4435 页。

宋代许多诗人都是足迹遍天下的。如陆游曰："南穷闽粤西蜀汉，马蹄几历天下半。"① 如黄震评价范成大曰："踪迹遍天下，审知四方风俗。"② 频繁的外出开阔了诗人的视野，增长了诗人的见闻，也使诗人亲身感受到不同的风俗民情，进而促进了民俗诗歌的创作。

人们因为各种原因身在他乡，与家人亲戚朋友互相关心挂念。他们之间也要交流异域民俗的情况。有时即使自己足迹不到，但是家人朋友相隔天涯，可以书信来往交流民俗情况。这也促进了文学作品对于民俗的关注。例如，乾道八年（1172）十二月丁巳，韩元吉等前往金国祝贺金主生辰，他给陆游书信，并附录自己出使金国时在东都驿宴会时所创词作，陆游收到后作《得韩无咎书寄使虏时宴东都驿中所作小阕》曰："上源驿中搥画鼓，汉使作客胡作主。舞女不记宣和妆，庐儿尽能女真语。"③ 诗歌反映上源驿随着统治者不同而产生的民俗变化：舞女已经不记得宣和时期的装束打扮，僮仆之人④也开始说女真族的语言。再如王安国《杭州呈胜之》："游观须知此地佳，纷纷人物敌京华。林峦腊雪千岩水，城郭春风二月花。彩舫笙歌吹落日，画楼灯烛映残霞。如君援笔宜摹写，付与尘埃北客夸。"⑤ 可见诗歌为朋友而作，反映杭州的游观民俗。

再如欧阳修刚到夷陵的时候给苏舜钦的答诗反映了夷陵的风景与民俗。诗曰：

---

① 《饭三折铺铺在乱山中》，钱仲联校注：《剑南诗稿校注》卷三，上海古籍出版社2005年版，第211页。

② （宋）黄震：《黄氏日抄》卷六十七，影印文渊阁四库全书本。

③ 钱仲联校注：《剑南诗稿校注》卷四，上海古籍出版社2005年版，第371页。

④ 即上引诗中的"庐儿"，又作卢儿，古代对年轻僮仆的贱称，犹狗儿。《北齐书·恩幸传序》："刑残阉宦，苍头卢儿，西域丑胡，龟兹杂伎，封王者接武，开府者比肩。"

⑤ （清）厉鹗辑：《宋诗纪事》卷二十四，上海古籍出版社1983年版，第606页。该诗另见《王荆公诗注》，《宋诗纪事》引用《瀛奎律髓》，认为为王安国所作。

三峡倚岩峣，同迁地最遥。物华虽可爱，乡思独无聊。

江水流清嶂，猿声在碧霄。野篁抽夏笋，丛橘长春条。

未腊梅先发，经霜叶不凋。江云愁蔽日，山雾晦连朝。

斫谷争收漆，梯林斗摘椒。巴宾船贾集，蛮市酒旗招。

时节同荆俗，民风载楚谣。俚歌成调笑，擦鬼聚喧嚣。

（夷陵之俗多淫奔，又好祠祭。每遇祠时，里民数百，共馂其余。里语谓之擦鬼。因此多成斗讼）① ——《初至夷陵答苏子美见寄》

欧阳修其他几首反映夷陵民俗的诗歌，如《寄梅圣俞》《夷陵书事寄谢三舍人》《夷陵岁暮书事呈元珍表臣》等，也是写给朋友的诗作。

正因为地域民俗诗歌与诗人外出的情况息息相关，所以下文具体从出使异域、为官他乡、贬谪远方及反观家乡几个方面考察诗人创作地域民俗诗歌的不同情景及其民俗诗歌。

第二节　出使异域民俗诗作

宋与辽、金的关系很微妙。宋军事不敌辽、金，但是贸易往来与使者来往不断，其他人员也多有来往。这些来往之人多留意异域民俗，如张棣作《金图经》，又名《金国志》。陈振孙《直斋书录解题》曰：

---

① （宋）欧阳修著，李逸安点校：《欧阳修全集》卷十一，中华书局 2001 年版，第 170 页。

"承奉郎张棣撰。淳熙中归明人，记金国事颇详。"① 归明人，谓归服圣明之主。宋朝派往辽、金的朝臣，在辽、金期间，也往往留意该地的风俗民情。陈卓在嘉定四年（1211）以刑部员外郎同赵师岩充贺正旦国信使时出使金国，作《使金录》。有的人用笔记文章记载出使情况及其见闻，有的人用诗歌的形式记载下来。

一 苏颂、刘跂使辽民俗诗

熙宁元年（1068），苏颂任贺辽太后生辰使，熙宁十年（1077），再任贺辽主生辰使出使辽朝。他两度使辽，写下《前使辽诗》《后使辽诗》，记录辽地的风俗民情及自己的所思所感。经过奚山时，他作《同事合使见问奚国山水何如江乡以诗答之》，曰："奚疆山水比东吴，物色虽同土俗殊。万壑千岩南地有，扁舟短棹此间无。"② 诗歌突出此地不同于南方使用舟船作为交通工具的民俗。又作《奚山道中》："拥传经过白霫东，依稀村落有华风。食饧宛类吹箫市，逆旅时逢炀灶翁。"③ 伍子胥在吴国的街市吹箫乞食，所以吹箫市指代吴地。该句说的是当地人们喜爱吃甜食，和吴地的饮食习惯类似，在投宿之时经常碰到在灶边烤火的老人，他感到这里的民俗与中原有相似之处。在经过新馆时作《过新馆罕见居人》，曰："引弓风俗可伤嗟，满目清溪与白沙。封域虽长编户少，隔山才见两三家。"④ 突出当地的居住民俗不是聚在一起，而是分散居住。到了契丹后，他感受到契丹人们的居住、饮食、服饰民俗与中原很不一样，作《契丹帐》："马牛到处即为家，一卓穹庐数乘车。千里山川无土著，四时畋猎是生涯。酪浆膻肉夸希

---

① （宋）陈振孙：《直斋书录解题》卷五，中华书局1987年版，第141页。
② （宋）苏颂：《苏魏公文集》卷十三，影印文渊阁四库全书本。
③ 同上。
④ 同上。

品，貂锦羊裘擅物华。"① 可见契丹民俗是在放牧的时候以所到之处扎下帐篷就作为家之所在，一个家庭的常备东西只有一顶穹庐一样的帐篷和几辆车子而已。人们很少在一个地方永久居住，因为畋猎总是不停地变换住处。他们以奶酪和牛羊肉作为食物，以貂皮羊裘作为衣服。苏颂在契丹时，看到北人围猎的民俗，作《观北人围猎》："莽莽寒郊昼起尘，翩翩戎骑小围分。引弓上下人鸣镝，罗草纵横兽轶群。"② 自注曰："北人百骑飞放谓之罗草，终日才获兔数枚。颇有愧色，顾谓予曰：'道次小围不足观。常时千人以上为大围，则所获甚多，其乐无涯也。'"该诗写出北人"小围"的打猎民俗，箭上带着鸣镝，在群兽乱突之际，射猎它们。苏颂《北人牧羊》诗歌还写出北人的放牧民俗："牧羊山下动成群，啮草眠沙浅水滨。自免触藩羸角困，应无挟策读书人。毡裘冬猎千皮富，湩酪朝中百品珍。生计不赢衣食足，土风犹似茹毛纯。"③ 苏颂自注曰："羊以千百为群，纵其自就水草，无复栅栏，而生息极繁。"由《北人牧羊》可见，牧民不会像中原人士一样在放牧的时候读书，不以求取功名为傲。他们穿以动物皮毛制成的衣服，喝奶酪，他们不经营，但是衣食丰足，其生活和茹毛饮血的时候差不多。再如《虏中纪事》概括性地说明华夷民俗不同的饮食、不同的音乐和不同的气候特点："夷俗华风事事违，矫情随物动非宜。腥膻肴膳尝皆遍，繁促声音听自悲。沙昧目看朱似碧，火熏衣染素成缁。"④

刘跂出使辽国，也作了多首诗歌记下一路的见闻，总为《使辽作十四首》⑤，他写辽国不同于中原的民俗："习俗便乘马，生男薄负锄"

---

① 傅璇琮主编：《全宋诗》，北京大学出版社1998年版，第10册，第6420页。
② （宋）苏颂：《苏魏公文集》卷十三，影印文渊阁四库全书本。
③ 同上。
④ 傅璇琮主编：《全宋诗》，北京大学出版社1998年版，第10册，第6423页。
⑤ （宋）刘跂：《学易集》卷三，影印文渊阁四库全书本。

"喜斗人皆勇，诛求俗故贪。为谋不耐暑，嗜味独便盐""风急皮毛重，霜清湩酪膻"等，从中可见辽国的人民以马为交通工具，不习惯耕作的生产方式，人们粗犷好战，勇于争斗，因为身处北方严寒之地，不习惯暑热的天气，在饮食方面喜食咸的味道，喜欢喝奶酪，在服装方面以皮毛衣服为主。

二　苏辙奉使契丹民俗诗

苏辙于元祐四年（1089）以贺辽国生辰使身份出使契丹，在途中也写了多首诗歌，题为《奉使契丹二十八首》①，《燕山》云："居民异风气，自古习耕战。"后来因为同行的赵使君身体不适，苏辙只好陪同其乘坐车子，而车子是当地骆驼拉的车，因为交通民俗不同，所以苏辙作诗开玩笑说："高屋宽箱虎豹裀，相逢燕市不相亲。忽闻中有京华语，惊喜开帘笑杀人。"首先指出驼车不同于中原马车的独特特征，所以如果在燕地见到这一种车子绝对没有亲切之感，但是，如果忽然听到从车子里面传出熟悉的京华语言，肯定会感觉无限的亲切而畅言欢笑。《出山》云："奚人自作草屋住，契丹骈车依水泉。橐驼羊马散山谷，草枯水尽时一迁。汉人何年被流徙，衣服渐变存语音。"说明在这里居住的奚人，契丹人和流徙的汉人之间的民俗差异。奚，是古代的少数民族，分布在饶乐水（今内蒙古自治区西拉木伦河）流域，南北朝时称库莫奚，隋唐时称奚，后渐渐被契丹人同化。在《奚君》诗中言"燕俗嗟犹在，婚姻未许连"，说明当时奚人与契丹人不通婚的民俗。在《木叶山》中看到当地人"垢污不知作"，想到齐鲁一带"衣被遍城郭"，民俗迥乎不同。《虏帐》诗突出了契丹人的居住特点：

---

① 陈宏天、高秀芳点校：《苏辙集·栾城集》卷十六，中华书局1990年版，第317—323页。

"虏帐冬住沙陀中，索羊织苇称行宫。从官星散依冢阜，毡庐窟室欺霜风。"他在回来的时候总结此地的饮食民俗说："会同出入凡十日，腥膻酸薄不可食。羊修乳粥差便人，风隧沙场不宜客。"

三 范成大使金民俗诗

南宋时期，范成大用诗歌记录出使金国的情况，诗歌反映金国的民俗，以及沦陷区的民俗变化。乾道六年（1170），范成大由虞允文推荐，为改变接纳金国诏书礼仪和索取河南"陵寝"之事，以起居郎假资政殿大学士出使金朝。范成大"到一处，遇一事，就有一处一事的观察和反映，随时随地描写陷金地区的种种真实情景"[①]，并写成使金日记《揽辔录》，把一路上的所见、所闻、所思、所想用诗歌记录下来。他一路上写了72首诗歌，收录在《石湖居士集》卷十二中。

他的这些使金诗作内容丰富，凭吊历史，描写沦陷区人民的痛苦与期待等。而最主要的是，这些诗歌中包含着大量的民俗、沦陷区人民的民俗生活变化及金人的民俗。例如，他看到原来东京城里相国寺的民俗变化。相国寺初称建国寺，系北齐天保六年（555）所创建。唐睿宗延和元年（712），敕令拆毁，拆毁之时，铜铁佛像忽放金色之光，满城信众闻之，争相瞻礼，睿宗转而颁赐"相国寺"额，相国寺遂正式定名。至宋代，相国寺进入全盛时期。当时，寺地面积达五百四十余亩，号称皇家寺，后改名为大相国寺。每逢帝王诞辰或重大节日，祈祷活动多在该寺举行。相国寺在宋朝是东京城里非常繁华的地带，据《东京梦华录》卷三记载：

---

① 《范成大诗选·引言》，周汝昌选注《范成大诗选》，人民文学社1984年版，第21页。

相国寺，每月五次开放，万姓交易。大三门上皆是飞禽猫犬类，珍禽奇兽，无所不有。第二、三门皆动用什物，庭中设彩幕、露屋、义铺，卖蒲合、簟席、屏帏、洗漱、鞍辔、弓剑、时果、腊脯之类。近佛殿，孟家道院王道人蜜煎，赵文绣笔及潘谷墨……殿后资圣门前，皆书籍、玩好、图画及诸路散任官员土物、香药之类。后廊皆日者、货术、传神之类。寺三门阁上并资圣门，各有金铜铸罗汉五百尊、佛牙等，凡有斋供，皆取旨方开。三门左右有两餅琉璃塔……大殿两廊，皆国朝名公笔迹。左壁画炽盛光佛降九曜鬼百戏，右壁佛降鬼子母揭盂，殿庭供献乐部马队之类。大殿朵廊皆壁隐楼殿人物，莫非精妙。①

而在金军占领之后，范成大看到"寺中杂货，皆胡俗所需而已"，《相国寺》诗曰：

> 倾檐缺吻护奎文，金碧浮图暗古尘。
> 闻说今朝恰开寺，羊裘狼帽趁时新。

东京城内"市街"的民俗变化也是很大的：

市　街

> 梳行讹杂马行残，药市萧骚土市寒。
> 惘怅软红佳丽地，黄沙如雨扑征鞍。

东京"市街"由原来的繁华之地变得一片萧条。范成大的《市街》诗写梳子行业和马匹行业的杂乱凋残，药市及土市的萧索。

---

① （宋）孟元老撰，伊永文笺注：《东京梦华录笺注》卷二，中华书局2007年版，第288页。

到了望都，范成大看到人们多长着瘿脖，于是记下这一民俗：

望　都

荒寺疏钟解客鞍，由山东畔白烟寒。

望都风土连唐县，翁媪排门带瘿看。

范成大到了固城，就到了旧时辽的边界，他看到水质不好，当地人用柳作大桊汲井，被称作"凉罐"，便诗曰：

固　城

柳桊凉罐汲泉遥，味苦仍咸似海潮。

却忆径山龙井水，一杯洗眼洞层霄。

在清远店，范成大看到面颊上被刺有"逃走"二字的奴婢，据说这是奴婢主人家私自黥涅上去的，根据当地民俗，对于这类奴婢，可以杀之不禁。范成大诗曰：

清远店

女僮流汗逐毡軿，云在淮乡有父兄。

屠婢杀奴官不问，大书黥面罚犹轻。

在卢沟时，范成大写道：

卢　沟

草草鱼梁枕水低，匆匆小驻濯涟漪。

河边服匿多生口，长记辎车放雁时。

原来，根据金人的规定，五百里内禁采捕。所以在这里，人们以活雁饷客，积累到数十只后，就拿到这里放养河中。

在燕山城外宾馆，范成大正好碰到重阳节，他看到这里的人们也重视重阳，但是其民俗不同于中原，这里在当天要进行祭天的活动：

燕宾馆

九日朝天种落欢，也将佳节劝杯盘。

苦寒不似东篱下，雪满西山把菊看。

《蹋鸱巾》诗反映金人的头巾与中原的不同：

蹋鸱巾

重译知书自贵珍，一生心愧蹋鸱巾。

雨中折角君何爱，帝有衣裳易介鳞。

诗序交代作诗的背景称："接送伴田彦皋爱予巾裹，求其样，指所戴蹋鸱有愧色。"正因为头巾民俗不同，不同头巾所表达的含义也不同。所以田彦皋喜欢范成大所戴的代表文人风范的林宗巾①，为自己戴着金人蹋鸱巾②而感到羞愧。

由上可见，宋代出使异域的使者多注意并记载异域的民俗，诗人当然用诗歌反映异域的民俗。宋代出使异域的使者为什么重视反映异域民俗呢？从这些异域民俗诗歌中，读者可否了解诗人的心态呢？

宋朝的外交方式不同于汉唐时期，不是一种在强大时征服式的外交，即注重军事力量的对比；也不是在虚弱时采用和亲的政策，即进行政治的联姻。宋朝注重与少数民俗维持一种和平的外交方式，甚至采用纳币、送玉帛等屈辱的方式来维持和平。这种方式加重了人们的

---

① "雨中折角"指林宗巾，东汉郭太守林宗名重一时，一日道遇雨，头巾沾湿，一角折叠，时人效之，故意折角一角，称林宗巾。后泛指文士之冠。

② 蹋鸱巾是金人的头巾名称。宋周煇《北辕录》中说："无贵贱，皆着尖头靴，所顶巾谓之蹋鸱。"

负担，遭人诟病，但也维持了边境的安宁。其实，在北宋初期，这种外交方式还是为人所称道的，并且宋代与少数民族有很多外交往来，双方互相派遣使者。正因为这种外交政策，宋代的使者在出使的时候，注意观察异地的民俗状况，思考国家的民族外交政策。例如，苏颂在《奚山道中》中曰："渐使边氓归畎亩，方知雨露遍华戎。朝廷涵养恩多少，岁岁轺车万里通。"① 说明朝廷对外政策使人民过上稳定耕作的生活。在《契丹帐》一诗中不仅写契丹人民的不同民俗，还发出"种类益繁人自足，天教安逸在幽遐"② 的感慨，赞美简单而质朴的生活，而这种生活也需要两国的和平政策才得以实现。在《奚山路》诗中，作者首先注释说："出奚山路，入中京界，道旁店舍颇多，人物亦众。"然后诗中言道："风烟不改卢龙俗，尘土犹兼瀚海沙。朱版刻旗村赐食，青毡通幰贵人车。"③ 作者自注："食邸门挂木刻朱旗""贵族之家车屋通以青毡覆之"，说明这里社会风俗的变化。作者发出"皇恩百岁加荒景，物俗依稀欲慕华"的感慨，显示朝廷政策的影响。在《沙陀路》诗中作者说："从来天地分南朔，今作通逵近百年。"④ 既体现交通变化，又赞美当时少数民族的政策使人们相互往来。在《广平宴会》中说："玉帛系心真上策，方知三表术非疏。"⑤ 赞美当时的外交政策。苏颂的使辽民俗诗歌通过反映辽地人民的民俗生活状况，得出当时少数民族政策给百姓带来好处的结论。

苏辙在出使契丹的时候，观察民俗也是在观察当地人民的生活，考虑国家的民族政策。《燕山》指出"居民以风气，自古习耕战"的

---

① （宋）苏颂：《苏魏公文集》，中华书局1988年版，第170页。
② 同上书，第171页。
③ 同上。
④ 同上书，第173页。
⑤ 同上书，第175页。

民俗，并且列举那里的历史人物，主要是为了突出作者的思考，即"从来帝王师，要在侮亡乱。攻坚甚攻玉，乘瑕易冰泮。中原但长治，敌势要自变"，主张对于契丹不应该采用硬碰硬的政策，并主张首先要自身强大，敌国自然会生变化。他最后发出希望："会当挽天河，洗此生齿万。"在《木叶山》诗中，作者充满了悲悯的情怀：

> 奚田可耕凿，辽土直沙漠。蓬棘不复生，条干何由作。
>
> 兹山亦沙阜，短短见丛薄。冰霜叶堕尽，鸟兽纷无托。
>
> 乾坤信广大，一气均美恶。胡为独穷陋，意似鄙夷落。
>
> 民生亦复尔，垢污不知怍。君看齐鲁间，桑柘皆沃若。
>
> 麦秋载万箱，蚕老簇千箔。余粱及狗彘，衣被遍城郭。
>
> 天工本何心，地力不能博。遂令尧舜仁，独不施礼乐。

该诗说明，这里民俗与齐鲁民俗不同的原因在于气候土地的不同，以至于像尧舜那样圣明的君主，也没有办法在这里推行礼乐教化。另《虏帐》一诗说明了虏帐的民俗特点，主要是为了突出朝廷的国家战略，他说："朝廷经略穷海宇，岁遗缯絮消顽凶……祥符圣人会天意，至今燕赵常耕农。尔曹饮食自谓得，岂识图霸先和戎。"

而在南宋时期，经历过惨痛的靖康之变，出使金国的使者到金国去，看到当地的民俗会触发不同的感情。他们对于民俗的着眼点也不同，不再关注他们的穹庐建筑，不再关注他们的奶酪饮食等自然民俗，因为不管是和平往来还是战争交锋，南宋人对于他们这些普通的民俗大多数都已经知晓，所以范成大之行对于民俗的观察就更加细致深入，如固城的"凉罐"与"踢鸥"头巾，并且更深层次地思考国家政策给民俗带来的影响。例如，范成大关注他们重阳祭天的民俗、不禁止杀害奴婢的民俗、桑乾河放生的民俗。而且范成大亦看到了金人入侵宋朝后沦陷区民俗的变化。他不仅写相国寺的民俗变化，还写在真定时看到一京师旧乐工，不被胡地舞蹈民俗所同化：

真定舞

紫袖当棚雪鬓凋，曾随广乐奏云韶。

老来未忍耆婆舞，犹倚黄钟衮六么。

在邯郸驿的时候，范成大看到驿馆后面有杀狗祭天的，这是胡人的民俗。于是范成大感慨道：

邯郸驿

长安大道走邯郸，倚瑟佳人怅望间。

若见膻腥似今日，汉宫何用忆关山。

想汉代戚夫人曾经出生于此地，到长安之后还曾经十分思念此地。如果知道今天这样膻腥满地，她大概也不会思念了。范成大想象戚夫人面临此时此景的感受，其实是表达自己的感慨：膻腥满地，令人痛心。所以范成大站在邯郸北门外的丛台上，想到丛台的历史与现在，不禁感慨万千：

丛 台

凭高阅士剑如林，故国风流变古今。

衽服云仍犹左衽，丛台休恨绿芜深。

综上所述，宋代出使异域的使者，其诗作多反映异域的民俗，主要为了了解异域民俗情况，并思考国家的民族政策。在南宋时期，因为时局的变化，诗人更加关注民俗变化，并寓于无限沉痛之情。

第三节　为官他乡的民俗诗作

梅尧臣《寄滁州欧阳永叔》评价韦苏州的诗说："昔读韦公集，固多滁州词，烂漫写风土，下上穷幽奇。"① 可知唐代韦应物任职滁州时的诗歌就具有描写民俗的特点，宋代这种情况更加普遍。作为一名官员，身负治理一方民众的重任，首先必须要考察当地民风和当地的政治情况。其次，通过民俗还可以看出该地方官员的任职情况。最后，作为官员还要顺应地方惯例，亲自主办一些大型民俗活动。所以宋代诗人在为官期间的诗歌多有反映当地民俗的诗作。其中，反映最多的地域民俗要数蜀地民俗。下文以入蜀为官的诗人为例，说明诗人为官他乡的民俗诗歌。

一　田况《成都遨乐诗》

田况为官益州的时候，作《成都遨乐诗》②，他在序言中解释创作背景曰："逮忝命守益，柅辕逾月，即及春游，每与民共乐，则作一诗以纪其事。自岁元徂冬至，得古律长调短韵共二十一章。"其二十一首分别为《元日登安福寺塔》《二日出城》《五日州南门蚕市》《上元灯夕》《二十三日圣寿寺前蚕市》《二十八日谒生禄祠游净众寺》《二月二日游江会宝历寺》《八日太慈寺前蚕市》《寒食出城》《开西园》

---

① （宋）梅尧臣著，朱东润编：《梅尧臣集编年校注》卷十六，上海古籍出版社1980 年版，第 330 页。

② （宋）袁说友等编，赵晓兰整理：《成都文类》，中华书局 2011 年版，第 177—183 页。

《三月三日登学射山》《九日太慈寺前蚕市》《二十一日游海云山》《三月十四日太慈寺建乾元节道场》《乾元节》《四月十九日泛浣花溪》《伏日会江渎池》《七月六日晚登太慈寺阁观夜市》《七月十八日太慈寺观施盂兰盆》《重阳日州南门药市》《冬至朝拜天庆观会太慈寺》。

现略举数例，窥其一斑：

> 岁历起新元，锦里春意早。诘旦会朋寀，群游候驺导。
>
> 像塔倚中霄，翚檐结重橑。随俗纵危步，超若落清昊。
>
> 千里如指掌，万象可穷讨。野阔山势回，寒余林色老。
>
> 遨赏空闾巷，揭来喧稚耄。人物事多闲，车马拥行道。
>
> 顾此欢娱俗，良慰羁远抱。第忧民政疏，无庸答宸造。
>
> ——《成都遨乐诗·元日登安福寺塔》

> 昔日张复之，来乘寇乱余。三春虽宴赏，四野犹艰虞。
>
> 遂移踏青会，登舟恣游娱。戎备渐解弛，人情悉安舒。
>
> 垂兹五十年，材哲不敢踰。愚来再更朔，遽及仲春初。
>
> 彩斾列城隈，画船满江隅。轻棹下奔濑，纵舆临精庐。
>
> 因思贤守事，所作民乃孚。慈惠未为大，大者其忘诸。
>
> ——《成都遨乐诗·二月二日游江会宝历寺》

> 浣花溪上春风后，节物正宜行乐时。
>
> 十里绮罗青盖密，万家歌吹绿杨垂。
>
> 画船叠鼓临芳溆，彩阁凌波泛羽巵。
>
> 霞景渐曛归棹促，满城欢醉待旌旗。
>
> ——《成都遨乐诗·四月十九日泛浣花溪》

以上所举例子，分别描绘成都"元日登安福寺塔""二月二日游江会宝历寺""四月十九日泛浣花溪"的民俗。诗歌不仅详细描写民俗活动的盛况，还体现出身为官员的意识。如"第忧民政疏，无庸答宸造"，他想到报效皇帝；"因思贤守事，所作民乃孚"，他想到官员的职责。在这二十一首诗歌中，这样的官员身份意识比比皆是，如"远俗尤熙泰，皇猷信不颇"（《三月十四日太慈寺乾元节道场》），他想到朝廷的教化；"愿将民共乐，聊以报皇明"（《乾元节》），他想到与民同乐；"但喜山民药货售，归助农业增锄芟"（《重阳日州南门药市》），他喜百姓之所喜。

二　范成大成都民俗诗

范成大为官期间也十分留意地域民俗，不仅在出使金国的时候作《揽辔录》，并且为官桂林之后曾追忆桂林一带民俗而作《桂海虞衡志》。范成大还曾经为官成都，其诗歌反映成都的民俗。淳熙二年（1175）六月，范成大入蜀知成都府、权四川制置使。范成大在成都为官期间也有大量诗歌反映这一带的民俗活动。例如：

> 岭梅蜀柳笑人忙，岁岁椒盘各异方。
>
> 耳畔逢人无鲁语（蜀人乡音极难解，其为京、洛音，辄谓之虏语，或是僭伪时以中国自居，循习至今不改也。既又讳之，改作鲁语，尤可笑，故就用其字），鬓边随我是吴霜。
>
> 新年后饮屠苏酒，故事先然宰堵香。
>
> 石笋新街好行乐，与民同处且逢场。①
>
> ——《丙申元日安福寺礼塔》

---

① （宋）范成大著，富寿荪标校：《范石湖集》卷十七，上海古籍出版社2006年版，第232页。

范成大在诗歌序言中解释了这一民俗："成都一岁故事始于此，士女大集拜塔下，然香挂幡，以穰兵火之灾。"范成大该诗写身在他乡看安福寺礼塔的感受，然后言及当时的民俗活动情况，最后表示自己与民同乐的意愿。

> 远柳新晴暝紫烟，小江吹冻舞清涟。
>
> 红尘一哄人归后，跕跕饥鸢夔纸钱。①
>
> ——《初三日出东郊碑楼院》

《初三日出东郊碑楼院》写成都正月初三祭祀东君的民俗，诗序说："故事，祭东君。因宴此院。蜀人皆以是日拜扫。"可知，范成大该诗是因为依照惯例，在祭祀东君后宴请宾客时创作。

> 北郊征路记前回，三尺惊尘马踏开。
>
> 新涨忽明多病眼，好风如把及时杯。
>
> 青黄麦垄平平去，疏密栀林整整来。
>
> 游骑不知都几许，长堤十里转轻雷。②
>
> ——《上巳前一日学射山、万岁池故事》

> 浓春酒暖绛烟霏，涨水天平雪浪迟。
>
> 绿岸翻鸥如北渚，红尘跃马似西池。
>
> 麦苗剪剪尝新麨，梅子双双带折枝。
>
> 试比长安水边景，只无饥客为题诗。③
>
> ——《上巳日万岁池上呈程咏之提刑》

---

① （宋）范成大著，富寿荪标校：《范石湖集》卷十七，上海古籍出版社 2006 年版，第 232 页。

② 同上书，第 234 页。

③ 同上。

这两首诗反映成都上巳日在学射山、万岁池春游的民俗。学射山，相传蜀后主刘禅习射于此，因以得名。万岁池在成都府以北十里，相传张仪筑城取土处，去城十里，因以养鱼，谓之万岁池。田况诗也反映了三月三日登学射山的民俗："门外盛车徒，山半列廛市。彩旛飞镝远，醉席歌声起。回头望城郭，烟霭相表里。"（《成都遨乐诗·三月三日登学射山》）《蜀中广记》引《岁华纪丽》曰："三月三日张伯子于学射山上升，巫觋卖符于道，游者佩之以宜蚕辟灾，太守出游，日晚宴于万岁池。"当时范成大作为成都知府，参加这样的民俗活动应该是循例而行。

范成大成都民俗诗歌多表现身为官员参与民俗活动的所思所感，有时点明自己在民俗活动中的角色，有时不点明，有时作品中流露的情感，如与民同乐的情感，也说明了自己的身份。当然，范成大并不是都以官员的身份来写所有反映成都民俗的诗歌。例如，《丁酉正月二日东郊故事》反映成都正月初二出东郊的民俗：

> 椒盘宿酒未全醒，扰扰金鞍逐画软。
>
> 麦雨一犁随处绿，柳烟千缕几时青。
>
> 客愁旧岁连新岁，归路长亭间短亭。
>
> 万里松楸双泪堕，风前安得讳飘零。①

该诗可以和田况反映同一民俗的诗歌进行比较："初岁二之日，言出东城埋。缇骑隘重郛，淤车垄行尘。原野信滋腴，景物争光新。青畴隐遥坝，弱柳垂芳津。逻卒具威械，祭墦列重茵。俗尚各有时，孝思情则均。归途喧鼓铙，聚观无富贫。坤隅地力狭，百业常苦辛。设

---

① （宋）范成大著，富寿荪标校：《范石湖集》卷十七，上海古籍出版社 2006 年版，第 242 页。

微行乐事，何由裕斯民。守侯其勉旃，亦足彰吾仁。"（《成都邀乐诗·二日出城》）可见，成都人们在正月二日这一天不仅出游，而且祭祀祖先。田况想到的是百姓的艰辛及官员的责任，而与田况的官员心态不同，范成大诗歌言"万里松楸双泪堕""松楸"，墓地多植，因以代称坟墓，此处特指父母的坟墓。范成大想起的是家乡的已故亲人，这是其游子情怀的反映。

三 陆游西蜀游乐诗

陆游于乾道六年（1170）自山阴启程赴夔州任通判，自此开始他的入蜀之旅。淳熙二年（1175）正月，陆游离开荣州，赴成都，任成都府路安抚司参议官兼四川制置使司参议官，于淳熙五年（1178）奉召还朝，他对蜀地的印象非常深刻。其离开蜀地后的许多诗歌都对蜀地及其民俗充满回忆，如《昔在成都正月七日圣寿寺麻子市初春行乐处也偶晨兴闻邻村守麻有感》曰："乐事新年忆锦城，城南麻市试春行。"①

他的儿子在其诗集题跋中介绍陆游的西蜀情结，说：

> 西溯夔道，乐其风土，有终焉之志。蜀之名卿巨儒皆倾心下之，争先挽留。晁公子止侍郎，欲捐其别墅以舍之，先君诺焉，而未之决也。尝为子虞等言：蜀风俗厚，古今类多名人，苟居之，后世子孙宜有兴者。宿留殆十载。戊戌春正月，孝宗念其久外，趣召东下，然心固未尝一日忘蜀也，其形于歌诗，盖可考矣。是以题其平生所为诗卷曰《剑南诗稿》，以见其志焉。②

---

① 钱仲联校注：《剑南诗稿校注》卷四十，上海古籍出版社 2005 年版，第 1119 页。
② 《剑南诗稿江州刊本陆子虞跋》，钱仲联校注《剑南诗稿校注》，上海古籍出版社 2005 年版，第 4545 页。

陆游在成都为官期间也写有诗歌反映蜀地的游乐民俗。例如：

万瓦如鳞百尺梯，遥看突兀与云齐。

宝帘风定灯相射，绮陌尘香马不嘶。

星陨半空天宇静，莲生陆地客心迷。

归途细踏槐阴月，家在花行更向西。①

——《天中节前三日大圣慈寺华严阁燃灯甚盛游人过于元夕》

春风初来满刀州，江水照人如泼油。

犊车芳草南陌头，家家倾赀事遨游。

万里桥西系黄骝，为君一登散花楼。

半年长斋废觥筹，兴来忽典千金裘。

小桃婀娜弄芳柔，红兰苗芽满春洲。

垆边女儿不解愁，斗草才罢还藏钩。

可怜世人自拘囚，盎中乾坤舞蜉蝣。

百年苦短去日遒，问君安用万户侯。②

——《初春出游》

突兀球场锦绣峰，游人士女拥千重。

月离云海飞金镜，灯射冰帘掣火龙。

信马随车纷醉侠，卖薪买酒到耕农。

今年自笑真衰矣，但觉凭鞍睡思浓。③

——《丁酉上元》其一

鼓吹连天沸五门，灯山万炬动黄昏。

美人与月正同色，客子折梅空断魂。

---

① 钱仲联校注：《剑南诗稿校注》卷六，上海古籍出版社 2005 年版，第 514 页。
② 钱仲联校注：《剑南诗稿校注》卷八，上海古籍出版社 2005 年版，第 632 页。
③ 同上书，第 636 页。

宝马暗尘思辇路，钓船孤火梦江村。

古来漫道新知乐，此意何由可共论。①

——《丁酉上元》其二

第一首诗歌反映游人在大圣慈寺华严阁观灯的盛况，第二首诗歌反映蜀地人民积极参与春游的热情，写卖酒的女子快乐地玩斗草②藏钩③之戏。第三、第四首诗歌反映上元灯节的繁华热闹。

陆游之诗显得洒脱豪放，与田况、范成大诗风格不同。这与陆游在蜀为官时的心态有关。关于陆游入蜀的背景，《宋史·陆游列传》曰："言者论游交结台谏，鼓唱是非，力说张浚用兵，免归。久之，通判夔州。……范成大帅蜀，游为参议官，以文字交，不拘礼法，人讥其颓放，因自号放翁。"④ 可见，作为"主战派"的陆游被安置在战争的后方蜀地，心情是很颓废的。陆游纵情于成都丰富的遨游民俗之中，但是心却在繁华热闹中感到孤独。所以他在上元的民俗描写之后，拿"归途细踏槐阴月"的情景与之比照；在描写初春出游民俗之后，想到"世人自拘囚""百年苦短去日遒"，这是诗人的自我排解；在描写上元民俗之后，想到自我的衰老，"客子折梅空断魂"正是自我形象的书写。

---

① 钱仲联校注：《剑南诗稿校注》卷八，上海古籍出版社 2005 年版，第 636 页。

② 斗草，《荆楚岁时记》："五月五日……四民并踘百草之戏……踏百草即今人有斗百草之戏也。"

③ 藏钩，《荆楚岁时记》："岁前又为藏彄之戏。……《艺经》庾阐则作钩字，其事同也。"

④ （元）脱脱等：《宋史》卷三百九十五，中华书局 1977 年版，第 12058 页。

第四节　贬谪远方的民俗诗作

北宋时期新旧党争不断，南宋时期，"主战"与"主和"两派斗争不停，造成官员宦海沉浮，有时几个月中连连高升，有时几日之间连续被贬。贬谪之地大多在边远蛮荒之地。在这边远蛮荒之地，有很多不为外人所知的独特民俗，但是因为以前少有外人来此，本地人生于其中而不觉得有异样，缺乏对比参照，故该地区民俗较少进入文人的诗中。另外，因为这些地方文化的缺乏，文人稀少，所以民俗文化在文学作品中没有较好地得到反映。而贬谪的官员具备创作民俗诗歌的两个必要条件：异地民俗文化的冲击和反映民俗的文学创作能力。所以，宋代反映边远地域的民俗诗歌也很繁荣。

一　欧阳修的夷陵诗

宋仁宗景祐三年（1036），欧阳修被贬夷陵，他夷陵时期的不少诗作反映了当地人民生活：

> 萧条鸡犬乱山中，时节峥嵘忽已穷。
> 游女髻鬟风俗古，野巫歌舞岁年丰。（夷陵俗朴陋，惟岁暮祭鬼，则男女数百相从而乐饮，妇女竞为野服以相游嬉）
> 平时都邑今为陋，敌国江山昔最雄。

荆楚先贤多胜迹，不辞携酒问邻翁。①

——《夷陵岁暮书事呈元珍表臣》

春秋楚国西偏境，陆羽茶经第一州。

紫箨青林长蔽日，绿丛红橘最宜秋。

道涂处险人多负，邑屋临江俗善泅。

腊市渔盐朝暂合，淫祠箫鼓岁无休。

风鸣烧入空城响，雨恶江崩断岸流。

月出行歌闻调笑，花开啼鸟乱钩辀。

黄牛峡口经新岁，白玉京中梦旧游。

曾是洛阳花下客，欲夸风物向君羞。②

——《夷陵书事寄谢三舍人》

青山四顾乱无涯，鸡犬萧条数百家。

楚俗岁时多杂鬼，蛮乡言语不通华。

绕城江急舟难泊，当县山高日易斜。

击鼓踏歌成夜市，邀龟卜雨趁烧畲。

丛林白昼飞妖鸟，庭砌非时见异花。

惟有山川为胜绝，寄人堪作画图夸。③

——《寄梅圣俞》

　　欧阳修以游玩的心态、欣赏的目光，把夷陵的山水风景与风俗民俗杂糅在一起，一边看风景，一边赏民俗；一边寻找先贤的胜迹，一边向故人夸耀此地风物。欧阳修尽管被贬夷陵，但是夷陵并不远，况

---

　　① （宋）欧阳修著，李逸安点校：《欧阳修全集》卷十一，中华书局2001年版，第174页。

　　② 同上书，第174页。

　　③ 同上书，第175页。

且他还担任县令之职务，所以，他能够以欣赏的态度看待民俗。

宋代官员贬谪，以安置岭南为多，岭南是指中国南方的五岭之南地区，相当于现在广东、广西、海南全境及湖南、江西等省的部分地区。现在海南有苏公祠和五公祠，苏公祠是纪念苏轼的，五公祠是为纪念唐朝名相李德裕、宋朝名相李纲、李光、赵鼎和名臣胡诠而建的，故名五公祠。

苏轼晚年被远贬海南。他观察海南岛上坟的民俗不同于家乡：家乡一般在寒食节上坟，而海南人在上巳日上冢，所以他说：

> 老鸦衔肉纸飞灰，万里家山安在哉！
>
> 苍耳林中太白过，鹿门山下德公回。
>
> 管宁投老终归去，王式当年本不来。
>
> 记取城南上巳日，木棉花落刺桐开。①

——《海南人不作寒食，而以上巳上冢。予携一瓢酒，寻诸生，皆出矣。独老符秀才在，因与饮，至醉。符盖儋人之安贫守静者也》

该诗尽管起笔以"老鸦衔肉纸飞灰"的上坟民俗的凄凉意境为始，想到贬谪远方、家隔万里、心情低落，但是经过与历史人物的对比，进行自我排解，心情变得开朗，最后以"木棉花落刺桐开"的意境为结尾。

二　李纲、郑刚中的琼管诗

南宋建炎二年（1128）七月，李纲被高宗贬谪到万安军安置。万安军在海南岛的东南端，即今天的万宁市。尽管李纲只是在海南逗留

---

① 孔凡礼点校：《苏轼诗集》卷四十二，中华书局 1982 年版，第 2308 页。

一个多月，但其诗作却记载了当地的风土民俗情况，如《次琼管二首》，序言交代写作背景与目的："南渡次琼管，江山风物与海北不殊。民居皆在槟榔木间，黎人出市交易，蛮衣椎髻，语音兜离不可晓也。因询万安，相去犹五百里，僻陋尤甚。黄茅中草屋二百余家，资生之具一切无有。道由生黎峒山，往往剽劫行者。必自文昌县泛海，得便风三日可达。艰难至此，不无慨然。赋诗二首，纪土风，志怀抱也。"诗曰：

> 巨舶浮于海，长飙送短蓬。夜潮和月白，晓日跳波红。云影摇修浪，澜光接远空。喜过三河流，愁远冠头峰。雷化迷天际，琼儋入望中。地遥横一线，山露点群鸿。偶脱鲸鲵患，尤欣气俗同。川原惊老眼，稚童看衰翁。蛮市虾鱼合，宾居栋宇雄。人烟未寥落，竹树自葱茏。碧暗槟榔叶，香移薄荷丛。金花翔孔翠，彩幕问黎童。南极冬犹暖，中原信不通。管宁虽迹远，阮籍已途穷。涢洞沧波里，苍茫返照东。客愁浑不寝，鼓角五更风。（其一）
>
> 四郡环黎母，穷愁最万安。峒氓能悯寇，泷吏岂欺韩。草屋蒹篁里，孤城瘴海端。民居才百数，道里尚艰难。径陆忧生蜑，乘桴畏怒澜。飓风能破胆，疠气必摧肝。去死垂垂近，资生物物殚。舶来方得米，牢馨或无餐。树芋充嘉馔，麕鸁荐浅盘。荖藤茶更苦，淡水酒仍酸。黎户花缦服，儒生椰子冠。槟榔资一醉，吉贝不知寒。何必从詹尹，无因咏考盘。失图嗟罪大，得此荷恩宽。顾影同三友，谈空不二观。中州杳何在，犹共月团栾。（其二）①

琼管，古代琼州府的简称，琼州，今海南海口。李纲说海南的

---

① （宋）李纲：《李纲全集》，岳麓书社 2004 年版，第 319 页。

"江山风物与海北不殊"，即风气民俗与他已经熟悉的粤西基本是一样的：市面上处处有鱼虾出售，人烟也很繁盛；岛上遍布槟榔、薄荷、竹子，一团团绿色，葱茏如洗。第二首诗歌反映万安民俗，万安是最令人发愁的地方。在那个地方，飓风到来能摧人肝胆；林中疠气弥漫，危害健康。当地百姓生活也苦到极点：岛北有船去，他们才能买到米。如果粮仓空了，那就要挨饿，只能以"树芋"充饥。黎族地方的风俗，与汉地也不大一样，那里的"蒌藤茶"是苦的，淡水酒是酸的。黎人所穿的衣服，是有花纹的。最可怪异的，是那里的儒生所戴的儒冠，居然是用椰子壳做的！

郑刚中也曾被贬谪海南，他在诗歌中描写了海南一带食槟榔的民俗：

> 海风飘摇树如幢，风吹树颠结槟榔。贾胡相衔浮巨舶，动以百斛输官场。官场出之不留积，布散仅足资南方。闻其入药破痎癖，铢两自可攻腹肠。如何费耗比菽粟，大家富室争收藏。邦人低颜为予说，浓岚毒雾将谁当。蒌藤生叶大于钱，蚬壳火化灰如霜。鸡心小切紫花碎，灰叶佐助消百殃。宾朋相逢未唤酒，煎点亦笑茶瓯黄。摩挲荔孙更兼取，此味我知君未尝。吾邦合姓问名者，不许羔雁先登堂。盘盂封题裹文绣，个数惟用多为光。闻公嚼蜡尚称好，随我啖此当更良。支颐细听邦人说，风俗今知果差别。为饥一饭众肯置，食蒌忘辛定谁辍。语言混杂常嗫嚅，怀袖携持类饕餮。唇无贵贱如激丹，人不诅盟皆歃血。初疑被窘遭折齿，又怪病阳狂嚼舌。岂能鼎畔窃朱砂，恐或遇仙餐绛雪。又疑李贺呕心出，咳唾皆红腥未歇。自求口实象为颐，颐中有物名噬嗑。噬遇腊肉尚为吝，饮食在颐尤欲节。酸醎甘苦各有脏，偏受辛毒何其拙。那知玉液贵如酥，况是华池要清洁。我尝效尤进薄

少，土灰在喉津已喳。一身生死托造化，琐琐谁能污牙颊。①

——《广南食槟榔，先嚼蚬灰、蒌藤叶，津遇灰藤则浊，吐出一口，然后槟榔继进，所吐津到地如血，唇齿颊舌皆红，初见甚骇，而土人自若，无贵贱老幼男女行坐咀嚼，谓非此亦无以通殷勤焉。于风俗珍贵，凡姻亲之结好、宾客之款集、苞苴之请托，非此亦无以通殷勤焉。余始至，或劝食之，槟榔未入口，而灰汁藤浆隘其咽，嗽濯逾时未能清。赋此长韵》

诗歌首先说明槟榔的生长环境，然后说明槟榔具有较高的药用价值，所以商人争相运输槟榔向官场输送，有钱有权的人家争相收藏。然后借邦人之口说明当地人食用槟榔的民俗，以及槟榔在当地人联姻中的民俗作用。李纲《槟榔》写自己在海南吃槟榔的感受，也反映当地吃槟榔的民俗："蒌叶偏相称，蠃灰亦谩为"②，该诗与上文郑刚中的诗歌可相互参照了。诗歌在交代民俗的同时也说明了自己的感受，诗歌用一系列的比较，表达对该民俗的惊奇之情。然后说自己"效尤"随俗食用槟榔，感觉并不好——"土灰在喉津已喳"，但是他感到生死命运已经委任于造化，再没有什么东西可以伤害到他了，这些琐碎的事物还怎么能够使牙齿面颊受污呢？

综上所述，这些贬谪远方的民俗诗作一方面是对当地民俗作客观描述，有时使用对比的方法，体现民俗的差异；另一方面，融入自己作为贬谪之人的独特感受。有的人愉快地欣赏新的民俗，如欧阳修、苏轼；有的人面对异乡不习惯的民俗无奈接受，如郑刚中；有的人沉浸于对家乡的思念之中，如李纲说"中州杳何在，犹共月团栾"；有

---

① （宋）郑刚中：《北文集山》卷二十一，中华书局1985年版，第275—276页。
② （宋）李纲：《李纲全集》，岳麓书社2004年版，第320页。

的人甚至担心被同化为当地人，如"饮啄随风土，端忧化岛夷"（李纲《槟榔》）。这些被贬谪的官员一般还兼有一定的官职，尽管有时只是一个虚衔，但他们却有一定的爱民意识。并且，他们从中原文化发达之地来到荒蛮远方之后，也有一种关心当地民情，传播优秀文化的主动意识。例如，李纲说"民居才百数，道里尚艰难"，表达了对于当地百姓的同情与怜悯。

第五节　反观家乡民俗诗作

上文所讨论的地域民俗诗歌大多是作者身在异域，对异域民俗有不同的感受，从而关注不同的民俗，并写入诗歌之中。与关注异域民俗相对，一些诗人把目光投向了家乡的民俗，对异域民俗的关注促进了对于家乡民俗的反观。

一　身在异域的乡俗回忆

宋人一边睁着好奇的眼睛打量着外面的世界及外面的民俗，一边怀着一种恋巢的心情赞美家乡的风土民俗。范成大在提到不喜欢巴蜀人吃生蒜和峤南吃槟榔的民俗之后就说："丝莼乡味好，归梦水连云。"[1] 反映家乡爱吃"丝莼"的民俗。强至在长安时，看到曲江芜没不堪观，就回想起家乡上巳的民俗："三月吾乡三日盛，一春盛事一时

---

① （宋）范成大著，富寿荪标校：《范石湖集》卷十六，《巴蜀人好食生蒜，臭不可近。顷在峤南，其人好食槟榔，合蛎灰、扶留藤，一名蒌藤，食之辄昏，然已而醒快，三物合和，唾如脓血可厌。今来蜀道，又为食蒜者所熏，戏题》，上海古籍出版社 2006 年版，第 226 页。

传。山花迎笑探芳骑，水鸟惊飞张乐船。"①

身在异地，每逢佳节倍思亲，人们往往会在特殊的节日里或特殊的情形之下回忆起亲切的家乡，有时是家乡的人，有时是家乡的事，或者看到节物就想起家乡的民俗。正如王维在重阳节回忆起家人登高、插茱萸的民俗一样。项安世曰"异乡悲节物，归梦速檣乌"②，正道出了许多人的心声。正因为有的人在一些特殊的节日里会想起家乡的节日民俗，所以催生了许多关于描写家乡民俗的民俗诗歌。

例如，苏轼与苏辙入京参加科举考试后，苏轼被委任为凤翔县令。这是苏轼第一次远离亲人开始新的生活，在这一年的春节，苏轼倍感孤单，不胜伤感。于是与弟弟苏辙作诗唱和，回忆起家乡春节时亲友团聚守岁、互相馈问的民俗，题为《岁晚相与馈问，为馈岁；酒食相邀，呼为别岁；至除夜，达旦不眠，为守岁。蜀之风俗如是，余官于岐下，岁暮思归而不可得。故为此三诗以寄子由》③，摘录如下：

> 农功各已收，岁事得相佐。为欢恐无及，假物不论货。
> 山川随出产，贫富称小大。置盘巨鲤横，发笼双兔卧。
> 富人事华靡，彩绣光翻座。贫者愧不能，微挚出春磨。
> 官居故人少，里巷佳节过。亦欲举乡风，独唱无人和。
>
> ——《馈岁》
>
> 故人适千里，临别尚迟迟。人行犹可复，岁行那可追。
> 问岁安所之，远在天一涯。已逐东流水，赴海归无时。
> 东邻酒初熟，西舍彘亦肥。且为一日欢，慰此穷年悲。

---

① （宋）强至《祠部集》卷八：《长安上巳日对雨忆杭州》，影印文渊阁四库全书本。

② 宋）项安世《平庵悔稿》卷九：《寒食有怀楚都》，（江苏古籍出版社 1988 年版。

③ 孔凡礼点校：《苏轼诗集》卷四，中华书局 1982 年版，第 159 页。

勿嗟旧岁别，行与新岁辞。去去勿回顾，还君老与衰。

——《别岁》

欲知垂尽岁，有似赴壑蛇。修鳞半已没，去意谁能遮。

况欲系其尾，虽勤知奈何。儿童强不睡，相守夜欢哗。

晨鸡且勿唱，更鼓畏添挝。坐久灯烬落，起看北斗斜。

明年岂无年，心事恐蹉跎。努力尽今夕，少年犹可夸。

——《守岁》

通过品读诗歌，读者可以看到作者对家乡淳朴风俗的深挚回忆：每当一年的农事忙完，大家就开始高兴地准备过春节，各自拿出家里的东西互相馈问，无论东西的价值多少，都是根据自己土地所产，或者和家庭的贫富相称。富人家的东西或许奢侈华丽一些，但穷人家的东西也是发自真诚之心。这是馈岁。邻居们过年的东西准备好之后，有的设美酒，有的备肥猪，互相邀请共聚，聊天话家常。到了年终的最后一天，大家为了抓住时光，舍不得睡觉，特别是儿童，本来不太明白守岁的含义，但还是强忍睡意，一夜喧哗。诗人因为"官居故人少"才"亦欲举乡风"，所以诗作反映民俗的诗歌还是采用客观的描写方法，再现当时的民俗馈岁、守岁、别岁的民俗状况，深挚情感寓于其中。这不同于一些重在抒情而不提及民俗的节日诗歌。

苏辙收到诗歌后，也作了和诗，即《次韵子瞻记岁莫乡俗三首》。苏轼与苏辙写了家乡岁暮的民俗之后，一发而不可收，于是又回忆家乡岁首的民俗——踏青、蚕市，苏辙作《记岁首乡俗寄子瞻二首》，苏轼作《和子由踏青》《和子由蚕市》。现摘录二首：

枯桑舒牙叶渐青，新蚕可浴日晴明。前年器用随手败，今冬

61

衣着及春营。倾囷计口卖余粟，买箔还家待种生。不惟箱筐供妇女，亦有锄镈资男耕。空巷无人斗容冶，六亲相见争邀迎。酒肴劝属坊市满，鼓笛繁乱倡优狞。蚕丛在时已如此，古人虽没谁敢更。异方不见古风俗，但向陌上闻吹笙。①

——苏辙《记岁首乡俗寄子瞻二首·蚕市》

蜀人衣食常苦艰，蜀人游乐不知还。千人耕种万人食，一年辛苦一春闲。闲时尚以蚕为市，共忘辛苦逐欣欢。去年霜降斫秋荻，今年箔积如连山。破瓢为轮土为釜，争买不啻金与纨。忆昔与子皆童卯，年年废书走市观。市人争夸斗巧智，野人喑哑遭欺谩。诗来使我感旧事，不悲去国悲流年。②

——苏轼《和子由蚕市》

在这两首诗中，诗人回忆家乡蚕市的热闹，甚至蚕市上的各色人等，细节生动。诗人为什么致力于民俗客观详细的再现呢？因为越是详细的细节才越能触发人的共鸣。苏辙感叹"异方不见古风俗"，而苏轼回忆"忆昔与子皆童卯，年年废书走市观"，正是因为时光流逝、故乡遥远，所以记忆中故乡民俗的生动细节才越发真切。

陆游在夔州寒食立夏之时，想起故乡有在此期间为已故的亲人上坟的民俗，而自己身在异乡，不能省坟，心怀愧疚，所以写下《乡中每以寒食立夏之间省坟客夔适逢此时凄然感怀》，诗歌反映家乡的民俗：

松阴系马启朱扉，粔籹青红正此时。③

---

① 陈宏天、高秀芳点校：《苏辙集·栾城集》卷一，中华书局1990年版，第18页。
② 孔凡礼点校：《苏轼诗集》卷四，中华书局1982年版，第162页。
③ 钱仲联校注：《剑南诗稿校注》卷二，上海古籍出版社2005年版，第186页。

陆游在社日的时候回忆家乡在此节日的习俗，小儿女休息一天，不学习，还有社酒治疗耳聋的传闻。

> 幼学已忘那用忌，（乡俗：小儿女社日忌习业）
>
> 微聋自乐不须医。①（古谓社酒治聋）
>
> ——《社日》

项安世，江陵人，他吃到"角黍"② 的时候回忆起家乡的风俗：

> 经年不食三闾饵，一日相逢似故人。
>
> 旋剥青菰香满手，试餐黄颗软粘唇。
>
> 蔗浆下箸甘无敌，昌本浮杯小作巡。
>
> 正是乡人行乐处，画旗鼍鼓隘江津。③
>
> ——《食角黍怀江陵》

项安世的诗歌突出家乡江陵一带在端午时节吃"角黍"及赛龙舟的民俗。

吴泳，潼川人，《别岁》表达对故乡民俗的怀念和对故乡的思念之情：

> 故乡于此时，酿熟岁猪肥。骨董羹延客，屠酥酒饷儿。
>
> 灶涂醉司命，门贴画锺馗。多少伤怀事，溪云带梦归。④

---

① 钱仲联校注：《剑南诗稿校注》卷四，上海古籍出版社 2005 年版，第 338 页。

② 角黍，即粽子。以箬叶或芦苇叶等裹米蒸煮使熟。状如三角，古用黏黍，故称。《太平御览》卷八五一引晋周处《风土记》："俗以菰叶裹黍米，以淳浓灰汁煮之令烂熟，于五月五日及夏至啖之。一名糉，一名角黍。"宋周邦彦《齐天乐·端午》词："角黍包金，香蒲泛玉，风物依然荆楚。"

③ （宋）项安世：《平庵悔稿》（宛委别藏本）卷一一，江苏古籍出版社 1988 年版。

④ （宋）吴泳《鹤林集》卷三，影印文渊阁四库全书本。

　　诗歌描绘家乡别岁时的民俗生活，如酿酒，杀岁猪①祭祀；用"骨董羹"② 招待客人，让孩子们饮"屠苏酒"；在灶门上涂上"醉司命"③ 的画像，在大门上张贴"锺馗"④ 的画像。

　　杨万里在上元的时候，因为公事需要陪客人观灯，不能与家人团聚，不禁回忆家乡的民俗：

麝髓官样陪公谠，粉茧乡风忆故园。

——《姑苏馆上元前一夕，陪使客观灯之集》

他自注其民俗曰："庐陵之俗，元夕粉米茧，中藏吉语，剥之以占一岁蚕事。"⑤

　　"每逢佳节倍思亲"多是因为自己"独在异乡为异客"，无限飘零之感涌上心头，所以回忆家乡的人、家乡的事、家乡的民俗。如果身在他乡，有时即使不是佳节，诗人也会思念自己的家乡，想起家乡的

---

　　① 岁猪：岁暮供祭的猪。苏轼《与子安兄书》之一："此书到日，相次，岁猪鸣矣。"陆游《北园杂咏》之七："林际已看春雉起，屋头还听岁猪鸣"，陆游《岁未尽前数日偶题长句》之二："闷猪丰脂祭家神"，自注："蜀人豢猪供祭，谓之岁猪。"

　　② 骨董羹：取鱼肉蔬菜等杂混烹制而成的羹。苏轼《仇池笔记·盘游饭谷董羹》："罗浮颖老取凡饮食杂烹之，名谷董羹。"谷董羹即骨董羹。范成大《素羹》诗："毡芋凝酥敌小城，土酥割玉胜南京。合和二物归藜糁，新法依家骨董羹。"

　　③ 醉司命：是指宋代的人们把酒糟抹在灶门上，称为"醉司命"，意思是请灶王爷喝点酒，让他醉醺醺上天，别说坏话。传说灶王爷自上一年的除夕就一直留在老百姓家中，以保护和监察这一家。到了腊月二十三（有的习俗是二十四）这一天，灶王爷就要上天向玉皇大帝汇报这一家人的善行或恶行。玉帝根据灶王爷的汇报，再将这一家在来年的吉凶祸福的命运交到灶王爷手中。因此，对一家人来说，灶王爷的汇报十分重要。为了避免灶王爷说坏话，辞灶的这一天就有了很多习俗。宋孟元老《东京梦华录·十二月》："二十四日交年，都人至夜请僧道看经……帖灶马于灶上，以酒糟涂抹灶门，谓之醉司命。"

　　④ 锺馗，传说人物。唐人题吴道子画锺馗像，略曰：明皇梦二鬼，一大一小。小者太真紫香囊及明皇玉笛，绕殿而奔；大者捉其小者，擘而啖之。上问何人，对曰："臣锺馗，即武举不捷之士也。誓与陛下除天下之妖孽。"后世图其形以除邪驱祟，见宋沈括《梦溪补笔谈·杂志》。

　　⑤ （宋）杨万里撰，辛更儒笺校：《杨万里集笺校》卷二十九，中华书局2007年版，第1492页。

民俗。例如，陆游在初夏的时候，回忆起家乡的生产民俗：

> 梅雨晴时插秧鼓，苹风生处采菱歌。①
>
> ——《初夏怀故山》

陆游在入春的时候思念家乡，听"筮者言予五月可还故山"，于是神思就飞到了家乡的五月，五月的民俗图画跃然而出：

> 乡俗嬉游重端五，剩烹团粽唤比邻。②
>
> ——《入春念归尤切有作》

黄彦平在旅途中想起了家乡：

> 御暑乌油伞，伤春白纻衫。乡风尽江右，魂梦莫湘南。③
>
> ——《宿新喻县戏为俳体》

二 闲居家乡的乡俗赞美

杜甫曰"一辞故国十经秋，每见秋瓜忆故丘"④，中国人具有浓郁的家园意识，而宋代人员的流动更加深了这种家园意识。诗人不是在特殊的情形下才创作诗歌反映家乡的民俗，有时，赞美家乡本身已经成为诗人的创作动力。并且宋人也多喜欢闲居生活，有未仕时闲居，有为父母守丧闲居，有致仕闲居等。宋人在居家闲居期间，对于家乡的民俗也多有描写。

---

① 钱仲联校注：《剑南诗稿校注》卷二，上海古籍出版社 2005 年版，第 190 页。
② 钱仲联校注：《剑南诗稿校注》卷五十三，上海古籍出版社 2005 年版，第 3125 页。
③ （宋）黄彦平：《三馀集》卷二，影印文渊阁四库全书本。
④ 《解闷十二首》，（唐）杜甫著，（清）仇兆鳌注《杜诗详注》卷十七，中华书局 1979 年版，第 1511 页。

梅尧臣，宣州人，宣城古称宛陵。至和元年乙未（1055），梅尧臣年五十四岁，丁母忧居宣城，曾写《宣州杂诗二十首》①，诗歌赞美了家乡的历史人物、山川风景、乡风民俗等。下文选几首反映家乡民俗的诗歌摘录如下：

北客多怀北，庖羊举玉卮。吾乡虽处远，佳味颇相宜。

沙水马蹄鳖，雪天牛尾狸。寄言京国下，能有几人知。（一六）

斫漆高崖畔，千筒不一盈。野粮收橡子，山屋点松明。

只见树堪种，曾无田可耕。儿孙何所乐，向此是平生。（一八）

宛水过城下，滔滔北去斜。远船来橘蔗，深步上鱼虾。

鹅美冒椒叶，蜜香闻稻花。岁时风俗美，笑杀异乡槎。（二十）

其一六诗歌反映家乡的饮食特产——"马蹄鳖""牛尾狸"；其一八首诗歌反映家乡生产民俗——斫漆高崖、收橡子、点松明等；其二十诗歌反映家乡岁时风俗——"鹅美冒椒叶，蜜香闻稻花"。诗歌在描述家乡民俗的时候，充满了夸耀之情。其一六诗歌与北人喜欢"庖羊举玉卮"相比，说明家乡饮食"佳味颇相宜"，并言"寄言京国下，能有几人知"，其二十诗歌言"笑杀异乡槎"，尽显其对于自己故乡淳朴民俗的赞美，骄傲之情溢于言表。

陆游晚年闲居家乡山阴二十年，所作诗歌多反映家乡的山水风景、自己的闲适生活及故乡风物民俗。《村居初夏》（其五）曰：

---

① （宋）梅尧臣著，朱东润编：《梅尧臣集编年校注》卷二十五，上海古籍出版社1980年版，第768页。

故乡风物胜荆吴，流水青山无处无。

列植园林多美菓，饱锄畦垄富嘉蔬。

桥边来淬剿桑斧，池畔行芟缚粽菰。

我有素纨如月扇，会凭名手作新图。①

该诗歌把故乡风物与荆吴比较，突出故乡初夏时节的独特物产及民俗活动。再如陆游的《乡人或病予诗多道蜀中邀乐之盛适春日游镜湖共请赋山阴风物遂即杯酒间作四绝句却当持以夸西州故人也》：

嫩日轻云淡沱天，扑灯过后卖花前。

便从水阁杭湖去，卷起朱帘上画船。（其一）

舫子窗扉面面开，金壶桃杏间尊罍。

东风忽送笙歌近，一片楼台泛水来。（其二）

湖波绿似鸭头深，一日春晴直万金。

好事谁家斗歌舞，方舟齐榜出花阴。（其三）

花光柳色满墙头，病酒今朝懒出游。

却就水亭开小宴，绣帘银烛看归舟。（其四）②

此诗反映故乡镜湖湖水之间的游乐民俗，题目直接表露其向西州故人夸耀的意识，两首诗歌均为陆游在故乡山阴时创作。

在南宋时期，面对着异族入侵的局面，诗人的爱国意识空前高涨，

---

① 钱仲联校注：《剑南诗稿校注》卷二十二，上海古籍出版社 2005 年版，第 1665 页。

② 钱仲联校注：《剑南诗稿校注》卷十六，上海古籍出版社 2005 年版，第 1260 页。

人们常说"保家卫国",所以在战争时期,家园与国家的安危息息相关,伴随着爱国意识的往往是热爱家园的意识。所以在南宋时期,人们的家园意识也十分浓烈。赞美家乡的物产、古迹、人物、民俗一时蔚然成风。王十朋曾经创作《会稽三赋》,"三赋"之中,《会稽风俗赋》为最,囊括越中山川、古迹、历史、风俗、物候、人物,相当于一部绍兴风俗的百科全书。

而诗人在反映家乡的民俗诗歌中、这种热爱家乡、记载保护家乡民俗的意识也十分迫切。例如:

> 万里秦吴税驾迟,还乡已叹鬓成丝。城边绿树山阴道,水际朱扉夏禹祠。项里杨梅盐可彻,(太白《梁园吟》云:"玉盘杨梅为君设,吴盐如花皎白雪。"不知杨梅酸者乃荐以盐,佳品未尝用也。)湘湖莼菜豉偏宜。(莼菜最宜盐豉。所谓未下盐豉者,言下盐豉则非羊酪可敌,盖盛言莼羹之美尔。)图经草草常堪恨,好事他年采此诗。[①]

——陆游《戏咏山阴风物》

> 我欲游蓬壶,安得身插羽。我欲隐嵩华,叹息非吾土。会稽多名山,开迹自往古。岂惟颂刻秦,乃有庙祀禹。山形舞鸾凤,泉脉流浑乳。家家富水竹,处处生兰杜。方舟泛曹娥,健席拂天姥。朱楼入烟霄,白塔临云雨。修梁看龙化,遗箭遗鹤取。茶荈可作经,杨梅亦著谱。湖莼山蕨辈,一一难遽数。终年游不厌,冰玉生肺腑。诵诗有樵童,乞字到俚妪。况复青青衿,盛不减邹鲁。古诗三千篇,安知阙吴楚。土风聊补亡,吾

---

① 钱仲联校注:《剑南诗稿校注》卷二十七,上海古籍出版社 2005 年版,第 1897 页。

言岂夸诩。①

——陆游《会稽行》

生涯惟病骨，节物尚乡情。捃摭成徘体，咨询逮里甿。谁修吴地志，聊以助讥评。

——范成大《上元记吴中节物俳谐体三十二韵》

在这些反映家乡民俗的诗作中，民俗文化消亡的担心压迫着诗人，其诗作"补亡"的意识十分明显，希望撰写图经、修志的人采纳此诗。以上陆游与范成大的诗作也是作于晚年闲居家乡时期。

不仅诗人身在异地时期所作的反映家乡的民俗诗是出于思乡之情，而且诗人闲居家乡时期所作的赞美家乡的民俗，大多出于与异地民俗的对比。梅尧臣写家乡宣州民俗时言"笑杀异乡槎"、陆游赋家乡山阴风物时言"以夸西州故人"、戏咏山阴风物时说"万里秦吴税驾迟"、赞美山阴会稽民俗时说"盛不减邹鲁"。

综上所述，诗人之所以热衷赞美家乡的民俗，是因为有了丰富的视野，有了与其他地区的比较，所以异地不同的民俗冲击促进诗人反观家乡的民俗。

对于不同的民俗，大家因为习惯的不同，会自然生出好与坏的判断。以上反映家乡民俗诗作的诗歌多反映出对于家乡民俗的喜爱。而对于异域民俗，不同的人也有不同的感受。有的人赞美异域民俗，如上文提到田况对于成都遨乐民俗的赞美等，有的人则不喜欢异域的民俗，如刘跂说："邂逅飞蓬身事轻，异乡风物不胜情。出无舆马自怜许，食有灶鱼空瘦生。"② 对于异乡的交通民俗及饮食民俗均感到不习

---

① 钱仲联校注：《剑南诗稿校注》卷七十五，上海古籍出版社 2005 年版，第 4102 页。
② 刘跂撰《学易集》卷三：《东南秀罗亦佳山而近用前韵约游》，中华书局 1985 年版。

惯。刘跂还说："欲语吞声且复休，异乡风物伴牢愁。"① 表达不得不面对岭南风物的愁绪。也有诗人对于异域民俗采取包容欣赏的态度。陆游《食酪》云："南烹北馔妄相高，常笑纷纷儿女曹。未必鲈鱼茖菰菜，便胜羊酪荐樱桃。"② 郑刚中《风俗》对于封州不同的民俗持惊诧的态度，曰："民生各异俗，王制论不诡。惟兹封州郡，山之一谷尔。麦秋无青黄，霜冬有红紫。嗜好既殊尚，言语亦相牴。问之彼不通，告我此物理。骇去如鹿麋，团聚若蛇虺。"可是，作者后来还是想通了："已而忽超然，天下同一理。岭南自岭南，勿用岭北比。况自江山情，雅故均邻里。"③ 对于不同的民俗体现一种豁达的认同与理解。但是，无论作者怀着怎样的心情去感受民俗，对于不同民俗持怎样的态度，毫无疑问，诗人之所以具有这样强烈的感情，正是因为不同的民俗冲击。正是因为不同民俗的碰撞，才有如此丰富多彩的民俗诗歌的产生。

---

① 《和初到岭二绝》，刘跂撰《学易集》卷四，中华书局，1985 年版。
② 钱仲联校注：《剑南诗稿校注》卷八十一，上海古籍出版社 2005 年版，第 4385 页。
③ （宋）郑刚中撰：《北山文集》卷二十一，中华书局 1985 年版，第 285 页。

第二章　宋代咏"人"民俗诗歌

第一节　咏人民俗诗歌创作

一　阶层习俗与咏人民俗诗

《管子·小匡》曰："士农工商四民者，国之石民也。"注曰："四者国之本，犹柱之石也，故曰石也。"① 在宋代，士农工商各类人群的分工更加明确。范仲淹就曾经写过《四民诗》，分别对士农工商各个阶层进行描述，但主要指出四民对于社会风气的影响。当然，这是社会上一个大的划分方法，还可以更为详细地划分许多社会阶层，如僧侣道士、伶人艺人等。在社会共同习俗的影响之下，各类不同的人群具有不同的社会习俗。不同的人群有不同的衣着打扮习俗、不同的劳

---

① 黎翔凤撰，梁运华整理：《管子校注》，中华书局2004年版，第400页。

动习俗及不同的婚姻习俗等。例如，孟元老《东京梦华录·民俗》主要记载不同人群的装束打扮：

> 其卖药卖卦，皆具冠带。至于乞丐者，亦有规格。稍似懈怠，众所不容。其士、农、工、商，诸行百户，衣装各有本色，不敢越外。谓如香铺裹香人，即顶帽披背，质库掌事，即着皂衫角带，不顶帽之类。街市行人，便认得是何色目。①

不仅如此，人们对于不同社会群体的态度也会形成一些特定的民俗，如对于士人的追捧造成的"榜下捉婿"的习俗，如对于优伶的需求使人们养女以专门培养其从事此业。宋代学子有"释奠"这一习俗，是学校设置酒食以奠祭先圣先师的一种典礼。《礼记·文王世子》："凡学，春官释奠于其先师，秋冬亦如之。凡始立学者，必释奠于先圣先师。"郑玄注："释奠者，设荐馔酌奠而已。"② 宋祁诗歌曰："乡盛菁莪选，邦崇奠菜仪。涓辰大昕鼓，持节少牢祠。粉衮瞻凝晬，银袍豫摄齐。苾羹纷洞沘，郁齐泛尊彝。璧水回寒影，经槐堕晓枝。幸观三献罢，共荷百朋时。"③ 再如"鹿鸣宴"，指科举乡举考试后，州县长官宴请得中举子或发榜次日，宴主考、执事人员及新举人。宋诗歌多涉及鹿鸣宴习俗，欧阳修说"曾陪鹿鸣宴，遍识洛阳生"④，王之道说"苍颜华发老书生，来赴公堂宴食苹"⑤，徐经孙说"鹿鸣今日

---

① （宋）孟元老撰，伊永文笺注：《东京梦华录笺注》卷五，中华书局 2007 年版，第 451 页。

② （汉）郑玄笺，（唐）孔颖达疏：《礼记正义》卷二十，《十三经注疏》，中华书局 1980 年版，第 1405 页。

③ （宋）宋祁：《景文集》卷十九，影印文渊阁四库全书本。

④ 《送楚建中颍州法曹》，（宋）欧阳修著，李逸安点校《欧阳修全集》，中华书局 2001 年版，第 163 页。

⑤ （宋）王之道：《相山集》卷九，《鹿鸣宴》，影印文渊阁四库全书本。

宴佳宾，六万场中一百人"①。但是，因为诗人属于士人，在描写这一
习俗的时候多打上自身活动的印迹，诗歌多反映自己参与习俗活动的
感想。

不同社会群体的生活方式甚至对其他社会群体造成影响并形成一
定的社会习俗。这也可以说是与该社会群体有关的民俗。在宋代，高
级的官僚层大多是通过科举考试而选拔出来的，正因为如此，宋人喜
欢招进士为女婿，甚至在发榜时刻就迫不及待地择婿，于是出现"榜
下捉婿"的现象。周密《武林旧事·唱名》载："前三名各进谢恩诗
一首，皆重戴、绿袍、丝鞭、骏马。……自东华门至期集所，豪家贵
邸，竞列彩幕纵观，其有少年未有室家者，亦往往于此择婿焉。"②王
安石诗云："却忆金明池上路，红裙争看绿衣郎。"③"绿衣郎"即指代
进士。苏轼亦云："囊空不办行春马，眼眩行看择婿车。"④二诗即是
关于士人受到社会追捧而造成的"榜下捉婿"的民俗。

商人在中国这样一个农业社会中，是一个独特的阶层。中国一直有
重农轻商的传统，所以前代诗人对于商人这一阶层表现不足。但是，在
宋代，随着宋代商业的发展，从事商业的人群增多，商人也引起诗人更
多的注意。严羽《估客乐》以客观的眼光打量着商人的民俗生活：

> 荆州人，来贩谷。下江易，上江难。船头鼓，波漫漫，长帆
> 挽上五两竿。⑤

---

① （宋）徐经孙：《矩山存稿》卷四，《福州鹿鸣宴》，影印文渊阁四库全书本。
② （宋）周密著，李小龙、赵锐评注：《武林旧事》卷二，中华书局 2007 年版，第
44 页。
③ （宋）王安石：《临川文集》卷三十三，《临津》，中华书局 1959 年版，第 362 页。
④ 《和董传留别》，孔凡礼点校《苏轼诗集》卷五，中华书局 1982 年版，第 222 页。
⑤ （宋）严羽：《沧浪集》卷三，影印文渊阁四库全书本。

该诗反映贩卖谷子的荆州商人在江面行船，以鼓声助行，以"五两竿"① 测风的民俗状况。

陆游《估客乐》曰：

> 牛车辚辚载宝货，磊落照市人争传。
>
> 倡楼呼卢掷百万，旗亭买酒价十千。
>
> 公卿姓氏不曾问，安知孰秉中书权。

诗歌反映商人倡楼赌博、酒楼买醉一掷千金而不关心政治的民俗生活。诗人对于商人的态度也发生了变化，不再是轻视的态度，他们所拥有的生活方式影响着文人的心态。他之所以发出如此感叹是因为与儒生生活的对比：

> 儒生辛苦望一饱，趑趄光范祈哀怜。
>
> 齿摇发脱竟莫顾，诗书满腹身萧然。
>
> 自看赋命如纸薄，始知估客人间乐。②

方回的《估刻乐》对比了估客与官吏儒生的生活，说明身为估客的快乐，但是也揭示了估客生活艰难的一面，有时遭遇意外风波就会血本无归。

> 为吏受赇婴木索，汉相忽遭东市斩。不如估客取邪赢，居货罔人人不觉。布素寒儒守乡学，夜夜孤灯同寂寞。不如估客醉名

---

① 五两竿，古代的测风器。以鸡毛五两或八两系于高竿顶上，以此观测风向、风力。《文选·郭璞〈江赋〉》："伺五两之动静。"李善注："兵书曰：'凡候风法，以鸡羽重八两，建五丈旗，取羽系其巅，立军营中。'许慎《淮南子》注曰：'綄，候风也，楚人谓之五两也。'"宋贺铸《木兰花》词："朝来著眼沙头认，五两竿摇风色顺。"
② 钱仲联校注：《剑南诗稿校注》卷十三，上海古籍出版社 2005 年版，第 1054 页。

倡，百万呼卢投六博。估客乐哉真复乐，大舶飞山走城郭。珊瑚
未数绿珠楼，家僮多似临邛卓。十牛之车三百车，雪象红牙水犀
角。养犬喂肉睡毡毯，马厩驴槽亦丹癯。生不羡凤凰池，死不爱
麒麟阁，估客乐哉真复乐。迩来六月钱塘潮，一估传呼千估愕。
大风来自度朔山，吹倒岷峨舞衡岳。一江一日殒千艘，四海五湖
可隙度。诸宝下输龙王宫，虾蟹龟鼋恣吞嚼。人言估客乐，估客
有时也不乐。百年计较千年心，不禁一日风涛恶。①

"工"是古时对从事各种技艺的劳动者的总称。柳永的《鬻海歌》
反映了煮盐的过程，反映了煮盐工人的民俗生活：

年年春夏潮盈浦，潮退刮泥成岛屿。

风干日曝咸咽加，始灌潮波增成卤。

卤浓咸淡未得闲，采樵深入无穷山。

豹踪虎迹不敢避，朝阳出去夕阳还。

船载肩擎未遑歇，投入巨灶炎炎热。

晨烧暮烁堆积高，才得波涛变成雪。②

柳永该诗把煮盐的劳动民俗与煮盐工人的艰辛生活联系在一起，
而后人总是强调该诗"洞悉民疾，实仁人之言"③ 的一面，而忽略了
诗歌对于民俗的反映。

宋代诗人还写了其他阶层的生活习俗。例如，胡宿《将家子》突
出北方骑射之人的生活和习俗：

---

① （宋）方回：《桐江续集》卷九，影印文渊阁四库全书本。四库全书认为方回是
元代人，但是该诗《全宋诗》有引。

② （清）厉鹗辑：《宋诗纪事》卷十三，上海古籍出版社 1983 年版，第 348 页。

③ （清）朱绪曾：《昌国典咏》卷五《晓峰盐场》，金陵丛书本。

北地良家子，山西旧将儿。新从羽林射，得赴雁门期。

横死人无比，微行世不知。长安偏重侠，赵国素多奇。

照地连钱锦，迷春凿落卮。喝卢燕市客，顾笑楚台姬。

烟树黄山路，霜云白草时。雕弓孤月满，骋马一尘随。

应手双雕落，回头赤日移。却归东第去，高宴九灯枝。①

以上说明了宋代诗歌对于不同阶层民俗的反映。其中诗人作为士的一员，其有意识地客观表现"士俗"的诗歌并不是很多，大多诗歌只是创作于"士俗"活动之中，抒发自己身处此时此景的感想。对于商人及其他社会群体民俗的反映比前代多了起来，说明宋人社会分工更加细致，不同社会群体的生活差异逐渐扩大。而宋代社会群体民俗诗歌反映最多的还是农民的习俗，下面专节加以介绍。

二 咏人诗的客观民俗性

在宋代以前，诗歌经常会描写某一类人，如白居易《卖炭翁》及柳宗元《捕蛇者说》表达对于这类人的同情。在宋代，也有这样描写某一类人士的诗歌，如张俞的《蚕妇》："昨日入城市，归来泪满巾。遍身罗绮者，不是养蚕人。"② 梅尧臣《陶者》："陶尽门前土，屋上无片瓦。寸指不沾泥，鳞鳞居大厦。"③ 而宋代还有一些诗歌，尽管也写了一类人，但是重点却不再是突出他们的苦难生活，而只是对于他们的生活方式及生活习惯进行相对客观的描绘，突出他们作为一个阶层不同于其他阶层人们的独特的生活特征和习俗。

---

① （宋）胡宿：《文恭集》卷五，影印文渊阁四库全书本。
② （清）厉鹗辑：《宋诗纪事》卷十七，上海古籍出版社 1983 年版，第 435 页。
③ （宋）梅尧臣著，朱东润编：《梅尧臣集编年校注》卷十六，上海古籍出版社 1980 年版，第 366 页。

　　朱继芳《和颜长官百咏》[①]分为农桑、朱门、客路、边庭、城市、贫女、负薪、空门、山居、渔夫十组诗歌，每组十首，共一百首诗歌。尽管诗歌重点在突出各类人的生活特征和他们各自的喜怒哀乐，但是也包含了各个社会群体不同的民俗生活。例如，反映城市民俗风貌的诗歌，"王孙公子少年游。醉里樗蒲信采投。指点某庄还博直，明朝酒醒到家求"，写出城中赌博的民俗；"相班士女狭邪间，总把喧啾卖却闲。人寿几何春不再，典衣沽酒强追攀"，写城市中狎妓的风俗。例如，反映农村民俗风貌的诗歌，"龙神社鬼烧香遍，不到秋成睡不安"，写农桑之民的祭祀民俗；"编茅为屋荻为帘"写农桑之民的建筑民俗。"他家百两送于归，成匹鸳鸯作锦机。独守空闺愁不寐，一灯明灭补寒衣"，以有钱人家嫁女的民俗反衬贫女之贫。"结草为庐万仞头"，则反映空门之人的建筑习俗。朱继芳《和颜长官百咏》是一组大型组诗，有意识地区别不同的社会群体生活，并反映出他们不同的生活习俗和思想观念。

第二节　"三农"民俗诗歌

　　《周礼·大宰》曰："以九职任万民：一曰三农，生九谷。"郑玄注曰："三农，平地、山、泽也。"[②]可见所谓农民，包含农夫、樵夫、渔夫等人。

---

① （宋）陈起编：《江湖小集》卷三十一，影印文渊阁四库全书本。
② （汉）郑玄注，（唐）贾公彦疏：《周礼注疏》卷二，《十三经注疏》，中华书局1980年版，第647页。

中国历代统治者重视农业，所以农民的生活状况历来为统治者和文学家所关注，文学作品一般多反映农民的疾苦。自陶渊明后开始对农民的生活有了较为详细的描述。但是也只有经过躬耕生活的陶渊明，其诗歌才带有农人生活的印记。后来田园诗派兴起，田园诗派自一开始就以田园愉悦的情感为定义，其笔下的田园风光只是隐士眼中的田园而已。而这种情况到了宋代有了大大的改观。宋代的诗人在描写田园的时候多全面真实地反映农民的生活，在这种全面真实的描写中，民俗作为农民生活的凝固化的典型，成为乡村诗歌反映的重点。民俗是农村生活的一部分，农忙时辛苦劳动，天气异常时祈雨、祈晴、祈雪，庄稼的收成时刻悬挂心头。他们也有属于他们的快乐，丰收后举办婚嫁喜事，祭祀酬谢神灵，农闲时快乐游戏等。农人生活在民俗之中、民俗活动在农人生活中都占有重要的地位。关注农村农人的生活状况，不得不关注他们的民俗活动。宋代反映农人民俗的诗歌全面地展现了宋代农人各方面的民俗状况。

一 生产民俗

乡村民俗首先反映在乡村的生产劳动上面，一定的生产方式是当时农民民俗的主要反映。首先，宋代诗歌对于农民的全景式生产民俗多有描写。例如，陆游《农家》曰："农功何崇崇，农事常汲汲。冬休筑陂防，丁壮皆云集。春耕人在野，农具已山立。房栊鸣机杼，烟雨暗蓑笠。"① 全面展现农家的劳动生活。其《农家歌》也描写了农人不同季节的辛勤劳作：

村东买牛犊，舍北作牛屋。饭牛三更起，夜寐不敢熟。茫茫

---

① 钱仲联校注：《剑南诗稿校注》卷六十八，上海古籍出版社 2005 年版，第 3819 页。

陂水白，纤纤稻秧绿。二月鸣搏黍，三月号布谷。为农但力作，瘠卤变衍沃。腰镰卷黄云，踏碓舂白玉。八月租税毕，社瓮酿如粥。老稚相扶携，闾里迭追逐。坐令百世后，复睹可封俗。君不见朱门玉食烹万羊，不如农家小甑吴粳香。①

其次，宋代的农民民俗诗歌还反映了某一种具体的生产民俗。例如，范成大的《劳畲耕》及梅尧臣的《畲田词》反映农人烧畲的耕作方式。再如，宋诗多有描写插秧的民俗。周紫芝《插秧歌》曰："田中水满风凄凄，青秧没垄村路迷。家家趁水秧稻畦，共唱俚歌声调齐。"② 葛立方《观插秧》曰："秧把束西畦，东畦翠罽齐。甘心鹤俛啄，不用马行泥。"③ 陆游《夏四月渴雨恐害布种代乡邻作插秧歌》曰："浸种二月初，插秧四月中。小舟载秧把，往来疾于鸿。"④ 周紫芝给读者描绘了一幅农人边插秧边唱歌的民俗图画，葛立方具体描绘了插秧的过程，陆游用"小舟载秧把"突出了插秧的迅疾。

宋诗也有描写打鱼民俗的，如梅尧臣《打鱼》："插苇截湾流，寒鱼未能越。安知罟师意，设网遮其阙。"⑤ 李泳《秋江打鱼》："鸣榔四合波围蹙，挂网雪鳞穿翠束。"⑥ 杨万里《垂虹亭观打鱼斫鲙》："桥柱疏疏四寂然，亭前突出八鱼船。一声礫礫鸣榔起，惊出银刀跃玉泉。"⑦ 以上诗歌反映了农人打鱼的各种民俗：插苇截鱼、设网捕鱼、

① 钱仲联校注：《剑南诗稿校注》卷五十五，上海古籍出版社 2005 年版，第 3217 页。
② （宋）周紫芝：《太仓稊米集》卷二，影印文渊阁四库全书本。
③ （清）曹庭栋：《宋百家诗存》卷十九，影印文渊阁四库全书本。
④ 钱仲联校注：《剑南诗稿校注》卷二十九，上海古籍出版社 2005 年版，第 2012 页。
⑤ （宋）梅尧臣著，朱东润编：《梅尧臣集编年校注》卷十六，上海古籍出版社 1980 年版，第 366 页。
⑥ 傅璇琮主编：《全宋诗》，北京大学出版社 1998 年版，第 43 册，第 27201 页。
⑦ （宋）杨万里撰，辛更儒笺校：《杨万里集笺校》卷二十八，中华书局 2007 年版，第 1440 页。

鸣榔①惊鱼等。

汪藻《蚕妇行》则主要反映农人养蚕的过程和养蚕的民俗："树头恰恰晴鸠喜，上巳人家扫蚕蚁。纸窗茅屋春雨寒，买炭添炉中夜起。平明采叶晞露痕，随刀翠缕如丝匀。三眠欲食春已老，旋炊新麦祀蚕神。咽明足紧解丝簇，犹向前溪问茅卜。"②

二 祭祀民俗

农民在日常生活中除了生产劳动之外，还要进行祭祀等活动。祭祀的产生是由于原始社会的鬼神崇拜、自然崇拜。人们围绕祭祀神灵创作了许多作品，如《诗经·小雅·甫田》："以我齐明，与我牺羊。以社以方，我田既臧。农夫之庆，琴瑟击鼓。以御田祖，以祈甘雨。以介我稷黍，以谷我士女。"该诗写农人祈盼丰收，虔诚地举行祭神仪式。朱熹说："此诗述公卿有田禄者力于农事，以奉方社田祖之祭。"③再如屈原《九歌》是以娱神为目的的祭歌，由民间祭神乐歌改作或加工而成。这里需要指出的是，《九歌》中也有民俗活动的反映，不过其主要内容是大量男女相悦之词。

宋代有许多诗歌表达祭祀神灵活动的迎送过程，如"迎神""送神""钱神""乐神""赛神"等。宋代的这些诗歌偏重于民俗本身的反映。例如，北宋曾巩《钱神》："击牲酾酒荐明蠲，饤果装香婢仆专。拣米作糜分糁碗，折箪为箸插芳筵。儿惊庖下添熏肉，神笑人间

① "鸣榔"，亦作"鸣桹"，敲击船舷使作声。用以惊鱼，使入网中，或为歌声之节。《文选·潘岳〈西征赋〉》："纤经连白，鸣桹厉响。"李善注："《说文》曰：桹，高木也。以长木叩舷为声，言曳纤经于前，鸣长桹于后，所以惊鱼，令入网也。"唐李白《送殷淑》诗之一："惜别耐取醉，鸣榔且长谣。"王琦注："所谓鸣榔者，常是击船以为歌声之节，犹叩舷而歌之义。"

② 傅璇琮主编：《全宋诗》，北京大学出版社 1998 年版，第 25 册，第 16560 页。

③ （宋）朱熹集注：《诗集传》卷十三，中华书局 1958 年版，第 156 页。

用纸钱。巫祝谓知来岁事，玦杯犹有暂时权。"① 首颔两联写人们为钱神做的一系列事情，颈联和尾联主要写在钱神过程中各类人的活动。

南宋时期，写赛神的诗歌更多。例如，陆游一个人写了四首赛神曲和其他有关赛神的诗歌，摘录如下：

> 丛祠千岁临江渚，拜觋今年那可数。
>
> 须晴得晴雨得雨，人意所向神辄许。
>
> 嘉禾九穗持上府，庙前女巫递歌舞。
>
> 呜呜歌讴坎坎鼓，香烟成云神降语。
>
> 大饼如盘牲脂肥，再拜献神神不违。
>
> 晚来人醉相扶归，蝉声满庙锁斜晖。②
>
> ——《赛神曲》

击鼓坎坎，吹笙呜呜。绿袍槐简立老巫，红衫绣裙舞小姑。乌桕烛明蜡不如，鲤鱼糁美出神厨。老巫前致词，小姑抱酒壶。愿神来享常欢娱，使我嘉谷收连车。牛羊暮归塞门间，鸡鹜一母生百雏。岁岁赐粟，年年蠲租。蒲鞭不施，圜土空虚。束草作官但形模，刻木为吏无文书。淳风复还羲皇初，绳亦不结况其余。神归人散醉相扶，夜深歌舞官道隅。③

> ——《赛神曲》

岁熟乡邻乐，辰良祭赛多。荒园抛鬼饭，高机置神鹅。

---

① 余冠英、周振甫、启功等主编：《唐宋八大家全集》（中），国际文化出版公司199 年版，第 2048 页。

② 钱仲联校注：《剑南诗稿校注》卷十六，上海古籍出版社 2005 年版，第 1282 页。

③ 钱仲联校注：《剑南诗稿校注》卷二十九，上海古籍出版社 2005 年版，第1975 页。

人散丛祠寂，巫归醉脸酡。饥鸦更堪笑，鸣噪下庭柯。①

——《赛神》

落日林间箫鼓声，村村倒社祝西成。

扶翁儿大两髦髣，溉水渠成千耦耕。

家受一廛修本业，乡推三老主齐盟。

日闻淮颍归王化，要使新民识太平。②

——《赛神》

柳姑庙前烟出浦，冉冉萦空青一缕。

须臾散作四山云，明日来为社公雨。

小巫屡舞大巫歌，士女拜祝肩相摩。

芳茶绿酒进杂沓，长鱼大截高嵯峨。③

——《秋赛》

其他或浓墨重彩，或简单勾勒赛神民俗的诗歌不可胜数。现在略举几例：

农家逢乐岁，欢笑自村村。麰麦黄铺野，桑麻绿映门。

篾梁收鲲鲤，围栏足鸡豚。古风高庙下，迎神鼓笛喧。④

——释文珦《农夫》

箫鼓迎神赛社筵，藤枝摇曳打秋千。

---

① 钱仲联校注：《剑南诗稿校注》卷四十八，上海古籍出版社 2005 年版，第 2891 页。

② 钱仲联校注：《剑南诗稿校注》卷六十七，上海古籍出版社 2005 年版，第 3774 页。

③ 钱仲联校注：《剑南诗稿校注》卷三十七，上海古籍出版社 2005 年版，第 2403 页。

④ （宋）释文珦：《潜山集》卷九，影印文渊阁四库全书本。

坐中翁妪鬓如雪，也把山花插满颠。①

　　　　　　　　　　　　——戴复古《村景》

少妇挼蓝旋染裙，大儿敲葛自浆巾。

新摘摘，笑欣欣，相唤相呼看赛神。②

　　　　　　　　——高翥《秋日田父辞二首》（其二）

赤日黄埃槁欲焚，赛神迎佛正纷纷。③

　　　　　　　　　——方岳《即事十首》其八

百谷盈成后，三秋假乐时。鸡豚开社瓮，箫鼓赛神祠。

野茹青盈筥，香炊雪满匙。欲知田里趣，细诵老翁诗。④

　　　　　　　　　　　　——李兼《田里》

　　所谓赛神就是酬谢神灵的意思，祈求得应就要感谢神灵。而作为农人，酬谢最多的神灵还是土地神。因为土地才是人们生活的唯一源泉。在古代，祭社是专门祭祀土地神，社即为土地神的意思。《事物纪原》认为祭社民俗起源于古代的蜡祭：

　　《礼·杂记》曰"子贡观于蜡"，子曰："百日之蜡，一日之泽。"郑康成谓："岁十二月索鬼神而祭祀，则党正以礼属民。而饮酒劳农，而休息之，使之燕乐。是君之泽也。令赛社，则其事尔。今人以岁十月农功毕，里社致酒食以报田神。因相与饮乐，世谓巫礼，始于周人之蜡云。"⑤

　　从以上资料不仅可以看出祭社的来源，也可以看出祭社的意义：

---

① （宋）陈起编：《江湖小集》卷八十一，影印文渊阁四库全书本。
② （宋）高翥：《菊磵集》，影印文渊阁四库全书本。
③ （宋）方岳：《秋崖集》卷三，影印文渊阁四库全书本。
④ 傅璇琮主编：《全宋诗》，北京大学出版社1998年版，第54册，第33703页。
⑤ （宋）高承：《事物纪原》卷八，影印文渊阁四库全书本。

一方面，是报答田神之意，另一方面，是农人休息燕乐之意。"春祭社以祈膏雨，望五谷丰熟，秋祭社以百谷丰稔，所以报功"①。所以，后来祭社一般在立春后第五个戊日（春分前后）及立秋后第五个戊日（秋分前后）举行。祭社民俗是在农人对于土地的崇敬与膜拜中，在对于丰收的期盼下形成的。祭社民俗主要是一种农人参与的民俗活动。但是，在古代，统治者因俗制礼，祭社已经不仅仅是农民参与的一种民俗活动，也是一种已经上升为国家礼俗的活动。但是，国家祭社的礼仪并未能改变祭社的民俗性。因为不仅朝廷要举行一些祭社的仪式，百姓也要举行祭社的活动。宗懔《荆楚岁时记》曰："社日，四邻并结综会社，宰牲牢，为屋于树下，先祭神，然后共享其胙。"② 即在社日，村邻聚会在一起，准备酒、猪等祭品，在树下搭建屋子，祭祀神灵，然后分享祭肉。《荆楚岁时记》并引郑玄话："百家共一社，今百家所立社宗，即共立社之为也。"③ 北宋时期曾巩的《里社》就反映了统治者祭社的奢侈与平民祭社的简陋：

> 郊天社地君所重，蠲秸刲匏微得供。秦皇汉帝陋古初，桀時殊坛倾力奉。年年属车九重出，羽卫千人万人从。黄金日搜尽崖窟，飞檐走榱华夷动。马蹄路南村有社，里老邀神迎且送。荒林破屋风雨入，野鼠山狐狼藉共。何言茅箸古瓦瓯，稻饭豚蹄人得用。④

诗歌中说历代的君主都重视祭祀天地，但是到了秦汉时代，以奢侈的

---

① 《周礼订义》引自《古今图书集成·岁功典》第三三卷"社日"部。
② （南朝梁）宗懔撰，宋金龙校注：《荆楚岁时记》，山西人民出版社1987年版，第33页。
③ 同上。
④ （宋）曾巩：《南丰先生元丰类稿》卷一，四部丛刊本。

方式祭祀天地，祭坛高高、仪仗豪华、花费巨大。而与之形成鲜明对比的是里中百姓的祭祀，不过荒林破屋、茅箸瓦瓯、稻饭豚蹄而已。

　　陆游一人就有多首诗歌写社日的民俗。其中一些反映了社日中一些具体的民俗细节：如"社肉分初至，官壶买旋倾"① 写祭祀之后，大家分食社肉的情况；"耆年凋落还堪叹，社饮推排冠一乡"② 写按年龄次序饮酒的民俗；"书因忌作闲终日，酒为治聋醉一杯"③，"世事恰如风过耳，微聋自好不须治"④ 写孩子们在这一天忌习课业，以及社酒治聋的民俗观点。陆游的诗歌还写出了人们参与民俗活动的盛况："太平处处是优场，社日儿童喜欲狂。且看参军唤苍鹘，京都新禁舞斋郎。"⑤ "参军"与"苍鹘"是宋代杂剧表演中的人物，"斋郎"是宋代舞队的一种。该诗写社日的热闹氛围：社鼓咚咚，儿童兴高采烈地观看戏剧表演。陆游《春社日效宛陵先生体四首》⑥ 分别吟咏社日的代表性事物——社雨、社鼓、社酒、社肉：

　　　　开岁才几时，春社忽已及。茫茫草色深，萧萧雨声急。

　　　　扶犁行白水，不惜芒屦湿。村童更可怜，赤脚牛背立。

　　　　　　　　　　　　　　　　　　　　　　　　　——社雨

　　　　酒旗三家市，烟草十里陂。林间鼓冬冬，迨此春社时。

---

　　① 钱仲联校注：《剑南诗稿校注》卷二十三，《秋社》，上海古籍出版社 2005 年版，第 1689 页。

　　② 钱仲联校注：《剑南诗稿校注》卷二十七，《春社有感》，上海古籍出版社 2005 年版，第 1883 页。

　　③ 钱仲联校注：《剑南诗稿校注》卷四十七，《秋社》，上海古籍出版社 2005 年版，第 2861 页。

　　④ 钱仲联校注：《剑南诗稿校注》卷五十，《社日小饮》，上海古籍出版社 2005 年版，第 3006 页。

　　⑤ 钱仲联校注：《剑南诗稿校注》卷二十七，《春社》，上海古籍出版社 2005 年版，第 1884 页。

　　⑥ 钱仲联校注：《剑南诗稿校注》卷五十三，上海古籍出版社 2005 年版，第 3135 页。

饮福父老醉，崽嶷相扶持。君勿轻此声，可配丰年诗。

——社鼓

农家耕作苦，雨旸每关念。种黍蹋曲蘖，终岁勤收敛。

社瓮虽草草，酒味亦醇酽。长歌南陌头，百年应不厌。

——社酒

社日取社猪，燔炙香满村。饥鸦集街树，老巫立庙门。

虽无牲牢盛，古礼亦略存。醉归怀余肉，沾遗遍诸孙。

——社肉

其一写"社雨"，时人认为社公社母不食宿雨，所以社日必有雨。其二写"社鼓"，鼓是祭社仪式中必不可少的用具，《周礼·地官》曰："以雷鼓鼓神祠，以灵鼓鼓社祭。"陆游的诗歌反映社日用鼓的民俗，反映人们在鼓声的激励之下，在丰年的喜悦中快意饮酒的情况。其三写"社酒"，在社日，人们要向土地神敬献社酒，陆游《社饮》："倾家酿酒无遗力，到社迎神尽及期。"① 陆游的"社酒"反映农人在辛苦劳作之后，品尝自家酿造的酒，自觉酒味醇厚，回味长久。其四写"社肉"，写农民以社猪祭祀神灵，虽然比不上用牛羊作祭品那样丰盛，但是也保存了远古流传下来的礼仪。

其他如柴元彪《里社》：

涤灶炮牲献脂肥，一卮滴酹纸钱飞。

提壶挈饐分肴酒，村北村南祭社归。②

李若川《村社歌》也反映宋代农村祭社的民俗：

---

① 钱仲联校注：《剑南诗稿校注》卷六十，上海古籍出版社 2005 年版，第 3469 页。
② （宋）柴元彪：《柴氏四隐集》卷三，影印文渊阁四库全书本。

清晓冬冬鸣社鼓，前村后村走儿女。

田家敛钱共赛神，谢神时晴复时雨。

案有肴酒炉有香，老巫祷祝躬案傍。

愿得年年被神福，秋宜稻谷春宜桑。

人淳礼简酒无数，歌笑喧阗日将暮。

田翁欹侧醉归来，山头明月山前路。①

社鼓在一大清早就已经咚咚响起，前村后村的孩子们都跑出来观看。田家一起凑钱酬谢神灵，感谢神灵给予人们风调雨顺。香炉里香烟袅袅，几案上摆放着酒肉，巫师在案旁祈祷，祈祷神灵年年庇佑人们，使农作物都获得丰收。最后写参与祭社的人们的喜悦之情，他们欢声笑语，喝酒一直到日暮。

三 婚姻民俗

中国自汉末到唐代，一致重视门阀制度。所以，在婚姻中人们也是倾慕与高门大户联姻，但是随着宋代商业的发展，都市金钱文化的浸润，人们的思想不再看重门第，却非常看重财产，司马光指出："今世俗之贪鄙者，将娶妇，先问资装之厚薄；将嫁女，先问聘财之多少。"② 蔡襄也说："观今之俗，娶其妻，不顾门户，直求资财。"③ 例如，南宋王十朋在《赠万序》中曰："时人贪择壻，慎勿为财婚。"④ 正因为宋人在婚姻中重视财产，所以导致一些穷人家的女子结婚困难。李新《感贫女》曰："天然素质胜铅华，一握青丝过老鸦。

---

① （清）厉鹗辑：《宋诗纪事》卷四十六，上海古籍出版社 1983 年版，第 1182 页。
② （宋）司马光：《书仪》卷三，《婚仪上》，影印文渊阁四库全书本。
③ 蔡襄：《福州五戒》；（宋）吕祖谦编：《宋文鉴》，卷一百八，四部丛刊本。
④ （宋）王十朋：《梅溪集·前集》卷四，影印文渊阁四库全书本。

信手画眉成柳叶，移盆贮水当菱花。长忧夜雪侵肌骨，不识春风到齿牙。媒妁近来趋势利，终年元未适良家。"① 曹衍《贫女》曰："自恨无媒出嫁迟，老来方始遇佳期。满头白发为新妇，笑杀豪家年少儿。"②

而农民的婚俗不同于城市讲求门第财产的婚姻。宋代诗歌关注当时的农民婚姻民俗，宋代反映农民婚俗的诗歌重点突出了农民婚俗的质朴与和谐。例如：

啄黍黄鸡没骨肥，绕篱绿橘缀枝垂。

新酿酒，旋裁衣，正是昏男嫁女时。③

——高翥《秋日田父辞两首》其一

自嗟不若住巫山，布袖蒿簪嫁乡县。④

——司马光《和王介甫明妃曲》

不及故乡山上女，夜从东舍嫁西家。⑤

——苏轼《昭君村》

时平里巷吹弹闹，岁熟人家嫁娶多。⑥

——陆游《秋夜独坐闻里中鼓吹声》

从来婚聘不出乡，长自东家适西舍。⑦

——陆游《秋词》

---

① （宋）李新：《跨鳌集》卷八，影印文渊阁四库全书本。
② （清）厉鹗辑：《宋诗纪事》卷三，上海古籍出版社1983年版，第68页。
③ （宋）高翥：《菊磵集》，影印文渊阁四库全书本。
④ （宋）司马光：《传家集》卷五，影印文渊阁四库全书本。
⑤ 孔凡礼点校：《苏轼诗集》卷一，中华书局1982年版，第40页。
⑥ 钱仲联校注：《剑南诗稿校注》卷六十八，上海古籍出版社2005年版，第3807页。
⑦ 钱仲联校注：《剑南诗稿校注》卷六十七，上海古籍出版社2005年版，第3791页。

见说终年常闭户,仍闻累世自通婚。①

————陆游《散步至三家村》

樵牧相谙欲争席,比邻渐熟约论婚。②

————陆游《村居》

以上诗歌反映了农民阶层的婚嫁民俗。农民多在谷物丰收之后的季节筹办婚嫁喜事,并且,农村的婚姻模式是邻村或者邻居之间世代通婚,婚姻质朴无华,但是人与人之间关系和谐。

四 全面的农民民俗

还有一些诗歌全面地表现农民的民俗生活:

土榻围炉豆秸暖,荻帘当户布机鸣。③

————陆游《宿村舍》

丰岁欢声动四邻,深秋景气粲如春。

羊腔酒担争迎妇,鼍鼓龙船共赛神。

处处喜晴过甲子,家家筑屋趁庚申。

老翁欲伴乡间醉,先办长衫紫领巾。④

————陆游《丰岁》

《宿村舍》反映普通乡村冬天的民俗生活:以荻草为帘,室内是烧得暖暖的围炉,勤劳的妇女还在织布机上劳作。《丰岁》反映的是

---

① 钱仲联校注:《剑南诗稿校注》卷三十九,上海古籍出版社2005年版,第2507页。
② 钱仲联校注:《剑南诗稿校注》卷一,上海古籍出版社2005年版,第64页。
③ 钱仲联校注:《剑南诗稿校注》卷六十九,上海古籍出版社2005年版,第3858页。
④ 同上书,第2400页。

乡村秋天丰收后的民俗生活：因为丰收，大家有了余钱，于是乡村多了嫁娶的喜事。丰收后人们祭神，一方面，答谢神灵的眷顾，并祈求来年的丰收；另一方面，也释放丰收之后的喜悦心情。在丰收之后，大家趁着晴朗天气及农闲时间，赶紧修筑房屋，"处处喜晴过甲子"，是说农人因为甲子之日是晴天而高兴。这包含农人在实践生活中对于天气的经验积累。俗言"秋雨甲子，禾头生耳"，人们认为如果在甲子这一天是阴天的话，接下来就会有持续的阴天。反过来，如果在甲子这一天是晴天的话，接下来就会有持续的晴天。秋季的晴天有利于谷物的收割，有利于建造房屋。"家家筑屋趁庚申"说明修筑房屋多在庚申之日进行，《淮南子·天文训》曰："庚辛申酉，金也。"① 又因"申为破"②，所以农人选择在这一天建房筑屋，取破土之义。

再如：

> 湖中居人事舟楫，家家以舟作生业。
>
> 女儿妆面花样红，小伞翻翻乱荷叶。
>
> 日暮归来月色新，菱歌缥缈泛烟津。
>
> 到家更约西邻女，明日湖桥看赛神。③

——陆游《镜湖女》

该诗歌反映镜湖女子的民俗生活，以舟楫为家，装扮以艳丽为美，以看赛神作为娱乐生活。该诗以人物活动带动民俗，全面展现江边农家女子的民俗生活。而陆游其他反映农村农家民俗的诗歌是以全景的方式展现，如《岳池农家》：

---

① 何宁：《淮南子集释》，中华书局 1998 年版，第 277 页。

② 同上书，第 262 页。

③ 钱仲联校注：《剑南诗稿校注》卷二十八，上海古籍出版社 2005 年版，第 1971 页。

春深农家耕未足，原头叱叱两黄犊。

泥融无块水初浑，雨细有痕秧正绿。

绿秧分时风日美，时平未有差科起。

买花西舍喜成婚，持酒东邻贺生子。

谁言农家不入时，小姑画得城中眉。

一双素手无人识，空村相唤看缲丝。

农家农家乐复乐，不比市朝争夺恶。

宦游所得真几何，我已三年废东作。①

　　该诗首先以写农村的自然风光入手，接着重点突出农村人的民俗
生活，他们在邻居家有婚姻喜事、生子喜事的时候持礼物相送，传达
自己的一份祝福。爱美的姑娘们也学着城中流行式样画眉毛，有的姑
娘呼朋唤友去观看缲丝。最后作者发出感慨，赞叹农家生活的快乐，
不像入朝为官那样处于人心险恶、钩心斗角的环境中。

　　农村是一个不同于城市的存在空间，农民是一个不同于其他社会阶层
的社会群体，中国一直是一个以农业为主的国家，农民一直是文人作品的
观照对象。而在宋代这样一个民俗活动繁荣的时代，农村的风俗习惯也更
吸引着宋代诗人的注意力，宋代诗人不遗余力地表现乡村生活的方方面面，
捕捉乡村生活的特点，展现一幅幅具有浓郁乡村风情的风俗画。

---

① 钱仲联校注：《剑南诗稿校注》卷三，上海古籍出版社 2005 年版，第 218 页。

第三节　宋代"三农"民俗诗歌的主题

农民是以市民或者其他阶层的劳动者为参照而存在的概念，乡村是以城市为对立面而存在的概念。乡村民俗是不同于城市民俗的，农家民俗是农民生活中独特的部分。在宋代反映三农民俗的诗歌中，诗人往往流露出城乡二元对立的心态，表达对于乡村民俗的热爱之情。

一　宋代农民诗歌中的城乡二元对立

宋代表现农民民俗的诗歌中，往往体现出一种乡村与城市的二元对立。例如：

> 安居近幽谷，井赋籍良田。圣代无深隐，家山不直钱。
> 候耕看土脉，祈谷赛豚肩。城市知何处，疏钟隔暮烟。①
>
> ——夏竦《代村叟》
>
> 两两垂髫窈窕娘，含羞无语莳青秧。
> 翻思贵室千金女，笑倚红楼抹晓妆。②
>
> ——吴可《田家女》

夏竦诗写农家根据土脉进行耕种，以猪肘祭神祈求谷物丰收的民俗。诗歌最后以"城市"落笔——"城市知何处，疏钟隔暮烟"，这看似不经意的笔触实际上正是作者的用心所在，反映乡村民俗生活之淳朴。

---

① （宋）夏竦：《文庄集》卷三十二，影印文渊阁四库全书本。
② （宋）吴可：《藏海居士集》卷下，影印文渊阁四库全书本。

吴可的诗歌写田家女子"垂髫"的梳妆民俗，正是为了与城市中"贵室千金女"形成对比。

再如陆游《浣花女》《观村童戏溪上》《岁未尽前数日偶题长句》：

> 江头女儿双髻丫，常随阿母供桑麻。
>
> 当户夜织声咿哑，地炉豆䜻煎土茶。
>
> 长成嫁与东西家，柴门相对不上车。
>
> 青裙竹笥何所嗟，插髻灿灿牵牛花。
>
> 城中妖姝脸如霞，争嫁官人慕高华。
>
> 青骊一出天之涯，年年伤春抱琵琶。①
>
> ——《浣花女》
>
> 雨余溪水掠堤平，闲看村童戏晚晴。
>
> 竹马踉蹡冲淖去，纸鸢跋扈挟风鸣。
>
> 三冬暂就儒生学，千耦还从父老耕。
>
> 识字粗堪供赋役，不须辛苦慕公卿。②
>
> ——《观村童戏溪上》
>
> 栟榈小弁野人装，八十三年旧话长。
>
> 真笑形骸无藉在，本知生世不牢强。
>
> 茅檐啼鸟初相命，烟渚归鸿渐著行。
>
> 想得城中盛冠盖，家家来往荐椒觞。③
>
> ——《岁未尽前数日偶题长句》

《浣花女》反映江村女子的生活民俗，她们的梳妆打扮、日常劳

---

① 钱仲联校注：《剑南诗稿校注》卷八，上海古籍出版社 2005 年版，第 657 页。

② 钱仲联校注：《剑南诗稿校注》卷一，上海古籍出版社 2005 年版，第 103 页。

③ 钱仲联校注：《剑南诗稿校注》卷七十四，上海古籍出版社 2005 年版，第 4080 页。

作及婚姻状况。诗歌写乡村质朴甚至简陋的民俗生活，是为了与城市的民俗生活对比，尽管城中的女子打扮亮丽，婚配对象多为达官贵人，但是婚姻却多不幸福。该诗批判城市女子贪慕荣华，结果却总是落得伤心。《观村童戏溪上》写乡村儿童的民俗生活，以竹马、纸鸢为玩具，在冬天的时候认识一些字，农忙的时候跟随大人劳作。作者对此没有埋怨娱乐的缺乏，没有埋怨教育的匮乏及生活的艰辛，仍然说不需要辛苦地羡慕公卿的生活。该诗旨在突出乡村生活的闲适。《岁末尽前数日偶题长句》首先写自己头戴棕榈帽子的农人装扮，写自我乡村生活的闲适与岁末城市中不停往来的车辆及馈赠椒花酒的喧哗形成对比。该诗突出乡村宁静自然的生活方式及返璞归真的生活本色。

再如刘克庄和杨万里的两首诗歌：

> 比屋篝车满，深林鼓篓喧。簇花迎妇担，抛果浴儿盆。
> 古礼曾求野，先民或灌园。子孙记吾语，切勿羡华轩。①
>
> ——刘克庄《田舍即事十首》（其九）
>
> 作社朝祠有足观，山农祈福更迎年。
> 忽然箫鼓来何处，走杀儿童最可怜。
> 虎面豹头时自顾，野讴市舞各争妍。
> 王侯将相饶尊贵，不博渠侬一饷癫。②
>
> ——杨万里《观社》

刘克庄描述乡村百姓的生产生活民俗，包括娶妇、洗儿的民俗，然后告诫子孙不要羡慕富贵人家的生活。华轩，指富贵者所乘的华美

---

① （宋）刘克庄：《后村先生大全集》卷二十六，四川大学出版社 2008 年版，第313 页。

② （宋）杨万里撰，辛更儒笺校：《杨万里集笺校》卷三十七，中华书局 2007 年版，第1936 页。

车子,指代富贵人家的生活。杨万里描述山农进行社祭祀的民俗,吹箫的、打鼓的、戴豹头面具的、戴虎面面具的、唱歌的、跳舞的,热闹非凡,场面气氛热烈,而最高兴的要数儿童们了,他们到处奔走观看。诗歌尾联笔锋陡转,由农社的热闹转入对于王侯将相的评议,尽管他们地位尊贵,但是却不能这样无所顾忌地肆意释放自己"疯癫"的快乐。

以上反映乡村民俗的诗歌,在结尾处显示了乡村民俗与城市民俗的不同,反映出作者对乡村民俗的喜爱。这种二元对立存在于作者的心中,言为心声,所以他们的作品也往往从阶层对比这一角度去立意。

还有的诗歌以城市的民俗为起点,却以乡村生活为对照,作者的立意仍然在于表现对乡村生活的喜爱。例如:

> 游马争行路,华灯卖满城。
>
> 江村独无事,户户及时耕。①
>
> ——陆游《初春杂兴》
>
> 朱门巧夕沸欢声,田舍黄昏静掩扃。
>
> 男解牵牛女能织,不须徼福渡河星。
>
> ——范成大《四时田园杂兴·秋日田园杂兴》其二

由上面的例子可以看出,有些诗歌反映城市民俗也是为了突出与乡村生活的对立,进而突出乡村生活的质朴。由上可见,宋代乡村民俗诗歌存在着城乡民俗文化的二元对立。在这种城乡二元化的对立中,凸显的是作者对乡村民俗的喜爱及对乡村生活的赞美。

---

① 钱仲联校注:《剑南诗稿校注》卷五十,上海古籍出版社2005年版,第2987页。

二 宋代农民民俗诗歌对于乡村生活的热爱

宋人的许多反映乡村民俗生活的诗歌都体现出对于乡村民俗生活的热爱。张侃《田家岁晚》:"田家舂米盛土仓,祠灶新鲙鲤与鲂。粥分口数顾长健,不卖痴呆侬自当。薰火照天田蚕好,打灰如愿从所祷。一声竹爆阳春回,城里看灯归已晓。"该诗全面胪列了田家人在岁末的民俗:如舂米入仓、鲤鲂祭灶、分数口粥、卖痴呆、照田蚕、打灰堆、燃放爆竹、看灯等。该组诗歌简直就是范成大《腊月村田乐府》(下文将要涉及)的缩写。作者突出田家的民俗,是与自我的生活进行对比:"我生把笔作耕锄,年余三十腹空虚。不如尔农随分足,只怕门前人催租。"① 作者不满自己的生活,所以羡慕农家的生活。陆游也说:"小瓮家家酒,衡门世世农。班生定痴绝,辛苦觅侯封。"② 表达对农家生活的喜爱和对以班超为代表的追求富贵生活之人的不齿,也隐含对读书生活的喜爱。

陆游的许多乡村民俗诗歌也突出了自己对乡村民俗的热爱之情:

> 香碗蒲团又一新,天将闲处着闲身。
>
> 东窗换纸明初日,南圃移花及小春。
>
> 妇女晨炊动井臼,儿童夜诵聒比邻。
>
> 早知闾巷无穷乐,悔不终身一幅巾。③

——陆游《闲居初冬作》

陆子白首安耕桑,乐事遽数乌能详。长罗家家雪作面,画楫

---

① (宋)张侃:《张氏拙轩集》卷二,影印文渊阁四库全书本。

② 钱仲联校注:《剑南诗稿校注》卷七十八,《驿壁偶题》,上海古籍出版社 2005 年版,第 4227 页。

③ 钱仲联校注:《剑南诗稿校注》卷三十七,上海古籍出版社 2005 年版,第 2425 页。

处处青分秧。迎获船归潮入浦，祈蚕会散月满廊。有时邻曲苦招唤，茅檐扫地罗壶觞。堆盘珍脍似河鲤，入鼎大胾胜胡羊。披绵黄雀曲糁美，斫雪紫蟹椒橙香。老人饱食可无患，摩挲酒瓮与饭囊。儿孙扶侍递相送，笑语无间歌声长。人间哀乐不可常，掠剩有鬼在汝傍。常忧水旱虞螟蝗，力行孝悌招丰穰。①

——陆游《村邻会饮》

卜日家祭灶，牲肥酒香清。分胙虽薄少，要是邻里情。

众起寿主人，一觥潋滟倾。气衰易成醉，睡觉窗已明。②

——陆游《冬日读白集爱其贫坚志士节病长高人情之句作古风》

已幸悬车示子孙，正须祭灶请比邻。

岁时风俗相传久，宾主欢娱一笑新。

雪鬓坐深知敬老，瓦盆酌满不羞贫。

问君此夕茅檐底，何似原头乐社神。③

——陆游《祭灶与邻曲散福》

这些诗歌作于闲居山阴时期，通过作者的眼睛与心灵去观察感受乡村的民俗生活。《闲居初冬作》仔细观察乡村人家的民俗生活：女子清晨汲水，孩子晚上仍在读书，于是他感受到"闾巷无穷乐"，后悔自己没有终生选择乡村生活④。《村邻会饮》开篇点出"陆子白首安耕桑，乐事遽数乌能详"，下文就主要围绕耕桑生活中的快乐而写：有长罗筛面和以船迎获的劳动民俗，有祈蚕的信仰民俗，并且有会饮时

---

①　钱仲联校注：《剑南诗稿校注》卷四十，上海古籍出版社 2005 年版，第 2557 页。
②　钱仲联校注：《剑南诗稿校注》卷四十一，上海古籍出版社 2005 年版，第 2603 页。
③　同上书，第2606 页。
④　在宋代幅巾多为农人所戴，宋李上交《近事会元·幞头巾子》："今宋朝所谓头巾，乃古之幅巾，贱者之服。"在该诗中"幅巾"指代乡村生活。

的各种美食，反映乡村的饮食民俗。第三、第四首诗歌反映乡人选择吉日进行祭灶的民俗与活动，而在民俗之中，邻里之间其乐融融的场面令人感受到乡村生活的美好。由此可见，在这些反映乡村民俗的诗歌中，充盈的是诗人对于乡村生活的热爱之情。反过来，正是因为诗人对于乡村生活的热爱，诗人才会把目光投向平凡而普通的乡村民俗，用诗歌去反映这些民俗，借以表达自己的热爱之情。

此外，大家耳熟能详的一句话"山重水复疑无路，柳暗花明又一村"①，出自陆游的《游山西村》。说起值得一游的地方，大家首先想到名川大山、名胜古迹等，但是陆游偏偏对于一个小小的村子使用"游"字，足见他对其的喜爱之情。

大家对于该诗的欣赏，往往只集中在"山重水复疑无路，柳暗花明又一村"这一联上，殊不知诗歌下一句是"箫鼓追随春社近，衣冠简朴古风存"。该联由风景转入人物，给人以淳朴的美感。清方东树分析该诗的结构为"以游村情事作起，徐言境地之幽，风俗之美，愿为频来之约"②。就诗歌首、颔、颈、尾对应文章的写作方法起、承、转、合的结构来说，诗歌的重点也在于颈联，该联才是诗歌要表现的重点。对于这样淳朴的民风，陆游不嫌其简陋："莫笑农家腊酒浑，丰年留客足鸡豚"，并声称"从今若许闲乘月，拄杖无时夜叩门"，表示要时时前来呢。"柳暗花明又一村"也只是交代村庄的位置而已，这个地方能够使陆游留恋的原因当然不是其自然风景，而主要是诗人对其淳朴风俗的喜爱。我师罗时进先生也认为：

作者创作此诗之良苦用心乃在表现"古风之美"，人情美是古

---

① 钱仲联校注：《剑南诗稿校注》卷一，上海古籍出版社 2005 年版，第 102 页。

② （清）方东树著，汪绍楹点校：《昭昧詹言》卷二十，人民文学出版社 1961 年版，第 460 页。

风美的具象表现,景致美是古风美的烘托。木秀于林固然可观,但如果不顾全林而独赏秀木则谬。此诗中为人们所偏爱的颔联哲思诗情之美实如秀木,固然具有独立欣赏的审美价值,但只有把它放到全诗古风美的表现中去观照,才能超出个别语象情感内涵而把握全部语境中包孕的作者的情感内涵,充分理解全诗的审美意义。①

以上陆游的乡村民俗诗歌反映陆游对乡村民俗的热爱,其实,宋人其他类似的诗歌也是如此,此处不再一一举例。

第四节 "三农"民俗诗歌与宋人的吏隐、耕读心态

"三农"民俗诗歌表现出城乡二元对立和对于乡村生活无限热爱的主题,而归结其原因,主要在于宋代诗人的吏隐心态及耕读心态。并且,宋代诗人的这种心态也促进了"三农"民俗诗歌的创作与繁荣。

一 诗人的吏隐心态

在乡村民俗诗歌中,城乡二元对立源于宋代诗人对于乡村生活的热爱,而宋代诗人对于乡村生活的热爱归根结底源于宋人对于城市的逃避。在汉代,文人用夸张的语言和高涨的热情去夸耀城市的繁华、城市建筑的雄伟等;在唐代,白居易被贬谪江州的时候言:"岂无山歌与村笛,呕哑嘲哳难为听!"这反映他对乡村生活的厌倦和对于城市生

---

① 《陆游〈游山西村〉诗旨发微——兼说唐宋社日民俗》,《铁道学院学报》1992年第2期。

活的向往。宋人对于城市的态度明显不同于前人，且看下列诗句：

坐有诗人樽有酒，拟抛城市宿禅关。①

——丁谓《游卧龙山》

吾庐远城市，花草故欣欣。②

——吴济《栏边》

俯临城市厌喧哗，回顾园林景更加。③

——司马光《晚晖亭》

栖息避城市，尘埃将浼人。④

——刘攽《移居观音寺》

城市轮蹄闹如织，飘然从此便登瀛。⑤

——席义叟《次令衿游玉壶高咏十绝·解衣盘》

茅茨城市远，草径接鱼村。⑥

——燕肃《癖居》

小隐谢城市，新寒寻褐袍。⑦

——陆游《寒夜》

尚嫌城市近，更拟卜云根。⑧

——陆游《村居冬日》

数家茅屋门昼掩，不闻人声闻碓声。

---

① （明）杨慎编：《全蜀艺文志》卷九，影印文渊阁四库全书本。
② 傅璇琮主编：《全宋诗》，北京大学出版社 1998 年版，第 2 册，第 1302 页。
③ （宋）司马光：《传家集》卷十一，影印文渊阁四库全书本。
④ （宋）刘攽：《彭城集》卷十一，影印文渊阁四库全书本。
⑤ （明）解缙等纂：《永乐大典》卷二二五六引《衢州府志》，中华书局 1986 年版，第 690 页。
⑥ （宋）吕祖谦编：《宋文鉴》卷二十二，影印文渊阁四库全书本。
⑦ 钱仲联校注：《剑南诗稿校注》卷十，上海古籍出版社 2005 年版，第 827 页。
⑧ 钱仲联校注：《剑南诗稿校注》卷十四，上海古籍出版社 2005 年版，第 1106 页。

身似庞公不入城，东阡南陌饯余生。①

——陆游《乍晴风日已和泛舟至扶桑埭徘徊西村久之》

不识封侯事，王城相到稀。②

——释文珦《山中田舍》

鹿门时上冢，了不慕城市。③

——牟巇《次韵程晋辅》

山人只合住山中，入得城来调不同。④

——朱继芳《和颜长官百咏·城市》（其四）

身游城市发将华，眼见人情似槿花。⑤

——朱继芳《和颜长官百咏·城市》（其十）

　　从以上大量的例子可以看出，宋人对于城市的逃避态度。那么，宋人为什么逃避城市？宋代乡村民俗诗歌繁荣的更深层原因何在呢？这应该与宋人的吏隐心态及耕读理想的生活方式有关。

　　在先秦或者汉魏晋时期，隐逸多为政治的逃避，他们或因对于政治的不满，故采取不合作的态度而隐逸，如伯夷叔齐选择首阳山采薇的生活；或由于不满政治而明哲保身，如陶渊明以"不为五斗米折腰"的名义而躲避刘裕政权。先秦汉代隐士多隐居山岩洞穴之中，生活条件十分艰苦。老莱子"菀葭为墙，蓬蒿为室，技木为床，著艾为

---

① 钱仲联校注：《剑南诗稿校注》卷十四，上海古籍出版社2005年版，第1113页。
② 傅璇琮主编：《全宋诗》，北京大学出版社1998年版，第63册，第39691页。
③ （宋）牟巇：《牟氏陵阳集》卷二，影印文渊阁四库全书本。
④ （宋）陈起编：《江湖小集》卷三十一，影印文渊阁四库全书本。
⑤ 同上。

席"①, 孙登"于郡北山为土窟居之"②, 郭瑀"凿石窟而居"③, 焦先"或数日一食"④。晋代陶渊明开创了躬耕田园的隐逸方式, 是隐逸形式的发展。到了唐代, 社会上弥漫高涨的是士人积极建功立业的万丈豪情, 许多人把隐逸当作出仕的终南捷径, 而不是真正的隐逸。

而宋人隐逸之风大为盛行, 在立国之初宋代皇帝就鼓励大臣领着俸禄享乐。宋太祖杯酒释兵权时, 对赵普说: "人生如白驹之过隙, 所为好富贵者, 不过欲多积金钱, 厚自娱乐, 使子孙无贫乏耳。"希望他们"释去兵权, 出守大藩, 择便好田宅市之, 为子孙立永远不可动之业, 多置歌儿舞女, 日饮酒相欢以终其天年".⑤ 并且传说宋太祖立誓不杀大臣和言事官, 有宋一代, 官员很少遭到杀戮, 俸禄也十分优厚。而士大夫在宋王朝的激励之下, 积极实现自己的政治抱负。但与此同时, 又因为意见的不同造成党争不断, 于是随着朝廷形势的不同, 士大夫仕途起落不断, 这种起落又助长了士人的隐逸心态。进取与隐逸的心态交织, 铸就了官员士大夫的吏隐之风。如宋初:

> 我今方吏隐, 心在云水间。⑥
>
> ——王禹偁《游虎丘》
>
> 因知吏隐乐, 渐使欲心窒。⑦
>
> ——欧阳修《新营小斋凿地炉辄成五言三十九韵》

---

① (晋)皇甫谧:《高士传·老莱子传》, 影印文渊阁四库全书本。
② (唐)房玄龄等撰:《晋书》卷九十四《孙登传》, 中华书局 1974 年版, 第2426 页。
③ 同上书, 第 2454 页。
④ (晋)皇甫谧:《高士传·焦先传》, 影印文渊阁四库全书本。
⑤ (宋)李焘撰:《续资治通鉴长编》卷二, 中华书局 1995 年版, 第 50 页。
⑥ 《小畜集》卷六, 四部丛刊本。
⑦ (宋)欧阳修著, 李逸安点校:《欧阳修全集》卷五十二, 中华书局 2001 年版, 第 194 页。

未成小隐聊中隐，可得长闲胜暂闲。①

——苏轼《六月二十七日望胡楼醉书五绝》

既知吏可隐，何必遗轩冕。②

——司马光《登封庞国博年三十八自云欲弃官隐嵩山作吏隐庵于县寺俾光赋诗勉率塞命》

苏轼对于隐仕自由的利弊进行分析说："古之君子，不必仕，不必不仕。必仕则忘其身，必不仕则忘其君。譬之饮食，适于饥饱而已。然士罕能蹈其义、赴其节。处者安于故而难出，出者狃于利而忘返。于是有违亲绝俗之讥，怀禄苟安之弊。"所以最好的选择是"开门而出仕，则跬步市朝之上，闭门而归隐，则俯仰山林之下"。③

到了南宋时期，这种风气依然盛行。

从容吏隐间，游戏僧俗里。④

——曾几《上饶方君小倅官而不婚宦居偏户间静无官宦之事舍后梯城而上即棚为亭尽得溪山之胜名之曰快哉为作四小诗以快哉此风为韵》

太平润色须公等，应许吾兼吏隐名。⑤

——韩驹《次韵翁监再来馆中》

赖有东湖堪吏隐，寄声篱菊待吾归。⑥

——陆游《感事》

---

① 孔凡礼点校：《苏轼诗集》卷七，中华书局 1982 年版，第 339 页。
② （宋）司马光：《传家集》卷四，影印文渊阁四库全书本。
③ 《灵璧张氏园亭记》，孔凡礼点校《苏轼文集》卷十一，中华书局 1986 年版，第 369 页。
④ （宋）曾几：《茶山集》卷七，影印文渊阁四库全书本。
⑤ （宋）韩驹：《陵阳集》卷三，影印文渊阁四库全书本。
⑥ 钱仲联校注：《剑南诗稿校注》卷四，上海古籍出版社 2005 年版，第 331 页。

不仅诗歌抒情如此，宋人多假借建筑命名来显示自己的情怀。庄师熊为朋友陈自厚的为官所居之堂命名为"吏隐堂"，并作诗曰："海邦地僻少迎将，心逸身闲白昼长。剩欲哦诗追沈谢，不求名迹拟龚黄。旋移松石成云壑，时引笙箫入醉乡。吏散帘垂公事毕，清风一榻傲羲皇。"李纲《题吏隐轩》曰："榜之吏隐名者谁，梁溪拙翁前柱史。"① 韩元吉在朋友上任送行时说："送君与我皆为守，到处逢山且纵游。"② 刘应时对于朋友的评价是："自是清都紫府人，偶来应见宰官身。"③

甚至，宋代的僧人也赞成吏隐的态度。释道潜《次韵刘韦孟主簿湖上》曰："禄隐太平真乐事，莫思神武桂冠缨。"④ 释契嵩《西山移文》曰："吾尝谓隐者之道有三焉。有天隐、有名隐、有形隐。形隐也者，密藏深伏，往而不返，非世傲人者之所好也。长沮桀溺者其人也。名隐也者，不观治乱，与时浮沉，循禄全生者之所好也。东方曼倩扬子云者其人也。天隐也者，心不凝滞拘绝于事，无固无必，可行即行，可止即止，通其变者之所好也。太公望孔子颜渊者其人也……道在于山林，曷若道在于天下？与其乐与猿猱麋鹿，曷若乐与君臣父子？其志远而其节且大，为之名也赫赫，掀天地、照万世，不亦盛矣哉！"⑤

宋官员采取吏隐的生活态度，使他们一方面身在朝堂，担任百姓父母官员的职责。作为父母官员的身份，他们关心淳朴民俗的培育，举办一些大型的民俗活动。还关心生产，宋代的地方官员都身兼劝农

---

① （宋）李纲：《李纲全集》，岳麓书社 2004 年版，第 96 页。
② 《松江别范至能朱伯阳》，（宋）韩元吉：《南涧甲乙稿》卷四，影印文渊阁四库全书本。
③ 《闻范至能匀祠二首》，（宋）刘应时《颐庵居士集》卷下，影印文渊阁四库全书本。
④ （宋）释道潜：《参寥子诗集》卷七，影印文渊阁四库全书本。
⑤ （宋）释契嵩：《镡津文集》卷八，四部丛刊本。

职责，所以对于乡村民俗很熟悉，如朱翌曰："欲知太守乐其乐，乐在田家欢笑中。"自言继承了"官民相近"①的古代遗风，并且宋代的士大夫多出身民间，其与农村农民具有天然的联系，如孟点言"长官元是扶犁手，乐与耕夫笑语同"②，真德秀"使君元起自锄犁，田野辛勤事总知"③。另一方面，因为隐逸的心态，使他们心系田园与田园生活，百姓习俗为他们所津津乐道、魂牵梦绕。他们的人生自我定位往往是农人或者隐者，故其诗作多表达对官场生活的厌倦，或者对农耕生活的向往。例如：

> 为贫出仕退为农，二百年来世世同。④
>
> ——《示子孙》
>
> 吾家世守农桑业，一挂朝衣即力耕。⑤
>
> ——《示子孙》
>
> 我本山海士，误遭时网婴。出身两纪余，何等为浮名。⑥
>
> ——贺铸《广陵山光寺夜集留别黄材昆仲》
>
> 我本刍牧儿，家有旧蓑笠。勤心朱墨间，销减耕耨力。欲归倒虚囊，追赴村社集。⑦
>
> ——李新《南至日过盐埧官亭》

---

① （宋）朱翌：《灊山集》卷三，《劝农》，影印文渊阁四库全书本。
② 傅璇琮主编：《全宋诗》，《劝农即事》，北京大学出版社 1998 年版，第 61 册，第 38129 页。
③ （宋）真德秀：《西山文集》卷一，《长沙劝农》，影印文渊阁四库全书本。
④ 钱仲联校注：《剑南诗稿校注》卷四十九，上海古籍出版社 2005 年版，第 2943 页。
⑤ 同上。
⑥ （宋）贺铸：《庆湖遗老诗集校注》卷四，河南大学出版社 2008 年版，第 174 页。
⑦ （宋）李新撰：《跨鳌集》卷二，影印文渊阁四库全书本。

我本丘壑人，负乘辄致寇。归来卧湖海，梦断三接昼。①

——葛胜仲《次韵章婿道祖倧山居》

宋人的吏隐不仅仅是一种"吏散帘垂公事毕，清风一榻傲羲皇"②的隐逸，他们有着官吏的身份，履行官员的职责，并且有着不为名缰利索羁绊的闲散的心态，有时还表现为不同时期隐与仕的来回转换，隐仕自由。并且，这种吏隐的心态及仕隐结合的方式必定要影响他们的文学创作。对此刘文刚先生也曾有过论述，他说：

> 从广义上说，宋代的官吏大多有闲居的经历。有的官吏在仕前隐居（广义的隐居），有的中途落职闲居，有的晚年致仕退隐。不少官吏是二者或三者兼而有之。有的隐居时间比做官时间长，有的隐居长达十年二十年之久，甚至有隐居五十年的。如此长期隐居，生活、思想、感情，乃至文化，都与为官时大不一样。作家的生活和思想对作家的文学创作起着决定作用，官吏闲居生活的巨大变化，必然给文学创作带来巨大的变化。③

而这种必然的变化之一就是写隐逸心态及隐逸生活的作品比较多。而隐逸生活的特点是什么呢？与宋代反映乡村民俗的诗歌有什么关系呢？这涉及宋人隐逸生活方式的选择及宋人的农耕思想。

二 诗人的农耕思想

在宋代，随着经济的飞速发展，人们的生活观念也发生变化。人们认为生活应该以财产为基础才能随心所欲，不受制于人。周辉《清波杂

---

① （宋）葛胜仲：《丹阳集》卷十七，影印文渊阁四库全书本。
② （宋）李光：《庄简集》卷五，《吏隐堂》，影印文渊阁四库全书本。
③ 刘文刚：《宋代的隐士与文学》，四川大学出版社 1992 年版，第 225 页。

志》转述时人言论："人生不可无田，有则仕宦出处自如，可以行志，不仕则可以仰事俯育，粗了伏腊，不致丧失气节。有田方为福，盖'福'字从'田'，从'衣'。"① 所以宋人的隐逸不再选择偏远的山林及简陋的生活，而大多选择农耕生活。且不说官吏士大夫可以在不同时段选择耕读、闲居或者出仕，即使以隐为一生追求的人也选择耕读的生活方式。例如，魏野，终生布衣，是宋初四大名隐之一。他自筑草堂于陕州东郊，一生乐耕勤种。宋人的隐逸与农耕思想紧密相关。

在诗歌中，诗人们的农耕心态也有充分的体现，如陆游《冬晴稍理旧学有感于怀》："老已为农犹学问，向虽作吏半山林。"② 反映他由半官吏半山林向耕读生活的改变。陆游《自述》曰："诗书修孔业，场圃嗣豳风。"③ 表达自己的耕读情志。芮毓《山中即事》对自己耕读生活的选择进行专门的说明："几年压尘嚣，屡欲返初服。鹪鹩安一枝，何必恋微禄。潇洒此村居，茅舍带修竹。田园薄有收，积书高过屋。所以课子孙，利用聚吾族。光大不可期，庶几守耕读。"④ 释文珦《江村》诗反映江村农人在农闲的时候不忘孩子们的学业，曰："相呼命邻叟，农隙课儿书。"⑤

再如以田园民俗诗歌著称的范成大也具有农耕的心态。一方面，他说："春风若借筋骸便，先渡南村学灌畦。"⑥ 显示自己真心实意地融入农村生活中。另一方面，他说："放船闲看雪山晴，风定奇寒晚更

---

① （宋）周辉：《清波杂志》卷一一，中华书局 1994 年版，第 369 页。
② 钱仲联校注：《剑南诗稿校注》卷四十四，上海古籍出版社 2005 年版，第 2728 页。
③ 钱仲联校注：《剑南诗稿校注》卷五十一，上海古籍出版社 2005 年版，第 3029 页。
④ 傅璇琮主编：《全宋诗》，北京大学出版社 1998 年版，第 33 册，第 20920 页。
⑤ （明）解缙等纂：《永乐大典》卷三五七九，《江村》，中华书局 1986 年版，第 2068 页。
⑥ （宋）范成大著，富寿荪标校：《范石湖集》卷二十六，《丙午新正书怀十首》其一，上海古籍出版社 2006 年版，第 360 页。

凝。坐听一篙珠玉碎，不知湖面已成冰"（《四时田园杂兴·冬日田园杂兴》其六），"探梅公子款柴门，枝北枝南总未春。忽见小桃红似锦，却疑侬是武陵人"（《四时田园杂兴·冬日田园杂兴》其十一），其"放船闲看雪山晴"的行为，其"探梅公子"的自我定位显示了他的隐逸心态。

宋代文人的耕读生活也是其自身选择的结果。宋人摆脱了传统文人"学而优则仕"的必然追求，选择在生活中追求生命的意义，感受生活的滋味。吴泳《永嘉鹿鸣宴》曰："人间富贵易浮沉，只有斯文无古今。义理工夫元坦易，圣贤言语不艰深。莫随近世诸儒辙，要识开山一祖心。待得了他科举债，梅花月下听瑶琴。"① 作者选择诗意的隐逸生活方式，但是却同时选择文章与科举。文章与科举是通向为官出仕富贵的人生道路，作者否定富贵却肯定文章科举。在作者看来，文章还有另外的价值所在——追求"义理"，认识"开山""祖心"，即对于人生意义、生活真谛的追求。并且"斯文无古今"，正如曹丕所言"文章经国之大业，不朽之盛事"（《典论·论文》），文章也是一种实现人生价值的方式。而科举则是这种人生价值的明证，所以作者要了却"科举债"，实是为了证明自己另外的人生价值。如果人们参加科举只是为了博取功名富贵，则是庸夫；如果人们不经过科举，一味隐居，则其人生毫无意义。而经过科举之后的隐逸，则是一种更高层次的隐逸。所以，科举与隐逸是宋人人生的两种理想。宋代之隐逸，不是对政治的不满，而是一种对诗意生活的主动选择。宋代的隐逸不是政治失意后的被动选择，而是自主选择一种繁华落尽见真纯的人生境界。

刘文刚先生说："（宋代隐士）对现实的反抗情绪与精神，比古代

---

① （宋）吴泳：《鹤林集》卷三，影印文渊阁四库全书本。

隐士明显减弱了。他们遁迹岩窦，栖迟畎亩，主要不是反抗社会，发泄对现实的强烈不满，而是为了寻求隐名，寻求闲适与安乐。"① 薛嵎《郊外隐居》曰："自是山林士，非因失志余。儿童知稼穑，猿鹤近诗书。曙色浮沧海，春风满太虚。固穷须学力，不敢废经锄。"② 他声称自己隐居的原因不是因为"失志"而是自我的人生定位于"山林士"，其所谓隐居也不过是生活在郭外而已。他所描绘的隐居生活也是耕读的生活。《汉书·儿宽传》曰"带经而锄，休息辄读诵。"③ 后以"经锄"为耕读之典。邹登龙《王氏山居》曰"闻道山居好，林深远俗情。茶烟熏壁暗，萝月射窗明。学稼修禾谱，栽花识药名。无人觉幽隐，为有读书声。"④ 他所描绘的山居生活具有双重的特点，其一是"林深远俗情"，具有隐士生活的特点，但是又有农家生活的特点，如"学稼""栽花"。并且，作者指出，王氏山居与隐居生活的不同之处在于"为有读书声"。所以读书是传统隐士与宋代具有隐逸心态之人的不同之处。宋代文人大多数具有隐逸的心态，但他们倾向于以耕读为隐。

最后，可以得出如下结论。其一，宋人的隐居方式及其吏隐的心态，决定宋人的隐逸不是政治性的逃避，而只是社会性的退避。这种社会性的退避，其实是一种适宜的生活方式的选择。宋人躲避的不仅是朝堂上的尔虞我诈，更多的是对城市生活方式的躲避。正因为他们反抗的不是某一政权，而是一种城市喧闹的生活方式，所以在宋代以表现乡村生活、乡村民俗的诗歌中，往往存在城乡对立的二元化视角。也正是这种心态促进诗人选取乡村的视角表现乡村民俗，促进了乡村

① 刘文刚：《宋代的隐士与文学》，四川大学出版社1992年版，第29页。
② （宋）薛嵎：《云泉诗》，影印文渊阁四库全书本。
③ （汉）班固：《汉书》卷五十八，中华书局1962年版，第2628页。
④ （清）厉鹗辑：《宋诗纪事》卷七十二，上海古籍出版社1983年版，第1790页。

民俗诗歌的繁荣。其二，宋诗人的理想生活方式是耕读生活，大多数诗人也有耕读的经历。因为耕，所以了解乡村民俗生活，熟悉乡村民俗生活。因为读，所以具备文学表达的能力，并且，因为乡村是诗人自己主动的生活选择，而不是被动接受，所以，诗人更具有创作的热情。正因为耕读这两个必不可少的条件的具备，才使宋代的乡村民俗诗歌异常丰富繁荣。

第三章 宋代咏"时"民俗诗歌

第一节 时俗诗歌创作

上文分别从地域和社会群体两个维度考察宋代民俗诗歌的状况，而从时间维度看，宋代的民俗诗歌是什么样子呢？从整个时代维度看民俗，民俗具有沿袭性和渐变性。宋代民俗有沿袭前代的传统民俗，如一些节令民俗，也有当时时代产生的新民俗，如宋代的勾栏瓦舍等，还有一些沿袭前代而来的民俗在当时时代产生的新变化，如，宋代婚姻仪式大致采用前代的六个步骤，但是重视财产、榜下捉婿及婚前相亲等则具有时代的特征。

以后代人的研究眼光来看，一个时代具有一个时代的民俗，所以后代的民俗研究者重视研究一个时代的独特性民俗。而从当时世人的眼光来看，时俗却并非如此。现以宋诗中的几个例子进行说明：欧阳修《答梅圣俞寺丞见寄》中的"蛮方异时俗，景物殊气象"①、王洋《观讲史有感》中的"既为时俗妆，复著道士冠"②、杨公远《癸未元日》"迩来时俗全非古，乌帽长衫能几人"③，可见，"时俗"不是"蛮方"的民俗，不是"古"代的民俗，不是单独某一类人（如"道士"）的民俗。又如韩琦《中元病起》中的"中元时俗类秋尝"④、刘敞《爆竹》中的"节物随时俗"⑤、强至《依韵奉和司徒侍中辛亥七夕末伏》中的"金盘瓜果随时俗"⑥。可见，"时俗"是指当下普遍存在的，为广大普通民众所遵从的民俗。

另外，本书研究当时诗人自己对于民俗的认识，研究宋代的诗歌对于民俗的反映。地域民俗诗歌以地域为坐标线，诗歌反映不同的地域民俗，包括异域民俗，他乡民俗及家乡民俗。阶层民俗诗歌以群体阶层为坐标线，诗歌反映不同阶层的民俗，包括诗人自身所属的士大夫习俗及农民或者市民等民俗。当然，也不排除一些诗人在反映民俗的时候将自身身份归为农民阶层的，在描写农人乡村民俗的时候流露出一种认同与归属意识。这说明不管地域民俗还是社会阶层民俗，民俗都可分为自我存在的民俗与相对存在的民俗。时俗也是如此，既包括那些不同于前代的为宋代所独有的民俗，也包括那些继承前代而来、为当时所沿袭的民俗。本章所关注的正是那些反映当时时代广泛存在的大众化民俗的诗歌，这些民俗诗歌既包括反映因袭前代并于当时社会广泛盛行之民俗的诗歌，又包括反映

---

① （宋）欧阳修著，李逸安点校：《欧阳修全集》卷五十三，中华书局2001年版，第745页。

② （宋）王洋：《东牟集》卷一，影印文渊阁四库全书本。

③ （宋）杨公远：《野趣有声画》卷下，影印文渊阁四库全书本。

④ （宋）韩琦：《安阳集》卷十八，影印文渊阁四库全书本。

⑤ （宋）刘敞：《公是集》卷二十二，影印文渊阁四库全书本。

⑥ （宋）强至：《祠部集》卷九，影印文渊阁四库全书本。

传统的但在宋代发生变化之民俗的诗歌，以及反映当时社会独特民俗的诗歌。

一　传统民俗的诗歌反映

在反映社会最普遍的大众化民俗中，节令民俗无疑是其中最好的代表。中国自古是一个以农业为主的国家，在耕耘劳作中，人们认识天气，并根据天气安排农事，这种习惯一旦被沿袭固定下来，就形成民俗。并且，在长期的衍化中，因为农耕的生产方式一直是中国古代最重要的生产方式，因此也沿袭得最为久远。而且，中国历代的朝廷都很重视农业生产，根据不同的节令举行不同的仪式，以起到宣示教化作用，也起到在全国范围内统一规范的作用。节令民俗传承的时间最为悠久，也最为固定。在宋代有许多反映当时节令民俗状况的诗歌，其中最多的要数元日、元宵、立春、清明、端午、乞巧、中秋、重阳、冬至、岁除等节日。

《荆楚岁时记》记载元日民俗为："正月一日，是三元之日也。谓之端月。鸡鸣而起，先于庭前爆竹，以辟山臊恶鬼。帖画鸡，或斫镂五采及土鸡于户上。造桃板著户，谓之仙木。绘二神贴户左右，左神荼，右郁垒，俗谓之门神。于是长幼悉正衣冠，以次拜贺，进椒柏酒，饮桃汤，进屠苏酒，胶牙饧，下五辛盘，进敷于散，服却鬼丸，各进一鸡子。凡饮酒次第，从小起。……"① 宋代很多诗歌反映元日民俗，例如：

> 爆竹声中一岁除，东风送暖入屠苏。

---

① （南朝梁）宗懔撰，宋金龙校注：《荆楚岁时记》，山西人民出版社1987年版，第1—7页。

千门万户曈曈日，争插新桃换旧符。①

——王安石《元日》

桃梗分朱户，椒花献紫宸。②

——文彦博《元日作》

后饮屠苏惊已老，长乘舴艋竟安归。③

——陈与义《元日》

弟兄团拜处，归去愿成行。④

——王十朋《元日》

家家椒酒欢声里，户户桃符霁色中。⑤

——陆游《丙寅元日》

关于立春，主要有彩胜、打春牛的民俗。关于彩胜民俗，《荆楚岁时记》曰："立春之日，悉剪彩为燕以戴之，贴'宜春'二字。"⑥《东京梦华录》（卷六）言："春幡雪柳，各相献遗。"⑦ 关于打春牛的民俗，其来历是古代在农历十二月出土牛以除阴气。后来，立春时造土牛以劝农耕，象征春耕开始。《后汉书·礼仪志上》记载了汉代时打春牛民俗："立春之日，夜漏未尽五刻，京师百官皆衣青衣，郡国县道官下至斗食令史，皆服青帻，立青幡，施土牛耕人于门外，以示兆

① （宋）王安石：《临川文集》卷二十七，中华书局 1959 年版，第 308 页。

② （宋）文彦博：《潞公文集》卷三，影印文渊阁四库全书本。

③ （宋）陈与义：《简斋集》卷十二，影印文渊阁四库全书本。

④ （宋）王十朋：《梅溪集·后集》卷十四，影印文渊阁四库全书本。

⑤ 钱仲联校注：《剑南诗稿校注》卷六十五，上海古籍出版社 2005 年版，第 3684 页。

⑥ （南朝梁）宗懔撰，宋金龙校注：《荆楚岁时记》，山西人民出版社 1987 年版，第 19 页。

⑦ （宋）孟元老撰，伊永文笺注：《东京梦华录笺注》卷六，中华书局 2007 年版，第 534 页。

民，至立夏。"①《东京梦华录》（卷六）记载了宋代东京开封的打春牛民俗："立春前一日，开封府进春牛，入禁中鞭春。开封、祥符两县，置春牛于府前。至日绝早，府僚打春，如方州仪。"②宋代诗人的诗歌也反映了立春的民俗：

衡柄三阳把，陶镕万物翘。家家助和气，剪彩作花飘。③

——黄庶《立春》

剪彩直为儿女戏，土牛向自国家传。④

——刘敞《立春》

土牛陌上摧花杖，玉燕钗头坠彩幡。⑤

——强至《立春》

江南信息梅应蕊，京国风流柳未丝。最有佳人随节序，钗头彩胜竞垂垂。⑥

——强至《立春》

巧胜金花真乐事，堆盘细菜亦宜人。⑦

——晁冲之《立春》

盘装荠菜迎春饼，瓶插梅花带雪枝。劝了亲庭眉寿酒，旋裁春帖换新诗。⑧

——李时《十二月立春》

---

① （宋）范晔撰，（唐）李贤等注：《后汉书》，中华书局1965年版，第3102页。
② （宋）孟元老撰，伊永文笺注：《东京梦华录笺注》卷六，中华书局2007年版，第534页。
③ （宋）黄庶：《伐檀集》卷上，影印文渊阁四库全书本。
④ （宋）刘敞：《公是集》卷二十五，影印文渊阁四库全书本。
⑤ （宋）强至：《祠部集》卷六，影印文渊阁四库全书本。
⑥ 同上。
⑦ （清）吴之振等编：《宋诗钞》卷三十二，中华书局1986年版。
⑧ 傅璇琮主编：《全宋诗》，北京大学出版社1998年版，第24册，第15720页。

元宵节是宋代最为热闹的节日，无名氏《宣和遗事》曰："皇都最贵，帝里偏雄：皇都最贵，三年一度拜南郊；帝里偏雄，一年正月十五夜。"① 《东京梦华录》曰："正月十五日元宵……游人已集御街，两廊下奇术异能，歌舞百戏，鳞鳞相切，乐声嘈杂十余里……至正月十七日……灯山上彩，金碧相射，锦绣交辉。"② 在元宵期间，官员也要放假三天，皇帝也要出来"与民同乐"。《宣和遗事》记载："那看灯的百姓，休问富贵贫贱老少尊卑，尽到端门下赐御酒一杯。"③ 并且因为担心当天阴雨，还要进行"预赏元宵"。《宣和遗事》曰："从腊月初一直点灯到宣和六年正月十五夜。为甚从腊月放灯？盖恐正月十五日阴雨，有妨行乐，故谓之预赏元宵。"④ 宋人描写元宵的诗歌很多，有的只是诗歌中简单的几句，有的不惜笔墨以鸿篇巨制进行描摹。下面略举几例：

　　　　灯烛森森万象罗，彻宵车马罢谁何。⑤

　　　　　　　　　　　　　　　　——韩琦《元宵席上》

　　　　万叠灯山辊绣球，怕寒骑马著驼裘。要看十里红莲满，须上谯门最上头。⑥

　　　　　　　　　　　　　　　　——张九成《元宵》

　　　　金舆在闾阖，箫吹满人寰。九陌行如昼，千门夜不关。

　　① （宋）佚名：《新刊大宋宣和遗事·亨集》，河洛图书出版社（中国台北）1981 年版，第 431 页。
　　② （宋）孟元老撰，伊永文笺注：《东京梦华录笺注》卷六，中华书局 2007 年版，第 540 页。
　　③ （宋）佚名：《新刊大宋宣和遗事·亨集》，河洛图书出版社（中国台北）1981 年版，第 433 页。
　　④ 同上书，第 431 页。
　　⑤ （宋）韩琦：《安阳集》卷十七，影印文渊阁四库全书本。
　　⑥ （宋）张九成：《横浦集》卷四，影印文渊阁四库全书本。

星通河汉上，珠乱里间间。谁与联轻骑，宵长月正闲。①

——梅尧臣《元夕同次道中道平叔如晦赋诗得闲字》

鼓声阗阗众戏屯，百仞太华临端门。端门两廊多结彩，公卿娇女争交奔。接板连床坐珠翠，帘疏不隔天妍存。车驾适从驰道入，灯如彻星天向昏。赭衣已御凤楼上，露台室看簇钿辕。山前绛绡垂雾薄，火龙娇娇红波翻。金吾不饬六街禁，少年追逐乘大宛。呼庖索醑斗丰美，东市憧憧西市喧。持钱不数买歌笑，玉杓注饮琉璃盆。②

——梅尧臣《和宋中道元夕十一韵》

描写其他节日的诗歌也有很多，如描写端午的诗歌：

菰饭沾花蜜，冰团裹蔗腴。油淹枯茹滑，糟闷活鳞濡。

饷筐争门入，瘟船出市驱。屑蒲形武兽，编艾写髯巫。

朱揭横楣榜，黄书闿户符。辟邪钗篆爱，解厄腕丝纡。

恶月多忧畏，阴爻足备虞。更闻因屈子，采动楚人吁。③

——项安世《重五记俗八韵》

该诗歌描写端午节的不同民俗：如端午的饮食民俗、驱瘟辟邪的民俗及纪念屈原的民俗。

描写七夕乞巧民俗的诗歌有，"穿针乞巧伫立久，织素成章报答

---

① （宋）梅尧臣著，朱东润编：《梅尧臣集编年校注》卷二十二，上海古籍出版社1980年版，第591页。

② （宋）蒲积中编，徐敏霞校点：《古今岁时杂咏》卷八，辽宁教育出版社1998年版，第92页。

③ （宋）项安世：《平庵悔稿》（宛委别藏本）卷二，江苏古籍出版社1988年版。

迟"① "星潢今夕度仙辀，人世争为乞巧楼"② "从昔人传鹊作桥，一年牛女会清宵。几家乞巧罗瓜果，是处开樽沸管箫"③。描写重阳登高民俗的诗歌有："登高散百虑，驱马恣所出。或云避阳九，可以纳元吉。嘉愿谁间然，且当醉终日。"④ "强插茱萸修故事，未妨醉眼送斜晖"⑤ 则描写重阳头戴茱萸的民俗。描写冬至民俗的诗歌有："邻家祭彻初分胙，贺客泥深不到门。"⑥《东京梦华录》记载冬至的民俗为："十一月冬至，京师最重此节。虽至贫者，一年之间，积累假借，至此日更易新衣，备办饮食，享祀先祖，官放关扑，一如年节。"⑦ 陆游的诗歌就写出乡村冬至时祭祀祖先，邻里之间互相庆贺的民俗。到了十二月之后，接近年关，民俗活动更是丰富多彩，也激发诗人的创作热情。刘克庄《岁晚书事十首》写十二月的民俗活动。除夕是一年的最后一天，人们相互馈问，是为馈岁；家人团坐，以待来年，是为守岁。这些民俗活动在诗歌中都有大量的表现，此处不再一一举例说明。

二 反映民俗变化的诗歌

有一些诗人关注当时变化了的社会民俗：

> 白雪赓歌苦，华颠答难频。寒惊穿履客，饿耻祭墦人。

---

① 《七夕》，（宋）杨亿《武夷新集》卷二，影印文渊阁四库全书本。
② 《七夕》，（宋）韩琦《安阳集》卷十九，影印文渊阁四库全书本。
③ 《七夕》，（宋）廖行之《省斋集》卷二，影印文渊阁四库全书本。
④ 《重阳》，（宋）刘敞《公是集》卷七，影印文渊阁四库全书本。
⑤ 《重阳遣兴》，（宋）喻良能《香山集》卷九，影印文渊阁四库全书本。
⑥ 陆游：《冬至》，钱仲联校注《剑南诗稿校注》卷六十，上海古籍出版社 2005 年版，第 3459 页。
⑦ （宋）孟元老撰，伊永文笺注：《东京梦华录笺注》卷十，中华书局 2007 年版，第 882 页。

洴澼金终贱，胡卢琐未真。原生宁是病，结驷往相亲。①

——宋庠《讥俗》

陶姚民屋富，梁魏敝风存。士阙游乡校，人争倚市门。

推埋时结客，博掩竞成喧。谁与迁茶董，移甘臕臁原。②

——宋祁《敝俗》

诗歌批判当时社会民俗变化、世风日下的局面。

还有一些诗歌反映某一种民俗的变化。例如，陈造的《财婚》反映婚姻民俗在宋代的变化：

师昏古所辞，财昏今不耻。传祀合二姓，古者贵由礼。四德五可外，货贿亦末尔。民风日就颓，舍此争校彼。媒氏未到眼，聘资问有几。倾箧指金钱，交券窦租米。东家女未笄，仪矩无可纪。已闻归有日，资送耀邻里。西家女三十，闭户事麻枲。四壁漏风霜，行媒无留趾。坐贫失行期，趣富曹贪鄙。流弊例不免，其源实此起。多约或少酬，暂誉甘长毁。坐令亲旧欢，诡谲变狐鬼。何况性习间，贫富岐臧否。土俗未易挽，人情大不嫩。悠悠何足道，吾以谂君子。③

中国自汉末到唐代，一致重视门阀制度。所以，在婚姻中人们也是倾慕与高门大户联姻，在唐代，这种情况尤甚。但在宋代，一方面，由于唐代大姓的没落，另一方面，随着商业的发展与都市文化的浸润，人们不再看重门第，却非常看重财产，司马光指出："今世俗之贪鄙

---

① （宋）宋庠：《元宪集》卷五，影印文渊阁四库全书本。
② （宋）宋祁：《景文集》卷八，影印文渊阁四库全书本。
③ （宋）陈造：《江湖长翁集》卷六，影印文渊阁四库全书本。

者，将娶妇，先问资装之厚薄；将嫁女，先问聘财之多少。"① 蔡襄也说："今之俗，娶其妻，不顾门户，直求资财。"② 南宋王十朋《赠万序》曰："弦诵先闾里，东平典则存。残膏沾后学，余庆在从孙。事业方年少，功名志可吞。时人贪择窝，慎勿为财婚。"③ 赞赏对方诗书传家，期望对方不要为了财产而缔结婚姻。

再如有的诗歌反映宋代随着娱乐文化的发展，伶人及妓女·(在宋代，多指有一定手艺的女子) 队伍的壮大和其对于民俗的冲击。例如，文天祥《名姝吟》：

> 丈夫至白首，钟鼎垂功名。未有朱门中，而无丝竹声。
>
> 与主共富贵，不见主苦辛。名姝从何来，婉娈出神京。
>
> 京人薄生男，生女即不贫。东家从王侯，西家事公卿。
>
> 吾行天下多，朱紫稀晨星。大都不一一，甚者旷数城。
>
> 如何世上福，冉冉归娉婷。乃知长安市，家家生贵人。④

宋末陈润道《吴民女》反映吴地人民养女成长，教其歌舞，以求其成为贵人妾，以此来赡养门户。该诗与文天祥的《名姝吟》异曲同工，佐证了当时养女从艺的社会民俗。诗歌如下：

> 吴民嗜钱如嗜饴，天属之爱亦可移。养女日夜望成长，长成未必为民妻。百金求师教歌舞，便望将身赡门户。一家饱暖不自怜，傍人视之方垂涎。常时疏弃自悲啼，一旦承恩多妒忌。古人怕为荡子妇，夜夜孤眠泪如雨。今人甘为贵人妾，得意失意花上

---

① （宋）司马光：《司马氏书仪》卷三《婚仪上》，影印文渊阁四库全书本。
② 蔡襄：《福州五戒》，（宋）吕祖谦编《宋文鉴》卷一百〇八。
③ （宋）王十朋：《梅溪集·前集》卷四，影印文渊阁四库全书本。
④ （宋）文天祥：《文山集》卷一，影印文渊阁四库全书本。

月。荡子不归宁空房，主人喜怒多不常。

《宋诗记事》引用陈郁《藏一话腴》补充了当时的民俗情况：

　　吴下风俗尚侈，细民有女，必教之乐艺，以待设宴者之呼。使令莫逆，奉承惟恭，盖觊利赡家，一切不顾名为私妓，实与公妓无异也。长大鬻为妾，狼戾则籍之官，动以千计，习俗薄恶莫此为甚，天台陈润道作《吴民女》一篇，殊益风教。①

　　还有一些民俗，尽管在形式上保留了前代的形式，但是人们在观念上，或者在举办活动的意义方面发生了变化。诗人敏锐地抓住了传统民俗在新时代的意义变化。例如：

　　　　晋歌本自传幽愤，楚俗缘何作胜游。

　　　　宴豆雕文夸渝卵，侠场星影斗飞球。

　　　　光翻蘋苹吹都无力，暖著花烟不肯流。

　　　　捣杏沃饧纷节物，更惭多病怯寒瓯。②

　　　　　　　　　　　——宋祁《一百五日官舍作》

　　　　竞渡本来缘救溺，凌波初不为争标。

　　　　今人不解古人意，得胜归来笑语嚣。③

　　——王十朋《五月四日与同僚南楼观竞渡因成小诗四首明日同行可元章登楼又成五首》

　　宋祁的诗歌批判时下人们在寒食日作乐游戏的民俗，该民俗改变了传统寒食节纪念介子推的意义。王十朋的诗歌反映了端午民俗当时

---

① （清）厉鹗辑：《宋诗纪事》卷七十二，上海古籍出版社1983年版，第1788页。
② 傅璇琮主编：《全宋诗》，北京大学出版社1998年版，第4册，第2602页。
③ （宋）王十朋：《梅溪集·后集》卷十二，影印文渊阁四库全书本。

的变化，尽管竞渡的形式相同，但是意义已经由"救溺"变成了"争标"的游戏。

第二节　时俗诗歌的表现方法

有的民俗具有明显的地域特征，有的民俗分别为不同的社会群体所遵守，人们在文学作品中反映这些民俗的时候往往加以地域或者社会群体的限制，以示区别。而相对来说，时俗在地域范围上比较广泛，它并不是特殊地域的民俗，所以没有地域的标签。从参与人群上来说，它为社会上各个阶层所共同接受，所以没有社会群体的标签。这些民俗是当时普遍范围内大众化的民俗，被当时的人作为民俗的典型，被称为"时俗"，而时俗因为其大众化的特性，诗人在表现时俗的时候，往往并不在民俗中刻意打上"时俗"的标签。例如，下面的两首诗歌：

> 清霜凉初曙，高门肃无哗。行树迎初日，微风转高牙。
>
> 兹辰亦何辰，见此气候嘉。有司谨春事，象牛告田家。
>
> 微和被广陌，缨弁扬葳蕤。伐鼓众乐兴，刿刿彩杖加。
>
> 盛仪适未已，观者何纷挐。因思古圣人，时徼在不差。
>
> 礼实久已废，所重存其华。吾非鲁观宾，胡为亦咨嗟。①

——韩维《立春观杖牛》

---

① （宋）韩维：《南阳集》卷一，影印文渊阁四库全书本。

衮衮衣冠会，喧喧鼓吹迎。为牛一何苦，举世尽相争。①

——孔平仲《立春》

诗人反映立春的民俗，自然为当时的民俗，但是却不需特别指明，读者自然会意。对于地域民俗，诗人多带有向读者介绍的目的而突出民俗本身，然后再发出自己的感慨或者议论。对于阶层民俗也是如此。而对于时代民俗则不同，因为时代民俗为身处同一时代的人所熟知，故而没有详细描述的必要，诗人往往直接议论，或赞同或批判等。

反映时代民俗的诗歌不仅没有明确的标签，而且有时不是为了记载民俗而创作的，而是通过记人、记事、咏物而得到反映。

一 通过记人表现民俗

在他人的活动中，读者可以看到当时民俗的影子：如赵汝鐩《断肠曲》"卷帘无人帘再下，遣童水东占打瓦"②涉及"打瓦"民俗。"打瓦"即"瓦卜"，古代一种占卜方法，击瓦而视其裂纹以定吉凶。《九家集注杜诗》卷三十二《戏作俳谐体遣闷》"瓦卜传神语"注："巫俗击瓦，观其文理分析，以定吉凶，谓之瓦卜。"他的另一首诗《响卜辞》则描写一个思妇用响卜的方法推测丈夫是否归来，诗歌摘录如下：

乞灵每日扣巫祝，更向静处听响卜。人言卯夜验不差，又言元宵应尤速。二说果如神，俱占敢厌频。斋心通我意，侧步潜我身。或坼翠幌视，或靠绿窗避。两夕行人语，字字还家意。③

---

① （宋）孔文仲、孔武仲、孔平仲著，孙永选校点：《清江三孔集》，齐鲁书社2002年版，第427页。
② （宋）赵汝鐩：《野谷诗稿》卷一，影印文渊阁四库全书本。
③ 同上。

据说听别人讲话可卜吉凶，谓之"响卜"。宋朱弁《曲洧旧闻》卷九："《王建集》有《镜听词》，谓怀镜于通衢间，听往来之言，以占休咎；近世人怀杓以听，亦犹是也；又有无所怀而直以耳听之者，谓之响卜。盖以有心听无心耳，然往往而验。"① 赵汝镂的诗歌就反映该女子在"卯夜"和"元宵"之夜，怀着紧张期待的心情小心翼翼地听行人的话语，行人话语中谈及还家，于是她预测到丈夫也会回来，心中的兴奋之情自不必说。

二 通过记事来反映民俗

民俗往往表现在一定的民俗活动中，宋代诗歌记载了当时的民俗活动。例如，许多诗歌反映当时驱傩的民俗活动。傩，是古代的一种风俗，迎神以驱逐疫鬼。傩礼一年数次，大傩在腊日前举行。《论语·乡党》曰："乡人傩，朝服而立于阼阶。"② 《吕氏春秋·季冬纪》曰："命有司大傩，旁磔，出土牛，以送寒气。"高诱注："今人腊岁前一日击鼓驱疫谓之逐除是也。"③ 宋代多在岁晚进行驱傩活动，宋周密《武林旧事·岁晚节物》曰："市井迎傩，以锣鼓遍至人家，乞求利市。"④ 诗人在诗歌中也说："南邻祭灶喧，北里驱傩哗"⑤ "庭罢驱傩戏，门收爆竹盘"⑥ "家储宿岁酒，乡送大傩寒"⑦ "烟熏野狐怪，雨

---

① （宋）朱弁撰，孔凡礼点校：《曲洧旧闻》，中华书局 2002 年版，第 214 页。
② 杨伯峻：《论语译注》，中华书局 1980 年版，第 105 页。
③ 许维遹撰，梁运华整理：《吕氏春秋集释》，中华书局 2009 年版，第 259 页。
④ （宋）周密著，李小龙、赵锐评注：《武林旧事》卷三，中华书局 2007 年版，第96 页。
⑤ 杨蟠：《除夕次东坡守岁韵》，傅璇琮主编《全宋诗》，北京大学出版社 1998 年版，第 8 册，第 5051 页。
⑥ （宋）冯山：《丁卯岁除》，《安岳集》卷十，影印文渊阁四库全书本。
⑦ （宋）宋祁：《岁除》，《景文集》卷十一，影印文渊阁四库全书本。

熄毕方祗。惟有三彭黠，深藏不畏谁"①。还有一些诗人写皇宫中的驱傩活动，例如：

> 天回星斗腊将残，傩仗欢呼陛盾寒。
>
> 逐疠已随三阕鼓，炼真何待五辛盘。
>
> 皇居夙有仙官护，民瘼兼凭圣箓安。
>
> 岁岁更修周典礼，都门耆旧喜同看。②
>
> 　　　　　　　　　——王安中《观傩》
>
> 日近新正腊已残，冬冬傩鼓响晴寒。
>
> 神资飒爽来群祀，舞节蹁跹应七盘。
>
> 门磔交修邦典备，物疵销尽里民安。
>
> 欲知圣主忧勤意，深拜宸章仔细看。③
>
> 　　　　　　　——慕容彦逢《奉和御制观傩诗》
>
> 宝历迎新露荚残，水晶宫殿晓光寒。
>
> 日陪仙仗温风转，云护神驱瑞霭盘。
>
> 苇戟载颁均帝社，桃弧一射致民安。
>
> 威容曾许云中见，又对彤墀得细看。④
>
> 　　　　　　　　　　——李弥逊《观傩》

以上诗歌表明诗人以旁观者的眼光打量着民俗活动的情况。有时诗人多以自身的活动反映当时的民俗情况。中国古代的诗歌重视自我抒写，所以还有很多诗歌表现的是自我的生活，写自我参与的民俗活

---

① 刘克庄的《观傩二首》，（宋）刘克庄：《后村先生大全集》卷二十六，四川大学出版社 2008 年版，第 722 页。

② （宋）王安中：《初寮集》卷二，影印文渊阁四库全书本。

③ （宋）慕容彦逢：《摛文堂集》卷二，影印文渊阁四库全书本。

④ （宋）李弥逊：《筠溪集》卷十五，影印文渊阁四库全书本。

动，突出当时时代民俗情况。例如：

> 衣冠拜元日，樽俎对芳辰。上下二百位，尊卑五世人。①

——戴复古《岁旦族党会拜》

> 扫除茅舍涤尘器，一炷清香拜九霄。
>
> 万物迎春送残腊，一年结局在今宵。
>
> 生盆火烈轰鸣竹，守岁筵开听颂椒。②

——戴复古《除夜》

前一首诗歌反映自己家族在新年第一天所进行的传统拜年习俗，上下五世，二百多人，每个人穿戴整整齐齐，互相敬酒祝福。后一首诗歌反映自己在除夕之夜所经历的民俗：清扫屋舍，除去灰尘，祭祀祖先和神灵，然后生火盆，摆开宴席，家人围坐，饮酒祝贺。颂椒，古代农历正月初一用椒柏酒祭祖或献于家长以示祝寿拜贺，谓之"颂椒"。唐杜甫《续得观书迎就当阳居止正月中旬定出三峡》诗："颂椒添讽咏，禁火卜欢娱。"仇兆鳌注："颂椒，属正月。"③ 而作者在除夕夜的时候"听颂椒"，看来在宋代也不一定仅在正月，尤其正月初一的时候饮椒柏酒拜贺长者，也有人在除夕夜的时候就进行拜贺。

再如陈造《元日》：

> 爆竹声中杂笑呼，斗杓插海寺钟初。
>
> 椒觞带梦随小饮，桃板得诗仍自书。
>
> 愒日晚涂知内讼，占风吉卜定非虚。

---

① （宋）戴复古：《石屏诗集》卷三，影印文渊阁四库全书本。
② （宋）戴复古：《石屏诗集》卷五，影印文渊阁四库全书本。
③ （唐）杜甫著，（清）仇兆鳌注：《杜诗详注》卷二十一，中华书局 1979 年版，第 1852 页。

新年旧管新收累，大府隆宽倪贷予。①

诗歌写自我参与的元日民俗活动：燃爆竹、饮椒酒、写桃板、占卜，而作者在元日中的愉快心情跃然纸上。

诗人有时写自我在民俗生活中的不同表现，但是也是以他人的民俗活动作为比照。例如：

元日拥户如盘蜗，门前轪辘多行车。

拥门喧呼客投剌，惊风舞雪翻飞沙。②

——李复《元日》

诗歌反映在元日人们互相拜年的民俗。尽管自己"拥户如盘蜗"，但是门前却有许多出行的车马，人们不顾风雪出门是为了投递名帖，拜贺新年。

还有记载当时发生的特殊事件，反映当时的社会民俗观念。例如，欧阳修的《鬼车》：

嘉祐六年秋，九月二十有八日，天愁无光月不出。浮云蔽天众星没，举手向空如抹漆。天昏地黑有一物，不见其形，但闻其声。其初切切凄凄，或高或低。乍似玉女调玉笙，众管参差而不齐。既而咿咿呦呦，若轧若抽。又如百两江州车，回轮转轴声哑呕。鸣机夜织锦江上，群雁惊起芦花洲。吾谓此何声，初莫穷端由。老婢扑灯呼儿曹，云此怪鸟无匹俦。其名为鬼车，夜载百鬼凌空游。其声虽小身甚大，翅如车轮排十头。凡鸟有一口，其鸣已啾啾。此鸟十头有十口，口插一舌连一喉。一口出一声，千声

① （宋）陈造：《江湖长翁集》卷十三，影印文渊阁四库全书本。
② （宋）李复：《潏水集》卷十二，影印文渊阁四库全书本。

127

百响更相酬。昔时周公居东周，厌闻此鸟憎若雕。夜呼庭氏率其属，弯弧俾逐出九州岛。射之三发不能中，天遣天狗从空投。自从狗啮一头落，断颈至今青血流。尔来相距三千秋，昼藏夜出如鸺鹠。每逢阴黑天外过，乍见火光惊辄堕。有时余血下点污，所遭之家家必破。我闻此语惊且疑，反祝疾飞无我祸。我思天地何茫茫，百物巨细理莫详。吉凶在人不在物，一蛇两头反为祥。却呼老婢炷灯火，卷帘开户清华堂。须臾云散众星出，夜静皎月流清光。①

鬼车，又名鬼车鸟、九头鸟，传说中的怪鸟。欧阳修的诗歌就反映了在嘉祐六年秋天，九头鸟飞过的事件，进而写了人们对此事件的态度，突出时人的民俗观念：认为被其血滴到之家，就会有凶灾发生。作者最后表达自己对该民俗观念的感想和看法。

三　通过咏物来表现民俗

宋代许多诗人选取生活中具有浓郁民俗风味的事物作为吟咏对象，民俗事物就成为民俗的载体。例如，许棐的《泥孩儿》：

牧渎一块泥，装塑恣华侈。所恨肌体微，金珠载不起。

双罩红纱厨，娇立瓶花底。少妇初尝酸，一玩一心喜。

潜乞大士灵，生子愿如尔。岂知贫家儿，呱呱瘦于鬼。

弃卧桥巷间，谁或顾生死。人贱不如泥，三叹而已矣。②

陆游《老学庵笔记》（卷五）："承平时，鄜州（今陕西富县）田

---

① （宋）欧阳修著，李逸安点校：《欧阳修全集》卷九，中华书局 2001 年版，第 137 页。

② （宋）许棐：《梅屋集》卷四，影印文渊阁四库全书本。

氏作泥孩儿，名天下，态度无穷，虽京师工效之，莫能及。一对至值十缣，一床至三十千，一床者或五或七也。小者二三寸，大者尺余，无绝大者。"① 泥孩儿又叫摩睺罗、摩睺罗、磨喝乐。摩睺罗，梵语音译，原为佛教八部众神之一的摩睺罗神。唐宋时借其名制作一种土木偶人，于七夕供养。唐时也叫"化生"，谓供养以祝祷生育男孩，故成为送姻亲家的礼物。后成为儿童玩具。《武林旧事》载："七夕节物，多尚果食、茜鸡。及泥孩儿号'摩睺罗'，有极精巧饰以金珠者，其直不赀。"②《梦粱录》卷四记载其形制云："悉以土木雕塑，更以造彩装裀座，用碧纱笼之，下以桌儿架之，用青绿销金桌衣围护，或以金玉珠翠装饰尤佳。"③

宋诗多反映民俗事物，体现宋代诗人民俗意识对于咏物诗的影响，也同时促进咏物诗歌的新发展。这将在上编第四章第三节专门论述。

第三节　太平气象与节令民俗诗歌

陈寅恪先生说："华夏民族之文化，历数千年之演进，造极于赵宋之世。"④ 宋代在立国之初就实行文人治国的策略，在外交上采取以岁币换和平的政策，尽管面临国力萎靡，遭受四夷侵略侮辱勒索的局面，

① （宋）陆游著，李剑雄、刘德权点校：《老学庵笔记》，中华书局 1979 年版，第 58 页。
② （宋）周密著，李小龙、赵锐评注：《武林旧事》卷三，中华书局 2007 年版，第 84 页。
③ （宋）吴自牧：《梦粱录》，影印文渊阁四库全书本。
④ 《邓广铭宋史职官志考正序》，陈寅恪《金明馆丛稿二编》，上海古籍出版社 1980 年版。

但同时，因为少有兵患，出现经济文化异常繁荣的局面。宋初"天下一统已四十年，君臣恭和，百官奉职，吏无残贼，风俗朴素。四方有败，天子毕闻，遣视灾伤，屡诏赈贷"①，确有一种太平景象。澶渊之盟后，真宗也有意渲染太平气象迷惑百姓，制造祥瑞，大肆封祀。而文人们对这样的太平盛世当然大唱赞歌。许多歌赋赞颂太平，如刘筠的《大酺赋》写盛世行乐的画卷，田锡的《长至赋》写冬至节的欢乐场面，宋祁的《陈州瑞麦图赋》《上苑牡丹赋》以歌颂祥瑞来赞颂太平，杨侃的《皇畿赋》及宋祁的《王畿千里赋》写都城宫观之景象。词本来为抒写深闺重楼生活的作品，但在宋代也用来点染太平气象，黄裳称赞柳永词说："予观柳氏乐章，喜其能道嘉祐中太平气象，如观杜甫诗，典雅文华，无所不有。是时予方为儿，犹想其间风俗欢声和气，洋溢道路之间，动植咸若。令人歌柳词，闻其声，听其词，如丁斯时，使人慨然有感。"②赋作如此，词作如此，传统抒情言志的诗歌也加入这一行列，张载说，"太平气象养高闲，宴赏诸公老致冠"③，王仲修说，"太平气象满皇图，清晓祥烟捧帝居"④，表达对于太平盛世的赞美。

　　文学是通过形象来感染读者的，文学作品显示太平气象也往往是通过具体形象来体现的。太平气象总是与百姓生活紧密相连，而典型的百姓生活则以民俗的形式呈现出来。所以反映太平气象的文学作品多注重描写民俗生活。柳永之词之所以具有太平气象就是因为其词作反映市井儿女的市井生活和都市风情。例如，其《瑞鹧鸪》和《望海

---

　　① （明）冯琦编，（明）陈邦瞻辑：《宋史纪事本末》（一）卷二十引张溥评语，商务印书馆 1938 年版，第 107 页。

　　② （宋）黄裳：《书〈乐章集〉后》，《演山集》卷三十五，影印文渊阁四库全书本。

　　③ 《睢阳五老图》，（明）赵琦美编《赵氏铁网珊瑚》卷十三，影印文渊阁四库全书本。

　　④ 《宫词》（其六十八），傅璇琮主编《全宋诗》，北京大学出版社 1998 年版，第 15 册，第 10200 页。

潮》这两首词分别歌咏苏州和杭州的都市民俗盛况。孟元老自序《东京梦华录》也是通过汴京的民俗变化反映太平气象，例如：

> 太平日久，人物繁阜。垂髫之童，但习鼓舞，斑白之老，不识干戈。时节相次，各有观赏。灯宵月夕，雪际花时；乞巧登高，教池游苑。举目则青楼画阁，绣户珠帘，雕车竞驻于天街，宝马争驰于御路。金翠耀目，罗绮飘香。新声巧笑于柳陌花衢，按管调弦于茶坊酒肆。八荒争凑，万国咸通。集四海之珍奇，皆归市易；会寰区之异味，悉在庖厨。花光满路，何限春游，萧鼓喧空，几家夜宴。伎巧则惊人耳目，修春则长人精神。瞻天表则元夕教池，拜郊孟享。频观公主下降，皇子纳妃。修造则创建明堂，冶铸则立成鼎鼐。观妓籍则府曹衙罢，内省宴回；看变化则举子唱名，武人换授。①

上段文字展示各个时节的奢华表现、各个市场的兴盛、各种人物的盛世活动等一幅幅民俗景象，反映东京盛世繁华。诗歌也多通过民俗描写反映太平盛世。元刘埙总结了宋诗中的太平气象：

> 李文定公昉《禁林春日》诗有曰："一院有花春昼永，万方无事诏书稀。"欧阳文忠公《送田秦川》诗有曰："万马不嘶听号令，诸蕃无事乐耕耘。"苏文忠公《和熙河帅蒋颖叔上元》诗有曰："永夜出游从万骑，诸羌入看拥千层。"凡此皆可想见昔日太平气象，每读此诗，令人慨然。②

他还说欧阳修诗歌善写太平气象，选取"九门寒食多游骑，三月

---

① （宋）孟元老撰，伊永文笺注：《东京梦华录笺注》，中华书局2007年版，第1页。
② 刘埙：《隐居通议》卷十一"诗句写太平"，影印文渊阁四库全书本。

春阴正养花"等 13 联诗歌，认为反映了太平气象，称"诵其诗，想其景，则升平气象了然在目"①。刘埙所选苏轼的诗歌"永夜出游从万骑，诸羌人看拥千层"及欧阳修的"九门寒食多游骑，三月春阴正养花"，都是通过民俗画面来反映太平气象的。

诗歌是通过具体生活形象来反映太平生活的，而繁荣热闹的节令民俗画面无疑是太平气象的最好表达。

一　应制节日民俗诗歌的太平气象

宋王朝建立之后，皇帝在节日的时候总会宴会群臣，赋诗作乐。而在这些应制之作中，对皇帝及时代的称颂是自然的。在这些唱和诗歌中，诗人描绘一幅幅热闹繁荣、太平祥和的民俗活动图画。例如，一些上元应制诗歌：

> 幔亭高敞九门前，银箭迟迟夜漏迁。
> 明月静添华烛影，和风时度御炉烟。
> 朱轮绣毂车声接，玉勒金羁马首骈。
> 一曲云谣飞圣藻，万方歌咏仰尧天。②
>
> ——徐铉《奉和御制上元灯》
>
> 斗城云接始青天，汴水浮春放洛川。
> 缯巇千峰延壁月，珠帘十里晃灯莲。
> 五门端阙初元夕，万历宣和第二年。
> 圣世亲逢叨四近，颁觞连日缀群贤。③
>
> ——王安中《进和圣元夕诗》

---

① （元）刘埙：《隐居通议》卷七，影印文渊阁四库全书本。
② （宋）徐铉：《徐公文集》卷二十一，四部丛刊本。
③ （宋）王安中：《初寮集》卷一，影印文渊阁四库全书本。

元夜新添一月春，曲轻花嫩未成尘。

笙歌满地醉还醒，楼阁中天奂且轮。

新乐妙如仪凤舞，远人动似塞鸿宾。

不知湛露恩多少，但见三韩拜舞频。①

——赵鼎臣《拟和元夕御诗》

万户千门绣作团，未央宫阙耸巑岏。

灯花无数排金粟，月魄当空倚扇纨。

香绕御炉烟冪冪，玉瑶仙佩响珊珊。

游人共说归来晚，一枕钧天好梦残。②

——赵鼎臣《拟和元夕御制》

诗歌选择幔亭、华烛、朱轮绣毂、玉勒金羁、千峰缯巘、十里珠帘，当然还有华灯素月辉映，笙歌妙舞叠呈这些意象，突出一派热闹繁华、富贵祥和的太平图画。诗歌卒章显志，明白交代作者的写作目的在于歌颂"尧天""盛世"及帝王的恩泽③。

再如寒食应制诗歌：

朝阳散宿烟，登望思悠然。檐影晴偏暖，云容晚更鲜。

共欢时景好，不惜岁华迁。旋试娇骢步，新调宝瑟弦。

宫花红照耀，御水碧潺湲。歌吹清连夜，辎轩丽满川。

依林张幄幕，夹道建秋千。仙乐来天上，祥光起日边。

---

① （明）解缙等纂：《永乐大典》卷二〇三五四引《竹隐畸士诗集》，中华书局 1986 年版，第 7632 页。

② 同上。

③ 如上列赵鼎臣诗《拟和元夕御诗》中"湛露"喻君主之恩泽。"湛露"本为《诗·小雅》篇名，《左传·文公四年》："昔诸侯朝正于王，王宴乐之，于是乎赋《湛露》。则天子当阳，诸侯用命也。"后因喻君主之恩泽。

游丝轻冉冉，芳草绿芊芊。圣制如春色，周流遍八埏。①

——徐铉《奉和御制寒食十韵》

垣禁申严日，余萌尽达初。踏青游骑远，浮枣禊波舒。

饧市喧箫吹，鸡场临酒车。俗康春更乐，绮榭焕晴虚。

——刘筠《奉和圣制寒食五七言二首》

黍盘交荐藏烟日，丝雨微沾解禊辰。

家有秋千怜月夕，户垂杨柳庆芳春。

波浮素卵祥兰馥，垄戏名翚瑞麦新。

千里神畿多胜赏，熙熙胥会可封民。②

——刘筠《奉和圣制寒食五七言二首》

诗歌突出寒食与上巳时节中人们的民俗活动：踏青、禊祭、卖饧、斗鸡，描写一幅春光明媚、喧闹异常、世俗康乐、太平熙熙的图画。

其他的节日应制诗歌也是一派其乐融融的盛世太平景象，例如：

重九登高会，欢娱处处同。③

——杨亿《奉和御制重阳五七言诗》其一

节值登高真胜会，年逢大有是殊祥。④

——杨亿《奉和御制重阳五七言诗》其二

---

① （宋）徐铉：《徐公文集》卷二十一，四部丛刊本。

② （宋）蒲积中编，徐敏霞校点：《古今岁时杂咏》卷十三，辽宁教育出版社1998年版，第170页。

③ （宋）杨亿：《武夷新集》卷一，影印文渊阁四库全书本。

④ 同上。

二 帖子词民俗诗歌中的太平气象

宋代，除了奉和御制诗歌或者其他的应制诗歌这些写给皇帝看的诗作之外，还有帖子词也是写给皇帝看的。帖子词就是每逢立春、端午两个节日，由翰林学士院撰写五七言绝句，书之帛上，张挂于宫中诸阁，以迎吉祥。帖子词又名帖子、门帖子、翰林帖子、帖子诗、诗帖子、春端帖子、立春帖子、宜春帖子、春帖子、春帖、宫中春词、端午帖子、端帖子、五日帖子等。帖子词既然与节令民俗密切相关，那么帖子词创作自然缺少不了关于立春及端午这两个节气民俗的描写。这样的例子在帖子词中比比皆是。例如，"荐盘荆俗黍，颁饵汉祠羹"① "楚俗传筒黍，江人喜竞船。深宫亦行乐，彩索续长年"② "辟兵已佩灵符小，续命仍萦彩缕长"③ "剪玉酥花细，盘金彩胜宜。六宫呈妙巧，春日颂春祺"④ 等。

这种帖子词的产生是为了宫廷统治者的欣赏，所以正如应制诗歌一样，难免考虑皇帝的喜好，粉饰太平。下面略举几例，予以说明帖子词对于盛世的称赞：

> 彩舟人竞渡，化国日偏长。⑤
>
> ——胡宿《皇帝阁端午帖子》其四

----

① （宋）宋庠：《皇帝阁端午帖子词》其一，《元宪集》卷十五，影印文渊阁四库全书本。

② 欧阳修：《端午帖子词二十首·夫人阁五首》其三，（宋）欧阳修著，李逸安点校《欧阳修全集》卷八十三，中华书局 2001 年版，第 1214 页。

③ 苏轼：《端午帖子词·皇太妃阁五首》其三，孔凡礼点校《苏轼诗集》卷四十六，第 2491 页。

④ 崔敦诗：《淳熙八年春帖子词·太上皇帝合六首》其二，傅璇琮主编：《全宋诗》，北京大学出版社 1998 年版，第 48 册，第 29831 页。

⑤ （宋）胡宿：《文恭集》卷二十八，影印文渊阁四库全书本。

广殿回雕辇，沧池漾彩舟。尧心顺时令，不是重嬉游。①

——胡宿《夫人合端午帖子》其五

彩艾相传禳故气，香茅竞爱结灵芳。

炎洲正觉仙游盛，化国偏知日景长。②

——胡宿《夫人合端午帖子》其一〇

彩胜镂新语，酥盘滴小诗。升平多乐事，应许外庭知。③

——苏轼《春帖子词·夫人阁四首》其一

周辉《清波杂志》卷十"春帖子"云：

> 春、端帖子，不特咏景物为观美。欧阳文忠公尝寓规讽其间，苏东坡亦然。司马温公自著日录，特书此四诗，盖为玉堂之楷式。自政宣以后，第形容太平盛事，语言工丽，以相夸。殆若唐人宫词耳。近时杨诚斋廷秀诗，有"玉堂著句转春风，诸老从前亦寓忠。谁为君王供帖子，丁宁绮语不须工"之句，是亦此意。④

可以看出帖子词以"形容太平盛世"为常，可见宋人帖子词多通过民俗来表现太平盛世。

尽管应制诗和帖子词的阅读对象是皇帝和皇室中人，但是其所反映的元日、寒食、立春、端午等是全民性质的节日，其所涉及的各种习俗仍然属于民俗的范畴。诗歌的创作对象变化不能改变民俗本身的性质，因此本书仍然选择以上诗歌为例子说明民俗诗歌中的太平气象。

---

① （宋）胡宿：《文恭集》卷二十八，影印文渊阁四库全书本。
② （宋）胡宿：《文恭集》卷二十八，影印文渊阁四库全书本。
③ 孔凡礼点校：《苏轼诗集》卷四十六，中华书局1982年版，第2483页。
④ （宋）周辉撰、刘永翔校注：《清波杂志校注》卷十，中华书局1994年版，第425页。

三　其他节日民俗诗歌中的太平气象

上面的诗歌是奉迎宫廷喜好而作的，奉承与赞美在所难免。其他节日民俗诗歌中太平盛世的反映就应该是民俗活动真实的描写和诗人真心的赞美。例如：

> 琥珀盏中云母钟，琉璃光射水晶宫。
>
> 风随兰麝香千里，人在莲花影万重。
>
> ——黄彦辉《元宵词二首》
>
> 鳌头移得山三岛，月下传来灯万枝。
>
> 香陌马嘶红荨锦，翠楼人倚绿杨眉。①
>
> ——黄彦辉《元宵词二首》
>
> 一晴收尽四山云，天与黄堂作好春。
>
> 西楚东吴献风月，南楼北榭拥星辰。
>
> 扶持入郭观灯叟，歌舞拦街醉酒人。
>
> 此是太平真气象，今年第一个良辰。②
>
> ——戴复古《汪给事守鄂渚元宵代江夏宰吴熙仲献灯》

这些诗歌为读者描述一个流光溢彩、光影辉映的世界，出入这个世界的人在歌舞声中痛快饮酒，面对着这样一个盛世，真是酒不醉人人自醉。

由上可见，宋代诗人多借助节令民俗反映太平盛世，其中尤以元宵民俗最为突出。

诗人诗歌反映太平盛世，不仅是时代繁荣、国家昌盛所致，也是

---

① （明）李蓘编纂：《宋艺圃集》卷十四，影印文渊阁四库全书本。

② （宋）戴复古：《石屏诗集》卷五，影印文渊阁四库全书本。

宋代诗人对时代的整体感受，是诗人对太平盛世的主动反映。中国的知识分子自身具有先天固有的忧郁细胞，这是一种社会与文化的积淀。而宋代实行文官制度，文人的地位得到前所未有的提高，并且俸禄优厚，生活优裕，这使他们从心底发出对这个时代的赞颂。北宋哲学家、易学家邵雍将其室题为"安乐窝"，自号"安乐先生"，其《安乐窝铭》曰："安莫安于王政平，乐莫乐于年谷登。王政不平年不登，窝中何由得康宁？"① 正是因为王政太平，才有自己的康宁安乐。邵雍还有题为《太平吟》《自庆吟》《病亟吟》《里闲吟》的诗歌，表达他对于太平盛世的由衷赞美，现胪列如下：

> 天下太平日，人生安乐时。更逢花烂漫，争忍不开眉。②
>
> ——《太平吟》
>
> 身老太平间，身闲心更闲。非贵亦非贱，不饥兼不寒。
> 有宾须置酒，无日不开颜。第一条平路，何人伴往还。③
>
> ——《太平吟》
>
> 俗阜知君德，时和见帝功。况吾生长老，俱在太平中。④
>
> ——《自庆吟》
>
> 生于太平世，长于太平世。老于太平世，死于太平世。⑤
>
> ——《病亟吟》
>
> 里闲闲过从，太平之盛事。吾乡多吉人，况与他乡异。
>
> ——《里闲吟》

---

① （宋）邵雍：《伊川击壤集》卷十三，四部丛刊本。
② 同上。
③ （宋）邵雍：《伊川击壤集》卷十一，四部丛刊本。
④ 同上。
⑤ （宋）邵雍：《伊川击壤集》卷十九，四部丛刊本。

太平之盛事，天下之美才。人间无事日，都向洛中来。①

——《里闲吟》

一般来说，隐逸往往是由于对现实的不满，而宋代的隐逸人士却不同。隐逸诗人林逋说："懒为躬耕咏梁甫，吾生已是太平民。"② 由上可以看出，文人心中确实存在对于时代太平、社会繁荣的真实感受，所以他们对于反映太平盛世内心存有一种创作的主动性。官僚诗人更视赞美太平为自身的责任。例如，田锡说："微臣忝幸在两制，得以歌诗乐太平。"③ 表达身在两制，能够以诗歌反映太平的骄傲。苏颂说："老臣扈从如何补，敢次舆言颂太平。"④ 欧阳修说："明日君恩许归去，白头酣咏太平年。"⑤ 朱翌说："尽输精白承休德，政用诗书造太平。"⑥ 例如，韩维在《上元夜》中说："太平时节身无补，惭愧年年游骑来。"以其身处太平时节，无补于世而只顾享受繁华而感到惭愧。而他这首《上元夜》诗也正好是对太平盛世的赞美："结彩山为对斗魁，和风清月共徘徊。喧阗乐曲銮舆近，焜赫袍光雉扇开。午夜明缸回照景，晴天华毂发春雷。"⑦ 正因为如此，那些突出反映时代繁荣的节俗诗歌自然被诗人采用并大加渲染。

诗歌多借节令民俗，尤其是元宵民俗反映太平盛世，则与宋代节日自身的繁华分不开，其中以元宵节最为繁华。这是最根本的一点，

---

① （宋）邵雍：《伊川击壤集》卷十二，四部丛刊本。
② 《园庐》，（宋）林逋《林和靖先生诗集》卷二，四部丛刊本。
③ 《进瑞雪歌》，（宋）田锡《咸平集》卷二十，影印文渊阁四库全书本。
④ 《皇帝初郊大礼庆成诗》，（宋）苏颂《苏魏公文集》卷一，影印文渊阁四库全书本。
⑤ 《忆焦陂》，（宋）欧阳修著，李逸安点校《欧阳修全集》卷九，中华书局2001年版，第145页。
⑥ 《蔡倅羔羊斋》，（宋）朱翌《灊山集》卷三，影印文渊阁四库全书本。
⑦ （宋）韩维：《南阳集》卷十二，影印文渊阁四库全书本。

如果没有元宵节这样一个盛大的节日聚会，任哪一个作者也不可能凭空想象一场虚假的繁华。关于宋代元宵佳节的盛况，可以从《东京梦华录》中找到具体详尽的记载，大致说来，为了准备元宵，"大内前自岁前冬至后，开封府绞缚山棚"，同时，人们已经开始云集于此，"两廊下奇术异能，歌舞百戏，鳞鳞相切，乐声嘈杂十余里"。至正月七日，"灯山上彩，金碧相射，锦绣交辉"，灯山上"皆画神仙故事。或坊市卖药卖卦之人。""彩山左右以彩结文殊、普贤、跨狮子、白象，各于手指出水五道，其手摇动。用辘轳绞水上灯山尖高处，用木柜贮之，逐时放下，如瀑布状。又于左右门上，各以草把缚成戏龙之状，用青幕遮笼，草上密置灯烛数万盏，望之蜿蜒如双龙飞走。""自灯山至宣德门楼横大街，约百余丈，用棘刺围绕，谓之'棘盆'，内设两长竿，高数十丈，以缯彩结束，纸糊百戏人物，悬于竿上，风动宛若飞仙。"① 还有乐棚演出杂剧等。

在宋代，皇帝还要亲临盛会，以示"与民同乐"之意。蔡絛《铁围山丛谈》（卷一）记载："大观元年，宋乔年尹开封，乃于彩山中间高揭大牌金字书曰：'大观与民，同乐万寿'，彩山自是为故事，随年号而揭之，盖自宋尹始。"②《东京梦华录》卷六"元宵"条中也有同样的记载："横列三门……上有大牌曰'宣和与民同乐'。"③ 不仅如此，此时百姓还有机会见到平时高高在上的皇帝，《东京梦华录》卷六"十六日"条记载："十六日，车驾不出，自进早膳讫，登门，乐

---

① （宋）孟元老撰，伊永文笺注：《东京梦华录笺注》卷六，中华书局 2007 年版，第 540—541 页。

② （宋）冯惠民、沈锡麟点校：《铁围山丛谈》卷一，中华书局 1983 年版，第 17 页。

③ （宋）孟元老撰，伊永文笺注：《东京梦华录笺注》卷六，中华书局 2007 年版，第 541 页。

作卷帘,于座临轩宣万性。先到门下者,犹得瞻见天表。"① 可想而知,皇帝驾临更促进了元宵盛会的繁荣。而许多诗人也反映皇帝驾临元宵的民俗盛况:

> 仙韶楼底弄春和,帘额随风卷绣波。
>
> 午夜九霄开宝扇,一声万寿彻明河。
>
> 灯缠月影祥光动,酒入天颜喜气多。
>
> 侍从有班无籍去,花边空听太平歌。②
>
> ——强至《元夕观驾御端门诗》
>
> 云端峣阙下呼鞭,彩树遥分坐狄前。
>
> 山戏百层平乐地,佛轮千影瑞陑天。
>
> 祥风入助银花丽,宝月来供雉扇圆。
>
> 献岁承平多乐事,击靴谁美唱唐年。③
>
> ——宋祁《元夜观正阳锡宴》

这两首诗歌反映皇帝在元宵节的活动,强至的诗歌写皇帝在元夕御临端门的情况:午夜时分,皇帝驾临,人们山呼万岁,侍从没有轮值的也跑去游赏,感受太平盛世的欢乐。宋祁的诗歌反映皇帝在元夜正阳锡宴的情况:在张灯结彩、鼓乐喧阗的元宵夜,看百戏杂居、佛经故事,皇帝亦在正阳宫设宴,清风明月下,镂银之花、雉扇之依仗异常鲜明。作者发出"献岁承平多乐事,击靴谁美唱唐年"的感慨。"唐年",即唐尧时代,借称太平盛世。

宋代诗人多借助元宵民俗突出盛世繁华的另一原因在于元宵节日

---

① (宋)孟元老撰,伊永文笺注:《东京梦华录笺注》卷六,中华书局 2007 年版,第 595 页。

② (宋)强至:《祠部集》卷十,影印文渊阁四库全书本。

③ (宋)宋祁:《景文集》卷十三,影印文渊阁四库全书本。

的特殊含义,它的举办往往与年岁、政治挂钩,如果收成不好或者边境用兵就要停办京城上元灯或者皇帝停止参加观灯的民俗活动。例如,《宋史》中有一些停办或停观上元灯的记载:

> 皇祐元年春正月甲戌朔,日有食之。以河北水灾,罢上元张灯,停作乐。①
>
> ——《宋史》卷十一
>
> (仁宗)二年春正月癸卯,以岁饥,罢上元观灯。②
>
> ——《宋史》卷十二
>
> (仁宗)庚戌,以广南用兵,罢上元张灯。③
>
> ——《宋史》卷十二

所以,元宵灯节的民俗活动不仅是一个重要的群众狂欢性质的节日,还是一种国家昌盛时代太平的宣示。苏轼说:"华灯闹艰岁,冷月挂空府。"④ 华灯的停办是因为岁时艰难。胡仲弓说:"官府张灯试太平,斯民从此不聊生。使君只听笙歌沸,不听闾阎愁叹声。"⑤ 他把对于官府无视百姓痛苦的批判与举办灯节的"太平"展示联系在一起。

需要补充说明的是,这种以节俗反映盛世的诗歌在北宋时期是比较繁荣的,靖康之变后,随着战争的到来,南北对峙,爱国主义诗歌成为时代的主题,盛大的节俗活动总是使诗人触景伤情,再难兴起太

---

① (元)脱脱等:《宋史》,中华书局1977年版,第226页。
② 同上书,第229页。
③ 同上书,第233页。
④ 《次韵刘景文路分上元》,孔凡礼点校《苏轼诗集》卷三十三,中华书局1982年版,第1740页。
⑤ 《辛丑上元》,(宋)陈起编《江湖后集》卷十二,影印文渊阁四库全书本。

平之感。宫中在立春、端午悬挂帖子的制度也逐渐废止。所以，以节俗反映太平的诗歌也相对趋于衰落。但也还是有诗人以节俗活动作为中心的气象反映，如李正民《次韵邢丞立春》曰："胜镂金花人渐老，盘堆生菜味尤新。赓歌共睹中兴日，击壤难酬尧舜仁。"① 但是毕竟挡不住这种诗歌日渐衰落的趋势。

而在南宋时期，诗人们往往以乡村民俗来反映太平。中国是一个农业社会，统治者也一直把政治与年岁和百姓生活联系在一起。所以王安石《后元丰行》歌颂元丰盛世就主要选取农村生活作为典型代表："歌元丰，十日五日一雨风。麦行千里不见土，连山没云皆种黍。水秧绵绵复多稌，龙骨长干挂梁梠。鲥鱼出网蔽洲渚，荻笋肥甘胜牛乳。百钱可得酒斗许，虽非社日长闻鼓。吴儿蹋歌女起舞，但道快乐无所苦。老翁堑水西南流，杨柳中间杙小舟。乘兴欹眠过白下，逢人欢笑得无愁。"② 南宋时期这类诗歌更多，戴复古认为"太平气象，百姓熙熙"③、楼璹觉得"太平本无象，村舍炊烟浮"④。太平源于百姓生活的富足康乐，百姓的康乐生活又多与年岁相关。许多赞颂丰年生活的诗歌自然也是通过描写乡村民俗来反映的。例如：

日薄人家晒蚕子，雨余山客买鱼苗。

丰年随处俱堪乐，行路终然不自聊。⑤

——陆游《初夏道中》

① （宋）李正民：《大隐集》卷十，影印文渊阁四库全书本。
② （宋）王安石：《临川先生文集》卷一，中华书局1959年版，第81页。
③ 《行香子·永州为魏深甫寿》，（宋）戴复古《石屏词》，影印文渊阁四库全书本。
④ 《耕图二十一首·登场》，傅璇琮主编《全宋诗》，北京大学出版社1998年版，第31册，第19595页。
⑤ 钱仲联校注：《剑南诗稿校注》卷一，上海古籍出版社2005年版，第98页。

> 长田一亩三石收，截茅作囷遮水牛。
>
> 驯鸡塞笼彘牢满，大儿看亲女上头。
>
> 里胥关门罢输送，晴乌窥檐鼠沿栋。
>
> 瓦盆瓷缶息老身，还将孙子看迎神。
>
> 庙前擘纸青竹爆，饧糕粉鱼夜祠灶。①
>
> ——周弼《丰年行》

陆游有许多称赞太平的诗歌都是通过描写乡俗生活来反映的，例如：

> 新年倘有丰年喜，买酒渔村看太平。②
>
> ——《乍晴风日已和泛舟至扶桑埭徘徊西村久之》
>
> 仓庾家家储旧谷，笙歌店店卖新醪。
>
> 太平气象方如许，寄语残兵早遁逃。③
>
> ——《冬晴》
>
> 击壤歌太平，门无督租吏。④
>
> ——《入梅》
>
> 不信太平元有象，牛羊点点散烟村。⑤
>
> ——《马上》
>
> 地偏无客谈间事，麦熟逢人乐太平。⑥
>
> ——《病起初夏》

---

① （宋）周弼：《端平诗隽》卷一，影印文渊阁四库全书本。
② 钱仲联校注：《剑南诗稿校注》卷十四，上海古籍出版社 2005 年版，第 1113 页。
③ 钱仲联校注：《剑南诗稿校注》卷六十九，上海古籍出版社 2005 年版，第 3872 页。
④ 钱仲联校注：《剑南诗稿校注》卷六十六，上海古籍出版社 2005 年版，第 3750 页。
⑤ 钱仲联校注：《剑南诗稿校注》卷三，上海古籍出版社 2005 年版，第 216 页。
⑥ 钱仲联校注：《剑南诗稿校注》卷七十六，上海古籍出版社 2005 年版，第 4148 页。

从来婚嫁不出乡，长自东家适西舍。

岁丰人乐我作诗，朝耕夜织谁能画。①

——《秋词》

蚕收户户缫丝白，麦熟村村捣麨香。

民有袴襦知岁乐，亭无桴鼓喜时康。②

——《初夏闲居》

社肉如林社酒浓，乡邻罗拜祝年丰。

太平气象吾能说，尽在冬冬社鼓中。③

——《春社》

为什么在南宋时期，诗人们不约而同地采取乡村民俗来反映时代呢？这是因为在靖康之变后，尽管宋王朝在政治上失去了太平盛世的光辉，但南部江山依然未曾遭遇战乱，保有经济文化相对繁荣的局面。并且，在孝宗光宗的努力下，政治上也一度出现中兴气象。这只是原因之一，更为重要的一个原因是诗人心态的变化。战争是为了和平，正是有了对太平盛世的追忆与向往才使对敌人的战争有了意义。所以南宋时期的诗人们在高唱爱国主义诗歌的同时，也在努力寻找太平的气息。只是在南宋时代，身处敌兵虎视眈眈、战争不断的年代，人们对于太平的感受是不一样的。正如杨万里所说，"升平不在箫韶里，只在诸村打稻声"④。

再以陆游为例进行说明，陆游是"主战"派，留下许多忧国爱

---

① 钱仲联校注：《剑南诗稿校注》卷六十七，上海古籍出版社2005年版，第3791页。
② 钱仲联校注：《剑南诗稿校注》卷六十六，上海古籍出版社2005年版，第3738页。
③ 钱仲联校注：《剑南诗稿校注》卷二十七，上海古籍出版社2005年版，第1883页。
④ 《至后入城，道中杂兴》，（宋）杨万里撰，辛更儒笺校《杨万里集笺校》卷四十一，中华书局2007年版，第2165页。

民、誓死抗战的名篇佳作。但是陆游也在诗歌中反映他对于太平生活的感受及对过太平日子的渴望，他的《初夏》曰，"纷纷红紫已成尘，布谷声中夏令新。夹路桑麻行不尽，始知身是太平人"①，又说：

> 功名已付诸贤了，长作闲人乐太平。②
>
> ——陆游《访昭觉老》
>
> 只将闲送老，虚作太平民。③
>
> ——陆游《观身》
>
> 圣时恩厚赐余生，日与乡间乐太平。④
>
> ——陆游《致仕后岁事有望欣然赋诗》

结合上面几个例子，可以看出尽管陆游与邵雍同作《太平吟》，但是二者于相通中又有所不同，邵雍之"闲"是一种"有宾须置酒，无日不开颜"的生活状态，而陆游之"闲"带有一种"功名"无望的失落和"送老"的心态。邵雍享受太平是享受人生的"安乐"，而陆游享受太平是打发"余生"。相对于北宋时代诗人在节俗中感受盛世太平，南宋时代诗人更多的时候是像陆游那样在"闲"中品味太平，在"乡间"中感受太平。所以，在南宋时期，不是节俗活动不够盛大引不起诗人的创作欲望，而是在时局不太平的时候，在朝廷苟安一方不思进取的情况下，轻松、宁静、质朴的乡村生活才是诗人的追求。所以，乡村质朴的劳动民俗、和谐的人际交往民俗、快乐的祭祀民俗等无不触动诗人的心弦。

---

① 钱仲联校注：《剑南诗稿校注》卷三十二，上海古籍出版社 2005 年版，第 2145 页。
② 钱仲联校注：《剑南诗稿校注》卷八，上海古籍出版社 2005 年版，第 667 页。
③ 钱仲联校注：《剑南诗稿校注》卷六十二，上海古籍出版社 2005 年版，第 3543 页。
④ 钱仲联校注：《剑南诗稿校注》卷三十九，上海古籍出版社 2005 年版，第 2509 页。

第四节　繁华不再之叹与时俗诗歌

一　南宋初期的东京记忆

靖康二年（1127），金国的铁骑踏过黄河，北宋京城开封失守，皇室南迁，是为靖康之变。靖康之变后，北方成为沦陷区，其民俗受到冲击。一方面，传统民俗遭到一定的破坏；另一方面，随着形势发展，新民俗又在潜长，上文已经提到的范成大诗歌即有所反映。随着宋朝廷的南渡，大批人员迁徙流动，以杭州为例，靖康南渡之后，北方人口"数倍土著"[1]。南宋人口大迁移带来了不同文化与民俗的互补与融合。《西湖老人繁胜录》《都城纪胜》《武林旧事》《梦粱录》皆为记载杭州生活民俗的作品。从这些作品中可以看到东京民俗对于杭州民俗的影响，例如，吴自牧《梦粱录》卷四写七夕穿新衣、设酒筵、置摆设、馈赠礼品等活动乃是"东都流传，至今不改"[2]。周密《武林旧事》写"小儿女多衣荷叶半臂，手持荷叶，效颦摩睺罗，大抵皆旧俗也"[3]。周密《武林旧事》写除夕的一些活动"如饮屠苏、百事吉、胶牙饧、烧术、卖懵懂等事，率多东都之遗风焉"[4]。周密《武林旧事》

---

① （宋）李心传：《建炎以来系年要录》卷一百七十三"绍兴二十六年七月丁巳"条，中华书局1956年版，第2858页。

② （宋）吴自牧：《梦粱录》卷四，影印文渊阁四库全书本。

③ （宋）周密著，李小龙、赵锐评注：《武林旧事》卷三，中华书局2007年版，第85页。

④ 同上书，第97页。

写正月十五元夕灯节过后"至夜阑则有持小灯照路拾遗者，谓之扫街。遗钿堕珥。往往得之，亦东都遗风也"①。吴自牧《梦粱录》写杭州的一些游艺活动及敬神活动时也提到"各以彩旗、鼓吹、妓乐、舞队等社，奇花异木、珍禽水族、精巧百作、诸色铺石、车驾迎引、歌叫卖声，效京师故体"②。吴自牧《梦粱录》写杭州饮食如"杭城食店，多是效学京师人，开张亦效御厨体式，贵官家品件"③。

可以想到，在南宋时期，人们面对着这些生活的变化、不同文化的冲击、不同民俗的碰撞，怎能不在心理上产生波动？"风景不殊，正自有山河之异"④，南朝的人们面对山河破碎的局面，借助风景发出感叹。而宋代的人们面对山河破碎的局面，发出繁华民俗不再的感叹。首先是对于昔日繁华的追忆。孟元老在《东京梦华录》序言中介绍自己创作时的动机曰："仆数十年烂赏叠游，莫知厌足。一旦兵火，靖康丙午之明年，出京南来，避地江左，情绪牢落，渐入桑榆。"所以"暗想当年，节物风流，人情和美，但成怅恨"⑤。在南宋后期，《梦粱录》是记杭州都市民俗的笔记，但是也总是似乎在不经意间透出作者的无限伤感。例如，"吟叫百端，如汴京气象，殊可人意！"⑥ 他听到叫卖的声音与汴京时一样而倍感亲切。再如"自淳祐以来，衣冠更昌，有一等晚年后生，不体旧规，裹奇巾异服，三五成群，斗美夸丽，殊令人厌见，非复旧时淳朴矣。"⑦ 他对新奇事物的不满正在于"非复旧

---

① （宋）周密著，李小龙、赵锐评注：《武林旧事》卷三，中华书局2007年版，第55页。

② （宋）吴自牧：《梦粱录》卷一，影印文渊阁四库全书本。

③ （宋）吴自牧：《梦粱录》卷十六，影印文渊阁四库全书本。

④ 《世说新语·言语》，余嘉锡《世说新语笺疏》，中华书局1983年版，第92页。

⑤ （宋）孟元老撰，伊永文笺注：《东京梦华录笺注》，中华书局2007年版，第1页。

⑥ （宋）吴自牧：《梦粱录》卷十三，影印文渊阁四库全书本。

⑦ （宋）吴自牧：《梦粱录》卷十一，影印文渊阁四库全书本。

时"的印象而已。所以，北宋前期的繁华盛况成为人们无限惆怅的追忆，成为南宋时期人们共同的心结。所以，南宋初期，一方面，南北交融，民俗的碰撞冲击着诗人的创作欲望；另一方面，对北宋繁华的民俗追忆也刺激着诗人的诗歌创作。并且，这些诗歌立足于时代变迁而造成的民俗变化，突出了民俗的时代特征。

曹勋的《春风引》就是这样的：

> 忆昔上国宣和初，时平比屋欢唐虞。天王恺乐纵游豫，翔风和气凌天衢。苍龙颁春动时辂，晴光彩错明金铺。扶晨官师会朝请，杂沓剑佩诸侯趋。仗移走马退东掖，阛阓车骑喧传呼。笙箫合沓送歌酒，游人买笑捐金珠。太平一百六十载，四方面内无征诛。歌声未断霓裳舞，胡兵直指瀍神都。苍茫万乘扣军垒，六龙不御惊镈鐏。阴虹当天变白昼，中原化作榛莽区。黄旗悠悠渡江汉，百僚窜伏天一隅。南极三吴北燕蓟，西秦东鲁无完郭。至今甲历遍三四，生民散尽悲巢乌。我每思家限淮水，摇摇心与飞云孤。江城春风涨白浪，鸡声可数屋可瑜。兵缠九宇无花木，憔悴春风空绿芜。①

诗歌首句回忆宣和时代，百姓如同生活在唐虞之时代。接着以铺陈的手法突出当时人们纵情游乐。而胡兵的到来，使这一切烟消云散，只留下作者刻骨的沉思。

再看下面几首诗歌：

> 忆昔先皇赏露台，鳌山半影落蓬莱。
>
> 群芳欲识龙颜喜，双阖时瞻雉扇开。
>
> 十里仙香蒙碧雾，六宫韶乐隐新雷。

---

① （宋）曹勋：《松隐集》卷三，影印文渊阁四库全书本。

神仙旧事浑如梦，只有春风每岁催。①

——项寅宾《和郑逢辰元宵韵》

忆昔观灯夜，维舟天汉湾。千官环凤辇，万炬转鳌山。

异县方营窟，佳辰独掩关。悲凉追往事，华发坐来斑。②

——吴说《山中元夕》

里唱涂讴铙吹轰，软尘梁苑记前生。

宝珠穿蚁嬉游肆，莲蕊然犀不夜城。

透碗灯繁人昼绣，隔罗光酝酒渑清。

春娃环舞云阶隘，邦媛鲜妆月地行。③

——苏籀《元夕偶成》

瑠璃万宝通明殿，珠翠千层珐画楼。

匝地熏天月灯影，撼山填郭蚁蜂稠。

浚都平昔金鳌峙，雍幕寻常锦幰游。

今岁山城索朋侣，屠门酒酝伙酤讴。④

——苏籀《元夕》

同样是反映元宵佳节的繁华，只是诗歌前面冠以"忆昔""前生""平昔"显示对于往昔繁华的追忆，后面突出"神仙旧事浑如梦""悲凉追往事""山城索朋侣"的惆怅孤苦心绪。

南宋人写回忆京都民俗多是因为繁华如梦，感慨现在。岳珂写了《宫词一百首》⑤，宫词主要内容是皇家的生活细节。但有的诗歌也反

---

① 傅璇琮主编：《全宋诗》，北京大学出版社 1998 年版，第 43 册，第 26828 页。
② （宋）林表民：《天台续集·别编》卷一，影印文渊阁四库全书本。
③ （宋）苏籀：《双溪集》卷五，影印文渊阁四库全书本。
④ （宋）苏籀：《双溪集》卷四，影印文渊阁四库全书本。
⑤ 傅璇琮主编：《全宋诗》，北京大学出版社 1998 年版，第 56 册，第 35402 页。

映了当时的民俗，从时代的视角看当时的民俗状况。他的诗歌中有不少地方反映以前的太平盛世：

> 五色云烟覆帝城，御沟流水接金明。
>
> 晓来珂伞沙堤闹，万岁声中贺太平。（其一）

> 太液沉云冷寖菰，宫帘卷月挂珊瑚。
>
> 插天楼殿凉如洗，好是承平七夕图。（其九）

> 雒坛燋火夜升烟，卤簿如云绣色鲜。
>
> 万姓欢呼还感泣，此生重遇太平年。（其十九）

燋火，古代用来祛除不祥的火。卤簿，中国古代帝王出外时扈从的仪仗队。汉蔡邕《独断》卷下曰："天子出，车驾次第谓之卤簿。"① 他在序言称："比因棠湖纶钓之暇，适犹子规从军自汴归，诵言宫殿、钟簴俨然犹在。慨想东都盛际，文物典章之伟观，圣君贤臣之懿范，了然在目。辄用其体，成一百首，以示黍离宗周之未忘。"由此可见，他用诗歌反映东都的繁华盛况，而表达的却是黍离之悲。

在南宋初期，靖康之变给士人留下深深的心灵创伤。有的诗歌反映面对传统民俗时作者心情的变化。民俗变或不变都会触发诗人的感觉，孙觌看到竞渡民俗与以前一样，想到"县人喜竞渡，乱后如故"②。洪适说，"学圃心常在，筹边力所难。老来惊节序，那复问椒盘"③，他自称没有能力筹划边境的事务，心生消极，只希望过着种花

---

① （汉）蔡邕：《独断》，影印文渊阁四库全书本。

② 傅璇琮主编：《全宋诗》，《崇仁县》，北京大学出版社1998年版，第26册，第16909页。

③ （宋）洪适：《盘洲文集》卷一，《除夕》，影印文渊阁四库全书本。

养草的生活。作者尽管也提到除夕饮椒酒的民俗，但是表达的却是面对这种民俗的无心情。

其实，无心情不是不关注，正如"每逢佳节倍思亲"一样，南宋时期的诗人每每面对繁华热闹的民俗就会想起大宋王朝昔日的繁华与风光，所以不禁悲从中来。越是处于这种心绪中，对于民俗就越是敏感，所以南宋时期，时代民俗诗歌的创作才会非常繁荣。

南宋时期，因为人们远离故土，往往对于民俗之景也格外留意。这种意识也促进了民俗诗歌的繁荣，如张嵲《寒食行》：

> 寒食由来古今重，四海人人作丘垄。两京道上松柏多，尽是王公大家冢。伊昔年年当此时，钿车宝马相追随。纷纷锦树满原野，暖风迟日争光辉。草间烧纸树间哭，罗列杯盘乌攫肉。侵晨祭罢薄暮归，旋风剪剪吹余灰。尔时马医夏畦鬼，亦受子孙追养礼。丰薄由来称有无，咸具盘餐致醪醴。家家丘坟各为主，何人垄上无新土。自从遭乱去乡关，几岁松楸不曾睹。况复其间多发掘，孝子慈孙泪如雨。流落他州遇火前，去年如此复今年。新阡旧垄祇回首，无复原头挂纸钱。君不见东都之傍永安道，车辙平来生碧草。四时祠祭今寂然，五陵春树生苍烟。①

他在序言称："寒食祠坟，由来已久。乱离后每经此节，孝子仁人孺慕感伤，可胜言耶？因作《寒食行》，以叙其痛苦之意云。"诗歌分为两部分，前一部分叙述了乱离之前人们在寒食节上坟的盛况，王公大家之人乘坐华丽的车子，骑着高头大马去上坟，即使那些地位卑下

---

① （宋）张嵲：《紫微集》卷九，影印文渊阁四库全书本。

如"马医夏畦"之人的鬼魂也可以得到祭祀。可是离乱之后，有的祖坟被挖掘，有的新坟累累却没有人祭祀。

再如：

> 棟花角黍五色缕，一吊湘累作端午。越人哀君櫂迎汝，呼声动地汗流雨。鱼虾走避无处所，小试勒兵吾有取。楼船将军下潢浦，伙飞射士旷强弩。大堤士女立如堵，乐事年年动荆楚。却忆金明三月天，春风引出大龙船。二十余年成一梦，梦中犹记水秋千。三军罢休各就舍，一江烟雨朱帘夜。隐隐滩声细卷沙，沙浅滩平双鹭下。①
>
> ——朱翌《端午观竞渡曲江》

诗歌描写荆楚一带在端午节竞渡的民俗，这时作者回忆起汴京金明池观竞渡的场面，据史料记载，在北宋的时候，朝廷预先在二月末由御史台在宜秋门贴出皇榜，告示广大市民，允许士庶在金明池游行、嬉戏，其他在东京的官吏在不妨碍公事的前提下，也可以来金明池任意宴游。在这里有争标，水秋千，技艺表演等活动。王珪的《宫词》也曾提到宫人观看水秋千的民俗活动："内人稀见水秋千，争擘珠帘障殿前。"朱翌的诗歌就回忆了金明池表演水秋千的民俗。因为昔日风光不再，心中无限伤感。

南宋朱翌也写了竞渡的民俗，甚至也同样涉及北宋时代上巳时节金明池的民俗活动，立意却又不一样：

> 英英屈大夫，遗骨沦湘湄。楚人念何深，叫空冤水妃。虽无些词招，顾有铙鼓悲。忆昨上巳日，纵观金明池。突殿隐负鳌，

---

① （宋）朱翌：《灊山集》卷一，影印文渊阁四库全书本。

长桥低卧蜺。诸公贵人来，珠幢绀幰随。两军各气焰，万楫生光
辉。龟鱼戢影避，虎龙挟翼飞。想当大军后，益觉游子稀。况我
中兴君，高拱绝宴嬉。羁人老淮楚，古寺临长溪。节物亦撩人，
风俗自随时。往来两舴艋，规模具体微。邑人乐丰年，聚观眼不
移。捐金赏先至，顿足助绝驰。在昔攻战具，今但娱群儿。因而
语兵法，可以威四夷。八宝水中央，大海压左圻。其中椎剽奸，连
舰扬鼓旗。先事能预防，在易则见几。作诗示周郎，赤壁有成师。①

——朱翌《竞渡示周宰》

在靖康之变以后，诗人通过对汴京的民俗回忆，突出昔日繁华，
流露出无限的伤感，或者触景生情，感慨"节物亦撩人，风俗自随
时"，突出今昔民俗的细微变化——"在昔攻战具，今但娱群儿"，
以前的作战工具，现在人们只是用它来娱乐。诗人说明诗歌的创作
目的在于——"作诗示周郎，赤壁有成师"，可见诗歌的立意不同于
前代。

二　南宋末期的杭州盛衰叹息

南宋初期弥漫诗坛的是对汴京繁华的追忆，而到了南宋末期，杭
州的繁华则成为追忆，正如林景熙《西湖》诗曰："繁华已如梦，登
览忽成尘。"② 所以，南宋末期，突出民俗时代变化的诗歌也非常繁
荣。徐瑞《客谈西湖旧事感而赋诗》曰：

湖上轻风飐酒旗，水光山色漾晴晖。

红尘骏马青丝鞚，画舫佳人白纻词。

① （宋）朱翌：《灊山集》卷一，影印文渊阁四库全书本。
② （宋）林景熙：《霁山文集》卷二，影印文渊阁四库全书本。

锦瑟两行春宴罢，玉笙十里夜游归。

钱塘一枕繁华梦，回首凄凉鬓欲丝。①

汪元量用组诗《西湖旧梦》②追忆杭州西湖的昔日繁华：

南高峰对北高峰，十里荷花九里松。烟雨楼台僧占了，西湖风月属吾侬。

如此湖山正好嬉，游人船上醉如泥。黄莺不入垂杨柳，却立海棠花上啼。红桡绿舫荡清波，露脚斜飞湿芰荷。回首涌金门外望，里河犹自沸笙歌。嵯峨云髻簇金钿，血色罗裙湿晓烟。陌上相逢通一笑，第三桥下是奴船。溶溶漾漾碧粼粼，船去船来不碍人。日午中官传上旨，内家宣赐玉堂春。月香水影逋梅白，雨色晴光坡柳青。一个销金锅子里，舞裙歌扇不曾停。帝城官妓出湖边，尽作军装斗画船。夺得锦标权遗喜，金银关会赏婵娟。王孙挟弹打鸳鸯，红藕花前世界凉。揭起蓬窗弄湖水，潜螭双眼射金光。芙蓉照水桂香飘，车马纷纷度六桥。锦幔笼船人似玉，隔花相对学吹箫。六花飞舞似鹅毛，丞相身穿御赐袍。不念长安有贫者，下湖打鼓饮羊羔。

从诗歌中，读者可以看到当时杭州西湖的盛况：烟雨楼台，游人如织，笙歌飞扬，伎女巧笑，官家、王孙车马纷纷，歌舞升平。作者回忆起这一切，似乎不动声色，没有伤感也没有抨击。但是细细读来，作者之情还是可以感受到的，题"西湖旧梦"，正暗示出作者的怅恨之情。组诗最后一句似在无意之间轻轻地提到"不念长安有贫者"，

① 傅璇琮主编：《全宋诗》，北京大学出版社1998年版，第71册，第44709页。
② （宋）汪元量撰，孔凡礼辑较：《增订湖山类稿》卷四，中华书局1984年版，第155—157页。

而实则包含着作者对于王孙官家安于享乐的抨击。

南宋末期反映民俗变化的诗歌不同于南宋初期，南宋初期诗人怀有中兴的希望，所以追忆汴京民俗的时候表达的是一种怅恨之感。而南宋末期诗歌，因为朝代将亡，所以同样追忆杭州民俗繁华，但是其创作主旨多是极写繁华以突出其衰落原因。关注这一时期民俗文学的创作宗旨将有助于我们进一步理解这一时期的诗歌主旨。上文所提及的《西湖老人繁胜录》《都城纪胜》《武林旧事》《梦粱录》皆为记载杭州生活民俗的作品，突出当时杭州的"繁盛"景象，但作者心境均如一场大"梦"，所提所载只是"旧事"而已。《四库全书总目提要》之《武林旧事》曰："湖山歌舞，靡丽纷华，著其盛，正著其所以衰。"《都城纪胜》序言称："《洛阳名园记》后论有云，园囿之兴废者，洛阳盛衰之候也。……此虽不足以形容太平气象之万一，亦《名园记》之遗意焉。"《四库全书总目提要》之《都城纪胜》提要指出："是书作于端平二年，正文武恬嬉，苟且宴安之日，故竞趋靡丽，以至于斯。作是书者既欲以富盛相夸，又自知苟安可愧。"而《四库全书》中引用的康熙御题更是一针见血地指出"托讽谏以立言而为是违道铺张也"。汪元量的《西湖旧梦》的创作目的也应在于此。

南宋时期，许多追忆昔日时代繁华的民俗诗作都具有"著其盛，正著其所以衰"的创作宗旨，例如：

> 山外青山楼外楼，西湖歌舞几时休？
> 暖风熏得游人醉，直把杭州作汴州。[①]
>
> ——林升《题临安邸》
>
> 诸公南渡亦不恶，百年西湖最行乐。

---

① （清）厉鹗辑：《宋诗纪事》卷五十六，上海古籍出版社 1983 年版，第 1425 页。

师王园地号山庄，戚畹洞天标水乐。

铜铺珠箔锦为茵，玉箫金管歌遏云。

曲江三月势绝伦，此占四时长作春。

岁月无情留不住，园上送官洞更主。

当时一聚冶游尘，雨打风飘去安所。①

——陈杰《重过西湖感事》

西湖胜概甲东南，满眼繁华今几年。

钟鼓相闻南北寺，笙歌不断往来船。

山围花柳春风地，水浸楼台夜月天。

士女只知游赏乐，谁能轸念及三边。②

——于石《西湖》

林升之作一语点破，痛快淋漓。陈杰之作用大量的笔墨以详细突出当时的奢靡状况，而一句"当时一聚冶游尘，雨打风飘去安所"起到前后对比的作用，今昔对比，其原因不言自明。于石之作首先突出西湖的胜概，只是为了欲扬先抑，作者最后对此现象进行抨击。

从以上分析可以看出，诗人往往通过节俗、乡俗或者某一地域的习俗变化表现时代的繁华或衰落。北宋时期，诗人往往以节俗反映当时的时代特征——太平盛世，南宋时期多通过乡村民俗来找寻太平盛世的感觉。南宋初期诗人远离故土，带着家园沦陷、漂泊他乡之感，所以或许对"繁华不再"的节俗也格外伤感，带着怅恨的心情追忆宣和时期汴京民俗的繁华，因为他们还有中兴的期望，所以诗歌创作宗

---

① （宋）陈杰：《自堂存稿》卷一，影印文渊阁四库全书本。
② （宋）于石撰，（元）吴师道选：《紫岩诗选》卷三，影印文渊阁四库全书本。

旨是表达怅惘之感。南宋末期，因为有了国之将亡之感，所以诗人一面追忆杭州繁华，一面思考亡国的教训，在写作上带有"著其盛，正著其所以衰"的创作宗旨。总而言之，时代的变迁促进了反映时代变化的民俗诗歌的繁荣。

第四章　宋代几种题材诗歌的民俗化倾向

第一节　宋代纪行诗的民俗化倾向

一　宋代纪行诗歌的繁荣

纪行，也称行记，宋代纪行文学尤为发达，单单"在行记文体演变史上，两宋实为一关键的转折点"①，是自西汉以后，明清以前，"最有成就，最富文学意义"②的文学体裁。并且"整个宋代，全社会形成了编撰行记的创作风气，风会之广，参与之深，较之前代都大不相同"③。纪行诗歌是行记文学的一部分，顾名思义，即反映路途所见所闻所思所感的诗歌。纪行诗歌的内容也是多方面的，风景、历史、

①　成玮：《百代之中：宋代行记的文体自觉与定型》，《文学遗产》2016 年第 4 期，第 125 页。

②　李德辉：《论宋代行记的新特点》，《文学遗产》2016 年第 4 期，第 103—104 页。

③　同上。

民俗、个人情怀等都是纪行诗歌的内容。李德辉根据行记的著述要素，即行程、见闻、观感，把纪行文学分为三类："强调行程的，写成的为道里记、行程录；强调见闻的，则为风土类纪行；强调观感的，则为文学游记。"① 只是在宋代，由于诗人地域阅历的扩大和不同民俗的冲击，促进诗人民俗意识的发展，诗人民俗意识的发展促进诗人在旅行途中关注当地的民风民俗，促进纪行诗歌的新发展，因为纪行诗歌侧重于风土和民俗的展现。

我国古代的纪行诗，有人认为滥觞于《诗经》中的《载驰》《东山》，《载驰》反映许穆夫人听到卫国灭亡、卫侯去世的凶讯后，立刻快马加鞭奔赴曹邑，向兄长慰问，可是她的丈夫许穆公却派人阻止。该诗就写她在此时此景中的所思所想。关于《东山》诗的创作，《毛诗序》曰："《东山》，周公东征也，周公东征三年二归，劳归士。大夫美之，故作是诗也。"② 朱熹认为此诗乃周公"作诗以劳归士"③，周啸天认为"实在是一首征人解甲归乡途中抒发思乡之情的诗，事或与周公东征相关，却不必是周公所作"④。此后，屈原的《哀郢》《涉江》也主要突出放逐中的经历处境和心情。这是纪行诗歌的早期之作，多突出作者在某一个地方的特定心境，而这个地方不是诗歌的关键，诗歌所要表达的情感才是关键。

魏晋南北朝期间，文人士大夫或宦游以求实现自己的理想抱负，或身在乱世中流亡以保命，或身为世袭士族无所劳心而徜徉山水，但他们都要外出，所以以诗纪行，作品颇多，如潘岳的《河阳县作》、陆机的《赴洛道中作》、颜延之的《北使洛》、谢朓的《京路夜发》

---

① 李德辉：《论宋代行记的新特点》，《文学遗产》2016 年第 4 期，第 110 页。
② 郑玄笺，孔颖达疏：《毛诗正义》，《十三经注疏》，中华书局 1980 年版，第 395 页。
③ （宋）朱熹集注：《诗集传》卷八，中华书局 1958 年版，第 94 页。
④ 姜亮夫等撰：《先秦诗鉴赏辞典》，上海辞书出版社 1998 年版，第 306 页。

等。梁昭明太子萧统延集文人编订的《文选》列"行旅"诗一类，行旅诗即纪行诗，说明这一诗体已经确立。这一时期的作品尽管数量较多，但是从单个作家的创作看，纪行诗还没有占一定的分量，其创作多出于一时的心绪波动。其内容与其创作动机也大有关系，所以大多为抒发羁旅之苦，或者写一个地方的山水风景。

　　唐代的纪行诗歌仍以山水风景为主题。王勃在高宗总章二年（669）五月，被贬斥出府，遂入蜀，创作了多首诗歌，总称为"入蜀纪行诗"，这组纪行诗歌现在多已不存。他在《入蜀纪行诗序》中用优美的笔调写道：

　　　　若乃采江山之俊势，观天地之奇作，丹壑争流，青峰杂起，陵涛鼓怒以伏注，天壁嵯峨而横立，亦宇宙之绝观者也。……嗟乎！山川之感召多矣，余能无情哉！爰成文律，用宣行唱，编为三十首，投诸好事焉。①

由此，我们可以看到该组纪行诗歌仍然以蜀地风景为主。

　　后来杜甫也有意识地进行纪行诗歌创作。杜甫的《发秦州》《发同谷》系列是两组结构严整的山水、纪行诗。第一组作于秦州至同谷途中，共十二首：《发秦州》《赤谷》《铁堂峡》《盐井》《寒峡》《法镜寺》《青阳峡》《龙门镇》《石龛》《积草岭》《泥功山》《凤凰台》。第二组作于同谷至成都途中，也是十二首：《发同谷县》《木皮岭》《白沙渡》《水会渡》《飞仙阁》《五盘》《龙门阁》《石柜阁》《桔柏渡》《剑门》《鹿头山》《成都府》。杜甫蜀道纪行诗准确而详尽地记述蜀道行踪的时间与地点。二十四首纪行诗全以地名为题，从秦州至

---

　　① （宋）李昉等编，（清）宫梦仁选：《中华传世文选文苑英华选》，吉林人民出版社1998年版，第550页。

成都，井然有序，历历可考。宋人崔鶠（德符）曰："诗题两纪行：《发秦州》至《凤凰台》，《发同谷县》至《成都府》。二十四首皆以纪行为先后，无复差舛。"① 苏轼说："老杜自秦州越成都，所历辄作一诗，数千里山川在人目中，古今诗人殆无可拟者。"② 杜甫的蜀道纪行诗不仅突出山川景物的个性特征，还融入许多其他内容，诸如自身感慨、国步之艰危、民生之凋敝等。

宋代交通比前代更加方便，所以宋代的纪行诗歌发展非常繁荣。并且宋人具有主动的纪行意识。杨万里说，"闭门觅句非诗法，只是征行自有诗"③，陆游称赞别人的诗歌说，"君诗妙处吾能识，正在山程水驿中"④。陆游对他人言："在道途则愈工，虽前辈负大名者，往往如此。愿舟楫鞍马间加意勿辍。他日绝尘迈往之作，必得之此时为多。"⑤ 陆游读到他人的作品时说："诗思寻常有，偏于客路新。"⑥ 宋人重视在纪行中寻找作诗的灵感，重视纪行诗作，认为纪行的诗作相对比较好，并且劝诗人在旅途中多注意观察和发现。宋人具有随时随地作诗的习惯，范成大《桂海虞衡志》自称："余生东吴，而北抚幽蓟，南宅交广，西使岷峨之下，三方皆走万里，所至无不登览。"⑦ 陆

① 引自《发秦川》，（唐）杜甫著，（清）仇兆鳌注《杜诗详注》卷八，中华书局1979年版，第672页。
② （宋）朱弁：《风月堂诗话》卷上，影印文渊阁四库全书本。
③ （宋）杨万里撰，辛更儒笺校：《杨万里集笺校》卷二十六，《下横山滩头望金华山》，中华书局2007年版，第1356页。
④ 《题庐陵萧彦毓秀才诗卷后》，钱仲联校注：《剑南诗稿校注》卷五十，上海古籍出版社2005年版，第3021页。
⑤ 《与杜思恭书》，《嘉庆广西通志》卷二二四《金石》十载《与杜思恭札》。见郭绍虞《中国历代文论选》，上海古籍出版社1982年版，第69页。
⑥ 钱仲联校注：《剑南诗稿校注》卷五十五，《夜读巩仲至闽中诗有怀其人》，上海古籍出版社2005年版，第3248页。
⑦ （宋）范成大撰，孔凡礼点校：《范成大笔记六种》，《桂海虞衡志·志岩洞》，中华书局2002年版，第83页。

游曾在去东阳的路上说："小吏知人当著句，先安笔砚对溪山。"① 可见，随从人员对于诗人在路上作诗的习惯也十分了解。

二 纪行诗歌的民俗化倾向

宋人不仅具有纪行的主动意识，而且还不断地超越前人。宋代的纪行诗歌不仅继承了前人以山水风景为创作主题的传统，并且对于前人的纪行诗歌有所突破，具体表现为纪行诗歌中有大量的民俗描写。陶弼在仁宗庆历中补衡州司户参军，调桂州阳朔县主簿，迁为阳朔令。后历知宾、容、钦、邕、鼎、辰、顺诸州。他的诗作也有次序地记录自己的行程情况。在这些诗作中，也多有民俗的反映。例如，《全州》诗云，"何人截断湘妃竹，半蘸秋江作钓筒"②、《辰州》诗曰，"草市人朝醉，畲田夜火明"③、《广州》诗曰，"外国衣装盛，中原气象非"④。

范成大的纪行意识十分强烈，其纪行作品往往单独结集，其出使金国的作品为《北征小集》，赴广西道中所作为《南征小集》，其"自桂林入蜀也，舟车鞍马之间，有诗百余篇，号《西征小集》"⑤。除单独结集之外，其他纪行诗歌还有不少。范成大曰："走遍人间行路难，

① 钱仲联校注：《剑南诗稿校注》卷一，《东阳道中》，上海古籍出版社 2005 年版，第 38 页。

② 《全州》，（南宋）王象之：《舆地纪胜·荆湖南路·全州》卷六十，江苏广陵古籍刻印社 1991 年版，第 568 页。题目引自《全宋诗》。

③ 《辰州》，《舆地纪胜·荆湖南路·辰州》卷七十五，同上书，第 662 页。题目引自《全宋诗》。

④ 《广州》，《舆地纪胜·广南东路·广州》卷八十九，同上书，第 755 页。题目引自《全宋诗》。

⑤ （宋）陆游：《陆游集·渭南文集》卷十四，《范待制诗集序》，中华书局 1976 年版，第 2098 页。

异乡风物杂悲欢。"① 说明在旅行途中，异乡的风物往往引发诗人的感慨。其《北征小集》所反映金国的民俗诗歌上文已经涉及，下文再以《西征小集》说明其纪行诗歌反映民俗的情况。范成大于淳熙元年（1174）被任命为四川管内制置使，到成都赴任，淳熙四年（1177）他因病离蜀东归，两次皆取道巴渝地区，而沿途巴渝和蜀地独特的山川风貌、民情风土都搅动着作者的诗肠，使他创作了大量的纪行诗歌，其中民俗诗占有很大的成分。

范成大入蜀时在峡州至喜亭曰："时见山峡船，铙鼓噪中流。"② 在大丫隘作者写道："家家妇女布缠头，背负小儿领垂瘤。山深生理却不乏，人有银钗一双插。"③ 在进入秭归界地时说："蚯蚓祟人能作瘴，茱萸随俗强煎茶。"④ 在万州作"穷乡固瘵薄，陋俗亦寒窭"，范成大自己注释曰："土人卖杏，皆先剔其核，取其仁以为药也。土茶甚苦，不简枝叶，杂茱萸煎之。"⑤

范成大离开成都后，进入崇宁界，到了离堆（今成都都江堰），范成大《离堆行》交代该地杀羊祭祀的民俗，"刲羊五万大作社，春秋伐鼓苍烟根"，他诗歌的序言中详细交代了该地的历史及该民俗的形成原因：

> 沿江有两崖中断，相传秦李太守凿此以分江水；又传李锁孽

---

① （宋）范成大著，富寿荪标校：《范石湖集》卷十七，《冬至日铜壶阁落成》，上海古籍出版社 2006 年版，第 230 页。
② （宋）范成大著，富寿荪标校：《范石湖集》卷十五，《峡州至喜亭》，上海古籍出版社 2006 年版，第 204 页。
③ （宋）范成大著，富寿荪标校：《范石湖集》卷十五，《大丫隘》，上海古籍出版社 2006 年版，第 208 页。
④ （宋）范成大著，富寿荪标校：《范石湖集》卷十六，《如秭归界》，上海古籍出版社 2006 年版，第 212 页。
⑤ （宋）范成大著，富寿荪标校：《范石湖集》卷十六，《万州》，上海古籍出版社 2006 年版，第 221 页。

龙于潭中，今有伏龙观在潭上。蜀旱，支江水涸，即遣官致祭，壅都江水以自足，谓之摄水，无不应。民祭赛者率以羊，岁杀四五万计。①

在《崇德庙》中，范成大说，"不知新涨高几画，但觉楼前奔万雷"②，自注："离堆石壁旧有水则，记涨痕，占岁事，一画为一则。"这里的人民在离堆石壁上凿刻标度来记录江水的上涨情况，并据此判断一年的收成情况。到了叙州的时候，范成大看到"山农旦烧畲，蛮买暑荷毡"③，烧畲民俗上文已经提及，至于以荷叶为毡的民俗，范成大在《吴船录》中言："对江诸夷皆重屋，林木蔚然，盛暑犹荷毡，以观客舟之过。"④

陆游《感兴》曰："饱以五车读，劳以万里行。险艰外备尝，愤郁中不平。山川与风俗，杂错而交井。"⑤ 显示了山川与风俗并重的思想。陆游典型的纪行民俗诗歌也集中在入夔州、入蜀途中。乾道六年（1170）闰五月，四十六岁的陆游从山阴启程，沿长江而上，赴夔州任通判，历时160天到达夔州。后来又到南郑，然后到成都，淳熙五年（1178），诗人去蜀东归。一路上，陆游用诗作纪行，始终充满了民俗描写。如《黄牛峡庙》：

　　三峡束江流，崖谷互吐纳。黄牛不负重，云表恣蹴踏。

---

① （宋）范成大著，富寿荪标校：《范石湖集》卷十八，上海古籍出版社2006年版，第247页。

② 同上书，第248页。

③ （宋）范成大著，富寿荪标校：《范石湖集》卷十九，《将至叙州》，上海古籍出版社2006年版，第265页。

④ （宋）范成大撰，孔凡礼点校：《范成大笔记六种》，《吴船录》卷下，中华书局2002年版，第212页。

⑤ 钱仲联校注：《剑南诗稿校注》卷十八，上海古籍出版社2005年版，第1433页。

> 吴船与蜀舸，有请神必答。谁怜马遭刖，百岁创未合。
>
> 艑师浪奔走，烹羔陈酒醴。纷然馂神余，羹炙争嚃嚖。
>
> 空庭多落叶，日莫声飒飒。奇文粲可辨，高古篆籀杂。
>
> 村女卖秋茶，簪花髻鬟匝。褓儿著背上，帖妥若在榻。
>
> 山寒雪欲下，虎出门早阖。我行忽至此，临风久呜唈。①

　　黄牛庙在夷陵州西黄牛峡，相传神尝佐禹治水有功，三国时蜀汉诸葛亮为其建祠，一名黄牛庙。诗歌首先说明蜀吴两地过往船只祭祀神灵，请求其庇护的民俗。然后写到当地村女的服饰民俗及女子卖茶、背着孩子劳作的民俗。陆游《入蜀记》亦涉及当地村民卖茶的民俗："村人来卖茶菜者甚众。其中有妇人，皆以青斑布帕首，然颇白晰，语音亦颇正。茶则皆如柴枝草叶，苦不可入口。"②

　　陆游的《新安驿》曰："木盎汲江人起早，银钗簇髻女妆新。"③交代了该地以木盎汲水的民俗及女子的服饰民俗。陆游《入蜀记》云："十三日……游江渎北庙。庙正临龙门，其下石罅中，有温泉，浅而不涸，一村赖之。妇人汲水，皆背负一全木盎，长二尺，下有三足，至泉旁，以杓子挹水，及八分，即倒坐旁石，束盎背上而去。大抵峡中负物率着背，又多妇人，不独水也。有妇人负酒卖，亦如负水状。呼买之，长跪以献。未嫁者，率为同心髻，高二尺，插银钗至六只，后插大象牙梳，如手大。"④

　　陆游于夔州作《书驿壁》诗，感叹这里人民生活之艰难及女子因为生活艰难而难以出嫁的民俗："峒民无地习耕稼，射麋捕虎连昼夜。

---

①　钱仲联校注：《剑南诗稿校注》卷二，上海古籍出版社 2005 年版，第 165 页。

②　（宋）陆游：《陆游集·渭南文集》卷四十八，中华书局 1976 年版，第 2454 页。

③　钱仲联校注：《剑南诗稿校注》卷二，上海古籍出版社 2005 年版，第 168 页。

④　（宋）陆游：《陆游集·渭南文集》卷四十八，中华书局 1976 年版，第 2456 页。

女儿薄命天不借，青灯独宿江边舍。黎明卖薪勿悲咤，女生岂有终不嫁。"① 杜甫的《负薪行》也曾经关注这种社会现象："夔州处女发半华，四十五十无夫家。更遭丧乱嫁不售，一生抱恨长咨嗟。土风坐男使女立，男当门户女出入。十有八九负薪归，卖薪得钱应供给。"②

三　欣然态度与观风使命

由以上例子可以看出，宋人的纪行诗歌多在纪行和记风景的同时，关注当地的民俗状况。人在旅途，前代的人大多表现离愁，但是宋人在表达离愁的基础上，更多的是对于旅途的喜爱之情。宋人纪行诗歌写民俗是因为宋人更具有洒脱的情怀。陆游说，"四方本是丈夫事，安用一生无别离"，对于离别家乡持放达的态度。陆游《饭三折铺铺在乱山中》曰："但令身健能强饭，万里只作游山看。"陆游在阆州时说，"残年作客遍天涯，下马长亭便似家"③，带着这样的心情，他说，"遨游无时冠巴蜀，语音渐正带咸秦"，甚至自己的语音也入乡随俗，被同化了。陆游于乾道八年（1172）十一月在绵谷道中记录所见到的当地民俗，"危阁闻铃驭，湍流见硔船。汲江人负盘，骑马客蒙毡。梨美来秦地，橙香接楚天"，他以一种"随处一欣然"④ 的态度来对待这里不同的民俗。陆游在成都说，"久住西州似宿缘，笙歌丛里著华颠"，写这里的民俗是"迎马绿杨争拂帽，满街丹荔不论钱"，对于身

---

① 钱仲联校注：《剑南诗稿校注》卷二，上海古籍出版社 2005 年版，第 209 页。
② （唐）杜甫著，（清）仇兆鳌注：《杜诗详注》卷十五，中华书局 1979 年版，第 1284 页。
③ 钱仲联校注：《剑南诗稿校注》卷三，《阆中作》，上海古籍出版社 2005 年版，第 248 页。
④ 钱仲联校注：《剑南诗稿校注》卷三，《栈路书事》，上海古籍出版社 2005 年版，第 265 页。

在异乡他毫不在意，说"浮生何处非羁旅，休问东吴万里船"①。诗歌翻用了杜甫的诗句"门泊东吴万里船"②，表达的是对于思乡之情的否定。

宋人的纪行诗写民俗还有一个重要原因是宋代的诗人多为士大夫，他们在为官期间各地奔波。而在到任的行程中，诗人往往心兼为官和作诗两种心情。范成大在入蜀途中说："我怀汉制诏，来慰蜀父老。熙如春台登，沃若时雨膏。须知简书急，勿厌蓐食早。但勤笔力淬，时助诗肠搅。"③

而在旅途中不但可以欣赏山水风景，民俗风情也是他们需要观照的。王十朋《自鄂渚至夔府途中记所见一百十韵》④记录旅途的见闻，也反映所见的风土人情。他看到这里环境险恶，"魂频梦象箭"，民俗简陋，"江水澄泥煮，芦薪带湿烧""覆屋曾非瓦，名村浪有窑""野媪头缠白，行人背负镠"。那么，他为什么来到这里呢？他说："轻生甘叱驭，爱物戒扬镳。帅阃分诚滥，州麾把更侥。……访古寻诗史，观风入郡谯。路难端可畏，形役尚奚劳。行也知谁使，官乎我亦聊。"可见，他是受命为官才来的。"叱驭"包含着一个典故：汉琅邪王阳为益州刺史，行至邛郲九折阪，叹曰："奉先人遗体，奈何数乘此险！"因折返。及王尊为刺史，"至其阪……尊叱其驭曰：'驱之！王阳为孝子，王尊为忠臣。'"见《汉书·王尊传》。后以"叱驭"为报效国家，不畏艰险之典。王十朋引用此典，足见其心志。所以，一路

① 钱仲联校注：《剑南诗稿校注》卷五，《江渎池醉归马上作》，上海古籍出版社2005年版，第433页。

② （唐）杜甫著，（清）仇兆鳌注：《杜诗详注》卷十三，《绝句》，中华书局1979年版，第1142页。

③ （宋）范成大著，富寿荪标校：《范石湖集》卷十六，《午夜登蟠山》，上海古籍出版社2006年版，第222页。

④ （宋）王十朋：《梅溪集·后集》卷十一，影印文渊阁四库全书本。

上，王十朋不仅像前代诗人一样饱览山水，探古幽迹，而且主动考察当地的风土人情。

由上可见，反映地域的民俗在宋代的纪行诗歌中表现丰富，而宋代民俗在纪行诗歌表现突出则是宋代纪行诗歌的新特点。

第二节　宋代田家诗的民俗化倾向

古代较早反映农村农民民俗的诗歌就要数《诗经·豳风·七月》。关于该诗的创作背景，《毛诗序》曰，"七月，陈王业也。周公遭变故，陈后稷先公风化之所由，致王业之艰难也"①；《汉书·地理志》曰："昔后稷封斄，公刘处豳，太王徙岐，文王作酆，武王治镐，其民有先王遗风，好稼穑，务本业，故豳诗言农桑衣食之本甚备。"②《七月》诗成为后来所谓"田家诗""农事诗""田园诗"之类诗歌的源头。姚际恒《诗经通论》评价《七月》诗说："鸟语、虫鸣，革荣、木实，似月令。妇子入室，茅、绹、升屋，似风俗书。流火、寒风，似五行志。养老、慈幼，跻堂称觥，似庠序礼；田官、染职，狩猎、藏冰，祭、献、执功，似国家典制书。其中又有似采桑图、田家乐图、食谱、谷谱、酒经。一诗之中，无不具备，洵天下之至文也！"③《七月》也可以说是当时社会的风俗画，凡春耕、秋收、冬藏、采桑、染绩、缝衣、狩猎、建房、酿酒、劳役、宴飨，无所不写。

---

① （汉）郑玄笺，（唐）孔颖达疏：《毛诗正义》卷八，《十三经注疏》，中华书局1980年版，第388页。

② （汉）班固：《汉书》卷二十八下，中华书局1962年版，第1642页。

③ 姚际恒著，顾颉刚标点：《诗经通论》，中华书局1958年版，第164页。

此后，《七月》诗在政治上被赋予了很高的地位。《周礼·春官·钥章》曰："凡国祈年于田祖，龡豳雅，击土鼓，以乐田畯。"郑玄注曰："豳雅，亦七月也。"① 从史料我们可以看出，古人在祭祀田神的时候，要吹奏《七月》诗。这样，《七月》诗就与祭祀田神的民俗仪式联系在一起。

但在文学上，这种反映乡村农民民俗的诗歌传统却没有被很好地继承。在魏晋南北朝时期，随着社会的变迁，学术思潮及文学观念的变化，文学的审美追求带来诗歌的变化。题材方面以咏怀诗、咏史诗、游仙诗、玄言诗、宫体诗为主，反映乡村农民民俗的诗歌走向衰落。在东晋时期，尽管陶渊明孤峰凸起，其诗歌反映农民农村的生活，但是，也只是反映他作为士大夫主观情绪下的乡村生活。乡村生活打上主观的思绪，带有浓郁的抒情意味。这开创了后来专门反映田园愉悦生活的田园诗派。晚唐时期，在白居易新乐府运动的推动之下，诗歌向百姓的日常生活方向推进。在表现农村农民方面，大多以悲悯的心态反映农民的痛苦生活为主。

关于这样的诗歌演进过程，周汝昌先生有过论述：

> 我国的田家诗，大致可以分为两个"系统"：其一是陶渊明式的"聊为垄亩民""复得返自然"之类和刚才所说的"看画图"式的那种农家诗，即表示士大夫脱身仕宦、"归去来兮"的心理的和官僚过腻了富贵生活要想换个"农家风味"的作品。其二是自从唐人才盛行起来的新乐府式的"田家词""悯农""农家叹"之类，专门反映农民的辛苦、艰难和被剥削压迫的惨痛的。而一

---

① （汉）郑玄注，（唐）贾公彦疏：《周礼注疏》卷二十四，《十三经注疏》，中华书局1980年版，第801页。

向所谓的"田园诗"则通指前一类,即歌颂以致美化农家生活的作品。(《范成大诗选·引言》)①

所谓"田家"即为农家,周汝昌先生所谓"田家诗"即是反映农村农民的诗歌。宋代反映农村农民的诗歌一方面继续沿着这两条路线前进,另一方面,又有新的发展,主要表现为民俗化的发展倾向。田家诗的民俗化倾向主要表现在两个方面,其一是反映生产民俗的农技诗繁荣,其二是田园诗歌的民俗化倾向。

一 农技诗的繁荣

农技诗,顾名思义,是指代反映农业生产技术的诗歌。宋代重视科技,是我国古代科技史的鼎盛时期。宋代文人也重视科技,许多文人同时著有科技著作。例如,沈括的《梦溪笔谈》就是重要的科技著作。时风所致,宋代的诗人也通过诗歌表现当时的生产技术,于是产生了大量的农技诗歌。生产工具体现和反映着农人的劳动民俗,宋代歌咏生产工具的诗歌主要反映了农民的生产民俗。

宋人吟诵最多的生产工具要数水车了。据《太平广记》记载,我国唐代就出现了龙骨水车,用于农业灌溉。北宋时水车应用更加广泛,诗人也把这一新的生产工具纳入诗歌当中。梅尧臣《水轮咏》:"孤轮运寒水,无乃农者营。随流转自速,居高还复倾。"② 简单明了地指出水车的特点。苏轼亦有诗《无锡道中赋水车》:"翻翻联联衔尾鸦,荦荦确确蜕骨蛇。分畴翠浪走云阵,刺水绿针抽稻芽。洞庭五月欲飞沙,

---

① 周汝昌选注:《范成大诗选》,人民文学出版社 1984 年版,第 28 页。
② (宋)梅尧臣著,朱东润编:《梅尧臣集编年校注》卷七,上海古籍出版社 1980 年版,第 100 页。

鼍鸣窟中如打衙。天公不见老翁泣，唤取阿香推雷车。"① 形象地写出水车的形状、功用。陈普《水车》诗介绍水车的情况最为具体："陂塘不能及，桔槔亦非便。凿井设辘轳，祗益增疲倦。何人静中眼，潜窥出灵变。种种田器中，众美独车擅。鸠集群朴樕，构以天丝线。纵交合散杂，骨节不凌僭。相续同相生，如纽亦如鞣。三十幅一毂，体用无迷眩。轧轧远有声，在田恍龙战。吸吐皆自能，先后迭相禅。形如先天图，运若坤灵扇。东西隔参辰，出没递隐见。……"② 用比喻、比较的手法，详细介绍水车的输水情况，如同一篇生动的说明文。这些诗歌反映了宋代使用水车灌溉生产民俗的具体方面。

宋人反映生产工具较多的还有秧马。宋代较早反映秧马这一生产工具的要数苏轼了，他在序言中介绍了创作该诗的原因：

"过庐陵，见宣德郎致仕曾君安止。出所作《禾谱》。文既温雅，事亦翔实，惜其有所缺，不谱农器也。予昔游武昌，见农夫皆骑秧马。以榆枣为腹欲其滑，以楸桐为背欲其轻，腹如小舟，昂其首尾，背如覆瓦，以便两髀，雀跃于泥中，系束藁其首以缚秧。日行千畦，较之伛偻而作者，劳佚相绝矣。《史记》禹乘四载，泥行乘橇。解者曰：橇形如箕，擿行泥上。岂秧马之类乎？作《秧马歌》一首，附于《禾谱》之末云。"

苏轼的《秧马歌》如下：

春云蒙蒙雨凄凄，春秧欲老翠剡齐。嗟我妇子行水泥，朝分一垄暮千畦。腰如箜篌首啄鸡，筋烦骨殆声酸嘶。我有桐马手自提，头尻轩昂腹胁低。背如覆瓦去角圭，以我两足为四蹄。聋踊

---

① 孔凡礼点校：《苏轼诗集》卷十一，中华书局1982年版，第558页。
② 傅璇琮主编：《全宋诗》，北京大学出版社1998年版，第69册，第43735页。

滑汰如凫鹥，纤纤束藁亦可赍。何用繁缨与月题，却从畦东走畦西。山城欲闭闻鼓鼙，忽作的卢跃檀溪。归来挂壁从高栖，了无刍秣饥不嘶。少壮骑汝逮老羸，何曾蹶轶防颠隮。锦鞯公子朝金闺，笑我一生蹋牛犁，不知自有木驼骒。①

苏轼用一整首诗歌介绍了秧马的使用方法，积极推广使用这一生产工具。而其他人的诗歌则涉及宋人使用秧马的生产民俗：

稻塍绿合迷秧马，沙嘴潮回下钓车。②

——王之道《和张公仪》

祭罢土龙春雨应，稳骑秧马一鞭斜。③

——朱翌《买田潼溪》

诘朝秧马催田畯，昨夜雷车动阿香。④

——陈棣《次韵喜雨》

出从父老观秧马，归伴儿童放纸鸢。⑤

——陆游《题斋壁四首》

陂塘漫漫行秧马，门巷阴阴挂艾人。⑥

——陆游《夏日五首》

自此年光应更好，日驱秧马听缫车。⑦

——陆游《春日小园杂赋》

---

① 孔凡礼点校：《苏轼诗集》卷三十八，中华书局1982年版，第2051页。
② （宋）王之道：《相山集》卷十，影印文渊阁四库全书本。
③ （宋）朱翌：《灊山集》卷二，影印文渊阁四库全书本。
④ （宋）陈棣：《蒙隐集》卷二，影印文渊阁四库全书本。
⑤ 钱仲联校注：《剑南诗稿校注》卷十七，上海古籍出版社2005年版，第1378页。
⑥ 钱仲联校注：《剑南诗稿校注》卷三十七，上海古籍出版社2005年版，第2377页。
⑦ 钱仲联校注：《剑南诗稿校注》卷三十八，上海古籍出版社2005年版，第2473页。

处处跃秧马，家家闲水车。①

——陆游《孟夏方渴雨忽暴热雨遂大作》

白水满陂秧马跃，绿阴绕舍纬车鸣。②

——陆游《出游》

日祷泥龙晴自若，昼骑秧马夕方还。③

——刘克庄《杂兴十首》其六

瓯窭污邪满沟塍，秧马折轴担颒肩。④

——高斯得《官田行》

雨余秧马各相先，绿满平畴断复连。⑤

——黎廷瑞《次韵张龙使君十绝》

　　宋代还有反映生产工具的大型组诗。例如，梅尧臣有《和孙端叟寺丞农具十五首》，写了"田庐""扬扇""搂""樵斧""耒耜""钱镈""耰锄""褦襶""台笠""耕牛""牛衣""水车""田漏""耘鼓""牧笛"。他还一口气作了十五首蚕具诗，即《和孙端叟蚕具十五首》内容包括："茧馆""织室""桑原""高几""科斧""桑钩""桑笪""蚕女""蚕簇""蚕槌""蚕薄""缫盆""纺车""龙梭""织妇"。此后，王安石有《和圣俞农具诗十五首》。这些诗歌反映了当时的生产民俗，例如：

　　结庐野田中，其高足以觇。坐卧劣自容，巢栖未尝厌。

---

① 钱仲联校注：《剑南诗稿校注》卷四十六，上海古籍出版社 2005 年版，第 2803 页。
② 钱仲联校注：《剑南诗稿校注》卷六十六，上海古籍出版社 2005 年版，第 3716 页。
③ （宋）刘克庄：《后村先生大全集》卷二十五，四川大学出版社 2008 年版，第 699 页。
④ （宋）高斯得：《耻堂存稿》卷七，影印文渊阁四库全书本。
⑤ 黎廷瑞：《芳洲集补遗》，见史简编《鄱阳五家集》卷一，影印文渊阁四库全书本。

但能风雨蔽，何惜茅蓬苦。终当收刈毕，寂寞惭山店。①

——《和孙端叟寺丞农具十五首·田庐》

田父结田庐，聊容一身息。呼儿取茅竹，不借乡人力。

起行庐旁朝，归卧庐下夕。悠悠各有愿，勿笑田庐窄。②

——《和圣俞农具诗十五首·田庐》

这两首诗说明了农人在田地上搭建田庐以照看农作物的民俗，诗歌指出了该田庐的建筑特点：高低、大小、材料、使用时间及作用。

再如：

瓦罂贮溪流，滴作耘田漏。不为阴晴惑，用识早暮候。

辛勤无侵星，简易在白昼。同功以为准，一决不可又。③

——《和孙端叟寺丞农具十五首·田漏》

占星昏晓中，寒暑已不疑。田家更置漏，寸晷亦欲知。

汗与水俱滴，身随阴屡移。谁当哀此劳，往往夺其时。④

——《和圣俞农具诗十五首·田漏》

这两首诗反映农家用"田漏"计时的民俗。元王祯《农书》卷十九："田漏，田家测景水器也。凡寒暑昏晓，已验于星。若占候时刻，惟漏可知。古今刻漏有二：曰称漏，曰浮漏。夫称漏以权衡作之，殆不如浮漏之简要。今田漏概取其制，置箭壶内，刻以为节，既壶水下注，

---

① （宋）梅尧臣著，朱东润编：《梅尧臣集编年校注》卷二十七，上海古籍出版社1980年版，第912页。

② （宋）王安石：《临川先生文集》卷十一，中华书局1959年版，第165页。

③ （宋）梅尧臣著，朱东润编：《梅尧臣集编年校注》卷二十七，上海古籍出版社1980年版，第912页。

④ （宋）王安石：《临川先生文集》卷十一，中华书局1959年版，第166页。

则水起箭浮，时刻渐露。"①

而此后楼璹作《耕图二十一首》《织图二十一首》，这组诗歌"耕自浸种以至入仓凡二十一事，织自浴蚕以至剪帛凡二十四事，事为之图，系以五言诗一章，章八句。农桑之务，曲尽情状。虽四方习俗，间有不同，其大略不外于此"②。该组诗歌对于耕作的全过程及纺织的全过程进行细致的描绘，也反映了当时的耕织民俗。

这些歌咏生产工具的诗歌反映了咏物诗与生产民俗的结合，生产劳动中的民俗事物成为诗歌的歌咏对象，产生了农具诗、渔具诗、耕图诗歌，织图诗歌及灌溉工具水车诗、插秧工具秧马诗等。其他生活中日常所用的民俗之物的描摹歌咏则反映了百姓民俗的其他方面，这些诗歌也有很多，反映了宋代民俗对于咏物诗的影响。

二 田园诗歌的民俗化倾向

在宋代，以表现田园愉悦的传统田园诗日益贴近百姓日常生活，而民俗作为日常生活中的代表活动，更是诗歌表现的重点。范成大的《四时田园杂兴》③ 则是其中最为典型的代表。

范成大的《四时田园杂兴》创作于晚年归隐石湖以后，其引言称"野外即事，辄书一绝，终岁得六十篇"。该组诗歌号称"四时"，故以时间为顺序，分为"春日田园杂兴""晚春田园杂兴""夏日田园杂兴""秋日田园杂兴"和"冬日田园杂兴"五部分，每一部分有十二首绝句。由此可以看出，该组诗歌是作者的精心安排之作。该组诗歌以"田园"为写作对象，其诗歌反映了田园生活中生产、风景、人

---

① （元）王祯：《王氏农书》，影印文渊阁四库全书本。
② 《跋扬州伯父耕织图》，（宋）楼钥《攻媿集》卷七十六，影印文渊阁四库全书本。
③ （宋）范成大著，富寿荪标校：《范石湖集》卷二十六，上海古籍出版社2006年版，第372—376页。下文所引《四时田园杂兴》不再出注。

物、民俗等各个方面，而乡村民俗生活的反映则是该组诗歌的主要特色。《苍润轩碑跋》说："此诗（《四时田园杂兴》）盖谢事后所作，曲尽吴中郊居风土民俗。"①

其中，在《四时田园杂兴·春日田园杂兴》十二首诗歌中写春日田园民俗的有写清明时节的民俗，"桃杏满村春似锦，踏歌椎鼓过清明"；有写祭社的民俗，"老盆初熟杜茅柴，携向田头祭社来"；有写踏青的民俗，"骑吹东来里巷喧，行春车马闹如烟"；有写寒食插花游山的民俗，"寒食花枝插满头，蒨裙青袂几扁舟。一年一度游山寺，不上灵岩即虎丘"；有写上坟扫拜的民俗，"郭里人家拜扫回，新开醴酒荐青梅"；有写果园护理的生产民俗，"种园得果廑偿劳，不奈儿童鸟雀搔。已插棘针樊笋径，更铺渔网盖樱桃"；有写农村浸种及选择吉日下种的生产民俗，"吉日初开种稻包，南山雷动雨连宵"。清袁景澜《吴郡岁华纪丽》卷四载："布谷鸣时，农功兴作。……吴农于是择谷种……每亩以一斗，用蒲包之，绳缚之，陂塘浸之，或盖瓦盆盛之，昼浸夜收，凡数日，自五六日至七八日，名曰浸种。芽苗二三分，候天晴明，撒布田间，盖以稻秸灰。"② 诗歌还反映卖菜给店家的民俗："桑下春蔬绿满畦，菘心青嫩芥薹肥。溪头洗择店头卖，日暮裹盐沽酒归。"关于"店头"，范成大《大宁河》诗自注曰："北人谓道上聚落为店头。"该诗反映农人种菜不仅为了自己食用，还可以用来出卖，以换取盐、酒之类的生活必需品。

晚春和夏季是农作物生长的季节，亦是农人劳作的季节。在《晚春田园杂兴》和《夏日田园杂兴》这两组诗歌中，对农村的生产民俗反映较多。例如，"斟酌梅天风浪紧，更从外水种芦根"反映人们在

---

① （清）王原祁：《佩文斋书画谱》卷七十八，影印文渊阁四库全书本。
② （清）袁景澜：《吴郡岁华纪丽》，江苏古籍出版社1998年版，第146页。

梅雨季节种芦的生产民俗;"鸡飞过篱犬吠窦,知有行商来买茶"反映收茶商人走村串巷收购茶叶的民俗;"湔裙水满绿苹洲,上巳微寒懒出游。薄暮蛙声连晓闹,今年田稻十分秋"则包含当时人们对于天气认知的民俗经验,范成大自注曰:"吴下以上巳蛙鸣,则知无水灾。""新绿园林晓气凉,晨炊蚕出看移秧"反映"移秧"民俗,人们习惯根据天气特点在清晨移秧,这样有利于移栽秧苗成活;"三旬蚕忌闭门中,邻曲都无步往踪"反映了农村"蚕忌"的民俗;"百沸缲汤雪涌波,缲车嘈囋雨鸣蓑"反映煮蚕、缲丝的民俗;"下田戽水出江流,高垄翻江逆上沟。地势不齐人力尽,丁男长在踏车头"反映人们踩着踏车引水灌溉的民俗。

在《四时田园杂兴·秋日田园杂兴》中,作者写农人对于中秋乞巧民俗的认识,"朱门巧夕沸欢声,田舍黄昏静掩扃。男解牵牛女能织,不须徼福渡河星",没有虚幻的期望,没有嬉戏的欢笑,有的只是一份朴实与淡然。作者还写出农人在重阳节中的独特感受:"菽粟瓶罂贮满家,天教将醉作生涯。不知新滴堪篘未,今岁重阳有菊花。"农人对于重阳节的感受不是赏菊花,不是登高,不是"倍思亲",而是丰收的喜悦。秋天也是谷物成熟的季节、农人收获的季节,"新筑场泥镜面平,家家打稻趁霜晴。笑歌声里轻雷动,一夜连枷响到明"反映人们用连枷打稻的民俗。

冬天是农闲的季节,人们抓紧时间进行修屋造屋,搭建牛舍等诸多事务。《四时田园杂兴·冬日田园杂兴》曰:"乾高寅缺筑牛宫,厄酒豚蹄醉土公。"范成大《吴郡志》曰:"牛栏,亦名牛宫,吴地下湿,冬寒,即牛入栏,唐人谓之牛宫。陆龟蒙有《祝牛宫词》,其《序》曰:'冬十月,耕牛违寒,筑宫纳而造之。建之前日,老农请乞灵于土官，以从乡教。'"① "土官"即"土公"，即所谓土地神。"村巷冬年见俗情，邻翁讲礼拜柴荆"则反映在除夕的时候，乡村邻里之间互相拜年的民俗。

由以上分析可以看出，范成大的该组《四时田园杂兴》可谓是一组反映乡村民俗生活的大型联章体诗歌。周汝昌评曰："范石湖是把新乐府、竹枝词二者的精神，巧妙地和田园诗结合在一起，改造并提高了传统的田园诗，而赋予它新的内容、新的生命，因此对后世影响很大。"② 而新乐府与竹枝词的精神就是一种现实主义与乡土写实精神。

范成大的《四时田园杂兴》显示了田园诗歌与农家诗的结合，也显示了在表现民俗生活方面的努力。周汝昌把范成大的以《四时田园杂兴》为代表的一些诗歌归纳为"农家诗和风土节序诗"（《范成大诗选》引言），也正说明这些诗歌是农家生活与风土民俗的结合。宋长白《柳亭诗话》（卷二十二）称："范石湖《四时田园杂兴》诗，于陶、柳、王、储之外，别设樊篱。王载南评曰：'纤悉毕登，鄙俚尽录，曲尽田家况味。'知言哉！"③ 正是因为这样的特征，范成大确立的田园诗歌的另一种范式，标志着田园诗歌新的发展阶段。而一个新的范式的建立，必然会影响后来的文学创作。此后的田园诗歌都有一种充满着乡土乡情的民俗风格。

例如，王志道写了一些田园杂兴的诗歌，题目为《侨寄山居霍然几月凡见之于目闻之于耳者辄缀成绝句名之曰田园杂兴非敢比石湖聊以写一时闲适之趣云尔》，其自称不敢比范石湖，正说明了心中有范成大的存在。其诗歌正是对于范成大的"田园杂兴体"的模仿。例如，

---

① （宋）范成大、陆振岳点校：《吴郡志》卷二，江苏古籍出版社1986年版，第11页。

② （宋）范成大著，富寿荪标校：《范石湖集》，上海古籍出版社2006年版，第4页。

③ 转引自湛之编《杨万里范成大资料汇编》，中华书局1964年版，第182页。

"纺车才了办缫车，涧水当门足沤麻"① 突出山居人家纺线、缫丝、沤麻的民俗风情。宋萧澥《江上东日效石湖田园杂咏体》曰："溪落洲荒水半篙，枯杨两岸冷萧骚。田家预办来年事，加得陂头一丈高。"② 反映了农人往往在冬天趁枯水加筑陂塘的生产民俗。宋代毛珝称赞范成大 "一片湖光接薜萝，功名余事属吟多。至今鱼鸟皆堪敬，曾见乌巾照碧波"。③ 受其影响，他效仿《田园杂兴》体创作了《吴门田家十咏》④，也写了许多农村的民俗，节录如下：

> 去年一涝失冬收，逋债于今尚未酬。
>
> 偶为灼龟逢吉兆，再供租约赁耕牛。（其一）

> 竹罾两两夹河泥，近郭沟渠此最肥。
>
> 载得满船归插种，胜如贾贩岭南归。（其二）

> 到处车声转水劳，东乡人事独逍遥。
>
> 一堤滟滟元非雨，总是吴江淡水潮。（其三）

> 主家租入有常规，十月开仓不许违。
>
> 占得头筹先众了，绕身红彩送将归。（其五）

> 西乡本是最高乡，今岁收成亦倍常。

---

① （宋）陈起编：《江湖后集》卷十五，影印文渊阁四库全书本。
② 同上。
③ （宋）陈起编：《江湖小集》卷十二引《吾竹小稿》题为 "《石渊》"。《全宋诗》引《吾竹小稿》题为 "《石湖》"。
④ （宋）陈起编：《江湖小集》卷十二，影印文渊阁四库全书本。

瓦鼓彩亭连日闹，谁家不谢白龙王。（其六）

田家少妇最风流，白角冠儿皂盖头。

笑问傍人披得称，已遮日色又遮羞。（其八）

长襟侈袖若僧衣，闲荡扁舟入郭嬉。

好是醉归村舍晚，声声耳畔阿郎儿。（其九）

主家文牓又围田，田甲科丁各备船。

下得桩深笆土稳，更迁垂柳护围边。（其十）

其一写出乡村"灼龟"占卜收成的民俗；其二反映了竹罾夹河泥的生产民俗；其三反映了东乡人家利用筒车转水的生产民俗；其五反映了人们交租的民俗；其六反映了人们秋收后答谢白龙王[1]的民俗；其八反映了农村少妇"白角冠儿皂盖头"的妆扮民俗；其九表现了农家子弟到城中玩耍前后的情形，"长襟侈袖"表现他们的服饰民俗；其十反映了围田[2]的生产民俗。

在宋亡以后，月泉吟社又掀起了一股学习范成大"四时田园杂兴"体的高潮。元世祖至元二十三年（1286），原宋义乌令浦江吴渭，入元不仕，退隐吴溪，延致方凤、吴思齐、谢翱，共同创立了月泉吟社。至元二十三年十月五日，月泉吟社以《春日田园杂兴》为题，征

---

[1]　据《吴郡岁华纪丽》卷三"白龙生日"条记载："吴之阳山多云雾雷电，在昔典午隆安中，有缪氏女产白龙。"《吴郡岁华纪丽》，（清）袁景澜著，江苏古籍出版社1998年版，第131页。

[2]　围田，是指在洼地筑堤挡水护田。元王祯《农书》卷十一："围田，筑土作围以绕田也。盖江淮之间，地多薮泽，或濒水，不时淹没，妨于耕种。其有力之家，度视地形，筑土作堤，环而不断，内容顷亩千百，皆为稼地。"

诗四方，于次年正月十五日收卷。在短短三个月间，共得诗二千七百三十五卷，作者遍布浙、苏、闽、桂、赣各省。《月泉吟社诗·诗评》称其"春日田园杂兴，此盖借题于石湖，作者固不可舍田园而泛言，亦不可泥田园而他及，舍之则非此诗之题，泥之则失此题之趣，有因春日田园间景物感动性情，意与景融，辞与意会，一吟风顷，悠然自见，其为杂兴者，此真杂兴也。"① 一些诗歌细腻地陈述了农家春日节序的琐事，如第二十一名社翁姚潼翔所写的诗：

> 壁写新年百事昌，春盘次第蓼芽香。
>
> 烧灯过了争挑菜，祭社归来便撒秧。
>
> 布谷几声催耘亩，吴蚕三伏正条桑。
>
> 一春忙过无多日，又听鹂鹕报麦黄。

该诗的民俗气息扑面而来，首联"壁写新年"指代新年贴春联的民俗，春联的内容一般寄寓人们在新的一年里百事兴旺。"春盘"是指宋人多在立春的时候取生菜、果饼、糖果等置于盘中。颔联用"烧灯"的民俗指代元宵节，"争挑菜"指挑菜节的民俗，在旧俗中，农历二月初二日，仕女出郊拾菜，士民游观其间，谓之挑菜节。"祭社"是指在立春后的第五个戊日祭祀土地神的仪式。该诗不仅写了这些生活中的民俗，还反映了一些生产民俗。"祭社归来"也就是立春前后农人就要撒秧播种。颈联写农人多根据布谷的叫声来播种的生产民俗。布谷，鸟名，又名获谷等，以鸣声似"布谷"，又鸣于播种时，故相传为劝耕之鸟。《荆楚岁时记》曰："四月也，有鸟名获

---

① （宋）吴渭编：《月泉吟社诗》，影印文渊阁四库全书本。其他引用"月泉吟社"的诗歌均见于此，不再一一出注。

谷，其名自呼，农人候此鸟，则犁杷上岸。"① 次言吴地养蚕之民在这时候的生产习俗——正是蚕第三眠（即三伏）的时候，家家户户正忙着采摘桑叶。尾联中"鹂鶊"乃黄莺的别名，也即仓庚。该联包含人们对于农事时间的民俗认识，即当仓庚鸣叫的时候，就是麦子成熟的时候。

以上讨论了范成大的《四时田园杂兴》在田园诗歌的发展演变中的里程碑意义及对后来的反映田家田园生活诗的影响。需要补充说明的是：范成大这类以突出民风民俗的杂兴体诗歌还影响了以反映地域民俗为目的的诗歌创作。其后甚至有以反映地域民俗为主的诗歌也以"杂"为题。例如，林泳《扬州杂诗》、苏泂《金陵杂兴二百首》，这些诗歌也反映了当地的民俗。例如，《金陵杂兴》其八"蒌蒿登盘朝饭美，河鲀入市晚羹香"② 反映了金陵的饮食民俗；其十一"小小游车四面红，美人花貌映玲珑。随车更有郎行马，散入钟山十里松"反映此地踏青民俗；其九○"东门草色绿匆匆，游女行寻郎马踪。鸡鱼不到吴大帝，签卜争求梁宝公"反映出游的女子求签问卜的民俗；其九十三"三月更当临尽头，升元阁畔一闲游。偶因花会逢花面，半日僧房得少留"作者自注该诗曰："瓦棺寺建万花会，游人无数。"

---

① （南朝梁）宗懔撰，宋金龙校注：《荆楚岁时记》，山西人民出版社1987年版，第42页。
② （宋）苏泂：《泠然斋诗集》卷六，影印文渊阁四库全书本。以下所引《金陵杂兴》诗句同此注释。

第三节　宋代咏物诗的民俗化倾向

中国咏物诗的发展源远流长，清代俞琰在《咏物诗选·自序》中说："故咏物一体，三百导其源，六朝备其制，唐人擅其美，两宋、元、明沿其传。"① 这是从纵向而言的，咏物诗一脉相承。而从横向而言，每个时代的咏物诗也反映了每个时代的特征。宋代诗人的民俗意识对咏物诗歌的发展造成了影响，宋代咏物诗歌表现出民俗化的倾向。

一　民俗事物成为咏物诗的吟咏对象

所谓民俗事物者，即指能反映一定民俗生活的事物。民俗事物往往是那些百姓日常生活所用而不登大雅之堂的事物。六朝以前的咏物诗数量少，取材也较窄，咏物诗在题材选择上未能脱离动植物的范围。六朝时期，咏物诗题材开始细化，不仅有传统的植物题材，如咏竹、咏山榴、咏梧桐等，而且还有咏人工物品，如咏笙、咏筝，甚至咏领边绣、脚下履这些女性饰物。唐代咏物诗非常繁荣，诗人吟咏的对象异常广泛，不仅有常见的自然界景物风云雷电之类、各种花草植物梅兰竹菊之类、各种动物燕雀龙麟之类、文人日常接触使用的笔墨纸砚琴瑟类及战争用具弓箭类、日常生活用品绫罗床席类，也有一些民俗生活用品，如熨斗。而宋代，吟咏民俗事物的诗歌日益多了起来。例如，反映宋人取暖民俗的"汤婆子"，反映宋人消暑民俗的"竹夫

---

① （清）俞琰：《咏物诗选》，成都古籍书店1987年版，第2页。

人"、反映娱乐民俗的纸鸢、酒胡、土木偶，还有反映生产民俗的生产工具，如上文提到的灌溉用的水车、打稻用的连枷、插秧用的秧马等。

"汤婆子"，是宋代放置在被窝中的一种取暖用具。因为古代汉语"汤"有热水的意思，因为可以陪伴睡眠，犹如老婆一般，所以戏称"汤婆子"，其实就相当于今天的暖水袋。多为暖足所用，故而又称"脚婆"。"汤婆子"为宋人开始使用，并且多为下层普通百姓所用，可谓是一种具有时代民俗特征的用具。这样一件具有时代民俗特征的事物深受宋人的喜爱，频频出现在宋代诗人的笔下。如黄庭坚《戏咏暖足瓶二首》云："脚婆原不食，缠裹一衲足。天明更倾泻，颒面有余燠。"① 再来看顾逢的一首诗："皤然一器微，有用在冬时。永夜寒如许，孤衾暖不知。少年皆见弃，老者最相宜。却恨无情处，春来便别离。"② 这首诗歌就如同一个谜面，那么谜底呢？原来还是宋人再熟悉不过的日常用品——"汤婆子"。

"竹夫人"是显示宋代民俗特征的又一典型物品。"竹夫人"是古代消暑用具，又称青奴、竹奴。编青竹为长笼，或取整段竹中间通空，四周开洞以通风，暑时置床席间。唐时名竹夹膝，又称竹几，至宋时竹几深受人们的喜爱，以至有"竹夫人"之誉。黄庭坚曾经作诗吟咏"竹夫人"，诗题为《赵子充示竹夫人诗，盖凉寝竹器，憩臂休膝，似非夫人之职。予为名曰青奴，并以小诗取之二首》。其一为"青奴元不解梳妆，合在禅斋梦蝶床。公自有人同枕簟，肌肤冰雪助清凉"。其二为"秾李四弦风拂席，昭华三弄月侵床。我无红袖堪娱夜，正要青

---

① （宋）任渊、史容、史季温注，刘尚荣点校：《山谷诗集注》卷十五，中华书局 2003 年版，第 553 页。

② 傅璇琮主编：《全宋诗》，北京大学出版社 1998 年版，第 64 册，第 40014 页。

奴一味凉"。① 曾几《竹奴》："雾帐桃笙昼寝余，此君那可一朝无。秋来冷落同班扇，岁晚温柔是锡奴。"② "锡奴"指"脚婆"、暖足瓶，曾几自序其诗曰："因读山谷《竹奴脚婆诗》戏作。山谷既以竹夫人为竹奴，余亦名脚婆为锡奴焉。"

在娱乐民俗方面，宋代是一个经济发达，都市生活繁荣的时代，人们的娱乐方式也非常多，如龙舟竞赛、放风筝、傀儡戏、下棋等娱乐民俗。而其中的娱乐工具也往往成为诗人的吟咏对象。以风筝为例，宋代吟咏风筝的诗歌就非常多。宋代的风筝叫"纸鸢"，官至宰相的寇准，也对小小的风筝感兴趣，用简单的一首小诗二十个字描述纸鸢："碧落秋方静，腾空力尚微。清风如可托，终共白云飞。"小诗如一幅画，秋天的天空高高的、蓝蓝的、安安静静的，远离喧嚣。只有风筝借着微微清风，和白云一起飘飘荡荡，悠悠扬扬。还有官至礼部尚书的韩元吉也都作过《纸鸢》诗。

宋祁《酒胡》曰："谁刻优胡象，来为饮席珍。不因君屡指，几作独醒人。"③ 酒胡指古代用于酒席上佐酒助兴之木偶戏具。刻木为人形，置之盘中，左右欹侧如舞，久之乃倒，视其传筹所至或倒时所指向者饮酒，故又称劝酒胡。

例如，傀儡是指用土木制成的偶像。《列子·汤问》记周穆王时巧匠偃师造假物倡者，即后来的木偶人。宋高承《事物纪原·博弈嬉戏·傀儡》曰："世传傀儡起于汉高祖平城之围，用陈平计，刻木为美人，立之城上，以诈冒顿阏氏，后人因此为傀儡。"④ 傀儡在汉代用

---

① （宋）任渊、史容、史季温注，刘尚荣点校：《山谷诗集注》卷十一，中华书局2003年版，第404页。
② （宋）曾几：《茶山集》卷八，影印文渊阁四库全书本。
③ 傅璇琮主编：《全宋诗》，北京大学出版社1998年版，第4册，第2610页。
④ 《事物纪原》卷九，影印文渊阁四库全书本。

于丧乐及嘉会，隋唐已用于表演故事，宋代更加盛行。《东京梦华录》卷五"京瓦伎艺"条目曰："般杂剧：杖头傀儡，张金线。李外宁，药发傀儡。"①《武林旧事》卷六"诸色伎艺人"条目记载"傀儡"有"悬丝、杖头、药发、肉傀儡、水傀儡"②，足见傀儡名目繁多。宋代的诗人用诗歌刻画了木偶人的形象。例如，杨亿《傀儡》："鲍老当筵笑郭郎，笑他舞袖太郎当。若教鲍老当筵舞，转更郎当舞袖长。"陈师道评价曰："语俚而意切。"③ 宋代易士达《观傀儡》曰："刻出形骸假象真，一丝牵动便精神。堪嗟鼓笛收声后，依旧当时木偶人。"④

二　传统吟诵物件与民俗结合

一般写自然界的花花草草，诗人们习惯上用来比喻人的情操，或者寄寓作者的思想感情。而宋代的咏物诗多突出事物的民俗特征。最典型的莫过于董嗣杲的多首咏花诗。如他写《萱草花》："娇含丹粉映池台，忧岂能忘俗谩猜。曹植颂传天上去，嵇康种满舍前来。鹿葱谁验宜男谶，凤首犹寻别种栽。浩有苦怀偏忆母，从今不把北堂开。"⑤ 萱草即黄花菜、金针菜，此诗包含三种民俗，其一是认为萱草可以忘忧的民俗信仰，萱草又名谖草，谖就是忘的意思。萱草又名忘忧草，《诗经·卫风·伯兮》曰："焉得谖草，言树之背。"朱熹注曰："谖草，合欢，食之令人忘忧者；背，北堂也。"⑥ 该诗云"忧岂能忘俗谩猜"就是包含了这种民俗信仰，只是诗中表达的是对于这种信仰的怀

---

① 孟元老撰，尹永文笺注：《东京梦华录》卷五，中华书局 2007 年版，第 461 页。
② （宋）周密著，李小龙、赵锐评注：《武林旧事》卷六，中华书局 2007 年版，第 187 页。
③ 陈师道：《后山诗话》，见何文焕《历代诗话》，中华书局 2004 年版，第 304 页。
④ 《诗渊》，书目文献出版社 1985 年版，第 1469 页。
⑤ 傅璇琮主编：《全宋诗》，北京大学出版社 1998 年版，第 68 册，第 42725 页。
⑥ （宋）朱熹集注：《诗集传》卷三，中华书局 1958 年版，第 40 页。

疑与否定。其二为萱草宜男的民俗信仰，《风土记》曰："花曰宜男，姙妇佩之必生男。"① 诗云"鹿葱谁验宜男谶"反映了这种民俗信仰。其三包含古代游子出门远行，在母亲门前种植萱草的习俗。孟郊《游子》诗曰，"萱草生堂阶，游子行天涯"②，古时候当游子要远行时，就会先在北堂（母亲所居之处）种萱草，希望减轻母亲对孩子的思念，忘却烦忧。此诗云"浩有苦怀偏忆母，从今不把北堂开"，意思是因为很思念母亲，故不忍心打开母亲曾经居住过的地方，以免睹物思人。诗歌由咏萱草转到思母亲，其衔接之处就在于这一民俗。

董嗣杲的其他几首咏花草的诗歌也都把花草与民俗联系起来。如《芦花》："羌儿削管吹边远，淮俗编帘障屋危。岂特絮毡堪御冻，津头拾取作薪炊。"③ 其中包含边塞之人削芦为管，作为简单乐器的民俗，而且包含淮河一带的百姓用芦苇编织帘子修补房屋的民俗，也包含人们用芦花御寒，以芦苇为薪的生活习惯。他写《葵花》道，"年年重午家家有，桃柳菖蒲共一瓶"，说明当地在重阳时节，用桃柳菖蒲及葵花一起用来泡酒的风俗。写《菊花》云，"谁插满头开笑口，翠微亭北倚阑干"④，写出了重阳头戴菊花的习俗。

再如宋祁写蜀葵也与民俗相结合："红白相嗣繁，色纯香亦浅。相对庭户间，俗尚焉能免。"⑤ 写出了当时人们在院子中种植蜀葵的风俗。

宋代诗人在写作咏物民俗诗歌时，运用客观写实的方法对事物进

---

① 《太平御览》卷九百九十六引《风土记》，第 4408 页。
② （唐）孟郊著，韩泉欣校注：《孟郊集校注》，浙江古籍出版社 1995 年版，第 92 页。
③ 傅璇琮主编：《全宋诗》，北京大学出版社 1998 年版，第 68 册，第 42725 页。
④ 同上。
⑤ 《漱玉斋前杂卉，皆龙图王至之所植。各赋一章，凡得八物，或赏或否，亦应乎至之意软，遂写寄至之·蜀葵》，见（宋）袁说友《成都文类》卷十，中华书局 2011 年版，第 221 页。

行细致描摹，以突出其本来特征。王国维《人间词话》言："有有我之境，有无我之境。……有我之境，以我观物，故物皆着我之色彩。无我之境，以物观物，故不知何者为我，何者为物。"① 其实，词是如此，诗歌又何尝不是如此？清人李重华在《贞一斋诗话》中所说："咏物诗有两法：一是将自身放在里面，一是将自身站立在旁边。"② 宋代的咏物民俗诗歌就在两个轨道上面奔跑，一方面，沿袭传统，托物言志，其本质是将自身放在里面，使诗中有我，因物以见我。另一方面，不断地使民俗事物俗化，就是客观地恢复民俗事物的本来面目，在写作上以写实为主。其本质体现了诗中无我的境界。并且，宋人多咏普通的民俗事物，还原民俗事物本来的"俗"面貌，则冲破了人们习惯上对于所谓"雅"的审美感受，展现在读者面前的是另外一种美——"俗"之美，一种"大俗大雅"，以平实为美的审美新境界。

---

① 王国维：《人间词话》，人民文学出版社1960年版，第191页。
② （清）王夫之：《清诗话》，上海古籍出版社1978年版，第930页。

第五章 文学视野下宋代民俗诗歌的特征

　　民俗与文学的关系十分密切。其一，民俗是文学产生的源头，有学者认为文学起源于宗教仪式，如魔法、祭祀、图腾等民俗。其二，民俗是文学创作者心理情感的原型。原始巫术文化为文学提供了基本母题和原始意象，并成为文学的深层结构。其三，民俗是文学创作或者文学作品结集的动因，柳宗元《捕蛇者说》创作目的为"以俟夫观人风者得焉"①，释智圆《湖西杂感诗》"伤风俗之浮薄而作也。虽山讴野咏，而善善恶恶，颂焉刺焉"，如第十六曰："草堂闲坐念编民，多尚浮虚少尚真。礼让不修难致福，唯知烧纸祭淫神。"② 民俗存在于生活之中，人们的衣食住行无不包含着一定的民俗。所以文学创作离不开民俗，但是在有的文学作品中，民俗只是作者无意识的反映，而在另一些作品中，民俗是作者有意识的表达。

　　民俗由文学创作的源头或者动因变成了文学创作的对象，作家对于民俗的认识经历一个由无意识向有意识逐步变迁的过程。诗歌作为文学的一种体裁，与民俗的关系也是这样的，民俗在诗歌中的反映过

---

① （唐）柳宗元：《柳宗元集》，中华书局 1979 年版，第 455 页。
② 傅璇琮主编：《全宋诗》，北京大学出版社 1998 年版，第 3 册，第 1520 页。

程也经历了这样一个阶段。下面详细考察古代民俗观念的变化及民俗诗歌创作的情况。

先秦时期，民俗活动丰富多彩，并且统治者重视观察民风民俗，或者顺应民俗管理民众，或者通过教化使社会秩序获得良好的发展。先秦时代的诗歌创作有的是一种无意识的吟唱，被采集者整理，有的是为了各种实用目的而创作，如祭祀等。尽管先秦时代文学创作大多是无意识的，但是先秦时代的诗歌间接反映了许多民俗生活，这也正是后来不少研究者研究目的之所在——通过诗歌看民俗，或者借助民俗研究更加深入地理解诗歌。有的诗歌尽管是诗人有意识的创作，但是先民们生活于民俗之中，把目光投向民俗影响之下的喜怒哀乐，很少以单一民俗为吟咏对象。"诗言志"是我们传统诗学的核心理论之一。《尚书·尧典》说，"诗言志，歌永言"，《左传·襄公二十七年》说，"诗以言志"，《毛诗序》曰："诗者，志之所之也，在心为志，发言为诗。"由此可见，在前人看来，诗歌的作用在于"言志"，且不管后人对于"志"的不同理解及由此产生的争议分歧，但是，诗歌不是专门用来描写说明的，这是清楚明白的。"诗言志"成为诗歌创作的开山纲领性理论。所以诗歌在展现民俗方面是不够的，民俗最多只是诗歌的背景。

此后，人们的民俗意识更加明晰，民俗著作不断出现，汉朝出现应劭的《风俗通义》，曰："为政之要，辩风正俗，最其上也。"①王利器《风俗通义校注叙例》曰："知其立言之宗旨，取在辨风正俗，观微察隐，于时流风轨，乡贤行谊，皆著为月旦，树之风声，于隐恶扬善之中，寓责备求全之义……所以厚民风而正国俗者，尤兢兢焉。"正因为创作者具有明确目的，所以该著作可谓中国历史上第一部民俗学

---

① 应劭：《风俗通义序》，（汉）应劭撰，王利器校注《风俗通义校注》，中华书局2010 年版，第 8 页。

专著。除此之外，《汉书·地理志》也有关于不同地域不同民俗的反映。以至后来很长一段时间，民俗就被认为是地理学的知识，在历代官修正书地理志中有民俗的影子，一些反映地域民俗的著作也被归为地理类。文人作品也关注民俗，但是主要集中在赋体文学上，尤其汉大赋保留了大量民俗。汉大赋的出现是为了"润色鸿业"的需要，繁华壮丽的都市无疑是汉代鸿业的典型代表。于是，汉代都邑赋很繁荣，在这种文学体裁中往往包含着对时代民俗状况的描摹。而在诗歌方面，自先秦之后，诗人对诗歌的认识逐渐发生了改变，提出"诗缘情而绮靡"的说法，反映了人们对于不同文学体裁的认识及诗歌体裁对诗歌内容的限制。从中可以看到诗歌的主要特色在于抒情，所以，特定民俗下的感情是诗歌所要重点表现的内容。至于民俗本身，则在赋体文学中多有体现，毕竟赋的作用在于"体物"。

隋唐时代，民俗著作更多，民俗诗歌也获得了发展。但是在诗歌中，初、盛唐时期民俗诗歌多写皇室的礼仪活动，如元万顷《奉和太子纳妃太平公主出降》、许敬宗《奉和七夕宴悬圃应制》、李峤《人日侍宴大明宫恩赐彩缕人胜应制》、杜审言《岁夜安乐公主满月侍宴应制》、阎朝隐《三日曲水侍宴应制》及大量的《郊庙歌辞》等。在中晚唐时期，文学重心向下移动，由表现皇室生活向反映百姓生活转变。这时期反映百姓生活的诗歌悄然兴起，如白居易倡导"新乐府运动"，其新乐府诗歌在反映百姓生活的同时，也反映了一些当时百姓的民俗，如《卖炭翁》反映唐代"宫市"等。再如刘禹锡向民歌学习的《竹枝词》也反映了地方民俗风情。这个时期的所谓民俗诗歌其中很大一部分是反映百姓艰难生活的，重点在于表现民间的疾苦，创作重点在"民"而不在"俗"，应该说只是有了民俗风情的意味。

而到了宋代，诗歌的题材达到了前所未有的广度，几乎无事不可入诗，生活琐事都可以作为诗歌的材料进入诗歌，甚至像小虫子爬进耳朵等事情都可以写入诗歌。民俗，以前往往作为史料保存在历史书籍中，现在也进入了诗歌。在宋代，民俗诗歌走向全面繁荣发展。

其一，从诗歌面貌看，出现了反映民俗的大型组诗，如田况《成都邀乐诗》二十一首、陈造《房陵十首》、范成大《四时田园杂兴》六十首和《腊月村田乐府》十首、刘克庄《田舍即事十首》和《岁晚书事十首》、苏泂《金陵杂兴二百首》、楼璹《耕图二十一首》和《织图二十四首》等。

其二，从诗人面貌看，前代诗人多在诗歌中对民俗偶有涉及，但宋代诗人花费很大精力从事民俗诗歌创作。如范成大创作了很多民俗诗歌，今人张剑霞说"成大能以吴俗为经，民曲为纬，丰富内涵，开拓诗风，则为其创作之特色也"。① 范成大使金诗歌及入蜀诗歌等体现了对异地民俗的关注，其《四时田园杂兴》体现了民俗与田园题材的结合，其《腊月村田乐府》是对家乡民俗的关注，描写了吴中石湖"岁暮十事"一系列民俗活动。

其三，典范文学作品的出现。宋代诗人多为学富五车的大家，他们以丰富的才学为傲，对于其他地方风土人情的了解也往往是宋代诗人展示自己才学知识的一个方面。所以，民俗走进诗歌也就在情理之中了。宋人既然以民俗为才学，对于民俗当然尽可能采取细致描绘和客观叙述的态度，而不是像前代诗人那样一笔带过。清宋长白曰："其（范成大）《村田乐府》十首，于腊月风景渲染无遗，吴中风俗，至今可想见也。"② 范成大的这些诗作体现了宋代民俗诗歌的特点，成为宋

---

① 张剑霞：《范成大研究》，学生书局（中国台湾）1985 年版，第 127 页。
② 《柳亭诗话》卷二十二，转引自湛之编《杨万里范成大资料汇编》，中华书局 1964 年版，第 182 页。

代诗歌的主要代表，标志着民俗诗歌这一文学样式的成熟。范成大的《腊月村田乐府》在民俗诗歌上具有典范的意义。一个典范的形成过程既是以往同类文学的集大成，又为以后同类作品树立起了模仿的榜样。《腊月村田乐府》就是民俗诗歌发展必然结果，又影响了以后民俗诗歌的创作。以《腊月村田乐府》为代表，可以发现宋代民俗诗歌具有民俗对象化、人物具象化、风格俚俗化、民俗诗意化的特点。

第一节　民俗对象化

由民俗诗歌的发展历程可见，在宋代以前，民俗在诗歌中有两类表现形式，其一，民俗只是诗歌的背景。读者往往在深入理解诗歌的时候去关注一下当时的民俗，这样有助于更加深刻地理解作品的内容，理解作品中人物的行为方式。例如，《诗经》中大部分作品的民俗都是作为背景出现的。王政《〈诗经〉文化人类学》用一整编的篇幅来谈《诗经》诗歌所表现出来的当时的民俗，如从《陈风·东门之枌》中看社树求嗣的民俗，从《郑风·溱洧》中看洗涤求子的民俗，从《周颂·有客》中看殷人尚白的民俗，等等。《诗经》中的作品大多来自于当时民间百姓的口头创作，他们生活在既定的民俗中，受其影响约束而浑然不知，正如鱼儿生活在水中，鸟儿飞翔在天空。他们在文学作品中所反映的生活和情感内容都带有特定民俗的深深烙印，但是民俗却不是他们作品所表达的主旨，而后人往往借助分析作品来发掘当时的民俗及文化背景，反过来，这些研究也加深了读者对于作品的理解。这类诗歌严格说来，并不是真正意义上的民俗诗歌，因为在这类诗歌中，民俗本身并不是诗歌反映的主体。到了后来，这样的诗歌也还大量存在，如苏轼的《吉祥寺赏牡丹》曰："人老簪花不自羞，花应羞上老人头。醉归扶路人应笑，十里珠帘半上钩。"① 该诗包含了宋代男子插花的民俗。但是民俗也只是诗歌的背景，并不是诗歌的主要创作对象。

其二，民俗成为诗歌的创作目的，成为诗歌的重要组成部分，但是，民俗并没有占主体地位。有的诗歌创作是为了满足祭祀的需要，所以礼俗仪式成为诗歌的一部分，即使在这类诗歌中，民俗也不是重要的部分。如《诗经》中的"雅"部分中的作品，大多数属于此类。

其三，有的诗歌中民俗为诗人提供了抒情言志的氛围，这类诗歌对民俗也要多少有所涉及，但是民俗只是成为情感的触发点。如重阳是一个登高的节日，人们往往头插茱萸，举家登高以辟邪。这个节日也触发了远离家乡的游子的思乡之情。所以王维《九月九日忆山东兄弟》云："独在异乡为异客，每逢佳节倍思亲。遥知兄弟登高处，遍插茱萸少一人。"② 宋代也有类似的作品，如宋祁《守岁》："已觉新杼动，犹闻促漏余。夜寒穷腊尾，春色并年初。事往成追计，身羁况索居。明朝为寿酒，无奈故人疏。"③ 除夕的时候坐以待旦，以抓住该年时光最后的尾巴，谓之守岁。在除夕之夜，阖家团圆的特定情景之下，作者孤身在外，无限伤感，进而想到第二天以屠苏酒祝寿的民俗，而自己也没有故人在一起祝寿。

在宋代民俗诗歌发展中，一个新的特点是民俗占有重要地位。诗人在诗歌创作的时候，具有清醒的民俗意识，竭力客观地突出民俗本

---

① 孔凡礼点校：《苏轼诗集》卷七，中华书局1982年版，第330页。
② （唐）王维，陈铁民校注：《王维集校注》卷一，中华书局1997年版，第3页。
③ （宋）宋祁：《景文集》卷八，影印文渊阁四库全书本。

身。试比较一下唐宋祈雨诗歌的不同。唐代李约《观祈雨》曰："桑条无叶土生烟，箫管迎龙水庙前。朱门几处看歌舞，犹恐春阴咽管弦。"朱门贵族的娱乐期望建立在对别人求雨期望的否定之上，诗歌的写作目的不在于具体民俗的描写，而在于对朱门人士的批判。而宋代的祈雨诗歌很多关注了具体的祈雨民俗。如苏轼《次韵舒尧文祈雪雾猪泉》曰："苍鹅无罪亦可怜，斩颈横盘不敢哭。"① 又其诗《答郡中同僚贺雨》曰："水旱行十年，饥疫遍九土。奇穷所向恶，岁岁祈晴雨。……天地本无功，祈禳何足数。渡河不入境，未若无蝗虎。而况刑白鹅，下策君勿取。"反映了宋代宰鹅祈雨的民俗及诗人对这种民俗活动的态度，认为不应该通过宰鹅祈雨，官员应该引咎自责，勤政爱民。再如陈襄《祈雨》："俗云有鳗鱼，灵异古所传。太守顺民心，命驾而迎焉。乐以钟鼓音，熏以沈檀烟。倏惊西郊寒，霭霭离山巅。急雨下滂沱，迅雷亦填填。须臾畎亩盈，一境皆欣然。"② 写出了一次祈雨民俗活动的全过程。

上文提到《唐代民俗与民俗诗》总结归纳了唐代民俗诗歌表现民俗的形式，其实唐代以前也是如此。而宋代"直接描绘某一民俗事象"的民俗诗歌的特点成为民俗诗歌的主流。宋人有的诗歌直接在题目中表明写"风俗"的主旨，如祖无择的《记万载风俗》、苏轼的《岁晚相与馈问，为馈岁；酒食相邀，呼问别岁；至除夜，达旦不眠，为守岁。蜀之风俗如是。余官于岐下，岁暮思归而不可得，故为此三诗以寄子由》、华镇的《食樱桃思越中风俗》、郑刚中的《风俗》、方回的《孔府判野耘尝宦云南，今以余瘴多病意欲休官，因读唐书南诏传，为此二诗，问其风俗》。宋人有的在诗歌序言中、有的在诗歌中直

---

① 孔凡礼点校：《苏轼诗集》卷十七，中华书局 1982 年版，第 898 页。
② （宋）陈襄：《古灵集》卷二十二，影印文渊阁四库全书本。

言创作民俗诗歌目的为突出民俗，如田况作《成都遨乐诗》序言：
"蜀之士君子欲予诗闻于四方，使知其俗。"范成大作《腊月村田乐
府》序言："余归石湖，往来田家，得岁暮十事，采其语各赋一诗，
以识土风。"① 范成大作《上元纪吴中节物俳谐体三十二韵》诗歌末句
表明写作目的——"谁修吴地志，聊以助诹评"②。陆游《戏咏山阴风
物》曰："图经草草常堪恨，好事他年采此诗。"③ 周必大《元宵煮浮
圆子，前辈似未尝赋此，坐间成四韵》："岁时编杂咏，附此说家
风。"④ 所以宋人在民俗诗歌中表现出强烈的民俗意识，民俗成为诗人
及诗歌主要的对象，不再是情感或者人物活动的陪衬物。

正是因为诗人明确以记土风民俗为目的，所以宋代诗人在记土
风民俗方面表现出明确的民俗创作意识。可以说，宋代民俗诗歌是
真正以民俗为反映对象、创作主体的诗歌，即民俗的对象化。宋代
民俗诗歌民俗的对象化突出表现在创作目的的明确化及民俗的客观
呈现。

一　明确的创作目的

纵观宋代民俗诗歌，可以看出宋代诗人运用各种各样的手法去
描绘或者解释诗歌中所涉及的民俗，使读者了解民俗，这些突出
了诗人在创作民俗诗歌时客观呈现民俗的自觉意识。其主要手法
如下。

---

① （宋）范成大著，富寿荪标校：《范石湖集》卷三十，上海古籍出版社2006年版，
第409页。下文所引《腊月村田乐府》同此卷。
② （宋）范成大著，富寿荪标校：《范石湖集》卷二十三，上海古籍出版社2006年
版，第325页。
③ 钱仲联校注：《剑南诗稿校注》卷二十七，上海古籍出版社2005年版，第1897页。
④ （宋）周必大：《文忠集》卷四十三，影印文渊阁四库全书本。

（一）诗、序互补

因为诗歌受到韵律、节奏、字数及创作观念的限制，诗人往往采取诗、序结合的办法，在序言中交代创作背景等内容。而宋代民俗诗歌往往在序言中简介诗中所涉及的民俗状况，或者表明创作目的。例如，范成大在《腊月村田乐府》①序言中逐一解释吴地腊月的民俗活动，这与诗歌正文十首诗歌一一对应：

其一《冬舂行》，腊日舂米为一岁计，多聚杵臼，尽腊中毕事，藏之土瓦仓中，经年不坏，谓之冬舂米。其二《灯市行》，风俗尤竞上元，一月前已卖灯，谓之灯市。价贵者数人聚博，胜则得之，喧盛不减灯市。其三《祭灶词》，腊月二十四夜祀灶，其说谓灶神翌日朝天，白一岁事。故前期祷之。其四《口数粥行》，二十五日煮赤豆作糜，暮夜阖家同飨，云能辟瘟气，虽远出未归者，亦留贮口分，至襁褓小儿及僮仆皆预，故名口数粥。豆粥本正月望日祭门故事，流传为此。其五《爆竹行》，此他郡所同，而吴中特盛，恶鬼盖畏此声。古以岁朝，而吴以二十五夜。其六《烧火盆行》，爆竹之夕，人家各又于门首燃薪满盆，无贫富皆尔，谓之相暖热。其七《照田蚕行》，与烧火盆同日，村落则以秃帚若麻韸竹枝辈燃火炬，缚长竿之杪以照田，烂然遍野，以祈丝谷。其八《分岁词》，除夜祭其先竣事，长幼聚饮，祝颂而散，谓之分岁。其九《卖痴呆词》，分岁罢，小儿绕街呼叫云卖痴汝卖汝呆。世传吴人多呆，故儿辈讳之，欲贾其余，益可笑。

① （宋）范成大著，富寿荪标校：《范石湖集》卷三十，上海古籍出版社 2006 年版，第 409—412 页。

其十《打灰堆词》，除夜将晓，鸡且鸣，婢获持杖击粪壤致词，以祈利市，谓之打灰堆。此本彭蠡清洪君庙中如愿故事，惟吴下至今不废云。

宋代民俗诗歌通过序言介绍民俗的现象非常盛行，再如王禹偁《畲田词》① 的序言：

> 上雒郡南六百里，属邑有丰阳、上津，皆深山穷谷，不通辙迹。其民刀耕火种，大底先斫山田，虽悬崖绝岭，树木尽仆，俟其干且燥，乃行火焉。火尚炽，即以种播之。然后酿黍稷，烹鸡豚，先约曰：某家某日，有事于畲田，虽数百里如期而集，锄斧随焉。至则行酒啖炙，鼓噪而作，盖剧而掩其土也。掩毕则生，不复耘矣。援桴者有勉励督课之语，若歌曲然。

诗序详细介绍了从事畲田耕作的区域、畲田耕作的方式及人们在劳作中互相帮助的习俗。其下的诗句则是具体吟诵该民俗的某一细节，并抒发感情，"大家齐力剧屠颜，耳听田歌手莫闲。各愿种成千百索，豆萁禾穗满青山""杀尽鸡豚唤剧畲，由来递互作生涯。莫言火种无多利，禾树明年似乱麻""北山种了种南山，相助刀耕岂有偏。愿得人间皆似我，也应四海少荒田"。这三首突出了人们互相协助劳作，表达对于丰收的期盼。"鼓声猎猎酒醺醺，斫上高山入乱云。自种自收还自足，不知尧舜是吾君""畲田鼓笛乐熙熙，空有歌声未有词。从此商于为故事，满山皆唱舍人诗"两首则突出了人们在劳作过程中其乐融融的画面，赞美了人们质朴的生活方式。

苏轼在《五色雀》序言中交代了海南一带有观察五色雀来判断天

---

① （宋）王禹偁：《小畜集》卷八，四部丛刊本。

气的民俗："海南有五色雀，常以两绛者为长，进止必随焉。俗谓之凤凰云，久旱而见辄雨，潦则反是。"诗句"粲粲五色羽，炎方凤之徒。青黄缟玄服，翼卫两绂朱。仁心知闵农，常告雨霁符"① 正与之呼应。苏轼《秧马歌》在序言中介绍了武昌一带使用秧马插秧的民俗，并且详细介绍了秧马的制作方法，这正提供了诗句的注解（详见第二章第二节）。

（二）诗、注互现

诗人不仅在序言中对民俗加以介绍，在诗歌主体中如果遇到不为人知的民俗现象，诗人没有回避，而是加以注释。如李光诗"草色青青连粟垄"，句下注释曰："海外俗不种小麦，惟赖粟以接禾稻。"② 汪藻《食十月薹》言"枏脯固已陋，竹枯何足言"③，拿"枏脯""竹枯"与十月薹的美味进行比较，但是二者是何物呢？他担心这两种食物不为读者所知，无法理解句子的具体意思，就标了注释："蜀人以菌杂鸡羊为腊寄远，号枏脯。阳羡三月，有薹出竹根，正赤，土人竞食之，曰竹枯薹。"魏了翁《元夕卜油故事》有云，"不随洛俗占灯影，不学荆人问紫姑。卖得薪来卜油去，丰年还似去年无""满目忧端膏火煎，聊将膏卜验新年。只祈五色云瑞世，不愿蚩尤旗亘天"，自注："以油点水，或似五色云，或如绛青旗，故云。"④ 杨万里诗曰，"深红元子轻红鲊，难得江西乡味来"，自注曰："江西以木叶汁渍鸭子，皆

---

① 孔凡礼点校：《苏轼诗集》卷四十三，中华书局1982年版，第2346页。
② 《海外自去冬不雨，至今农圃俱病。郡侯率僚友为民祈祷，二月十八日祭社致斋，是日雨作，喜而成诗，呈逢时使君》，见（宋）李光《庄简集》卷五，影印文渊阁四库全书本。
③ （宋）汪藻：《浮溪集》卷二十九，影印文渊阁四库全书本。
④ （宋）魏了翁：《鹤山先生大全文集》卷九，四部丛刊本。

深红，曰元子。"①

在宋代民俗诗歌创作中最喜欢用注的诗人要数陆游。陆游的很多民俗诗歌都用注释的形式解释诗歌中的民俗。陆游《杜宇行》自注曰，"乡中以杜宇早鸣为蚕麦不登之候"，这样读者也可以顺利地理解下文诗歌的意思："去年杜宇号阡陌，家家聚首忧蚕麦。……今年略不闻杜宇，蚕收麦熟人歌舞。"②《社日》曰，"幼学已忘那用忌，微聋自乐不须医"，自注曰，"小儿女社日忌习业""古谓社酒治聋"③。《岁首书事》曰，"呼卢院落哗新岁，卖困儿童起五更"，作者分别注释，"乡俗岁夕聚博，谓之试年庚""立春未明，相呼卖春困，亦旧俗也"④。立春过后，天气渐渐和暖，往往使人容易瞌睡，易于惰态。儿童于立春当日应特别早起，高呼："卖春困！"用以振作精神。陆游有《岁暮诗》云，"从今春困不须卖，睡到日高三丈时"⑤。《岁首书事》曰，"中夕祭余分馎饦，黎明人起换锺馗"，自注曰："乡俗以夜分毕祭享，长幼共饭其余，又岁日必用汤饼，谓之冬馄饨、年馎饦。"⑥

而在宋代用注释的方法补充诗歌内容、展现民俗，最典型的莫过于范成大的《上元纪吴中节物俳谐体三十二韵》。现录如下：

> 斗野丰年屡，吴台乐事并。酒垆先叠鼓，（岁后即旗亭先击鼓不已，以迎节意。）灯市蚤投琼。（腊月即有灯市，珍奇者数人醵

---

① （宋）杨万里撰，辛更儒笺校：《杨万里集笺校》卷三十二，中华书局 2007 年版，第 1651 页。

② 钱仲联校注：《剑南诗稿校注》卷六十一，上海古籍出版社 2005 年版，第 3250 页。

③ 钱仲联校注：《剑南诗稿校注》卷四，上海古籍出版社 2005 年版，第 338 页。

④ 钱仲联校注：《剑南诗稿校注》卷三十八，上海古籍出版社 2005 年版，第 2468 页。

⑤ 钱仲联校注：《剑南诗稿校注》卷七十四，上海古籍出版社 2005 年版，第 4085 页。

⑥ 钱仲联校注：《剑南诗稿校注》卷三十八，上海古籍出版社 2005 年版，第 2468 页。

买之，相与呼卢，采胜者得灯。）价喜膏油贱，祥占雨雪晴。赟笁
仙子洞，（坊巷灯以连枝竹缚成洞门，多处数十重。）菡萏化人
城。（莲花灯最多。）樯炬疑龙见，（舟人接竹桅樯之表，置一灯，
望之如星。）桥星讶鹊成。（桥灯。）小家庞独踞，（犬灯。）高闲
鹿双撑。（鹿灯。）屏展辉云母，（琉璃屏风。）帘垂晃水精。（琉
璃帘。）万窗花眼密，（万眼灯以碎罗红白相间砌成，工夫妙天
下，多至万眼。）千隙玉虹明。（琉璃球灯每一隙映成一花，亦妙
天下。）蕡卜丹房挂，（栀子灯。）葡萄绿蔓萦。（葡萄灯。）方缣
翻史册，（生绢糊大方灯，图画史册故事，村人喜看。）圆魄缀门
衡。（月灯。）掷烛腾空稳，（小球灯时掷空中。）推球滚地轻。
（大滚球灯。）映光鱼隐见，（琉璃壶瓶贮水养鱼，以灯映之。）转
影骑纵横。（马骑灯。）轻薄行歌过，颠狂社舞呈。（民间鼓乐谓
之社火，不可悉记，大抵以滑稽取笑。）村田襄笠野，（村田乐。）
街市管弦清。（街市细乐）里巷分题句，（每里门作长灯，题好句
其上。）官曹别扁名。（官府名额，多以绢或琉璃照映。）旱船遥
似泛，（夹道陆行为竞渡之乐，谓之划旱船。）水偶近如生。（水
戏照以灯。）钳赭装牢户，（狱灯。）嘲嗤绘乐棚。（山栅多画一时
可嘲诮之人。）堵观瑶席隘，喝道绮丛争。禁钥通三鼓，归鞭任五
更。桑蚕春茧劝，（春茧自腊月即入食次，所以为蚕事之兆。）花
蝶夜蛾迎。（大白蛾花，无贵贱悉戴之，亦以迎春物也。）凫子描
丹笔，（红画鸭子相馈遗）鹅毛剪雪英。（剪鹅毛为雪花，与夜蛾
并戴。）宝糖珍粔籹，（馓拍吴中谓之宝糖馓，特为脆美。）乌腻
美饧饧。（乌腻糖即白饧，俗言能去乌腻。）捻粉团栾意（团子），
熬稃膈膊声（炒糯谷以卜，俗名孛娄，北人号糯米花。）筵篿巫
志怪，香火婢输诚。（俗谓正月百草灵，故帚苇针筲之属皆卜焉，

多婢子之辈为之。）幂卜拖裙验，（弊帛系裙以卜，名埽帚姑。）箕诗落笔惊。（即古紫姑，今谓之大仙，俗名筲箕姑。）微如针属尾，（以针姑卜，伺其尾相属为兆，名针姑。）贱及苇分茎。（苇茎分合为卜，名苇姑。）末俗难诃止，佳辰且放行。此时纷仆马，有客静柴荆。幸甚归长铗，居然照短檠。生涯惟病骨，节物尚乡情。掎摭成俳体，咨询逮里甿。谁修吴地志，聊以助讥评。①

该诗三十二韵，除去开头和结尾，中间涉及民俗的部分句句加注释说明。或说明该民俗事物的具体形态，或指出诗句中涉及的某一具体民俗。《上元纪吴中节物俳谐体三十二韵》体现出范成大有意识地运用诗注互现这种形式来展现民俗，给读者以客观真实的民俗认识。其后，出现陈造的《房陵十首》（见本书第四章第四节），《房陵十首》尽管不是句句注释，但作者的注释意识十分明确，十首诗歌，每首诗下均有注释。

（三）诗、题互释

还有的宋代民俗诗歌利用诗歌的题目为民俗作注释，相当于诗歌的序言。这样的例子有很多，如苏轼诗句有"记取城南上巳日，木棉花落刺桐开"，涉及海南上冢的民俗，他在题目中交代曰："海南人不做寒食，而以上巳上冢。"② 陆游"年来传得甜羹法，更为吴酸作解嘲"③，其题目《甜羹之法以菘菜山药芋莱菔杂为之不施酰酱山庖珍烹也戏作一绝》解释了甜羹这一食物的制作方法。陆游诗《天中节前三

①（宋）范成大著，富寿荪标校：《范石湖集》卷二十三，上海古籍出版社2006年版，第325页。
② 诗歌题目为"海南人不作寒食，而以上巳上冢。予携一瓢酒，寻诸生，皆出矣，独老符秀才在，因与饮至醉，符盖儋人之安贫守静者也"，孔凡礼点校《苏轼诗集》卷四十二，中华书局1982年版，第2308页。
③ 钱仲联校注：《剑南诗稿校注》卷二十三，上海古籍出版社2005年版，第1707页。

日大圣慈寺华严阁燃灯甚盛游人过于元夕》题目交代了成都天申节民俗活动盛况。再如杨万里《上元夜里俗粉米为茧丝，书吉语置其中以占一岁之祸福，为之茧卜，因戏作长句》，题目已清楚地交代民俗。范成大诗歌题为《巴蜀人好食生蒜，臭不可近。顷在峤南，其人好食槟榔，合蛎灰、扶留藤，一名蒌藤，食之辄昏，然已而醒快，三物合和，唾如脓血可厌。今来蜀道，又为食蒜者所熏，戏题》，用长长的题目说明民俗。宋代更有甚者，如郑刚中诗歌目为《广南食槟榔先嚼蚬灰蒌藤，叶津遇灰藤则浊，吐出一口，然后槟榔继进，所吐津到地如血，唇齿颊舌皆红，初见甚骇，而土人自若，无贵贱老幼男女行坐咀嚼，谓非此亦无以通殷勤焉。于风俗珍贵，凡姻亲之结好、宾客之款集、包苴之请托，非此亦无以通殷勤焉。余始至，或劝食之，槟榔未入口，而灰汁藤浆隘其咽，嗽濯逾时未能清。赋此长韵》，该题目解释了海南人民食槟榔的民俗。

还有的诗歌直接以该民俗为题，诗歌正文本身就是解释民俗的。这样的诗歌是宋代民俗对象化最典型的代表。例如，陆游的《箕卜》：

> 孟春百草灵，古俗迎紫姑。厨中取竹箕，冒以妇裙襦。
>
> 竖子夹扶持，插笔祝其书。俄若有物凭，对答不须臾。
>
> 岂必考中否，一笑聊相娱。诗章亦间作，酒食随所须。
>
> 兴阑忽辞去，谁能执其祛。持箕畀灶婢，弃笔卧墙隅。
>
> 几席亦已彻，狼藉果与蔬。纷纷竟何益，人鬼均一愚。

《月令广义》曰："吴俗谓正月百草俱灵，故于灯时箕帚竹笔之类，皆能响卜，多婢子为之。如箕姑，则以筲箕插箸，蒙以巾帕，请之至，两手托其胁，能写字，能击人。或但舂举以应卜者所叩。又帚姑，以帛系裙以下，至则能起，卧以古事。"① 两相对比，可见陆游该诗对于民俗的详尽解释。该诗题目简单明了地指出诗歌的对象"箕卜"民俗，诗歌主体用九韵对于该民俗的活动状况予以详细说明，而只有最后一韵诗句简单表达作者的看法，也不离开中心。

再如宋祁《九日药市作》：

> 阳九协嘉辰，斯人始多暇。五药会广廛，游肩闹相驾。
> 灵品罗贾区，仙芬冒阛舍。撷露来山阿，劚烟去岩罅。
> 载道杂提携，盈檐更荐藉。乘时物无贱，投乏利能射。
> 饕苓互作主，参荼交相假。曹植谨赝令，韩康无二价。
> 西南岁多疹，卑湿连春夏。佳剂止刀圭，千金厚相谢。
> 刺史主求瘼，万室系吾化。顾赖药石功，扪襟重惭唶。②

诗歌采用叙述的语气，交代了四川一带药市民俗的情况：时间、地点、场面、药品交易及该民俗的存在意义，诗作全部是围绕药市民俗而作的。

以上诗歌正文与题目互释，题目点明诗旨，正文紧扣题目，这样的诗歌创作目的最为明确，就是反映该民俗的。无论诗人运用诗、序互补或者诗、注互证或者诗、题互释，总之这些都显示了宋代诗歌作者对于民俗是有意识地来主动客观呈现，显示出民俗诗歌中对于民俗表现的自觉意识。这种清醒的民俗自觉意识正促进并体现着宋代民俗在诗歌中的主体地位。

---

① 转引自《箕卜》诗注，钱仲联校注《剑南诗稿校注》卷五十，上海古籍出版社2005年版，第2979页。
② （宋）宋祁：《景文集》卷六，影印文渊阁四库全书本。

二 民俗的客观呈现

另外，无论是"诗言志"还是"诗缘情而绮靡"，诗歌都重视抒写志向或抒发情感。宋前诗歌涉及民俗大多是为了抒情的需要，常将民俗作为情感抒发的触发点，民俗成为情感的附属品，在诗歌中也往往处于从属的地位。而宋代诗人常常以叙事的手法来表现记录民俗实况与民俗活动，或者以议论的方法考证、评论民俗，二者均将民俗视作创作的对象，客观地呈现民俗，所以民俗本身就是诗人的创作目的。这也说明了民俗是宋代诗人创作的主体对象，促进了宋代民俗的对象化。

（一）叙事手法与民俗记录

在宋代民俗诗歌中，作者多作为旁观者，运用叙述的口吻，指出民俗的地点，或者流传状况，真实客观地展现民俗。例如，范成大《腊月村田乐府》中的叙述：

> 吴台古今繁华地，偏爱元宵灯影戏。
>
> ——《灯市行》
>
> 古传腊月二十四，灶君朝天欲言事。
>
> ——《祭灶行》
>
> 乡村腊月二十五，长竿然炬照南亩。
>
> ——《照田蚕行》

或者用第三人称指出参与民俗的人群及其活动情况，例如：

> 家家腊月二十五，淅米如珠和豆煮。
>
> ——《口数粥行》

岁朝爆竹传自昔，吴侬政用前五日。

——《爆竹行》

质明奉祠今古同，吴侬用昏盖土风。

——《分岁词》

小儿呼叫走长街，云有痴呆召人买。

——《卖痴呆词》

作者在叙述民俗的时候也是采用客观的叙述方式，现以《冬春行》为例进行说明。他首先在诗歌的序言中解释交代"冬舂米"这一民俗："腊日春米为一岁计，多聚杵臼，尽腊中毕事，藏之土瓦仓中，经年不坏，谓之冬舂米。"然后用诗歌加以描绘："腊中储蓄百事利，第一先舂年计米。群呼步碓满门庭，运杵成风雷动地。筛匀箕健无粃糠，百斛只费三日忙。齐头圆洁箭子长，隔箩耀日雪生光。土仓瓦瓮分盖藏，不蠹不腐常新香。"可以看到，后面的诗歌只是用韵文的形式对于这一民俗加以具体解释，诗歌的语言是优美的、形象的，但是叙述却是如实的、客观的。

作者在叙述民俗的时候还尽可能不过多地表露自己的感情。在《冬春行》中，作者写到老翁的嗟叹："邻叟来观还叹嗟，贫人一饱不可赊。官租私债纷如麻，有米冬舂能几家。"但是，作者目的不在于对田家艰苦生活的同情，不在于对官租的批判，而在于再现民俗本身，所以作者对于老翁的嗟叹轻轻带过，不外加自己的评论。而在同一组其他诗歌中表现了农人对于丰收的期盼，"物无疵疠年谷熟，长向腊残分豆粥"（《口数粥行》）、"夜阑风焰西复东，此占最吉余难同。不惟桑贱谷芃芃，仍更苎麻无节菜无虫"（《照田蚕行》）。农人的喜怒哀乐在诗歌中都有所展现，诗人并不突出其中的某一种情感，也没有附和渲染某一种情感，他的态度是中立的、客观的。农人的喜怒哀乐只是

207

一种民俗下的客观存在，不是诗歌的主旨所在，诗歌的主旨在于反映民俗。程千帆先生曾评价说："这样，他便与后来诗人之写农民，或寄托自己闲适的感情，或嗟叹农民的艰辛生活，却始终处在一个旁观者的地位有所不同，这也正是范成大对田园诗的独特贡献。"① 程先生的评价是针对范成大田园诗诗歌而言的，范成大的民俗诗歌又何尝不是这样？

宋代诗人还善于采用纪事的方法详细描写民俗活动。如宋祁《上元观灯纪事》②：

> 泛膏闻旧典，秉烛嗣芳辰。霞破初迎月，林寒即让春。
> 钧天移帝乐，北斗下城闉。匝地沉香燎，浮空罗袜尘。
> 并珂驰宝铰，分幰鹜雕轮。忽去腾夷路，还来竞要津。
> 酒胡矜酹美，梅额衔妆新。谁见甘泉畤，昏祠遂至晨。

诗歌直接以"纪事"为题展现元宵节盛大的民俗活动。

再如刘镗《观傩》：

> 寒云岑岑天四阴，画堂烛影红帘深。鼓声渊渊管声脆，鬼神变化供剧戏。金窪玉注始淙潺，眼前倏已非人间。夜叉蓬头铁骨朵，赭衣蓝面眼迸火。魌蜮罔象初俅伶，跪羊立豕相嘤嘤。红裳姹女掩蕉扇，绿绶髯翁握蒲剑。翻筋踢斗臂膊宽，张颐吐舌唇吻干。摇头四顾百距跃，敛身千态万挲索。青衫舞蹈忽屏营，采云揭帐森麾旌。紫衣金章独据案，马鬣牛权两披判。能言祸福不由天，躬履率越分愚贤。蒺藜奋威小由服，鬣缪扬声大鬈哭。白面

---

① 程千帆、吴新雷：《两宋文学史》，上海古籍出版社1991年版，第348页。
② （宋）宋祁：《景文集》卷十九，影印文渊阁四库全书本。

使者竹筴枪，自夸搜捕无遗藏。牛冠箝卷试阅检，虎冒肩载光睒闪。五方点队乱纷纭，何物老妪绷獤薰。终南进士破鞼绮，嗜酒不悟鬼看觑。奋髯瞠目起婆娑，众邪一正将那何。披发将毕飞一映，风卷云收鼓箫歌。夜阑四坐惨不怡，主人送客客尽悲。归来桃茢坐深蕳，翠鸦黄狐犹在眼。自歌楚些大小招，坐久魂魄游逍遥。会稽山中禹非死，铸鼎息壤乃若此。又闻鬼奸多冯人，人奸冯鬼奸入神。明日冠裳好妆束，白昼通都人面目。①

诗歌首先交代了进行驱傩活动的环境，天气阴沉，寒云笼罩。辉煌的画堂中烛影摇曳。鼓声阵阵，驱傩活动开始了，倏忽之间，眼前似乎已经不是人间。这时各种角色粉墨登场，不停变换。夜叉穿着红褐色的衣服，涂成蓝色的面孔，头上戴着铁骨朵，眼中还可以喷出火来。扮演魖蝛冈象的各种小鬼，或立或跪，摆出各种姿势，发出低而杂乱的声音。穿着红衣服的少女手拿蕉扇，身着绿色衣袋的老翁手握蒲剑。他们时而翻筋斗，时而张颐吐舌，时而摇头四顾。还有着青衫的人舞蹈而出，挥舞着旗帜，着紫衣的阎罗坐在案后，旁边站立牛马判官。他宣称能言祸福，能分贤愚。还有白面使者拿着竹筴枪，自夸搜捕罪犯的能力一流。接着终南进士——锺馗出现，邪不压正，一时音乐消歇，风卷云收，大鬼小鬼都散去，还世界清朗面目。整个驱傩活动就这样结束了，刘镗此作为读者详细地介绍了在家乡看到的驱傩活动的全过程，有各种角色，各种动作，并描绘了各种音乐，烘托了环境，还原了整个民俗活动的生动形象。

宋代民俗诗歌采用叙事口吻及纪事的手法记录民俗，客观地呈现民俗本身，体现了民俗的对象化。

---

① （元）刘埙：《隐居通议》卷八，引刘镗诗，影印文渊阁四库全书本。

（二）议论手法与民俗评判、考证

宋诗爱议论，这是众所周知的一个特点。而宋代的民俗诗歌也体现出这一特点。如朱翌的《淮人多食蛙者作诗示意》：

> 淮人为水族，庖脍亦已巧。田间有鸣鸡，性命得自保。吴人口垂涎，捕取穷浩渺。于吴产或多，于淮求则少。要之业境会，食债良自绕。予也家淮南，游吴尝草草。平生下箸处，但觉皆羊枣。不论赤鲢公，亦及长须老。何况鼓吹部，可作钟鼎宝。世间多空中，所见徒有表。至美不外示，鱼鳖岂皆好。君看十月鹑，羽翼甚轻矫。变化须臾间，不念旧池沼。食鹑乃无言，食蛙或輂愀。鹑蛙等无二，妄想自颠倒。舌根无尽期，所得在一饱。哀哉南路徐，食方说燖燋。但俱供芋羹，不必著锦袄。较之食疮痂，岂但能稍稍。①

诗人从蛙的作用、生命意识及反奢侈几个方面批评淮人嗜好吃蛙的民俗。

宋代诗人不仅评判某一种具体的民俗，而且宋代诗人尤其惯于评判一些大家习以为常的民俗，立意翻新，如节令民俗，因为人们十分熟悉，历来吟诵节令的诗歌几乎囊括有关节令的方方面面。所以宋代诗人在创作的时候没有必要再向读者详细介绍这一民俗的来历、人们的参与方式等民俗习惯，作者重在观点上翻新。例如，魏了翁《中秋领客》《上巳领客》：

> 秋中无常期，月望无常历。况于月之房，岁十有二集。云胡

---

① （宋）朱翌：《灊山集》卷一，影印文渊阁四库全书本。

三五夜，赏玩著今昔。我观魏晋前，未有娱此夕。岂由夕月礼，承讹变淫液。天行至东北，阳升乃朝日。日月向南来，三务趋朔易。则于阴之反，顺时报阴魄。古人敬天运，随处察消息。俗学踵谬迷，更以傲科级。广寒八万户，桂树五千尺。文人同一辞，只以惊俗客。墨墨数百年，月如有冤色。为作反骚吟，聊以补载籍。①

——《中秋领客》

《中秋领客》认为，秋季的中间没有恒定的日期，满月也没有恒定的日期，并且一年中有十二个满月之夜。魏晋以前并没有这样的风俗，现在人们为什么一定要在八月十五赏月呢？魏了翁认为，在中秋赏月的习俗可能来自古代的祭月习俗——"夕月"②。他认为古人敬天运，安排了祭日、祭月的活动，并因此而沿袭成为民俗，批评当时于中秋赏玩并且比拟科第的习俗。

流觞元巳奚所因，更指三日为良辰。山阴坐上皆豪逸，长安水边多丽人。临流有许豪与丽，元无一个能知津。韩婴何凭指溱洧，束皙胡据诬周秦。千季混混同一波，竞言此日天气新。其间号曰该洽者，或言轨降祠高辛。春分以后弗无子，往往援引诗生民。说虽有稽义犹凿，况复除日经无文。予尝妄意巳为火，季春火见疑乘寅。寅居汉津火所畏，故以元巳祓水滨。一年奇月必用重，三三欲解阳德屯。较之前说已云近，终愧俚俗疵吾醇。要须

---

① （宋）魏了翁：《鹤山先生大全文集》卷六，四部丛刊本。"秋中"，影印文渊阁四库全书本作"中秋"。"阳升乃朝日"之"升"，影印文渊阁四库全书作"外"。

② "夕月"是古代帝王祭月的仪式，《国语·周语上》："古者，先王既有天下，又崇立于上帝、明神而敬事之，于是乎有朝日、夕月以教民事君。"《周礼·春官·典瑞》"以朝日"，（汉）郑玄注："天子当春分朝日，秋分夕月。"

挈我沂泗上，回飙点瑟看长春。①

——《上巳领客》

《上巳领客》讨论上巳节的来历，批判韩婴②、束皙③之说没有根据的，认为"虹降祠高辛"之说稍微"该洽"而已，认为《诗经·生民》之说④"说虽有稽义犹凿，况复除日（按，上巳，又称除日，魏了翁自注曰'是说以为建辰之月除日在巳'）经无文"，他根据建除学说⑤以及五行学说⑥给出自己关于上巳来历的解释。

七夕是传统的民俗，乞巧是习俗之一。关于七夕的诗歌车载斗量，不可胜数。而宋代关于七夕的诗歌善于翻新，表达新意。例如，于石《七月七日》、魏了翁《七夕有赋》和李荐《七夕》：

西风扫残暑，微月澹新秋。相传织女星，今夕嫁牵牛。翩翩联鹊桥，亭亭拥龙辀。多少乞巧人，笑语穿针缕。吾尝夜观象，细与推其由。惟有五纬星，顺逆有去留。经星二十八，历历如缀

① （宋）魏了翁：《鹤山先生大全文集》卷六，四部丛刊本。该诗题目，影印文渊阁四库全书本为"上巳饮客"。

② 韩婴关于上巳的说法见《事物纪原》卷八《韩诗》："三月桃花水下之时，郑国之俗，以上巳于溱洧之上，执兰招魂续魄，袯除不祥也。"

③ 束皙关于上巳的说法见《晋书·束皙传》："昔周公城成洛邑，因流水以泛酒，故逸诗云'羽觞随波'。又秦昭王以三日置酒河曲，见金人奉水心之剑，曰：'令君制有西夏。'乃霸诸侯，因此立为曲水。二汉相缘，皆为盛集。"

④ 《诗经·大雅·生民》："生民如何？克禋克祀，以弗无子。"郑玄笺："弗之言袯也……以袯除其无子之疾而得其福也。"

⑤ 古代"建除家"根据天象占测人事吉凶祸福。古代术数家以为，天文中的十二辰分别象征人事上的建、除、满、平、定、执、破、危、成、收、开、闭十二种情况。《淮南子·天文训》："寅为建，卯为除，辰为满，巳为平，主生；午为定，未为执，主陷；申为破，主衡；酉为危，主杓；戌为成，主少德；亥为收，主大德；子为开，主太岁；丑为闭，主太阴。"明彭大翼《山堂肆考》曰："三月建辰，则巳为除日，故'上巳'一曰'上除'"。

⑥ 五行学说以巳配火。汉王充《论衡·物势》曰："巳，火也；其禽，蛇也。"《礼记集说》卷三十九曰："巳来乘寅，巳为火，故火来也。寅为天汉之津，火畏水，终不来。"

旐。万古俨不动，分列十二州。其余众常星，烂然满空浮。休咎必有证，君德修不修。胡独牛与女，不与众星侔。乃知尘世人，配偶相绸缪。少陵号诗史，万象穷冥搜。亦云年年渡，秋期何用愁。彼哉柳河东，抱拙不自谋。旁趋事曲折，窃效儿女求。谁与倡邪说，诞谩不复收。淫亵转相袭，寖使其辞浮。仙槎倘可乘，我欲凌空游。再拜二星灵，一洗千古羞。天高不可问，河汉空西流。①

——于石《七月七日》

经星不动随天旋，枉被嘲谑千余年。无情文象岂此较，独嗟陋习轻相沿。我尝作诗抵排之，尚有遗恨污陈编。人于万物为至灵，聪明照彻天地先。其如形气之所囿，则以学问开蒙颛。不知谁为乞巧者，乃谓天孙执其权。天孙能襄不能报，世闲之拙无加焉。痴儿騃女竞针缕，高楼大第迷管弦。汉魏以来用一律，无人出语扶其颠。其间假拙济巧者，又欲托此文奸言。敢因良会追往事，更发此义声余冤。②

——魏了翁《七夕有赋》

七夕知何夕，云是牛女期。俚俗具瓜华，阶除儿女嬉。繁星烂煌煌，流月湛沉辉。群儿望鹊桥，桥端七宝帷。彷佛想言笑，芗泽疑烟霏。人间光阴速，天上日月迟。隔岁等旦暮，会遇未应稀。愿言停笑欢，察我心所祈。我欲赐新巧，智术妙通微。金针度彩缕，宝奁卜蛛丝。我嗟儿女愚，勤劳徒尔为。巧拙天所赋，乞怜真可嗤。故拙不可厌，吾宁钝如椎。借云得新巧，无乃醇愈漓。吾观天垂象，列星有攸司。牵牛常服箱，织女不下机。牵牛

---

① 于石撰，吴师道选：《紫岩诗选》卷一，影印文渊阁四库全书本。
② （宋）魏了翁《鹤山先生大全文集》卷六，四部丛刊本。影印文渊阁四库全书本"我尝作诗觚排之"之"觚"为"诋"。

教人巧，积仓岁无饥。织女教人巧，筥筐余裳衣。伊谁询儿女，
组绣穷毫厘。年年渡河汉，秋至次舍移。宣淫五云上，此论乃吾
欺。吾为牛女辨，欲判千古疑。①

——李荐《七夕》

于石仔细观察天象，立足于自然科学的规律，否定人们关于七夕
牛郎织女相会的传说。批评杜甫穷究万象，竟然也认为牛郎织女年年
渡河相会，批评柳宗元竟然像痴呆的小儿女一样乞巧，真是无足称道
的行为。魏了翁也认为自然的变化与人世间的事物是不能互相联系的，
认为人才是万物中最聪明的。并且人的聪明才智应该通过学问之途来
提高，而不是通过乞巧。李荐首先描述七夕传说和民俗情况，依据
"天与性灵"的理论否定了乞巧的民俗，并最后根据星象知识驳斥牛
郎织女于五云之上相会的传说。

上面的诗歌用较长的篇幅，系统地论证了自己的见解。宋代还有
一些篇幅短小的民俗诗歌或一针见血指出民俗习惯的荒谬，或直截了
当地表明自己的观点。还以诗人对于乞巧的看法为例进行说明：

古来传织女，七夕渡明河。巧意世争乞，神光谁见过。来年
期已拙，旧俗验方讹。五色金盘果，蜘蛛浪作巢。②

——梅尧臣《七夕》

银河耿耿露泠泠，彩缕金针玉佩环。天媛贪忙为灵匹，几时
留巧与人间。③

——薛映《戊申年七夕五绝》

---

① （宋）李荐：《济南集》卷二，影印文渊阁四库全书本。
② （宋）梅尧臣著，朱东润编：《梅尧臣集编年校注》卷十七，上海古籍出版社
1980年版，第400页。
③ （宋）杨亿等著，王仲荦注：《西昆酬唱集注》，上海书店出版社2001年版，第294页。

奕奕流云度太虚，盛陈瓜果望天衢。尝闻刻楮三年久，一夕穿针乞得无。①

——李昭玘《和鲍辇七夕四绝》

宋人不仅认为巧不能乞到，还进而表达反对乞巧观念，例如：

未会牵牛意若何，须邀织女弄金梭。年年乞与人间巧，不道人间巧已多。②

——杨朴《七夕》

此夕流传久不磨，相逢樽酒且酣歌。竿垂阮服终成强，腹晒隆书顾几何。漫道银潢能限隔，未闻河鼓畏风波。楼间安用穿针巧，世上纷纷巧已多。③

——韦骧《七夕》

由上可见，宋诗人用诗歌体裁对各种民俗发表议论，表达见解。在这样的诗歌中，作者的创作对象不就是民俗吗？处于诗歌主体地位的不就是民俗吗？

宋人不仅议论民俗、评判民俗，并且善于考证民俗的来历成因等。宋人具有强烈的怀疑精神和考证意识。在儒学方面，掀起疑经的思潮。有了怀疑就要去考证，所以宋人也十分重视考证。而人们不仅考证经书和典故等，并且把这种思维方式带入生活中，考证生活中的点点滴滴，饮食、服饰、婚姻仪式等民俗也自然成为考证的对象。上文提到《唐代民俗与民俗诗》一书认为唐代民俗诗歌"不同于民俗笔记小说，专门记载某一民俗物征、源流、传承、变异等"，而宋代有的民俗诗歌

---

① （宋）李昭玘：《乐静集》卷四，影印文渊阁四库全书本。
② （清）厉鹗辑：《宋诗纪事》卷五，上海古籍出版社1983年版，第134页。
③ （宋）韦骧：《钱塘集》卷三，影印文渊阁四库全书本。

却正如同民俗笔记一样善于考证民俗。

例如，苏轼居于黄州时，见到了故人巢元修，因为两人都爱吃家乡的巢菜，苏轼就写了《元修菜》一诗并且请求元修回到家乡后给他寄巢菜的种子来种植。苏轼在该诗中，不仅写了巢菜的生长过程，并且写出了巢菜的饮食方法："烝之复湘之，香色蔚其馥。点酒下盐豉，缕橙芼姜葱。"① 并因为元修姓巢，同巢菜之巢，所以根据《世说新语》孔融指杨梅戏杨修曰"君家果"的典故，命名巢菜为"元修菜"。陆游后来也写了《巢菜》，在序言中首先说："蜀蔬有两巢：大巢，豌豆之不实者；小巢，生稻畦中，东坡所赋元修菜是也。吴中绝多，名漂摇草，一名野蚕豆，但人不知取食耳。予小舟过梅市得之，始以作羹，风味宛如在醴泉蟆颐时也。"② 考证了蜀地的饮食民俗，并且指出"大巢"与"小巢"的不同，说明吴中的饮食风俗与蜀不同。

东坡羹指苏轼所烹调的一种菜羹。苏轼《东坡羹颂·引》称："东坡羹，盖东坡居士所煮菜羹也。不用鱼肉五味，有自然之甘。其法以菘若蔓菁、若芦菔、若荠，皆揉洗数过，去辛苦汁，先以生油少许涂釜缘及瓷盌，下菜沸汤中。入生米为糁，及少生姜……"③ 陆游《食荠糁甚美盖蜀人所谓东坡羹也》曰："荠糁芳甘妙绝伦，啜来恍若在峨岷。纯羹下豉知难敌，牛乳抨酥亦未珍。异味颇思修净供，秘方常惜授厨人。午窗自抚膨脝腹，好住烟村莫厌贫。"④ 惠洪《东坡羹》曰："分外浓甘黄竹笋，自然微苦紫藤心。东坡铛内兼容摄，乞与馋禅掉舌寻。"⑤ 二人分别考证了东坡羹的制作方法及味道。

---

① 孔凡礼点校：《苏轼诗集》卷二十二，中华书局1982年版，第1160页。
② 钱仲联校注：《剑南诗稿校注》卷十六，上海古籍出版社2005年版，第1267页。
③ 孔凡礼点校：《苏轼文集》卷二十，中华书局1986年版，第595页。
④ 钱仲联校注：《剑南诗稿校注》卷七十四，上海古籍出版社2005年版，第4062页。
⑤ （宋）释惠洪：《石门文字禅》卷十六，四部丛刊本。

再如，宋代民俗认为吃蟹会中风，并且能损害四肢。张耒根据本草书籍考证民间传说是不足为据的，所以写《食蟹》诗歌来纠正这些说法，诗歌如下：

> 世言蟹毒甚，过食风乃乘。风淫为末疾，能败股与肱。我读《本草》书，美恶未有凭。筋绝不可理，蟹续牢如絙。骨萎用蟹补，可使无蹇崩。凡风待火出，热甚风乃腾。中炎若遇蟹，其快如霜冰。俗传未必妄，但恐殊爱憎。本草起东汉，要之出贤能。虽失谅不远，尧跖终殊称。书生自信书，俚说徒营营。①

再如，李光作《饮茶歌》，说明煎茶的过程、饮茶的好处，其创作原因是有感于中州的民俗不喜欢饮茶，认为饮茶对肾脏不好，所以才考证辨析这一民俗。他在诗歌序言中说：

> 予性不嗜酒，客至无早暮必设茶。顷见中州士友相戒不饮茶，盖信俗医之说，谓茶性冷，能销铄肾气，故好色者信之，然当时贵人未有长年者。今恣情色欲而独戒饮茶，岂不谬哉？陶隐居云：茶能轻身换骨，黄石君服之仙去。虽未必然，益知茶不能害人也。作《饮茶歌》以示同好者。②

以考证民俗为目的的诗歌，自然以民俗为创作对象。综上所述，宋代民俗诗歌对于民俗或记录，或考证，或批判。其实质正是直面客观存在的民俗，以民俗为直接的创作对象，这些诗歌都显示了宋代民俗诗歌的对象化倾向。

---

① （宋）费衮撰，骆守中注：《梁溪漫志》卷九"本草误"引张耒诗歌，三秦出版社2004年版，第272页。
② （宋）李光：《庄简集》卷二，影印文渊阁四库全书本。

宋代民俗诗歌的对象化体现了宋人诗歌写实的特点，与宋诗的整体特征一致。清吴乔说："唐诗有意而托比兴以杂出之，其词婉而微，如人而衣裳；宋诗亦有意，惟赋而少比兴，其词径以直，如人而赤体。"① 清翁方纲说："唐诗妙境在虚处，宋诗妙境在实处。"② 又说："诗则至宋而益加密。盖刻抉入里。实非唐人所能囿也。"③ 宋诗"重赋""妙境在实处"则说明宋诗偏重写实的一面。正因为写实，所以"其词径以直""言尽意中"。宋人不辞辛苦脚踏实地地关注生活、关注民俗，考证民俗的来龙去脉，研究民俗的古今变化，观察民俗的区域异同，探讨民俗之于民生的利弊等，所以无论客观叙述，还是发言议论，都给读者以真实的民俗呈现。

宋代民俗诗歌中民俗的对象化，实质反映了诗人对民俗的重视。民俗诗歌其实质是对百姓典型性生活的描写，关注百姓日常生活中的衣食住行。而古代诗歌从六朝到盛唐，诗人们对生活中凡俗的内容不屑一顾，从中晚唐开始，经过白居易新乐府运动的倡导，诗歌不再回避平凡、琐碎的生活，甚至物极必反，中晚唐还形成了以丑为美的审美现象。而宋代经过否定之否定，诗歌有较多反映农村生活的民俗部分。生活不是极端的美与丑，而是一种自在、真实的存在。所以宋代的民俗诗人积极关注民俗，并且客观地呈现民俗本身。

宋代民俗诗歌中民俗的对象化也是宋代史学发展的结果。宋代的诗人也重视史学，宋代的文学家在史学方面也有很高的造诣。张毅说：

> 宋代作家与唐代作家的不同是明显的，如果说唐代作家多具诗人气质的话，那么宋代作家多具有文人学者风度，往往一身兼

---

① （清）吴乔：《围炉诗话》卷一，丛书集成本，第2页。
② （清）翁方纲：《石洲诗话》卷四，丛书集成本。
③ 同上。

有政治家、诗人、思想家等多重身份。他们在人文生活和文化修养方面胜于唐人，琴棋书画无所不通，儒道佛及百家杂说无所不晓，除了诗文创作外，还有经史著作，具有宏通的知识和文化上集大成的自觉意识。①

宋代史学发展繁荣，北宋时期国家组织一些大型的修史活动。南宋时期，方志更加繁荣，各州县也普遍修志，"僻陋之邦，偏小之邑，亦必有记录焉"②。方志在内容方面也有了新的进步与发展。"宋以前的方志，详于地理而略于人文。从汉到唐，方志的内容主要是记载山川形势、疆域沿革、土地物产等，内容不出地理书的范围"③。而到了宋代，这种情况大为改观，民俗成了方志的主要内容之一，"地方志对各地的民情习俗、生活习惯、宗教信仰、婚丧嫁娶、衣食住行等都有了详尽的反映"④。

宋代民俗诗歌直言其创作目的是为了保存史料。如范成大《上元记吴中节物俳谐体三十二韵》曰："谁修吴地志，聊以助讥评。"陆游《会稽行》曰："土风聊补亡"。周必大《元宵煮浮圆子，前辈似未尝赋此，坐间成四韵》曰："岁时编杂咏，赋此说家风。"宋代一些诗人在诗歌中反映民俗，同时注重用民俗笔记或者地方志关注当地的民俗。民俗笔记也是受到史学的影响而在宋代出现的新的文学样式。宋祁的《寿州风俗记》反映寿州风俗，范成大有笔记四种：《揽辔录》记录出使金国所见所闻；《骖鸾录》是范成大自中书舍人出知静江府（桂林）时记途中所见；《桂海虞衡志》作于自桂林移帅成都时，对广西风土

---

① 《宋代文学思想史·引言》，中华书局 1995 年版。
② 《仙溪志跋》，（宋）黄岩孙《宋元方志丛刊》，中华书局 1994 年版，第 8333 页。
③ 来新夏：《方志学概论》，福建人民出版社 1983 年版，第 63 页。
④ 邸富生：《中国方志学史》，大连海事大学出版社 1990 年版，第 50 页。

的记录尤其详细；《吴船录》作于自四川制置使召还，取水程赴临安，因随日记所阅历。其中多反映当地的民俗。范成大还编写了《吴郡志》关注家乡历史及民俗。陆游入蜀途中也写了《入蜀记》。这些民俗著作与其民俗诗歌多有呼应或补充之处。

宋代史学的发展也促进了诗人客观地呈现民俗。史学家一般秉承"不虚美，不隐恶"、秉笔直书的写作原则，史学的性质规定了其必须真实客观地记载当时历史给后人看，作者往往把隐含的读者放在心中。宋人重视诗文的真实性。范仲淹尝为人作墓铭，先请尹洙过目，尹洙指出其所用的官职名称与当时的实际情况不符，说："希文（范仲淹字）名重一时，后世所取信，不可不慎也。今谓转运使为部刺史，知州为太守，诚为脱俗，然今无其官，后必疑之，此正起俗儒争论也。"范仲淹虚心地说："赖以示之，不然，吾几失之。"① 由此可见，宋人在创作的时候心中已经存有读者。即使像墓铭这样的应用性文体，也会考虑到流传开去，甚至考虑到流传后世。看来，宋代民俗诗歌中呈现出诗人尽力客观地表现民俗，解释诗歌中的生僻民俗，突出民俗的主体地位，使民俗处于作者主动自觉的创作主旨下的现象，也与诗人自觉的史学创作精神有关。

第二节　人物具象化

在宋代民俗诗歌中，活动于民俗中的人物也成为诗歌的观照对象。人物成为民俗景观的一部分，离开了人物，民俗活动就少了生气。民

---

① （明）陶宗仪撰《说郛》卷四十一，引毕仲询《幕府燕闲录》，影印文渊阁四库全书本。

俗诗歌不同于地方志中的民俗说明、不同于应用文中民俗介绍的地方正在于民俗诗歌刻画了生动且具体的人物形象。

一　人物：田园诗的新发展

民俗诗歌中数量最多的还是反映乡村民俗生活的诗歌，下文以乡村民俗诗歌为例进行说明。宋代反映乡村民俗的诗歌与前代的田园诗歌相比，多了人物的活动，与前代反映田家疾苦的诗歌相比，其人物形象多了几份生机和活力，更加形象生动。

宋代以前的田园诗歌由山水诗歌发展而来，继承了山水诗的余味，诗歌大多呈现一派寂静的环境，例如：

> 声喧乱石中，色静深松里。[1]

——王维《青溪》

> 人闲桂花落，夜静春山空。月出惊山鸟，时鸣春涧中。[2]

——王维《鸟鸣涧》

这些诗句中，有古树参天的野径，有寂静无声的深涧，有乱石丛中的小溪，有万籁俱寂的空山，有白昼，有雨夜，有叶落，有月出。但它们都与尘世迥然不同，既没有人世的纷扰，又听不到车马的喧嚣，花、果、草、虫、水、月才是这个世界的主人，找不到人的痕迹。再如：

---

[1]　（唐）王维著，陈铁民校注：《王维集校注》卷一，中华书局 1997 年版，第 90 页。

[2]　（唐）王维著，陈铁民校注：《王维集校注》卷七，中华书局 1997 年版，第 637 页。

涧户寂无人，纷纷开且落。①

——王维《辛夷坞》

空山不见人，但闻人语响。②

——王维《鹿柴》

春潮带雨晚来急，野渡无人舟自横。③

——韦应物《滁州西涧》

来往不逢人，长歌楚天碧。④

——柳宗元《溪居》

日出烟消不见人，欸乃一声山水绿。⑤

——柳宗元《渔翁》

千山鸟飞绝，万径人踪灭。⑥

——柳宗元《江雪》

宋代民俗诗与田园歌交叉融合，与前代的山水田园诗歌不同，民俗田园诗歌重在表现农人的民俗生活。民俗是农人的民俗，农人是民俗中的农人。例如，范成大的《四时田园杂兴》中的民俗诗歌写出民俗中的人物，"社下烧钱鼓似雷，日斜扶得醉翁回"中的"醉翁"，"郭里人家拜扫回，新开醪酒荐春梅"中的"郭里人家"，"三月蚕忌闭中，邻曲都无步往踪"中的"邻曲"，"桑姑盆手交相贺，绵茧无多丝茧多"中的"桑姑"，"地势不齐人力齐，丁男长在踏车头"中的

---

① （唐）王维著，陈铁民校注：《王维集校注》卷五，中华书局1997年版，第425页。
② 同上书，第417页。
③ （唐）韦应物著，孙望编著：《韦应物诗集系年校笺》卷六，中华书局2002年版，第304页。
④ （唐）柳宗元：《柳宗元集》卷四十三，中华书局1979年版，第1213页。
⑤ 同上书，第1252页。
⑥ 同上书，第1221页。

"丁男"，"村巷冬年见俗情，邻翁讲礼拜柴荆"中的"邻翁"，等等。

范成大的《腊月村田乐府》也是一个很好的标本。例如，《冬春行》中发出声声叹息的"邻叟"，在人们忙于储蓄冬米兴奋的忙碌中，想到了穷人，发出了一声叹息。他经历世间苦乐，阅尽人间沧桑的形象便在强烈的对比中凸显出来。在《灯市行》中突出了一个忙于劳作的年轻人按捺不住自己好奇的心，忙中偷闲来到城市看灯，看看城市的生活："儿郎种麦荷锄倦，偷闲也向城中看；酒垆博簺杂歌呼，夜夜长如正月半。"再如《爆竹行》，"节间汗流火力透，健仆取将仍疾走。儿童却立避其锋，当阶击地雷霆吼"，写出了燃放爆竹的时候，健壮的男仆在燃放后迅速离开，小孩子也远远地躲在后面，以躲避爆竹的威力。《烧火盆行》写道，"儿孙围坐犬鸡忙，邻曲欢笑遥相望"，写了热热闹闹围坐在火盆边的孩子和邻居。

毛珝《吴门田家十咏》也塑造了许多生机勃勃的人物形象：

> 今年田事谢苍苍，尽有瓶罂卒岁藏。
> 只恐主家增斛面，双鸡先把献监庄。（其四）

> 村村鼓笛乐秋成，露未凝霜水未冰。
> 无赖酒家偏罔利，来年早挂上元灯。（其七）

> 田家少妇最风流，白角冠儿皁盖头。
> 笑问傍人披得称，已遮日色又遮羞。（其八）

> 长襟侈袖若僧衣，闲荡扁舟入郭嬉。
> 好是醉归村舍晚，声声耳畔阿郎儿。（其九）

其中有向监庄献鸡的农人，有为了利益而早早卖起上元灯生意的酒家，有羞涩的少妇，有"长襟佟袖""闲荡扁舟"的儿郎。

二 人物具象化的方法

宋代的民俗诗歌塑造人物的方法有很多种，有的突出人物的活动，如黄大受《春日田家三首》（其二）：

> 二月祭社时，相呼过前林。磨刀向猪羊，穴地安釜鬻。老幼相后先，再拜整衣襟。酹酒卜筊杯，庶知神灵歆。得吉共称好，足慰今年心。祭余就广坐，不间富与贫。所会虽里闾，亦有连亲姻。持敊相遗献，聊以通殷勤。共说天气佳，晴暖宜蚕春。且愿雨水匀，秋熟还相亲。酒酣归路暄，桑柘影在身。倾欹半人扶，大笑亦大嗔。勿谓浊世中，而无羲皇民。①

诗歌突出了参加二月祭社活动的人物群像，重点突出他们的活动：有的磨刀宰猪杀羊，有的穴地安放器物，然后依年龄顺序进行拜祭。拜祭后占卜，如果得了吉兆大家就很高兴。祭祀仪式结束后，大家不分贫贱富贵就在开阔的地方坐下共饮，以表达殷勤之意，或者聊一聊秋天丰收的想象。作者看到这儿，想着羲皇时代的百姓也是这样的吧。

民俗诗歌通过人物活动展现民俗，同时也塑造了人物的形象，如上文提到《观傩》一诗中的各色人等。宋代的民俗诗歌展现人物形象的方法有很多种，突出动作行为是其中一种，宋代民俗诗歌还善于借助人物的语言来突出人物形象。

例如，《腊月村田乐府》诗中，《祭灶行》写的是在腊月二十四日

---

① （宋）陈起编：《江湖小集》卷六十四，影印文渊阁四库全书本。

祭祀灶君，灶君受一家香火，保一家康泰，察一家善恶，奏一家功过。因为第二天灶君要上天汇报一年来的事情，所以于前一日先行祷告。范成大就写了他们祷告的话语："婢子斗争君莫闻，猫犬触秽君莫嗔。送君醉饱登天门，杓长杓短勿复云，乞取利市归来分。"他的意思是说家中婢女丫鬟互相争吵、猫狗的肮脏、"杓长杓短"是是非非等琐碎小事请不要上奏，只拣好事报知。这样从天上带回来的吉祥、利益，咱们共享。这样短短的几句话，既有祈求的意思又有贿赂的成分，一个朴实得有点可爱，憨态可掬的农人形象呼之欲出。《分岁词》写在除夕之夜，祭祀祖先之后，大家聚在一起饮酒说一些祝福的话。在该诗中范成大刻画出不同人物在此时的不同表现："小儿但喜新年至，头角长成添意气。老翁把杯心茫然，增年翻是减吾年。荆钗劝酒仍祝愿：'但愿尊前且强健。君看今岁旧交亲，大有人无此杯分！'老翁饮罢笑捻须，明朝重来醉屠苏。"诗歌突出了老妇人的祝愿语言，只希望身体强健。朴实的愿望、平实的语言，令人感动。再如南宋时期舒岳祥的《乐神曲》：

> 污田稻子输官粮，高田豆角初上场。枫林沉沉谁打鼓，农家报本兼祈禳。打鼓打鼓急打鼓，大巫邀神小巫舞。绛衫绣帔朱冠裳，手持铃剑道神语。前年军过鸡栅空，今年一母生十雄。㽗东种秫获颇厚，大甀炊糍瓮成酒。家机白布阔且长，翁媪制作新衣裳。再拜奠神重酌酒，男耕女桑十倍强。大妇小妇别有祝，生养好男房计足。巫公巫公告尔神，产谷不如多产银。驴载马驮车碌碌，免研柘条行棰扑。①

---

① （宋）舒岳祥：《阆风集》卷二，影印文渊阁四库全书本。

诗歌写祭祀活动中巫师的祝愿：家畜兴旺、谷物丰收、有酒有衣、生活富足。还写了家中各位妇人的祝愿：祝愿儿孙满堂，甚至许下不可能实现的愿望：希望土地上长出很多银子来。诗歌无理而妙，这些看似无理的不可实现的愿望突出了生动的人物形象。

从上文所引人物语言中，一方面，可以看到宋代民俗诗歌重视用人物语言塑造人物形象，另一方面，也可以发现，宋代诗人描述人物语言的时候善于通过模拟百姓的语言，用百姓的口吻说话。这种诗人代人设辞，假托他人的身份、口吻进行创作的一种诗歌体式，叫作代言体。范成大《四时田园杂兴》中这样的例子也不少，如"巫媪莫嫌滋味薄，旗亭官酒更多灰""郭里人家拜扫回，新开醪酒荐青梅。日长路好城门近，借我茅亭暖一杯""乾高寅缺筑牛宫，厄酒豚蹄酹土公。牲牷无瘟犊儿长，明年添种越城东"等。其他诗人的民俗诗歌也有如此情况，如苏轼的《秧马歌》："嗟我妇子行水泥，朝分一垄暮千畦。腰如箜篌首啄鸡，筋烦骨殆声酸嘶。我有桐马手自提，头尻轩昂腹胁低。背如覆瓦去角圭，以我两足为四蹄。"[1] 直接以百姓作为第一人称进行创作。

代言体在六朝时兴盛，多用于闺怨诗中揣摩女子的心理活动，模拟女子的口吻而言。在宋代之前，为农民百姓代言的诗并不太多。宋代民俗诗歌之所以采用代言体，是因为诗人对百姓的亲切态度。宋代诗人来自于百姓中间，对百姓有一种自然亲切、心灵融汇的感觉，正如范成大所说的"汝不能诗替汝吟"[2]。周汝昌评价说："范成大不是以旁观者的眼光看待农村生活，而是以农民的眼光，以农民自道的口

---

① 孔凡礼点校：《苏轼诗集》卷三十八，中华书局 1982 年版，第 2051 页。
② 《雪中闻墙外鬻鱼菜者求售之声甚苦有感三绝》其二，（宋）范成大著，富寿荪标校《范石湖集》卷二十六，上海古籍出版社 2006 年版，第 361 页。

吻来看农村、写农村。"① 周汝昌还具体分析了范成大田园诗歌与前代田园诗歌的不同：

> 除了"躬耕"的陶渊明稍有不同以外，田家诗的作者多是站在"负杖闲岩耕"（宋之问）和"即此羡闲适"（王维）的角度，看到并画下一些带有"鸡犬""牛羊""桑麻"的美丽图画，因此，很难也不可能在他们的这种诗里触觉到多少真实的生活内容，嗅到多少真正的生活气息；而范成大在这些诗里则深刻而全面地反映了当时农家的景物、岁时、风俗、劳动、困难、忧虑、灾难、煎迫、奋斗、各式样的生活、各式样的琐事。我们觉得这样的作者才仿佛是在一定程度上亲自体验过那种生活和遭遇的人，所以明朝人有过"虽老于犁锄者或不能及"的话。他的艺术似乎要把我们领入那种生活之中来共同参加体验，而不只是让我们看些仅仅带有鸡犬桑麻的图画——那些仅仅只有一个面的图画。
>
> ——《范成大诗选·引言》

尽管周汝昌先生此言是针对范成大的田园诗歌而言的，但范成大的诗歌本来就有与民俗结合的倾向，其民俗诗歌也是如此。

三　生意盎然的具象化人物

宋代民俗诗歌不仅突出人物的形象，并且宋代民俗诗歌与前代同样重视形象塑造的反映百姓疾苦的诗歌比较起来，还善于塑造生机勃勃的人物形象。前代诗歌中的人物形象多是悲伤的，白居易笔下的人物是逆来顺受的，如"卖炭翁"面对"半匹红纱一丈绫，系向牛头充

---

① 周汝昌选注：《范成大诗选》，人民文学出版社1984年版，第27—28页。

炭直"的宫中使者，是没有任何反抗言语的。柳宗元笔下的冒着生命危险捕蛇的人是无奈而又庆幸的。而宋代民俗诗歌中的人物充满了生命的活力和对生活的热情与渴望。宋代民俗诗歌塑造了一系列的人物形象，他们被赋予盎然的生命活力，他们不绝望、不无奈，运用他们的勤劳智慧去积极生活。宋代民俗诗歌中的人物多具有一种积极向上的生活状态。

朱熹曰："作诗须从陶、柳门中来乃佳。不如是，无以发萧散冲淡之趣，不免于局促尘埃，无由到古人佳处。"① 而宋代民俗诗歌与陶渊明开创的田园诗派不一样的地方，也正在于宋代民俗诗歌不是欣赏其具有浓厚文人气息的"萧散冲淡之趣"，而是欣赏具有世俗生活的热闹气息。例如，宋代好多民俗诗歌都突出了"醉人"的形象。例如，"五月五日岚气开，南门竞船争看来。云安酒浓曲米贱，家家扶得醉人回"②"冶容淇上多游女，群饮街头有醉人"③"时平里巷吹弹闹，岁熟人家嫁娶多。高会不知清夜永，散归相见醉颜酡"④"短箫长笛鼓冬冬，簇纸为船棹晚风。送了鬼神无一事，大家赢得醉颜红"⑤。这不同民俗中相同的醉人形象反映了百姓参与民俗的愉快心情，反映了乡村生活的质朴美好，那一个个喝得醉醺醺的醉人形象似乎具有感染力，让人感受世俗生活的美好。

再如前文所引的《吴门田家十咏》中的人物：因为丰收，农民有

---

① （宋）魏庆之编：《诗人玉屑》卷五，上海古籍出版社1978年版，第114页。

② 范成大《夔州竹枝歌九首》，（宋）范成大著，富寿荪标校《范石湖集》卷十六，上海古籍出版社2006年版，第220页。

③ 《灯夕守舍》，（宋）刘克庄《后村先生大全集》卷二十四，四川大学出版社2008年版，第765页。

④ 《秋夜独坐闻里中鼓吹声》，钱仲联校注《剑南诗稿校注》卷六十八，上海古籍出版社2005年版，第3807页。

⑤ 邹浩：《入湖南界》，《道乡集》卷十四，影印文渊阁四库全书本。

了些微的喜悦，但是又担心官吏收赋粮时额外聚敛，微微不安，于是农人运用他们的生存智慧，先给监庄献上两只鸡以行小小的贿赂；而商家看到农人的丰收就想着怎样赚取人们手中的闲钱，于是早早地就把上元灯挂出来卖，那份浓浓的生机通过人物狡黠的智慧体现出来；儿郎不为生活所困，闲荡扁舟入城去玩耍，至晚方在亲人的声声呼唤中醉归；最美是那风流的少妇，“白角冠儿皂盖头”也挡不住那一抹羞涩。可见作者塑造人物生动传神，通过他们，我们看到这些朴实的人物对生活的热爱与追求。

其他如潘牥《人日后一日立春》有云，“人日才过春日至，薄醪生菜旅亭头。慈亲鬓发垂垂白，应看诸孙弄土牛”①，那份盎然的生机通过老人与孩童之间的亲昵画面表现出来。再如方岳《田家乐》有云，“前村后村场圃登，东家西家机杼鸣。神林饮福阿翁醉，包裹余胙分杯羹。妇子迎门笑相语，惭愧今年好年岁。牛羊下来翁且眠，时平无人夜催税”②，那份浓浓的生机通过人们对生活的满足体现出来。

甚至有的人物形象似乎不是那么美好，却仍然很可爱，富有生机。刘克庄《田舍即事十首》（其十）曰：“凋邑租符紧，荒祠木偶新。吏谈长官健，巫托社公嗔。烹犬看承客，吹螺降送神。二豪怀肉返，去诳别村人。”③ 该诗描写了官吏假借长官和巫人、假托社公诓骗吃喝。该人物形象尽管不是正面的，但是作者也没有对其进行否定和鞭挞。这不禁让人想到了苏轼的诗歌《和子由踏青》中的道士形象：“何人聚众称道人，遮道卖符色怒嗔。宜蚕使汝茧如瓮，宜畜使汝羊如麇。路人未必信此语，强为买服禳新春。道人得钱径沽酒，醉倒自谓吾符

① 傅璇琮主编：《全宋诗》，北京大学出版社 1998 年版，第 62 册，第 39204 页。

② 傅璇琮主编：《全宋诗》，北京大学出版社 1998 年版，第 61 册，第 38458 页。

③ （宋）刘克庄：《后村先生大全集》卷二十六，四川大学出版社 2008 年版，第 313 页。

神。”二者有异曲同工之妙。

再如宋祁《成都遨乐诗·重阳日州南门药市》:

> 岷峨旁礴天西南，灵滋秀气中潜含。草木瑰富百药具，山民采捋知辛甘。成都府门重阳市，远近凑集争赍担。市人谲狯亦射利，颇觉良恶相追参。旁观有叟意气古，肌面皯黣毛鬑鬖。卖药数种人罕识，单衣结缕和阴岚。成都处士足传记，劝诫之外多奇谈。盛言每岁重阳市，屡有仙迹交尘凡。俗流闻此动非觊，不识妙理徒规贪。惟期幸遇化金术，未肯投足栖云岩。

诗歌写成都重阳节州南药市的民俗活动。诗歌塑造了民俗活动中一系列普通人物的形象：有诡诈而狡猾谋取财利的人，有面色黑黑而意气古朴的老叟卖一些人所罕识的药，有处士趁此机会向世人进行劝诫，并讲诸多奇异的事情，并称每当重阳的时候，有神仙到尘世结交有缘之人，而听众听不进去那些玄言妙理，只是期望能够偶遇神仙，学习点金之术。普通人的心态流露无遗。这些人物既不高尚，又不悲观，他们是如此真实、如此生动，又如此具有生命力！

不仅乡村民俗诗歌如此，其他的民俗诗歌也是如此。作者在写民俗活动的时候，总是重点突出民俗活动中的人物。如项安世《归州女》反映归州女儿拦客卖酒的民俗——“归州女儿双髻丫，手提酒瓶头戴花。左手持杯右手泻，滩头劝客争邀遮”，然后写了纤夫对卖酒女子的态度：“滩头一船百夫挽，欲上未上头捽沙。呼声半竭力欲尽，粟米一酾胜流霞。腰问五钱岂足惜，钏中十指如春芽。颜行属目百丈纵，三老发怒双槌挝。頩然相顾各分散，顷刻掠棹如轻槎。”① 整个由人物

① （宋）项安世：《平庵悔稿》（宛委别藏本）卷八，江苏古籍出版社1988年版。

构成的图画富于动感，形象生动。

一些反映灯节的民俗诗歌也不以灯节的事物为主要描摹对象，而把重点放在了人物身上，例如：

> 从昔遨游盛两川，充城人物自骈阗。①
>
> ——邵伯温《元夕》
>
> 结山当衢面九门，华灯满国月半昏。春泥踏尽游人繁，鸣跸下天歌吹喧。深坊静曲走车辕，争前斗盛亡卑尊。靓妆丽服何柔温，交观互视各吐吞。磨肩一过难久存，眼尾获笑迷精魂。貂裘比比王侯孙，夜阑鞍马相驰奔。②
>
> ——梅尧臣《和宋中道元夕二首》其一
>
> 少年心绪如飞絮，争逐遗香拾坠钿。③
>
> ——方孝能《福唐元夕三首》

四　人与生命的发现与民俗人物具象化

宋代民俗诗歌重视人物塑造，其实与宋代对人的重视是分不开的。魏晋以后的时代是一个文学自觉的时代，文学摆脱了应用性而独立，有了自己的审美特征。宋代是一个人的自觉年代，因为都市经济的发展，人被放在一个突出的地位上。人不再仅仅被作为"载舟覆舟"的工具而存在。人是作为一个社会自我而存在。自我既观察他人，又成为他人的关注对象。许多人参加民俗活动还有一个重要的目的，那就是为了看人。吕居仁《轩渠录》记载："司马温公在洛阳闲居，时上

---

① 《锦绣万花谷·续集》卷十三，影印文渊阁四库全书本。
② （宋）梅尧臣：《宛陵先生集》卷三十一，四部丛刊本。
③ （清）厉鹗辑：《宋诗纪事》卷五十七，上海古籍出版社1983年版，第1447页。

元节，夫人欲出看灯，公曰：'家中点灯，何必出看?'夫人曰：'兼欲看游人。'"① 所以，看人成为人们参与民俗活动的一个重要的内容。不仅民俗诗歌关注人，其他文学作品也同样关注人物，如无名氏《宣和遗事》中关于元宵节的盛况就重点突出了参与节日活动的人物：

> 是时底王孙、公子、才子、佳人、男子汉，都是了顶背带头巾，窄地长背子，宽口袴，侧面丝鞋，吴绫袜，绡金长肚，妆着神仙；佳人却是戴鲜肩冠儿，插禁苑瑶花，星眸与秋水争光，素脸共春桃斗艳，对伴儿的似临溪双洛浦，自行的月殿独嫦娥。那游赏之际，肩儿厮挨，手儿厮把，少也是有五千来对儿。诗曰："太平时节喜无穷，万斛金莲照碧空。最好游人归去后。满头花弄晓风来。"②

所以，人的自觉和文的自觉的互动将生动的、生活化的人当成了审美对象，以人的活动为主的民俗成为审美对象。带着民俗气息、生活气息的人像一道亮丽的风景走入诗人的视野，走入诗歌之中。

宋代民俗诗歌重视人物塑造，着重展现民俗人物身上的生机与活力，这与宋诗人从生活中悟道、重视道有关。

宋代的理学要求学以致用，主张万潭印月，儒家主张"圣人之道，不远人情"，道家也从生活中悟道。道无处不在，而普通百姓的生活往往蕴含最高生活真谛。陆游就常常从民俗生活中感受生命，其诗《养生》曰："清心始信幽栖乐，穷理方知俗学非。……衰翁莫道浑无事，扫叶归来又落辉。"③《邠风》曰："少学诗三百，邠风最力行。春前耕

---

① 见《说郛》卷三十四上，影印文渊阁四库全书本。

② （宋）佚名：《新刊大宋宣和遗事·亨集》，河洛图书出版社（中国台北）1981年版，第433页。

③ 钱仲联校注：《剑南诗稿校注》卷四十八，上海古籍出版社2005年版，第2925页。

犊健,节近祭猪鸣。檐日桑榆暖,园蔬风露清。金丹不须问,持此毕吾生。"①《示客》曰:"世间可笑走跧跧,误认虚空作汝身。已觅余名润枯骨,更谋厚积遗何人。风幡毕竟非心境,瓦砾何妨是道真。新藕出泥瓜上市,为君一醉堕纱巾。"② 他"偶携儿女祈蚕去,又逐乡邻赛麦回"③,在这样的看似寻常庸俗的百姓民俗生活中,作者没有英雄暮年的感慨,没有壮志难酬的郁闷,没有疾世愤俗的愤慨,有的只是从容与自得其乐。《仲秋书事》曰:"心明始信元无佛,气住何曾别有仙。领取三山安乐法,蒲团纸帐过年年。"④

姜特立说:"道心与俗元无碍,感耳何嫌下俚声"⑤。道心者指天理,义理。《书·大禹谟》曰:"人心惟危,道心惟微。"蔡沈集传曰:"心者,人之知觉,主于中而应于外者也。指其发于形气者而言,则谓之人心,指其发于义理者而言,则谓之道心。"⑥ 姜特立指出,天理与俗情并不违背,所谓"道不远人",也是如此。宋人正是因为意识到"道""俗"的一致性,所以并不自我标榜"雅",而把自己与普通大众区分开来,并不排斥俗世、俗人、民俗活动,并且带着一双审美的眼光与深思的精神观察身边的生活和身边的人。

宋人从平凡实在的民俗生活中发现生命的真谛,往往摆脱了佛道的虚无性,重视自然界生命的力量。程颢曰"万物静观皆自得,

---

① 钱仲联校注:《剑南诗稿校注》卷四十八,上海古籍出版社 2005 年版,第 2930 页。

② 钱仲联校注:《剑南诗稿校注》卷四十三,上海古籍出版社 2005 年版,第 2686 页。

③ 《连日往来湖山间颇乐即席有作》,钱仲联校注《剑南诗稿校注》卷四十二,上海古籍出版社 2005 年版,第 2655 页。

④ 钱仲联校注:《剑南诗稿校注》卷七十八,上海古籍出版社 2005 年版,第 4232 页。

⑤ 《一年佳节惟立春元夕并在一日亦盛事也灯火笙簧处处有之斗城且尔况京都乎追想旧游成一诗聊摅郁郁》,傅璇琮主编《全宋诗》,北京大学出版社 1998 年版,第 38 册,第 24210 页。

⑥ (宋)蔡沈注:《书经集传》卷一,影印文渊阁四库全书本。

四时佳兴与人同"①,《濂溪学案》记载:"周茂叔窗前草不除去,问之,云:'与自家意思一般。'子厚观驴鸣,亦谓如此。"② 钱穆解释说:

> 观驴鸣可悟驴之生气与生理,此是驴之性。因于驴性,可悟己性。颢又说:观雏鸡可以识仁。这也是格物。雏鸡一片生趣,便知人心也如是。颢又观池盆中小鱼,说:欲观万物自得意。池盆中小鱼如何般自得,即如自己心气自得时意味。如是观物,便观到鸢飞戾天,鱼跃于渊,盈天地间,生趣洋溢,活泼泼地,一片天机。③

宋人不仅仅静观自然万物,对人情世态民俗也采取静观的心态。以静观的心态观照民俗中具有旺盛生命力的人,观察不同于自身的那一类人的生机与活力,宋代理学重视生机和活力,程颐曾说:"天地之大德曰生。天地絪缊,万物化醇,生之谓性。万物之生,意最可观。"④ 钱锺书说:"盖儒家论道,最重活泼泼生机,所谓乾也,仁也,天地之大德曰生,皆指此而言。"⑤ 所以宋人喜欢从万物中体会生机。而从宋代的民俗诗歌所塑造的人物身上,也可以发现一片盎然生机。

---

① 《秋日偶成》,(宋)程颢、程颐《二程集》,中华书局 1981 年版,第 476 页。
② 黄宗羲:《宋元学案》,世界书局 1936 年版,第 304 页。
③ 同上书,第 324 页。
④ (宋)程颢、程颐撰,潘富恩导读:《二程遗书》卷十一,上海古籍出版社 2000 年版,第 120 页。
⑤ 钱锺书:《谈艺录》,中华书局 1984 年版,第 230 页。

第三节　风格俚俗化

宋代诗人还倾向于客观真实地表现民俗，所以民俗不可避免地打上"俗"的烙印。事实上，民俗的魅力也在于其"俗"，民俗诗歌的魅力也在于此。

一　俚俗化的表现

民俗诗歌首先在题材上是"俗"的，民俗诗歌所涉及的题材不外乎百姓生活中的衣食住行、婚丧嫁娶等日常生活琐事，以乡村生活、市井生活中的民俗为主。与传统诗歌所反映的朝政兴废、国家存亡等大事相比，民俗诗歌只是属于"俗"的题材。而宋代诗人却喜欢关注并欣赏生活中"俗"的事物，苏轼在《超然台记》中说；"凡物皆有可观，苟有可观，皆有可乐，非必怪奇玮丽者也。"① 黄庭坚在《题意可诗后》也说："若以法眼观，无俗不真。若以世眼观，无真不俗。"②

其次，民俗诗歌之"俗"还表现在语言之"俗"。宋代民俗诗歌中语言很通俗，有的使用口语，平白如话，如姜特立《里中驱傩》："如今身老大，不似小时看。"③ 而最典型的还是以方言俗语入诗，宋人也注意到诗人以方言入诗的现象：

---

① 孔凡礼点校：《苏轼文集》卷十一，中华书局1986年版，第351页。
② 《黄文节公全集》正集卷二十五，刘琳、李勇先、王蓉贵校点《黄庭坚全集》，四川大学出版社2001年版，第665页。
③ 姜特立：《梅山续稿》卷十五，影印文渊阁四库全书本。

　　方言可以入诗。吴中以八月露下而雨，谓之淋露；九月霜降
而云，谓之护霜。竹坡周少隐有句云："雨细方淋露，云疏欲护
霜。"方言又有：勃姑、鸦舅，槐花黄、举子忙，促织鸣、懒妇惊
之类。诗人皆用之。大抵多吴语也。①

——《梁溪漫志》（卷七）

　　清人李树滋在《石樵诗话》卷四中说："用方言入诗，唐人已有
之，用俗语入诗，始于宋人。"② 宋代民俗诗歌多以方言俗语入诗，陆
游是突出的一个，例如，"弊裤久当脱，短褐竟未送"③，作者自注曰：
"吴中谚语曰：'未吃端午粽，布袄未可送。'俗谓典质曰送。"再如，
"荒园抛鬼饭，高机置神鹅"④，作者自注曰："村人谓祭神之牲曰神
鹅、神猪。"清马星翼《东泉诗话》卷二亦云："陆诗'妇喜蚕三幼。'
自注：'乡中谓蚕眠为幼。'又'山中户户作梅忙'，自注：'乡俗谓选
择梅杨为作梅。''年年来及贡梅时'，自注：'乡俗谓杨梅止曰贡。'
陆诗此类甚多，不备录。"⑤ 清查慎行《得树楼杂钞》卷十五云："放
翁诗好用越中土物俗语，不一而足。"⑥

　　而宋代民俗诗歌最典型的以方言入诗的例子是陈造的《房陵十
首》，十首诗歌形成连章体，诗歌反映房陵的民俗生活，有意识地运用
方言俗语入诗，又担心造成读者的阅读障碍，就逐首注释诗歌中的民

---

① （宋）费衮撰，骆守中注：《梁溪漫志》卷七，三秦出版社 2004 年版，第 80 页。
② 湛之编：《杨万里范成大资料汇编》，中华书局 1964 年版，第 94 页。
③ 钱仲联校注：《剑南诗稿校注》卷四十六，《五月十日晓寒甚闻布谷鸣有感》，上
海古籍出版社 2005 年版，第 2815 页。
④ 钱仲联校注：《剑南诗稿校注》卷四十八，《赛神》，上海古籍出版社 2005 年版，
第 2891 页。
⑤ 《东泉诗话》，杜松柏主编《清诗话访佚初编》，中国台北新文丰出版社 1988 年版。
⑥ （清）查慎行：《得树楼杂钞》，丛书集成续本，上海书店 1994 年版。

俗与方言俗语，足见作者的良苦用心。兹录《房陵十首》① 如下：

似闻仙伯厌乘龙，常混红尘市井中。觌面未须趄避我，褰衣无计跂寻公。（房人谓巧避云趄避，力寻为跂寻）

阴晴未敢卷帘看，苦雾蒙蒙鼻为酸。政使病余刚制酒，一杯要敌涝朝寒。（晨起雾久乃开，土人目曰涝朝）

霄坛歌舞杂嗟吁，下酉犹濡上酉枯。谁谓朝来一拆雨，欢声已觉沸通衢。（潴水溉曰酉，得雨曰一拆雨）

竹屋高低正复斜，蔚蓝影里著人家。底消山峡三分瘴，争课卢仝七椀茶。（土人晨饮茶，云胜山岚气，又曰防三分瘴）

夏田少雨富来牟，多雨何妨稼事秋。已戒曰供皮子面，更教晚稻饱霜收。（面皆㽱，不㽱者曰皮子面。稻得霜乃收，曰饱霜米）

跨牛待得夕阳回，在处诸嬚笑口开。已借蜡钱输麦税，免教缉捕闯门来。（弓手下乡，目以缉捕）

杯酒清浓肉更肥，咸言趁社极欢嬉。丁宁向去坐年日，要似如今敛脯时。（年日饮食曰坐年，社日曰敛脯）

农闲间里有逢迎，白饮傍边骨在羹。老稚不妨顽过日，边头难得是升平。（俗谓戏曰顽，羹曰骨在）

刈罢秋禾未敢慵，更须趁逐过残冬。城中竹筻今年贵，盐著新来免阙供。（卖枯竹供爨曰竹筻）

翁媪同围老瓦盆，倒筪新酒杂清浑。枧南枧北皆春社，且放乌犍卧晏温。（村落所聚曰枧）

---

① （宋）陈造：《江湖长翁集》卷十九，影印文渊阁四库全书本。

陈造的《房陵十首》用方言俗语展现民俗风情，使诗歌内容与形式达到一种和谐之美。

宋代以方言入诗是宋人的自觉追求。《邵氏闻见后录》卷一九记载："刘梦得（禹锡）作《九日诗》，欲用糕字，以五经中无之，辍不复为。宋子京（祁）以为不然。故子京《九日食糕》有咏云：'飙馆轻霜拂曙袍，糗餈花饮斗分曹。刘郎不敢题糕字，虚负诗中一世豪。'"① 看来，在中唐时期，尽管白居易提倡"新乐府运动"，但是诗人还是追求"雅"，以致连向民歌学习的刘禹锡也不敢用六经中没有出现过的"糕"字，从而遭到宋祁的嘲笑。而宋代的诗歌却不避讳"糕"字，并且在九日重阳节的民俗诗歌中多用"糕"字，似乎与刘禹锡反其道而行之，例如：

> 归去乞钱烦里社，买糕沽酒作重阳。②
>
> ——《和吕居仁九日诗》
>
> 药市神仙思益部，糕盘节物记京华。③
>
> ——陆游《戊午重九》
>
> 菊佩糕盘节物催，老怀抚事一悠哉。④
>
> ——陆游《九月初作》
>
> 浮蚁共伴今日醉，食糕空忆太平时。⑤
>
> ——丘葵《九日》

---

① （宋）邵博：《邵氏闻见后录》卷一九，引前书，第 148 页。
② （宋）胡仔纂，廖德明校点：《渔隐丛话后集》卷六，人民文学出版社 1962 年版，第 40 页。
③ 钱仲联校注：《剑南诗稿校注》卷三十七，上海古籍出版社 2005 年版，第 2420 页。
④ 钱仲联校注：《剑南诗稿校注》卷五十一，上海古籍出版社 2005 年版，第 3059 页。
⑤ 傅璇琮主编：《全宋诗》，北京大学出版社 1998 年版，第 69 册，第 43895 页。

> 菊糕莫蟹年年有，未信今年此地无。①
>
> ——仇远《九日客中》

甚至，他们把九日作的诗歌称为"题糕"，例如：

> 似与花神期，拈出糕字题②。
>
> ——李昂英《重九游郁孤台和座客韵》
>
> 题糕酒外豪心在，吹帽风前素发稀。③
>
> ——张蕴《九日》
>
> 烽火太平州送酒，檄书余暇客题糕。④
>
> ——陈杰《南楼登高》

最后一些民俗诗歌还采用了"俗"的文学体裁。诗歌在产生之初，民俗就与诗歌结合在一起，可以说，几乎所有的诗歌体裁都包含民俗，民俗在不同体裁中都有所展现。例如，屈原的骚体诗歌中也有大量的民俗描写。在诗歌发展之后，诗歌分为文人创作与民间创作两大系统，"饥者歌其食，劳者歌其事"，所以民俗诗歌较多地被保存在民间传统的诗歌中，乐府诗歌就是很好的表现形式。以"诗言志"为导向的文人诗歌与之分道扬镳。而魏晋以后，受到"诗赋欲丽"文学观念的影响，诗歌与表现民俗的传统愈加背道而驰，这种局面一直到了中唐时期才得以扭转。在中唐这个变革的时代，诗歌也在盛唐诗歌的顶峰下寻找新的突破，元稹白居易的"新乐府运动"、刘禹锡的竹

---

① （宋）仇远：《金渊集》（丛书集成丛编），中华书局1985年版，第26页。
② （宋）李昂英：《文溪集》卷十三，影印文渊阁四库全书本。
③ （宋）陈起编：《江湖小集》卷八十九，影印文渊阁四库全书本。
④ （宋）陈杰：《自堂存稿》卷三，影印文渊阁四库全书本。

枝词等都在各自开拓文学的活动中带动了民俗诗歌的繁荣。[①]

　　宋代的民俗诗歌不同于前代民间文学的集体创作，多是由有一定文化水平的文人创作，这是因为宋代教育水平较高，印本文化使人们获取知识更加容易，科举制度的推行使社会上受教育的人群增多。并且，宋代知识分子与下层百姓紧密联系，熟悉民间文化，所以他们达到一个更高层次后，反过来主动向民间文化学习。宋代的民俗诗歌创作采用多种体裁，乐府诗歌反映民俗的传统依然得到发扬，而民俗的题材也渗透到格律诗中。而宋代一个突出现象是诗人主动向民俗文化学习，用竹枝词等俗体来反映民俗。

　　竹枝词本是三峡地区的一种民歌，又称巴渝舞，最早起源于夔州。《太平寰宇记》（卷一百三十七）记载："其民俗聚会，则击鼓，踏木牙，唱竹枝为乐。"《乐府诗集》亦曰："竹枝本出巴渝"。对竹枝词的发展影响最大的是刘禹锡。刘禹锡在永贞革新失败后，屡遭贬谪，于唐穆宗长庆二年至四年（822—824），被贬谪为夔州刺史，他写了《竹枝词九首》《竹枝词两首》。唐圭璋说："宋元以降，竹枝词作者寖多，形式与七言绝句无异，内容则以咏风土为主，无论通都大邑或穷乡僻壤，举凡山川胜迹，人物风流，事业民情，岁时风俗，皆可抒写，非仅诗境得以开拓，且保持丰富之社会史料。"[②] 宋代创作《竹枝词》的诗人增多，创作的《竹枝词》数量也多了起来，北宋有黄庭坚的《竹枝词两首》，苏轼、苏辙各有《竹枝歌》一首。南宋时期杨万里有《峡山竹枝词》、范成大有《夔州竹枝歌九首》、孙嵩《竹枝歌》九首、赵文《竹枝词》两首、宋无《竹枝词》一首、无名氏的《归州竹枝

---

　　① 具体情况可以参阅刘航的《中唐诗歌嬗变的民俗观照》

　　② 唐圭璋：《竹枝词纪事诗·序》，丘良任《竹枝纪事诗》，暨南大学出版社1994年版。

词》等。

南宋时期，杨万里是大力创作竹枝词的诗人。有《峡山寺竹枝词五首》《过显济庙前石几竹枝词二首》《过白沙竹枝歌六首》《过乌石大小二浪滩俗呼浪为郎因戏作竹枝歌二首》《竹枝歌七首》，摘录几首如下：

峡里撑船更不行，棹郎相语改行程。

却从西岸抛东岸，依旧船头不可撑。①

——《峡山寺竹枝词》其一

一滩过了一滩奔，一石横来一石蹲。

若怨古来天设险，峡山不到也由君。

——《峡山寺竹枝词》其四

大几愁似小几愁，篙稍宽时船即流。

撑得篙头都是血，一几又复在前头。②

——《过显济庙前石几竹枝词二首》其二

绝怜山崦两三家，不种香秔只种麻。

耕遍沿堤锄遍岭，都来能得几生涯。③

——《过白沙竹枝歌》其三

东沿西泝浙江津，去去来来暮复晨。

上岸牵樯推稚子，隔船招手认乡人。④

——《过白沙竹枝歌》其四

---

① （宋）杨万里撰，辛更儒笺校：《杨万里集笺校》卷十六，中华书局 2007 年版，第 815 页。

② 同上书，第 817 页。

③ （宋）杨万里撰，辛更儒笺校：《杨万里集笺校》卷二十六，中华书局 2007 年版，第 1361 页。

④ 同上书，第 1361 页。

岸傍燎火莫阑残，须念儿郎手脚寒。

更把绿荷包热饭，前头不怕上高滩。①

——《竹枝歌七首》其五

峡山显济庙竹枝词诗歌突出三峡一带江流湍急、石滩凶险的特征，具有浓郁的地域特色，而"棹郎相语改行程""撑得篙头都是血"等充满了浓郁的民俗风情。白沙竹枝反映当地土地贫瘠，百姓生活艰难，"不种香秔只种麻"的民俗及船家"上岸牵樯推稗子，隔船招手认乡人"的习俗。"绿荷包热饭"则说明了当地人们为行人准备的食物，反映他们的饮食习惯。

相较杨万里的竹枝词突出地域风情，范成大的《夔州竹枝歌九首》② 几乎每一首都描写了当地的民俗，更关注民俗中的人物：

五月五日岚气开，南门竞船争看来。

云安酒浓曲米贱，家家扶得醉人回。（其一）

赤甲白盐碧丛丛，半山人家草木风。

榴花满山红似火，荔子天凉未肯红。（其二）

新城果园连瀼西，枇杷压枝杏子肥。

半青半黄朝出卖，日午买盐沽酒归。（其三）

瘿妇趁墟城里来，十十五五市南街。

---

① （宋）杨万里撰，辛更儒笺校：《杨万里集笺校》卷二十八，中华书局 2007 年版，第 1431 页。

② （宋）范成大著，富寿荪标校：《范石湖集》卷十六，上海古籍出版社 2006 年版，第 220 页。

行人莫笑女粗丑，儿郎自与买银钗。（其四）

白头老媪簪红花，黑头女娘三髻丫。
背上儿眠上山去，采桑已闲当采茶。（其五）

百衲畲山青间红，粟茎成穗豆成丛。
东屯平田秔米软，不到贫人饭甑中。（其六）

白帝庙前无旧城，荒山野草古今情。
只余峡口一堆石，恰似人心未肯平。（其七）

滟滪如朴瞿唐深，鱼复阵图江水心。
大昌盐船出巫峡，十日溯流无信音。（其八）

当筵女儿歌竹枝，一声三叠客忘归。
万里桥边有船到，绣罗衣服生光辉。（其九）

　　诗歌写了夔州的特产，云安的酒，赤甲白盐的石榴荔枝，果园的枇杷、杏，以及独特的地理环境，滟滪堆的险、瞿塘峡的深等，反映当地五月五日竞渡的民俗，人们以农作物换取盐、酒的民俗，以及当地人独特的发髻、喜爱戴银饰和背着孩子劳作的民俗，以及这里烧畲的生产民俗和唱竹枝曲的娱乐民俗。

　　宋人喜欢竹枝词，并加以发展变化。宋代叶适翻为《橘枝词》，作《橘枝词三首记永嘉风土》："蜜满房中金作皮，人家短日挂疏篱。判霜剪雾装船去，不唱杨枝唱橘枝。"杨万里喜欢竹枝词的诗歌形式，不仅大力创作，并且还把这种诗歌形式运用到别的题材上面。江南水乡，有修"圩"围田的民俗，宋沈括《万春圩图记》曰："江南大都皆山也，可耕之地，皆下湿厌水濒江，规其地以堤而蓺其中，谓之圩。"① 杨万里创作了《圩丁词十解》② 以供修圩的人歌唱，诗歌如下：

> 圩田元是一平湖，凭仗儿郎筑作圩。万雉长城倩谁守，两堤杨柳当防夫。何代何人作此圩，石顽土腻铁难如。年年二月桃花水，如律流归石白湖。上通建德下当涂，千里江湖缭一圩。本是阳侯水精国，天公敕赐上农夫。南望双峰抹绿明，一峰起立一峰横。不知圩里田多少，直到峰根不见塍。两岸沿堤有水门，万波随吐复随吞。君看红蓼花边脚，补去修来无水痕。年年圩长集圩丁，不要招呼自要行。万杵一鸣千畚土，大呼高唱总齐声。儿郎辛苦莫呼天，一日修圩一岁眠。六七月头无滴雨，试登高处望圩田。岸头石板紫纵横，不是修圩是筑城。传语赫连莫蒸土，霸图未必赛春耕。河水还高港水低，千枝万派曲穿畦。斗门一闭君休笑，要看水从人指挥。圩上人牵水上航，从头点检万农桑。即非使者秋行部，乃是圩翁晓按庄。

杨万里在序言中解释了江东水乡修"圩"的民俗及创作目的：

> 江东水乡，堤河两涯，而田其中，谓之圩。农家云："圩者，围也。内以围田，外以围水。"盖河高而田反在水下。沿堤通斗门，每门疏港以溉田，故有丰年而无水患。余自溧水县南一舍所登蒲塘河，小舟至镇，水行十二里，备见水之曲折。上自池阳，下至当涂，圩河皆通大江，而蒲塘河之下十里所，有湖曰石白，

---

① 沈括：《长兴集》卷九，影印文渊阁四库全书本。
② （宋）杨万里撰，辛更儒笺校：《杨万里集笺校》卷三十二，中华书局2007年版，第 1643—1644 页。

广八十里。河入湖，湖入江。乡有圩长，岁晏水落则集圩丁，日具土石，捷枝以修圩。余因作词，以拟刘梦得竹枝柳枝之声，以授圩丁之修圩者，歌之以相其劳云。

竹枝词善写风土是一个特点，它的另一个特点是语言俚俗化。刘禹锡言："昔屈原居沅湘之间，其民迎神，词多鄙陋，乃为作九歌。……故余亦作竹枝九篇，俾善歌者扬之。"刘禹锡仿照屈原改造民间迎神曲的做法，改造竹枝词。尽管诗人努力改造竹枝词的俚俗的一面，但是如果完全去掉了竹枝词的俚俗性质，竹枝词也就不复存在了。所以相对来说，竹枝词还是具有俚俗的一面。例如，"知侬笠漏芒鞋破，须遣拖泥带水行"（《竹枝歌七首》其七），"拖泥带水"，语言何其通俗！

综上所述，宋代民俗诗歌的特征之一是风格俚俗化，风格俚俗化重点表现在语言俚俗化。宋代的诗歌，尤其是南宋时期的民俗诗歌，也因为俚俗而屡屡遭人批评。前人评价杨万里诗歌，多次提到"俗"这个特点，并有所诟病。如翁方纲曰："俚俗过甚！"[1] 蒋鸿翻曰："杨诚斋诗，粗直生硬，俚辞谚语，冲口而来……乃从村庄儿女，搀入布经麻纬！"[2] 李慈铭曰："诚斋则粗梗油滑，满纸村气！"[3] 贺裳评价宋诗：

　　宋人力贬绮靡，意欲淡雅，不觉竟入酸陋。如戴敏才"引些

----

① 翁方纲：《七言律诗钞·凡例》，见湛之编《杨万里范成大资料汇编》，中华书局1964年版，第86页。
② 蒋鸿翻：《寒塘诗话》，见湛之编《杨万里范成大资料汇编》，中华书局1964年版，第68页。
③ 李慈铭：《越缦堂日记·阅石湖诚斋、两家诗》，见湛之编《杨万里范成大资料汇编》，中华书局1964年版，第98页。

渠水添池满，移个柴门傍竹开。"二虚字恶甚。其子复古"一心似水唯平好，万事如棋不著高"；高菊涧"主人一笑先呼酒，劝客三杯便当茶"；王梦弼"三年受用惟栽竹，一日工夫半为梅"；方翥《寄友》"胸中礧积千般事，到得相逢一语无"；程东夫"荒村三月不知味，并与瓜茄倚阁休"。当时自以为入情切事，不知皆村儿之语，徒供后人捧腹耳。①

而范成大、陆游作为民俗诗歌创作的领军人物，也多遭人批评。反过来，这些批评也说明了宋代民俗诗歌俚俗化的本质。

二 俚俗化的自觉

诗人焉不知自己的诗歌俚俗？他们非不知也，俚俗乃是他们有意而为。俚俗是宋代诗人自觉的文学追求，王琪主张："诗家不妨间用俗语，尤见工夫……此点瓦砾为黄金手也。"② 惠洪说："句法欲老健有英气，当间用方俗言为妙，如奇男子行人群中，自然有颖脱不可干之韵。"③ 戴复古谈到自己创作体会时说，"贾岛形模元自瘦，杜陵言语不妨村，谁解学西昆"④，戴复古称赞别人的诗为"诗律变成长庆体"⑤。长庆体源于白居易、元稹的文集名，是对唐代白居易、元稹诗的泛称。也许并不是他们的全部诗作都使用了这些创作理论，但是宋代的民俗诗歌确实在运用方言俗语方面尤其突出，在风格俚俗化方面

---

① 贺裳《载酒园诗话》卷一，郭绍虞编选，富寿荪校点《清诗话续编》，上海古籍出版社 1983 年版。
② （宋）魏庆之：《诗人玉屑》卷六引《西清诗话》，上海古籍出版社 1978 年版，第 136 页。
③ （宋）释惠洪：《冷斋夜话》卷四，影印文渊阁四库全书本。
④ 《望江南·石屏老》，（宋）戴复古《石屏词》，影印文渊阁四库全书本。
⑤ 《望江南·壶山好》，（宋）戴复古《石屏词》，影印文渊阁四库全书本。

更加明显。

宋代民俗诗歌的俚俗性还是宋代诗人审美标准的变化——以平淡为艺术追求的结果。周裕锴先生在《宋代诗学通论》中认为"平淡的诗观是作为'雕章丽句''铺锦列绣'的西昆体诗观的反面而提出来的。欧阳修及其诗友苏舜钦、梅尧臣最先大张旗鼓提倡'平淡'和'古淡'"。① 周裕锴先生进一步给予"淡"的解释说明是"味不浓，色不深，情不热，简易、素朴、平和、清净、冷漠、超然"。周裕锴先生进一步分析宋代以前的中国诗歌缺乏平淡的诗歌传统，他说：

> 然而，在中国古典诗歌的传统中，平淡的审美理想却出现很晚。如果说《诗经》中尚有几分质朴的古淡的话，那么，在《楚辞》那里已经完全为浪漫的瑰丽所取代。两汉文学继承楚文化传统，除了少量乐府诗，文人作品走的都是铺张扬厉的一路，扬雄所谓"诗人之赋丽以则，辞人之赋丽以淫"（《法言·吾子》），曹丕所谓"诗赋欲丽"（《典论·论文》），就是其时尚丽观念的体现。魏晋时期虽然玄学大盛，但其时诗坛的审美趣味却并不平淡。或是建安时期的激昂，"观其时文，雅好慷慨"；或是太康诗歌的文采，"结藻精英，流韵倚靡"；甚至连写"玄言精理"的玄言诗，也是"澹思浓采"语言多藻饰；更不用说南朝"情必极貌以写物，辞必穷力而追新"的诗歌了（参见《文心雕龙·时序》《明诗》）……（唐代诗坛）平淡仍未被作为理想风格而为诗人所自觉追求。

由以上对于平淡风格的否定可以看出，平淡不是浪漫主义而是现

---

① 周裕锴：《宋代诗学通论》，上海古籍出版社 2007 年版，第 333 页。

实主义，平淡不是"铺张扬厉"的修辞，平淡不是情感上的"激昂"，平淡不是语言的藻饰。那么，平淡是什么呢？排除以上几点，那就可以得出结论：平淡就是如实、客观。那么，民俗它是什么样子就写什么样子，就不用避讳"俗"的本性，所以，宋代民俗诗歌尽力还原真实的民俗生活，读宋代民俗诗歌，那虽俗而温馨的民俗画面、那虽俗而亲切的俗言俗语、那虽不入流但熟悉的民间小调等一股熟悉的民俗生活气息扑面而来。

另外，创作对象的变化也影响了宋代民俗诗歌的创作。如果说早期的文学是自发的创作，没有明确的读者意识的话，那么在宋代，这种情况大为改观。宋代的文学是一种自觉的文学创作，文学作品最终是为了阅读，所以读者决定了文学的创作倾向。王禹偁《畲田词》序称："其词俚，欲山甿之易晓也。"[1] 其创作对象为"山甿"。刘克庄《立春二首》其二称，"近来死尽吟诗者，得句聊从野叟夸"[2]，可见其创作对象为"野叟"。竹枝词的产生本来就是在船夫牵引船只前行时以激励士气、协调动作之用，杨万里的竹枝词创作是为了"捭善歌者扬之"，《圩丁词》创作是为了"以授圩丁之修圩者歌之，以相其劳"，其创作对象主要是拉纤夫、修圩的劳动者。所以，读者的欣赏水平也影响了作者的创作风格。

宋代的书院和学校众多，宋代普通百姓的文化水平较高。关于这一点，刘文刚先生在《宋代的隐士与文学》中进行了说明：

> 宋初兴建了大量书院，多数是那些留意教育的乡绅和士大夫修的。有的书院环境幽雅，气派宏大。处士胡仲尧在风景清丽的

---

① （宋）王禹偁：《小畜集》卷八，四部丛刊本。
② （宋）刘克庄：《后村先生大全集》卷二，四川大学出版社 2008 年版，第 1122 页。

玄秀峰建的书堂，"筑室百区，聚书五千卷""列植松竹，间以葩华。涌泉清池，环流其间；虚亭菌阁；鼎峙其上"，是一个读书的好环境。著名的书院有白鹿洞书院、石鼓书院、应天府书院、岳麓书院，合称"四大书院"。大型书院在校生员多达千人以上。宋代政府也大肆兴建学校。景祐四年，"诏藩镇立学"。庆历四年，"诏诸路州军监，各令立学"。生员二百人以上的，还许设置县学。自此以后，州郡都建立学校。学校的普遍建立和书籍的日益丰富，为更多的人提供了就学的机会，大大扩大了教育面。原来受高级教育的，多是官吏、地主、富有的商人子弟，现在一些富裕的市民子弟和祖祖辈辈种田的富裕的农家子弟，也受到良好的教育，成为士人。这样，士的员数空前增长，士的队伍空前壮大。①

宋代的科举政策也吸引着下层百姓参与文化学习，宋黄廉在《劝学》说明当时人们对于学习读书科举的热情："迩来习俗益迁善，家家门户争相高。驱儿市上买书读，宁使田间禾不薅。……古云将相本无种，从今着意鞭尔曹。"② 陆游也在诗歌中描写了村中儿童学习读书的情况，"儿童冬学闹比邻"③，自注曰："农家十月乃遣子入学，谓之冬学。""三冬暂就儒生学"④，自注："村人惟冬三月遣儿童入学。"正因为百姓文化水平的提高，才使百姓成为宋代文化的重要消费群体。宋代勾栏瓦肆的繁荣，也足以说明了市民文化消费的繁荣。

---

① 刘文刚：《宋代的隐士与文学》，四川大学出版社1992年版，第2页。
② 《山西通志》卷二百二十二，影印文渊阁四库全书本。
③ 钱仲联校注：《剑南诗稿校注》卷二十五，《秋日郊居》，上海古籍出版社2005年版，第1783页。
④ 钱仲联校注：《剑南诗稿校注》卷一，《观村童戏溪上》，上海古籍出版社2005年版，第103页。

　　正是在这种文化需求下，宋代文人的创作对象一方面是上层社会的精英人士，另一方面是下层百姓。《武林旧事》卷十下记载演史作者有乔万卷、许贡士、张解元、陈进士等，足见当时士人参加说书讲史，其所创作的对象自然是普通百姓。诗歌创作也是如此。《宋诗纪事》引《夷坚志》记载："曹道冲售诗京都，随所命题即就。"① 《东南纪闻》载："昔有诗客朱少游者，在街市立卓（桌）卖诗，以精敏得名。"② 《梦粱录》记载："有李济卖酸文……在五间楼前大街坐铺。"③ 诗歌，在这里成了宋代市民的消费品。

　　南宋时期，这种现象更甚。文学批评家批评北宋大家"以才学为诗"，其实已经包含了南宋人否定了北宋大家在诗歌中典故的运用，究其原因，一方面，说明南宋人整体文学素质下降，学者大儒型的诗人少了，另一方面，也说明了下层百姓参与文学欣赏，他们的阅读能力要求读那些接近他们生活的、通俗易懂的作品。民俗诗歌是其中的一个方面，所以，宋代诗歌从文人的书斋走上了街头，走到了民间。

　　宋代创作对象则是平民百姓，自然要求相对通俗的作品。就像白居易的乐府诗完成后首先读给老婆婆听，也是照顾读者们的理解水平。所以，宋代民俗诗歌呈现出俚俗化的一面。

　　宋代创作对象则是平民百姓，那么，接近他们生活的东西自然容易为他们所接受，民俗则首当其冲。仇万顷所卖之诗，其内容多是市民平日所用之事物，如扇子、棺材、针。并且这样的文学创作本身也要求创作者对于百姓生活，包括衣食住行各方面都有所了解，所以对民俗的熟悉是首要的。而宋代社会对于科举的热衷促进了大批人参与

---

① （清）厉鹗辑：《宋诗纪事》卷三十六，上海古籍出版社1983年版，第390页。
② 《东南纪闻》（丛书集成初编）卷二，中华书局1991版。
③ （宋）吴自牧：《梦粱录》卷十三，影印文渊阁四库全书本。

文化学习，但是尽管宋代科举录取的人数较多，依然有很多士子落第，他们混迹于百姓之中，对百姓生活民俗自然非常熟悉。所以，宋代文学创作对象的变化也同时说明了民俗诗歌繁荣的原因。

第四节　民俗诗意化

中国古代有许多民俗著作，有的民俗著作是出于教化民众的目的，宋代出现一些家训类作品，如朱熹的《家礼》，颜之推的《颜氏家训》，尽管保存了当时社会的一些民俗史料，但主要也是出于这个目的。这类著作关注点在于世情、道德。还有一类作品记载民俗是出于保存史料的作用，史志类作品的作者一般出于此目的，如史书地理志、地理类著作和地方志。宋代的一些笔记保存民俗史料有时也是出于这个目的。而一些民俗诗歌在表现民俗的时候却有自己独特的目的，那就是表现美，所以，宋代民俗诗歌立足于展现民俗的诗意性。

一　诗意化居住交通民俗

蜑户，生活在江淮一带的水中，不上岸生活。《舆地纪胜》记载："蜑家，即江淮所谓鱼蛮子也。自为雏时，母负而跃，已与风涛相忘，若夫朝霞耀鲜，夕风泛凉，彼自得之，而不与世接，其亦隐于渔者之风味欤？"① 杨万里有反映蜑户独特生活民俗的诗歌：

---

① 《舆地纪胜·广南东路·梅州》卷一百〇二，江苏广陵古籍刻印社 1991 年版，第826 页。

天公分付水生涯，从小教他踏浪花。

煮蟹当粮那识米，缉蕉为布不须纱。

夜来春涨吞沙嘴，急遣儿童劚荻芽。

自笑平生老行路，银山堆里正浮家。①

——杨万里《蜑户》

杨万里用诗歌描写"蜑户"的民俗生活，该诗充满了诗情画意，把蜑户的生活描写得充满了自由与快乐，尽管日子有一点点简朴，但少了世俗繁华的诱惑，自有简单的快乐。他们在银山堆里（即水上）以舟为"浮家"，诗意自在地生活。杨万里的《蜑户》则体现了宋代诗人对于民俗的诗意反映。

再来对比同样反映蜑户生活的苏轼的《鱼蛮子》：

江淮水为田，舟楫为室居。鱼虾以为粮，不耕自有余。

异哉鱼蛮子，本非左衽徒。连排入江住，竹瓦三尺庐。

于焉长子孙，戚施且侏儒。擘水取鲂鲤，易如拾诸途。

破釜不著盐，雪鳞芼青蔬。一饱便甘寝，何异獭与狙。

人间行路难，踏地出赋租。不如鱼蛮子，驾浪浮空虚。

空虚未可知，会当算舟车。蛮子叩头泣，勿语桑大夫。②

——苏轼《鱼蛮子》

陆游的《老学庵笔记》（卷一）记载了苏轼此诗的创作本事：

张芸叟作《渔父》诗曰：家住苧江边，门前碧水连。小舟胜

---

① （宋）杨万里撰，辛更儒笺校：《杨万里集笺校》卷十六，中华书局 2007 年版，第 813 页。

② 孔凡礼点校：《苏轼诗集》卷二十一，中华书局 1982 年版，第 1124 页。

养马，大罟当耕田。保甲元无籍，青苗不著钱。桃源在何处，此地有神仙。盖元丰中谪官湖湘时所作，东坡取其意为鱼蛮子云。①

可见，苏轼诗作作于元丰时期，时因反对王安石变法，被贬官黄州。张舜民被贬官湘湖，到黄州看望苏轼，并送给苏轼《渔父》诗，于是苏轼根据他的诗歌诗意作了《鱼蛮子》。由诗歌我们可以看到，该诗交代了江南一带渔人的生活民俗，包括以水为田的劳动民俗，竹排相连，以竹瓦为庐、以舟为室的居住民俗，以及他们以鱼为食的饮食民俗。该诗主要突出鱼蛮子生活状况异常简陋，还担心舟车也要收租，借此以讽刺王安石变法与民争利的做法，全诗政治意味十分强烈。两相比较可见，苏轼采用传统写作方法反映民生疾苦，而杨万里在反映民俗上采用诗意的眼光。

再如杨万里写德清（今浙江湖州德清县）一带民俗：

> 人家两岸柳阴边，出得门来便入船。
> 不是全无最佳处，何窗何户不清妍。②

——《舟过德清》

德清具有水乡的民俗特点：家家屋旁，流水经过，柳荫轻拂，出门以舟代步。杨万里诗歌突出一幅清新悠闲的江南风情画面。作者说没有最佳处，实在是因为每一处都是风景，每一处都是图画。再如杨万里的《宿长乐县驿，驿皆用葵叶盖屋，状如棕叶云》：

> 都将葵叶盖亭中，树似桄榔叶似棕。

---

① （宋）陆游著，李剑雄、刘德权点校：《老学庵笔记》，中华书局1979年版，第3页。
② （宋）杨万里撰，辛更儒笺校：《杨万里集笺校》卷八，中华书局2007年版，第448页。

欲问天公觅微雪，装成急响打船篷。①

诗人看到长乐县驿用葵叶盖屋的民俗，抛开了具体的民俗而联想开去，想到如果向天公借来一点小雪花装点一下，肯定有雪打船篷图画般的意境。

二 诗意化的饮食民俗

民以食为天，饮食在人们生活中最重要。但是前人却很少诗意地看待饮食。莫砺锋先生《饮食题材的诗意提升：从陶渊明到苏轼》②认为，要想诗意地提升饮食题材，需要两个条件，其一需要作者既非贫者亦非富贵中人，其二需要作者有一个热爱生活的心灵。而宋代诗人士大夫多出身庶族，并且入仕后俸禄优厚，而且宋代士大夫多从生活中寻找心灵的闲适，所以注重饮食，并在诗歌中表现美食。而各地不同的饮食民俗也是诗歌常常要反映的。宋代诗人喜欢诗意地反映具有独特特征的民俗饮食风味。

例如，周必大赋汤圆的诗歌："今夕知何夕，团圆事事同。汤官寻旧味，灶婢诧新功。星灿乌云里，珠浮浊水中。岁时编杂咏，附此说家风。"③ 家风，具有独家风味的食品。该诗反映了元宵节物——汤圆。汤圆本来是大家习以为常的食物，甚至平常得没有人写过，但是诗人一句"星灿乌云里，珠浮浊水中"的比喻顿时令其形象全出，诗意全出。

---

① （宋）杨万里撰，辛更儒笺校：《杨万里集笺校》卷十七，中华书局 2007 年版，第 876 页。

② 见《文学遗产》2010 年第 2 期。

③ 《元宵煮浮圆子，前辈似未尝赋此，坐间成四韵》，（宋）周必大《文忠集》卷四十三，影印文渊阁四库全书本。

再如杨万里《小饮，俎豆颇备江西淮浙之品，戏题》：

> 满盘山海眩芳珍，未借前筹已咽津。
>
> 鲎酱子鱼总佳客，玉狸黄雀是乡人。（其一）

> 味含霜气洞庭柑，鲊带桃花楚水蛾。
>
> 春暖著人君会否？不教淮白过江南。①（其二）

诗歌反映江西淮浙一代的饮食民俗，有"鲎酱子鱼""玉狸黄雀""洞庭柑""楚水蛾""淮白"。诗人在诗歌中表现出对该饮食民俗的无限热爱，面对满盘山珍海味，未曾开吃已经津液满口，馋涎欲滴了。他又把食物比作人，鲎酱、子鱼如同佳客，玉面狸与黄雀鲊如同乡人给人以亲切之感，杨万里另有诗云："坐无黄雀牛尾狸，荆溪日日思江西。"②淮白，淮河白鱼。杨万里认为必须用淮水煮淮白方好吃，不能用江南的水。杨万里《初食淮白》曰："淮白须将淮水煮，江南水煮正相违。"③杨万里如此在意鱼的做法，足见杨万里对该饮食的喜爱程度。

再如陆游《戏咏乡里食物示邻曲》：

> 山阴古称小蓬莱，青山万叠环楼台。不惟人物富名胜，所至地产皆奇瑰。茗芽落硙压北苑，药苗入馔逾天台。明珠百舸载芡实，火齐千担装杨梅。湘湖莼长涎正滑，秦望蕨生拳未开。箭萌

---

① （宋）杨万里撰，辛更儒笺校：《杨万里集笺校》卷八，中华书局 2007 年版，第 463 页。

② 《毗陵郡斋追忆乡味》，（宋）杨万里撰，辛更儒笺校《杨万里集笺校》卷十，中华书局 2007 年版，第 547 页。

③ （宋）杨万里撰，辛更儒笺校：《杨万里集笺校》卷二十七，中华书局 2007 年版，第 1401 页。

蛰藏待时雨，桑蕈菌蕈惊春雷。樱花蒸煮蘸酼酱，姜茁披剥腌糟醅。细研罂粟具汤液，湿裹山蓣供炮煨。老馋自觉笔力短，得一忘十真堪咍。从今置之勿复道，一瓢陋巷师颜回。①

诗歌写出山阴一带的饮食特产，显示了饮食民俗特征。作者满含喜爱之情写出了富有特色的饮食，首先运用比较方法突出了茗芽赛过所谓的北苑名茶，把药苗纳入食谱对健康的作用胜过在天台山修道成仙。然后以芡实的明色与杨梅的火色形成了鲜明的视觉对比，再次之，莼菜饱满，汁液欲滴，蕨菜卷曲未及舒展，小小的竹笋与桑蕈在期待着春天的到来，形神兼备。然后写出不同食物的不同吃法：棕笋蒸后蘸酱吃，姜可以剥皮之后腌制来吃，谷物研碎熬汤喝，山药可以烘烤而吃。对于这些乡里食物，对它们的形态、色泽、食用方法是如此熟悉，作者细细道来，足见作者的喜爱之情，其比较、拟人及动词的使用使人感觉诗意盎然。

三　诗意化的劳动、祭祀民俗

一提到劳动，就给人以辛苦的印象，"面朝黄土背朝天""汗滴禾下土"等语句自然而出。喜欢逸豫而避免劳作是人情之必然。但是宋代诗人诗歌写劳动的民俗状况，总是充满了诗意。例如，《江山道中蚕麦大熟》曰："新晴户户有欢颜，晒茧摊丝立地干。却遣缲车声独怨，今年不及去年闲。"② 该诗歌写丰收的时候晒茧摊丝的民俗，运用拟人手法，以人的口吻模拟缲车说：今年没有去年闲。以缲车的抱怨反衬农人丰收的喜悦。陆游《冬晴日与子坦子聿游湖上》曰，"村南村北

---

① 钱仲联校注：《剑南诗稿校注》卷四十四，上海古籍出版社 2005 年版，第 2749 页。
② （宋）杨万里撰，辛更儒笺校：《杨万里集笺校》卷十三，中华书局 2007 年版，第 677 页。

纺车鸣，打豆家家趁快晴"①，此诗只有劳动的紧张与快乐，没有前期田家诗歌的哀叹。陆游的《新春感事八首终篇因以自解》曰，"一年最好早春天，风日初和未脱绵。坎坎圆鼙赛神社，翻翻小伞下湖船"②，诗歌把赛社民俗、劳动民俗与春天的明媚风景融为一体，民俗成了风景的一部分。民俗劳动为风景增添了动感，鼓声坎坎，小伞随风翻动，使整个画面也灵动起来。叠语的运用更增加了诗的韵味。范成大《插秧》曰："种密移疏绿毯平，行间清浅谷纹生。谁知细细青青草，中有丰年击壤声。"诗歌不仅把插秧的民俗劳动当作一副田园风景来写：一望无际的绿毯上有细细密密的水纹荡漾。而且诗歌看到劳动的民俗就似乎看到了丰收的希望，感受到时代太平的愉悦。客观的民俗因为作者的心情而染上了无限的诗意。

　　还有一些歌咏生产工具的诗歌，反映了当时的生产民俗，这些诗歌一般说来以突出生产工具的特性与使用情况为主，诗歌较为平实，但是，宋代也有许多诗歌诗意地反映当时的生产工具。例如，杨万里的《桑茶坑道中》（其五）曰，"秧畴夹岸隔深溪，东水何缘到得西。溪面只消横一枧，水从空里过如飞"③，诗歌运用夸张的手法，形象地展现了农人在溪面上架起槽管，引水灌溉农田的景象，把静态的景象写得动感十足。陈与义《水车》有云，"江边终日水车鸣，我自生平爱此声。风月一时都属客，杖藜聊复寄诗情"④，寻常普通的水车也引发了诗人的诗思诗情。

　　再如艾性夫的《木绵布歌》：

---

① 钱仲联校注：《剑南诗稿校注》卷四十一，上海古籍出版社2005年版，第2595页。
② 钱仲联校注：《剑南诗稿校注》卷七十四，上海古籍出版社2005年版，第4089页。
③ （宋）杨万里撰，辛更儒笺校：《杨万里集笺校》卷三十四，中华书局2007年版，第1749页。
④ （宋）陈与义：《简斋集》卷十五，影印文渊阁四库全书本。

> 蜀山橦老鹄衔子，种我南园趁春雨。
>
> 浅金花细亚黄葵，绿玉苞肥压青李。
>
> 吐成秋茧不用缲，回看春箔真徒劳。
>
> 乌镂奇滑脱茸核，竹弓弦紧弹云涛。
>
> 授挐玉筯光夺雪，纺络冰丝细如髮。
>
> 津津贫女得野蚕，轧轧寒机纬霜月。①

棉花是在南宋后期传到我国的，据记载："汉唐之世，远夷虽以木棉入贡，中国未有其种，民未以为服，官未以为调。宋元之间，始传其种入中国。关陕闽广得其利。"② 该诗的节录部分用优美的笔调富有诗意地反映了宋代用棉花织布的生产民俗，反映了棉花的种植、收获、去籽、弹压、搓条、纺线、织布的过程。看，棉花成长的时候，浅金花和绿玉苞互相映衬，对比鲜明，美丽如画。而弹压棉花的时候如在云涛之上，搓成的棉花条光艳胜雪，而纺成的细线细如发丝。作者运用对比、比喻的手法诗意地呈现了棉花从下种到织布的过程。而作者的诗意源于对于棉布衣服的喜爱，"吴姬织绫双凤花，越女制绮五色霞。犀熏麝染脂粉气，落落不到山人家。……布成奴视白氎毡，价重睡取青铜钱。何须致我炉火上，便觉挟纩春风前。衣无美恶暖则一，木棉裘敌天孙织。饮散金山弄玉箫，风流未逊扬州客"。因为吴"绫"越"绮"之类的高档布料不是一般人家可以购买得起的，而自己选择棉布衣服一样感到暖和，感到风流潇洒不输他人。

农人往往在劳动之后祭祀，祭祀诗歌多是表达一种收获的喜悦。陈宓《南安观社会》有云，"山蔽晴空望自遥，树开小道紫骝骄。沿

---

① 《剩语》卷上，影印文渊阁四库全书本。

② 丘浚：《大学衍义补》卷二十二《治国平天下之要制国用贡赋之常》，影印文渊阁四库全书本。

溪飞盖传清荫，四野欢声拥海潮"①，诗歌不直接描写祭社的民俗，把民俗活动置于诗情画意的大环境下，只是突出人们的欢声与海潮的澎湃之音相和，民俗活动与大自然的诗情融化在一起。再如赵汝鐩《社日》有云，"四郊社鼓响枫林，朝雨方晴晚复阴。稚子求聪多啖藕，佳人怕拙例停针。饭争簇巧毋嫌杂，酒正逢时莫厌斟。为问年年鸿与燕，去来相避果何心"②，作者用诗意的眼光看民俗，不言诗意而诗意自在其中。陆游《野兴》则把自己的"诗思"直接放在诗歌中，曰"冬冬传社鼓，渺渺度楼钟。归觅村桥路，诗思抵酒浓"③。

百姓在生活劳动中创作的智慧总是令诗人赞叹、爱慕不已。看看杨万里的《藏船屋》两首吧：

> 望见官旗衔舳舻，渔船争入沼中芦。
> 藏船芦中犹有雨，屋底藏船雨也无。（其一）
>
> 非港非沟别一涯，茅檐元不是人家。
> 不居黔首居青雀，动地风涛不到它。（其二）④

他在序言中交代了建造藏船屋的民俗："吴中河畔多凿小沼，与河相通，架屋其上，藏船其中。"《东京梦华录》卷七"三月一日开金明池琼林苑"条载："池岸正北对五殿，起大屋，盛大龙船，谓之奥屋。"⑤ 同卷"驾幸临水殿观争标锡宴"条又有："诸小船竞诣奥屋，

---

① 傅璇琮主编：《全宋诗》，北京大学出版社 1998 年版，第 54 册，第 34060 页。
② （宋）赵汝鐩：《野谷诗稿》卷六，影印文渊阁四库全书本。
③ 钱仲联校注：《剑南诗稿校注》卷四十，上海古籍出版社 2005 年版，第 2543 页。
④ （宋）杨万里撰，辛更儒笺校：《杨万里集笺校》卷二十九，中华书局 2007 年版，第 1476 页。
⑤ （宋）孟元老撰，伊永文笺注：《东京梦华录笺注》卷七，中华书局 2007 年版，第 643 页。

牵拽大龙船出诣水殿"及"小船复引大龙船入奥屋内矣"① 诸语。辛更儒先生指出："吴中河上小沼之船屋，盖即汴京金明池奥屋之遗制也。"② 而杨万里的诗歌以一种非常新奇的眼光打量着这一民俗，原来船还可以藏在屋子里面躲避风雨，那些有茅檐的地方原来不是黔首百姓人家居住的，而是一条条华贵游船③在里面居住呢。

四　诗意化节令习俗

自古以来，在民俗诗歌中反映最多的也是节令民俗，最富有诗意的民俗也要数节令民俗了，无论是"雨纷纷"的清明，还是"天涯共此时"的中秋，还是"还来就菊花"的重阳等，都被诗人赋予了一层诗情画意，甚至成为固定的意象被传承下来。宋代的节令民俗一如既往地保有这种诗意。略举两例：

胜矜时节，其如两鬓皤。所欣解余冻，已觉扇微和。

牧竖眠吹笛，渔翁起晒蓑。土牛蹄角赤，休咎果如何。④

——刘克庄《立春》

脱却单衣著夹衣，禁烟无有不寒时。

一年好处君知么，寒食千门插柳枝。⑤

——杨万里《清明雨寒》

---

① （宋）孟元老撰，伊永文笺注：《东京梦华录笺注》卷七，中华书局 2007 年版，第 660 页。

② （宋）杨万里撰，辛更儒笺校：《杨万里集笺校》卷二十九，中华书局 2007 年版，第 1476 页。

③ 青雀指代船，《方言》卷九："舟……或谓之鹢首。"郭璞注："鹢，鸟名也。今江东贵人船前作青雀，是其像也。"后因称船首画有青雀之舟为"青雀舫"。泛指华贵游船。

④ （宋）刘克庄：《后村先生大全集》卷四十二，四川大学出版社 2008 年版，第 1122 页。

⑤ （宋）杨万里撰，辛更儒笺校：《杨万里集笺校》卷九，中华书局 2007 年版，第 488 页。

吴邦江先生在讨论节令诗歌的民俗审美价值的时候说："从一定意义上说，节令诗把普通百姓创造的民间的、民众的文化与官方的上层的所谓精英文化有机地结合在一起，由于具有较高的人文艺术素养的诗人个体情感的融入，在提炼民俗事象所固有的美学特征和审美意蕴的过程中，能够通过民俗事象与诗人主体的审美理想、人生感悟和生活的相互交融、吸纳，使平庸、琐碎的民俗事象有了诗性之美，节令诗也因此更具有文化韵味、审美意蕴和艺术魅力。"①

五 诗意化的婚俗

一提起结婚，大家自然想到结婚时各种喜庆热闹的婚俗，这似乎给不了读者诗意的遐思。而宋代一些诗人却写出了一些诗意的婚俗。例如，陆游《村女》曰："白襦女儿系青裙，东家西家世通婚。采桑饷饭无百步，至老何曾识别村。"② 作者不曾着一字抒情议论，就如严羽所言"不着一字，尽得风流"。当然，"不着一字"不是一字不写，而是自然呈现事物的原来面貌，不作评价。正如《天净沙·秋思》用一系列的事物烘托出断肠人的情感心理一样，陆游直接呈现农村这样近邻之间世代通婚的民俗。陆游尽管没有直接表达对于这种不嫁远人、邻村邻家互相通婚现象的看法，但联系陆游的其他诗作，其含义自明。陆游在其他诗作中也表现了对于农村质朴生活的欣赏，对于城市生活的厌恶。他说，"城中不知汝，切莫慕浮夸"③ 的"一床絮被千万足，

---

① 吴邦江：《宋代节令诗的民俗审美价值》，《湖北师范学院学报》（哲学社会科学版）2008 年第 5 期。

② 钱仲联校注：《剑南诗稿校注》卷七十八，上海古籍出版社 2005 年版，第 4263 页。

③ 钱仲联校注：《剑南诗稿校注》卷七十八，《闲行至西山民家》，上海古籍出版社 2005 年版，第 4258 页。

不解城中有许忙"① "农家自堪乐，不是傲王公"②。

也可以联系宋代文人所向往的婚姻模式来理解该诗。在宋代社会，尽管有一种普遍现象是在婚姻中很重视财势，但是文人依然向往简单自然的近邻婚姻关系，其对朱陈婚嫁模式的向往就是明证了。《苏轼诗集》王注尧卿曰："朱陈村，在徐州丰县。去县远而官事少，处深山中。民俗淳质，一村惟朱陈两姓，世为婚姻。民安其土，无羁旅行役之勤，故多寿考。"苏轼在朋友陈季常家中看到一幅图画，名为《朱陈村婚嫁图》，题诗道："闻道一村惟两姓，不将门户买崔卢"③，指出朱陈村的婚嫁模式是一种在朱陈两个姓氏之间世代通婚，不以崔卢那样的高门大户为婚姻追求目标。宋代许多诗人表达对朱陈婚嫁模式的认同与欣赏，如王洋《万席仰之许酒以诗戏之》有云，"朱陈缱绻论前契，子婿牵联本一宗"④，李之仪《和郭功甫赠陈待制致仕二首》有云，"禅寂久因师粲可，婚姻便可继朱陈"⑤，吕颐浩《怀临济旧居四首》有云，"婚嫁朱陈比，交游管鲍同"⑥，汪藻《嘲人买妾而病二首》有云，"争似农家无一事，从来婚嫁只朱陈"⑦。

张侃在赋"朱陈嫁娶图"时说：

生男愿封侯，嫁女在比邻。此是古人言，最知天理真。

① 钱仲联校注：《剑南诗稿校注》卷七十八，《村舍》，上海古籍出版社 2005 年版，第 4260 页。

② 钱仲联校注：《剑南诗稿校注》卷七十八，《农家》，上海古籍出版社 2005 年版，第 4247 页。

③ 《陈季常所蓄朱陈村嫁娶图二首》，孔凡礼点校《苏轼诗集》卷二十，中华书局 1982 年版，第 1029 页。

④ （宋）王洋：《东牟集》卷四，影印文渊阁四库全书本。

⑤ （宋）李之仪：《姑溪居士前集》卷六，影印文渊阁四库全书本。

⑥ （宋）吕颐浩：《忠穆集》卷七，影印文渊阁四库全书本。

⑦ （宋）汪藻：《浮溪集》卷三十一，影印文渊阁四库全书本。

世远人亦伪，嫁娶来城阓。岁序罕聚首，浩渺不计春。
当其出门时，错落车百轮。笙箫填孔道，珠翠委泥尘。
堂开牡丹屏，盘横水精鳞。徒取眼前富，未问身后贫。
女娇鲜礼法，薄夫贻所亲。民家女及嫁，择对走踆踆。
一旦有其家，昕昏如主宾。谁图朱陈村，宜为尧舜民。①

　　该诗首先指出人们的普遍愿望是希望儿子长大封侯，希望女儿长大能够出嫁在近处，这样可以时时看到；次言如果把女儿嫁入城市或者太远的地方则民风虚伪，并且很难"聚首"；然后批判当时社会婚姻的不正常现象，即出嫁的豪奢，"当其出门时，错落车百轮。笙箫填孔道，珠翠委泥尘。堂开牡丹屏，盘横水精鳞"，指出这种情况是"徒取眼前富，未问身后贫"。并且指出这样有钱人家出身的女子，一般不知礼法，鄙视丈夫及其他亲人。所以最后建议娶妻要娶民家女，这样的好处是"一旦有其家，昕昏如主宾"，这样建立起的家庭可以相亲相爱，相敬如宾。最后指出朱陈之人应该是尧舜时代之民，那么，自然朱陈村的婚嫁模式应该是尧舜时代的婚嫁模式。在这首诗中，可以看到朱陈村的婚嫁模式包含对于淳朴民风民俗的肯定。

　　所以陆游笔下充满质朴的婚姻是那么具有诗意。再来看他另外一首写婚姻民俗的诗歌《秋日郊居》吧："两翁儿女旧论姻，酒担羊腔喜色新。不遣交情隔生死，固应世好等朱陈。"② 作者重点突出了两老友结为儿女亲家的喜悦之情。

---

① 张侃：《朱陈嫁娶图》，《张氏拙轩集》卷一，影印文渊阁四库全书本。
② 钱仲联校注：《剑南诗稿校注》卷二十五，上海古籍出版社 2005 年版，第 1781 页。

六　诗意化的娱乐民俗

娱乐是人们喜爱的，宋代的民俗诗歌描写了一幅幅充满诗意的娱乐画面。例如，杨万里《上巳三首》（其三）曰，"正是春光最盛时，桃花枝映李花枝。秋千日暮人归尽，只有春风弄彩旗"①，描写上巳节人们荡秋千的民俗，诗歌尽管没有直接描写民俗，但是风景也因为留下了人的痕迹而让人回味。

再如田锡《风筝歌》全诗写风筝在天空发出的各种声音，如一首首美妙的音乐，可以和白居易《长恨歌》及李贺《箜篌引》中的音乐描写相媲美。

> 白蘋洲暖春风生，画楼槛上银筝鸣。铿锵节奏急复慢，空中一部天乐声。三十六宫深窈窕，绣楣藻井光相照。十三弦上千般声，朝霭微吟暮烟啸。夜来亲向月中闻，繁音错节何纷纭。碎如鸾铃与珂佩，巫山队伏迎湘君。晚来金屋愁微雨，风细筝声不全举。依稀嫔妾怕人知，啾啾切切私相语。洪纤断续何所拘，凤凰著对飞鸾孤。梧桐枝边泊未稳，琅玕岛上鸣相呼。有时主奏俄中绝，宫商斗顿如刀截。杏花露重鸳鸯寒，空见如霜满庭月。有时半日全无风，一一暮天楼阁红。唯闻鸟雀啄弦上，暖珠寒玉何玲珑。清音朝朝与暮暮，误声不管周郎顾。只嫌雅郑交奏时，宝铎丁冬暗相妒。②

赌博是历来遭受批评的一种娱乐活动，总是以败家、鬻妻、卖子

---

① （宋）杨万里撰，辛更儒笺校：《杨万里集笺校》卷九，中华书局 2007 年版，第486 页。

② （宋）田锡：《咸平集》卷十八，影印文渊阁四库全书本。

的面目出现。但是各种形式的赌博活动却是民间很流行的娱乐民俗。宋代诗人在反映这种民俗之时也采取诗意的态度，如陈造《江行四首》：

> 舟鹢凌乘著羽翰，摊钱三老喜安闲。
> 江豚白鲩欺人甚，喷浪跳波帆影间。①

该诗与唐杜甫《夔州歌》之七"长年三老长歌里，白昼摊钱高浪中"②一样富有诗意。摊钱，是赌博的一种。《后汉书·梁冀传》有"意钱之戏"李贤注引南朝宋何承天《纂文》曰："诡亿一曰射意，一曰射数，即摊钱也。"③ 三老，指柂工。唐杜甫《拨闷》诗曰："长年三老遥怜汝，捩舵开头捷有神。"仇兆鳌注："蔡注：'峡中以篙师为长年，舵工为三老。'邵注：'三老，捩船者，长年，开头者。'"④ 宋陆游《入蜀记》曰："问何谓长年三老，云梢工是也。……因问何谓摊钱，云：博也。"⑤

宋代民俗诗歌之诗意表现，实际上也是宋代诗坛雅俗斗争的结果，显示了宋代诗人以雅化俗的努力。

宋代的雅俗之辩肇始于中唐时期，中唐以前的文学可谓"雅"文学。田耕宇总结说：

中唐以前中国文学中所表现出来的文人生活情趣和关注视野，

① （宋）陈造：《江湖长翁集》卷十九，影印文渊阁四库全书本。
② （唐）杜甫著，（清）仇兆鳌注：《杜诗详注》卷十五，中华书局 1979 年版，第 1320 页。
③ （宋）范晔撰，（唐）李贤等注：《后汉书》卷三十四，中华书局 1965 年版，第 1178 页。
④ （唐）杜甫著，（清）仇兆鳌注：《杜诗详注》卷十四，中华书局 1979 年版，第 1223 页。
⑤ （宋）陆游：《陆游集·渭南文集》卷四十七，中华书局 1976 年版，第 2445 页。

大抵不出"兼济"与"独善"二端,在大量文学作品中所写的要么是抒发治国平天下的雄心壮志和胸襟抱负,要么就是宣泄理想抱负不能实现与现实的矛盾冲突和痛苦;要么写入世之奋发昂扬,要么写出世之冲淡平和;要么写家园之大事、民生之疾苦,要么写历史之兴衰、现实之理乱。文人少有写身边的琐屑小事,纵然多有寄托,也是所谓"醉翁之意不在酒"。①

自中唐开始,文学向世俗化、通俗化转变。张宏生先生指出:

> 中唐以后,随着商品经济的进一步发展,市民阶层的进一步壮大,不仅传奇和词这两种主要反映市民阶层审美情趣的文学题材在文人手中进一步发展起来,而且,原来主要掌握在士大夫阶层手中的、充满贵族气息的诗歌,也不可避免地打上市民文化的烙印。由于政治社会的日趋黑暗,许多文人找不到出路,其经济地位已略同于一般市民,其社会意识和审美情趣,也就很自然地与之部分沟通起来。表现在诗歌创作中,便是通俗化的倾向。这一现象,肇自元、白,至晚唐罗隐、韦庄、杜荀鹤等人手中,更得到了发展。②

北宋开国,社会太平,与政治形势相适应,文学也追求"雅"。西昆体就是在这种观念指导下进行创作的模式,最能代表西昆体的是杨亿、刘筠、钱惟演等人。西昆体诗人宗法李商隐,兼学唐彦谦。他们大多有良好的词章修养,技法圆熟,善于在诗作中大量撷拾典故和

---

① 田耕宇:《中唐至北宋文学转型研究》,中国社会科学出版社 2009 年版,第 205 页。
② 张宏生:《江湖诗派研究》,中华书局 1995 年版,第 105 页。

前人的佳词妙语，以求意旨幽深。其作大抵音律谐美、词采精丽，有一定的艺术价值。他们不满白体诗的浅切，也不满晚唐体的枯寂，提倡学习李商隐，主张诗歌语义要深、词章艳丽、用典精巧、对偶工整。由于西昆体作家大多社会地位较高，生活优越，因此他们的词少有现实内容，多为酬唱之作。后来梅欧苏黄起来反对西昆体，梅尧臣提倡"以俗为雅"，却发展到以丑为美的地步。苏黄及江西诗派也是反对"俗"的，苏黄首先从人品上要求不"俗"。苏轼曰："可使食无肉，不可居无竹。无肉令人瘦，无竹令人俗。人瘦尚可肥，俗士不可医。"① 黄庭坚说："士生于世，可以百为，唯不可俗，俗便不可医也。"② 在文学上他们也反对俗，例如：

　　　宁律不谐，而不使句弱；用字不工，不使语俗。③

　　　　　　　　　　　　　　　　——黄庭坚《题意可诗后》

　　　宁拙毋巧，宁朴毋华，宁粗毋弱，宁僻毋俗。诗文皆然。

　　　　　　　　　　　　　　　　——陈师道《后山诗话》

　　　郑谷《雪》诗，如"江上晚来堪画处，渔人披得一蓑归"之句，人皆以为奇绝，而不知其气象之浅俗也。东坡以谓此小学中教童蒙诗，可谓知言矣。

　　　　　　　　　　　　　　　　——周紫芝《竹坡诗话》

　　尽管民俗诗歌"俗"，但是宋代民俗诗歌还是蓬勃发展，其原因

---

　　① 《於潜僧绿筠轩》，见孔凡礼点校《苏轼诗集》卷九，中华书局 1982 年版，第 448 页。
　　② 《黄文节公全集》别集卷六《书嵇叔夜诗与侄榎》，刘琳、李勇先、王蓉贵校点《黄庭坚全集》，四川大学出版社 2001 年版，第 1562 页。
　　③ 《黄文节公全集》正集卷二十五，刘琳、李勇先、王蓉贵校点《黄庭坚全集》，四川大学出版社 2001 年版，第 665 页。

何在呢？

　　首先，宋人反对"俗"的语言，却并不避讳方言俗语的运用。苏轼的诗歌多用俚语，如"不怕飞蚊如立豹"，自注，"湖州多蚊蚋，豹脚尤毒"，豹脚乃吴兴一种蚊名。"三杯软饱后，一枕黑甜香"，自注，"浙人谓饮酒为软饱""俗谓睡为黑甜"。上文也已经讨论了在民俗诗歌中方言俗语的运用非常广泛的情况，其实宋人在文学创作中反对的"俗"，一般是"浅俗""烂俗"之意，不是反对俗谚俗语。根据黄庭坚所言，"用字不工，不使语俗"，其话语前提是"语俗"则字工，可以想到，为了是音律和谐，用字工整，自然用前人使用过的字词要容易得多、稳妥得多。所以"宁字不工，不使语俗"是指代用字不落俗套，其"俗"指代"烂熟"之意。陈师道提出"宁僻毋俗"，"僻""俗"对举，所以"俗"仍是烂熟之意。苏轼认为郑谷之诗为"童蒙诗"也是因为其"气象之浅俗"，换句话说，该诗与柳宗元的《江雪》意境何其类似，这类意境在古诗中非常常见，所以也是烂熟的意境。

　　其次，宋人在反"俗"的同时提倡"以俗为雅"。

　　　　诗须要有为而作，用事当以故为新，以俗为雅。好奇务新，乃诗之病。[1]

　　　　　　　　　　　　　　　　　　　　——苏轼《题柳子厚诗》

　　　　盖以俗为雅，以故为新，百战百胜，如孙吴之兵。棘端可以破镞，如甘蝇飞卫之射。此诗人之奇也。[2]

　　　　　　　　　　　　　　　　　　——黄庭坚《再次韵杨明叔·序》

---

① 孔凡礼点校：《苏轼文集》卷六十七，中华书局1986年版，第2109页。
② （宋）任渊、史容、史季温注，刘尚荣点校：《山谷诗集注》卷十二，中华书局2003年版，第441页。

　　尽管苏轼"以俗为雅"之说，是指代"用事"方面而言的，其目的在于强调诗作应该"有为而做"，不能仅仅为了"好奇务新"。但是他提出的"以俗为雅"的原则却是他文学作品的通用原则。他在谈到以俗言俗语入诗时说："街谈巷语，皆可入诗，但要人熔化尔。"这难道不是"以俗为雅"思想由用典到遣词造句的变化吗？北宋时期以"俗"来反对西昆体作品脱离与时代、社会的交融，很少抒写诗人的真情实感，缺乏生活气息的以整饰、典丽为风格的"雅"。

　　只是黄庭坚在"以故为新"的基础上更进一步，提出了"夺胎换骨""点铁成金"的创作理论。真理向前一步往往也会变成谬误，后人在学习黄庭坚创作的时候，只从古书中淘诗句，演变成为对于前人的抄袭。于是江西诗派遭到了唾弃，诗人开始求新求变。物极必反，事物往往如钟摆式前进。在向古书淘诗句失败之后，诗人把目光重新投向现实生活。鲜活的生活成为诗人创作的源泉，民俗也就成为诗人的创作对象。南宋时期，诗人也以民俗诗歌之"俚俗"来反对"以才学为诗"之"雅"。明胡震亨总结说：

　　　　文章穷于用古，矫而用俗，如史、汉后六朝史之入方言俗语是也。籍、建诗之用俗亦然。王荆公题籍集云："看是寻常最奇崛，成如容易却艰辛。"凡俗言俗事入诗，较用古更难。①

　　　　　　　　　　　　　　　　　　——《唐音癸签》（卷七）

　　所以，宋代的民俗诗歌是在宋人"雅"与"俗"的斗争中发展起来的，因为宋代大力推行科举，打破了世袭贵族对于政治的垄断地位，庶族地主大量登上了政治舞台。庶族地主与生俱来的世俗情怀已经深

---

① （明）胡震亨：《唐音癸签》，上海古籍出版社1981年版，第66页。

入骨髓之中，对于世俗生活的熟悉，对于世俗观念的认同，这一切使庶族地主不得不在生活中调整传统的"兼济"与"独善"矛盾命题，在文学中协调"雅"与"俗"的矛盾。宋代诗人一直在"雅"与"俗"二者之间走钢丝，正如戴复古所说："雕镂太过伤于巧，朴拙唯宜怕近村。"① 而"雅"与"俗"平衡的结果也只能是"以俗为雅"。反过来，宋代的民俗诗歌也体现了宋人"以俗为雅"的努力。宋代的民俗诗歌在题材选择、语言运用等各方面都是"俗"的，但是宋代的民俗诗歌在意境上又是诗意的。这是因为宋代诗人怀着一颗热爱生活的心灵，以亲切的态度对待民众，以欣赏的态度对待民俗（参见本书上编第六章第三节）。

---

① （宋）戴复古：《石屏诗集》卷六，《昭武太守王子文日与李贾严羽共观前辈一两家诗及晚唐诗因有论诗十绝子文见之谓无甚高论亦可作诗家小学须知》，影印文渊阁四库全书本。

第六章　宋代诗人与宋代民俗诗歌

第一节　官员之眼与宋代民俗诗歌

宋代诗人往往身兼多重身份。其中士大夫是一个重要的社会身份。宋代的诗人兼具士大夫身份，在创作的民俗诗歌中往往流露出观民风察民俗的心态，这也促进了民俗诗歌的创作。

一　既曰处民上，固当知民情

俗话说，"一方水土养一方人"，不同的地域具有不同的风土人情。所以熟悉民情、了解民俗是为官的首要条件。梅尧臣在送人为官的时候不是写凄凄离别之情，也不是劝慰"无为在歧路，儿女共沾巾"，而是告诉对方怎样做一个好官："邑宰爱民者，选荐岂非精。既曰处民上，固当知民情。"① 欧阳修在送朋友上任时说，"折腰莫以微官耻，为政须通异俗情"②，建议不学习陶渊明"不为五斗米而折腰向乡里小儿"的做法，要通晓当地的风俗人情。欧阳修听到朋友抱怨的时候说："君官虽谪居，政可瘳民瘼。奈何不哀怜，而反恣诃谴。"③ 王安石说，"聊向村家问风俗，如何勤苦尚凶饥"④，足见王安石作为官员，了解民风民俗，关心百姓生活。就连"奉旨填词"的柳永也在任盐官的时候创作《鬻海歌》诗歌描写盐民的艰难生活，并且表达"本朝一物不失所，愿广皇仁到海滨。甲兵净洗征输辍，君有余财罢盐铁。太平相业尔惟盐，化作夏商周时节"⑤ 的殷切期望，显示一个有良知的知识分子的愿望。

二　与民同乐，刺史之事

作为官员，他们承担着一些民俗活动的组织举办任务并参加其中，显示与民同乐之意。在这些民俗诗歌中，诗人总是显露出作者身为官员的心情。身为官员，欢乐喜庆的民风民俗在他们的眼中仿佛是一幅幅太平盛世的图画。例如，韩琦在丰岁元夕的时候写道："万家灯火彻重闉，通夕熙然本顺民。谁道升平无可状，请观丰稔及兹辰。月随游骑何曾动，莲嫁春风不是真。半病使君心未伏，欲驱歌吹逐香尘。"⑥ 在他看来，元夕佳节万家灯火的盛况显示了太平气象及丰岁的喜悦。

---

① （宋）梅尧臣：《宛陵先生集》卷三十七，《送阘令之潭州宁乡》，四部丛刊本。
② （宋）欧阳修著，李逸安点校：《欧阳修全集》卷十二，《送杨君之任永康》，中华书局2001年版，第194页。
③ （宋）欧阳修著，李逸安点校：《欧阳修全集》卷三，《汝瘿答仲仪》，中华书局2001年版，第47页。
④ （宋）王安石：《临川文集》卷三十二，《郊行》，第353页。
⑤ （清）厉鹗辑：《宋诗纪事》卷十三，上海古籍出版社1983年版，第348页。
⑥ （宋）韩琦：《安阳集》卷七，《元夕》，影印文渊阁四库全书本。

即使强撑病体，也要参与其中，感受这种氛围。如果年岁不好，他连过节也是难过的，如：

> 元夕虽荒欲罢难，群情宜向此时看。
>
> 官缘岁歉思从约，俗乐春游肯自安。
>
> 风引香尘人不断，月和残雪夜方寒。
>
> 谁知病守忧民意，歌舞樽前是强欢。①
>
> ——韩琦《甲寅上元》
>
> 勉同风俗燕重阳，可惜良辰值岁荒。
>
> 南亩流民方塞路，东篱嘉菊漫浮觞。
>
> 虽无弦管追游乐，赖有山川气象强。
>
> 自笑当筵陶靖节，几时归去傲羲皇。②
>
> ——韩琦《甲寅重九》

在上元佳节，身为"太守"的他因为"岁歉"而忧心忡忡，他希望罢了上元灯会，但是因为风俗已经形成，百姓希望春游欢乐，所以他不得已而从俗，但是即使面对歌舞美酒，也只是强颜欢笑而已。重阳佳节，本来是举家团圆、登高游乐的时候，但他却在惦念流民。而他之所以不能开心的原因就是他身为太守，如果不是，他就可以放下这一切，所以才会说"几时归去傲羲皇"。如果像陶渊明一样辞官归隐，自然也可以傲视羲皇。尽管韩琦因为担心百姓而忧心忡忡，但是依然勉强支持并参与了这些民俗活动，诗中不停地说"顺民""从俗""强欢""勉同风俗"，这也说明他与民同乐之意。

《孟子·梁惠王下·庄暴见孟子》中孟子提出了与民同乐的观点，

---

① （宋）韩琦：《安阳集》卷十九，影印文渊阁四库全书本。

② 同上。

后代的君王都十分重视与民同乐，在宋代，皇帝在元日灯节时也要出来，显示与民同乐之意，市民争相观瞻龙颜。宋代官员们也十分重视与民同乐，欧阳修在《丰乐亭记》中说，"掇幽芳而荫乔木，风霜冰雪，刻露清秀，四时之景无不可爱。又幸其民乐其岁物之丰成，而喜与予游也。因为本其山川，道其风俗之美，使民知所以安此丰年之乐者，幸生无事之时也。夫宣上恩德，以与民共乐，刺史之事也。"①韩琦还写了河曲春游的民俗，见《三月十八日上水关》："河曲春游得旧传，使君从俗上兰船。低篷密罩香罗绮，小艇交扬细管弦。有献满盘烘芍药，竞豪临水落秋千。归来夹岸民观甚，望远应疑李郭仙。"②他写两岸的民众观望，显示他与民同乐的思想。田况作为益州官员，把自己参与的民俗活动记录下来，就组成了民俗组诗《成都遨乐诗》，该组诗歌以时间为顺序，从元日一直写到冬至，写成都的游乐民俗，他说："逮忝命守益，枙辕逾月，即及春游，每与民共乐，则作一诗以纪其事。自岁元祖景至，止得古律长调短韵共二十一章。"

作为地方官，他们不忘描写地方风情，欧阳修《丰乐亭记》说，"本其山川，道风俗之美"，并言"宣上恩德以与民共乐，刺史之事也"③，所以他认为，作为地方官员就要反映风俗状况，并且"与民同乐"也是地方官员的职责之一。所以，他在滁州当太守时不仅有大量诗歌描写滁州的山水，并且记载了滁州的民俗，如《百子坑赛龙》："明朝老农拜潭侧，鼓声坎坎鸣山隅。野巫醉饱庙门阖，狼藉

---

① （宋）欧阳修著，李逸安点校：《欧阳修全集》卷三十九，中华书局 2001 年版，第 572 页。

② （宋）韩琦：《安阳集》卷十五，影印文渊阁四库全书本。

③ （宋）欧阳修著，李逸安点校：《欧阳修全集》卷三十九，中华书局 2001 年版，第 572 页。

乌鸟争残余。"①

　　其他人也是这样做的。宋祁差知寿州的时候作《寿州风俗记》，于嘉祐二年二月到益州任时，作诗写成都地区的民风民俗，如《成都》《岁稔务闲因美成都繁富》《九日药市作》：

<blockquote>
风物繁雄古奥区，十年伧父巧论都。

云藏海客星间石，花识文君酒处垆。

两剑作关屏对绕，二江联派练平铺。

此时全盛超西汉，还有渊云抒颂无。②
</blockquote>

——《成都》

<blockquote>
岷峨俗美汉条宽，野实呈秋照露寒。

卖剑得牛人息盗，乞浆逢酒里余欢。

锦波濯彩霞湔浦，砲浪催轮雪沸滩。

告稔不须腾驿奏，自应铜爵报长安。③
</blockquote>

——《岁稔务闲因美成都繁富》

<blockquote>
刺史主求瘼，万室系吾化。顾赖药石功，扪襟重惭唶。④
</blockquote>

——《九日药市作》

　　诗人在赞美成都富庶繁华、民风淳朴之时，不忘自己的身份和责任。他一方面想到自己作为文人要像王褒和扬雄一样歌颂盛世⑤，另

---

①　（宋）欧阳修著，李逸安点校：《欧阳修全集》卷三，中华书局2001年版，第44页。

②　（宋）宋祁：《景文集》卷十五，影印文渊阁四库全书本。

③　同上。

④　（宋）宋祁：《景文集》卷六，影印文渊阁四库全书本。

⑤　上引《成都》诗中有"渊云"，汉王褒和扬雄的并称。褒字子渊，雄字子云，皆以赋著称。汉班固《西都赋》："秦汉之所极观，渊云之所颂叹。"他自己的诗歌岂不是正像"铜爵"一样宣告着丰收喜报。上引《岁稔务闲因美成都繁富》中"铜爵"，即铜雀，铜制的鸟雀。《三辅黄图·建章宫》曰："古歌云：'长安城西有双阙，上有双铜雀，一鸣五谷成，再鸣五谷熟。'"

一方面，不忘自己"刺史"的责任——"刺史主求瘼，万室系吾化"，地方官应该关心民生疾苦和风土人情。

三 顺民与劝农

农业生产和农民生活水平关乎朝政，宋代的官员多身兼劝农使，具有督导农桑的职责。而天气关乎农业生产，风调雨顺是丰收的必要条件。所以，宋代的官员不仅组织节日庆会以彰显太平，写诗作文以歌颂太平盛世，而且在天气异常的时候还会率领百姓举行各种祭祀活动。正因为这样，宋代诗人有很多祈雨、祈晴及得应后谢神的诗歌。这些诗歌反映了当时的民俗状况，也包含了作者作为百姓父母官员的忧心和期望。例如：

> 俗云有鳗鱼，灵异古所传。太守顺民心，命驾而迎焉。[1]

——陈襄《祈雨》

> 平地三尺雨，农家三尺金。我愿此雨力，生穗长如林。[2]

——郑獬《祈雨》

> 但愿吾民得饱饭，年年岁岁是丰年。[3]

——孔平仲《题赣州嘉济庙祈雨感应》

> 神心傥不悖天意，与民共赋噫嘻篇。[4]

——赵善括《和伍解元喜祈雨有感》

李复《虢州旱》反映了虢州一带各种祈雨民俗，以及身为劝农使

---

[1] （宋）陈襄：《古灵集》卷二十二，影印文渊阁四库全书本。

[2] 《锦绣万花谷·后集》卷一引。

[3] （宋）孔文仲、孔武仲、孔平仲著，孙永选校点：《清江三孔集》，齐鲁书社2002年版，第375页。

[4] 《应斋杂著》卷五，影印文渊阁四库全书本。

的职责和对于后来人的勉励：

> 夔人耕山灰作土，散火满山龟卜雨。春日不知秋有饥，下种计粒手中数。七月八月旱天红，日脚散血龙似鼠。污邪瓯窭高下荒，草根木皮何甘苦。蛮商奸利乘人急，缘江转米贸儿女，已身死重别离轻。归州州南神有灵，归人刲羊求山神。驱风洒润应香火，飞点不到巫山村。巫山县南也伐鼓，不告归神告神女。江心黑气卷江流，雷车载鬼云中语。太守身作劝农官，子粒今朝多贷汝。春种须作三年计，上满隆原下水浒。他时更勉后来人，老去子孙无莽卤。①

祭祀祈求风调雨顺是一种无奈，如果能在生产中发挥人的主动性岂不更好？所以，宋代的士大夫看到先进的生产工具时都要作诗称颂，使之广为传播，使人们对此有所了解。北宋绍圣元年甲戌（1094）四月，苏轼被贬知英州，在路过江西庐陵的时候，看到曾安止所作《禾谱》不够详尽，就作《秧马歌》，以推广"秧马"这一生产工具，减轻劳作的辛苦。"用秧马行泥中，系束槁其首以缚秧。日行千畦，较之伛偻而作者，劳佚相绝矣"与"腰如箜篌首啄鸡，筋烦骨殆声酸嘶"的艰难劳作形成了鲜明的对比。陆游评价此诗说："欧阳公谱西都花，蔡公亦记北苑茶。农功最大置不录，如弃六艺崇百家。曾侯奋笔谱多稼，儋州读罢深咨嗟。一篇秧马传海内，农器名数方萌芽。"② 足见苏轼《秧马歌》传播之广泛及其对于农器学的发展意义。

古代的官员被称为父母官，犹如百姓的父母一样，关心百姓。作为百姓的父母官，自然把事关百姓生计的生产时刻放在心上，自然需

---

① （宋）李复：《潏水集》卷十一，影印文渊阁四库全书本。
② 《耒阳令曾君寄禾谱农器谱二书求诗》，钱仲联校注《剑南诗稿校注》卷六十七，上海古籍出版社 2005 年版，第 3771 页。

要千方百计促进生产发展，所以，他们对于能够促进生产的工具都持积极支持态度。宋代的官员都是讲求实际的，他们都提倡使用先进的生产工具。《庄子·天地》记载了这样一个故事：传说孔子的学生子贡，在游楚返晋过汉阴时，见一位老人一次又一次地抱着瓮去浇菜，"搰搰然用力甚多而见功寡"，就建议他用"桔槔"汲水："凿木为机，后重前轻，挈水若抽，数如泆汤，其名为槔。"槔，桔槔，汲水器。老人并不领他的一番好意，并反驳说："有机械者必有机事，有机事者必有机心。机心存于胸中，则纯白不备；纯白不备，则神生不定；神生不定者，道之所不载也。吾非不知，羞而不为也。"① 汉阴老人把用于生产发展的"机械"与人的"机心"二者建立必然的联系，并以此为前提，反对机械工具的使用。而宋代人多反对这种抱残守缺、故步自封的做法。因为对于农人来说，他们不会纠缠于"机械""机心"的争论，对他们而言，有减少劳作且提高生产的工具为什么不用，填饱肚子才是硬道理。宋代文人身兼百姓父母官员的职责，那种以百姓之心为心的意识已经深深地深入他们的思想。但是作为文人，他们也受到传统文化的熏陶。在"机械""机心"问题上，宋代诗人在表示个人人格修养和生活方式选择时多赞成汉阴老人，但是在涉及咏水车、水轮之类生产工具时无一例外地反对汉阴老人的做法，提倡先进的生产工具。例如，梅尧臣《水轮咏》曰："利才畎浍间，功欲霖雨并。不学假混沌，亡机抱瓮罂。"② 他在另一首诗歌《和孙端叟寺丞农具十五首·水车》中表达同样的思想："既如车轮转，又若川虹饮。能移霖雨功，自致禾苗稔。上倾成下流，损少以益甚。汉阴抱瓮人，此理

---

① （清）郭庆藩撰，王孝鱼点校：《庄子集释》，中华书局 2006 年版，第 433 页。
② （宋）梅尧臣著，朱东润编：《梅尧臣集编年校注》卷七，上海古籍出版社 1980 年版，第 100 页。

未可谌。"① 苏舜钦《水轮联句》也说："建瓴今比速，抱瓮此相哀。"② 沈辽《水车》曰："黄叶渡头春水生，江中水车上下鸣。谁道田间得机事，不如抱瓮可忘情。"③ 用反问的语气更显得真理自明，何须讨论。

再看两首介绍生产工具民俗的诗歌：

> 吴侬踏车茧盈足，用力多而见功少。
>
> 江南水轮不假人，智者创物真大巧。
>
> 一轮十筒把且注，循环下上无时了。
>
> 四山开辟中沃壤，万顷秧齐绿云绕。
>
> 绿云看即变黄云，一岁丰穰百家饱。④
>
> ——李处权《士贵要予赋水轮因广之幸率介卿同作兼呈郭宰》
>
> 木渠远自西山来，下溉万顷民间田。
>
> 谁谓一石泥数斗，直是万顷黄金钱。
>
> 去年出谷借牛耕，今年买牛车连连。
>
> 须知人力夺造化，膏雨不如山下泉。
>
> 雷公不用苦震怒，且放乖龙闲处眠。
>
> 安得木渠通万里，坐令四海成丰年。⑤
>
> ——郑獬《木渠》

李处权是受朋友邀请写作水轮的诗歌，目的是要推广这样一件生产工具，所以他在诗中比较吴地"踏车"与"水轮"的不同功效而推广

---

① （宋）梅尧臣著，朱东润编：《梅尧臣集编年校注》卷二十七，上海古籍出版社1980 年版，第 912 页。

② （宋）苏舜钦：《苏学士集》卷五，影印文渊阁四库全书本。

③ （宋）沈辽：《云巢编》卷三，影印文渊阁四库全书本。

④ （宋）李处权：《崧庵集》卷三，影印文渊阁四库全书本。

⑤ （宋）郑獬：《郧溪集》卷二十六，影印文渊阁四库全书本。

"水轮"。郑獬侧重介绍"木渠"的实用性。两首诗歌都表达了运用先进的生产工具获得谷物丰收的祝愿。关注民风、牵挂百姓，这也是宋代官员的普遍心态，正是在这种心态的促使下，宋代的官员士大夫写出了反映民风民俗的诗歌，在这些诗歌中，他们的这种心态也显露其中。王禹偁的《畲田词》曰，"莫言火种无多利，禾树明年似乱麻""愿得人间皆似我，也应四海少荒田"。

四　变俗与化俗

作为一方百姓父母官的官员，他们心系百姓，他们要察民风，观民俗。对于陋俗，他们还身负变俗化俗的使命感。苏轼在贬谪海南的时候，对岭南一带杀牛以祈祷疾病痊愈的民俗非常痛心。他亲自抄写柳宗元的《牛赋》来送给当地僧人，希望他晓谕他人来改变这一陋俗。韩维《立春观杖牛》（诗见上编第三章第二节）曰："因思古圣人，时傲在不差。礼实久已废，所重存其华。吾非鲁观宾，胡为亦咨嗟。"对优秀民俗在一定程度上遭到破坏而伤感。范成大面对离堆地区杀羊祭祀的民俗痛心不已：

> 残山狠石双虎卧，斧迹鳞皴中凿破。潭渊油油无敢唾，下有猛龙跧铁锁。自从分流注石门，西州秔稻如黄云。刲羊五万大作社，春秋伐鼓苍烟根。我昔官称劝农使，年年来澈西江水。成都火米不论钱，丝管相随看蚕市。款门得得酹清尊，椒浆桂酒删膻荤。妄欲一语神岂闻，更愿爱羊如爱人。①
>
> ——《离堆行》

---

① （宋）范成大著，富寿荪标校：《范石湖集》卷十八，上海古籍出版社2006年版，第247页。

《史记·河渠书》记载："蜀守冰凿离碓，辟沫水之害。穿二江成都之中，此渠皆可舟行，有余则用溉浸，百姓飨其利。"① 正因为李冰的贡献，后人为之建祠祭祀。朝廷对此也十分重视，宋代初期"蜀平，诏长吏增饰其庙。乙卯，改封广济王，岁一祀"②。宋中期改为春秋二祀。范成大该诗反映的是天旱之时人们祭祀以祈水，序言称："天旱，支江水涸，即遣官致祭，壅都江水以自足，为之摄水，无不应。民祭赛者率以羊，岁杀四五万计。"范成大不反对祭祀求水，但是以"岁杀四五万计"羊来看，这样的祭祀还是给百姓造成很大的负担，所以范成大反对这样的淫祀，发出"妄欲一语神岂闻，更愿爱羊如爱人"的祈求，范成大拳拳爱民之心于此可见。

以上可见，宋代诗人作为官员，其身份是民俗活动的创办者和领导者，同时也是参与者，他们还以官员的身份深入了解地方的风土人情作为为政的必要条件。正是因为这份关心热爱和倡导促使了民俗诗歌的繁荣。至于诗歌对于异地民俗的具体反映可以参考上编第一章第三节"为官他乡的民俗诗歌"。

为什么宋代的诗人士大夫如此积极地关心民俗、反映民俗，而前代这类现象不够突出呢？这是因为宋代的文人士大夫不同于前代的文人士大夫。秦汉时期的士大夫多为马背上取天下的武夫所世袭。魏晋以后，士大夫精神世界也日益萎靡。余英时先生指出，魏晋以后"道术既为天下裂，士大夫以天下为己任之精神逐渐为家族与个人意识所淹没""士大夫不复以国家和社会为念"。他们一改以往对精神世界中磊落个性、高洁人格的追求，开始走向平庸卑弱，现实感官享受成为普遍心理与愿望，以致他们发出"吐一言可以匡俗振民，动一议可以

---

① （汉）司马迁：《史记》卷二十九，中华书局1959年版，第1407页。
② （宋）李焘撰：《续资治通鉴长编》卷十三，中华书局1995年版，第290页。

固邦兴国……斯大丈夫之志，非吾曹之所能及已。直以章句小才，虫篆末艺，含吐缥缈之上，翩跹樽俎之侧，委曲同之针缕，繁碎譬之米盐，孰致显荣，何能至到"的言论，认为"大丈夫如轻尘栖弱草，白驹之过隙。人生但欢乐，富贵在何时"①。社会上产生了"怜风月，狎池苑，述恩荣，叙酣宴"②（《文心雕龙·明诗》）歌舞宴饮的局面。南北朝时期，士大夫普遍形成享乐的风尚。萧绎《全德志序》云："驷马高车，优游宴喜。既令公侯踞掌，复使要荒蹙角。入室生光，岂非盛矣！……人生行乐，止足为先。但使尊酒不空，坐客恒满。"③

在唐代，政治被世袭官僚所垄断。下层人民通过科举走上政治巅峰的少之又少，文人们很难有以天下为己任的思想，最多只是能做到像白居易那样以诗歌替百姓呐喊罢了。但是唐代可以通过军功建立功名，诗人渴望建功立业，有英雄主义情结。高适曰："战酣太白高，战罢旄头空。万里不惜死，一朝得成功。画图麒麟阁，入朝明光宫。大笑向文士，一经何足穷。古人昧此道，往往成老翁。"④ 岑参曰，"丈夫三十不富贵，安能终日守笔砚"⑤ "功名只向马上取，真是英雄一丈夫"⑥ "时命难自知，功业岂暂忘"⑦。他们追求的是功名，不同于宋人对于人生事业的追求，他们不以读书而自豪，而宋人以读书治天下为追求目标。

这是因为北宋政权是由陈桥驿兵变而得来的，所以当权者很害怕以

---

① 余英时：《士与中国文化》，上海人民出版社 1987 年版，第 370 页。
② 范文澜注：《文心雕龙注》卷二，人民文学出版社 1958 年版，第 67 页。
③ （梁）萧绎：《金楼子》卷五，影印文渊阁四库全书本。
④ 《塞下曲》，刘开扬笺注《高适诗集编年笺注》，中华书局 1982 年版，第 269 页。
⑤ 《银山碛西馆》，陈铁民、侯忠义校注《岑参集校注》卷二，上海古籍出版社 1981 年版，第 79 页。
⑥ 《送李副使赴碛西官军》，陈铁民、侯忠义校注《岑参集校注》卷二，上海古籍出版社 1981 年版，第 95 页。
⑦ 《陪狄员外早秋登府西楼因呈院中诸公》，陈铁民、侯忠义校注《岑参集校注》卷四，上海古籍出版社 1981 年版，第 332 页。

同样的方式失去权力。北宋自立国以来，就通过"杯酒释兵权"的方式，和平地解除带兵大将的武装力量，又确立了"偃武修文"的治国方略，《宋史》卷四百三十九曰："自古创业垂统之君，即其一时之好尚，而一代之规模可以豫知矣。艺祖革命，首用文吏而夺武臣之权，宋之尚文，端本乎此。太宗、真宗其在藩邸，已有好学之名，及其即位，弥文日增。自时厥后，子孙相承。上之为人君者，无不典学；下之为人臣者，自宰相以至令录，无不擢科。海内文士，彬彬辈出焉。"① 欧阳修曰："自太宗崇奖儒学，骤擢高科至辅弼者多矣。"② 而宋代儒者辈出，更重要的一个因素是实行了科举取士的制度，宋代科举"取士不问家世"③，平等竞争。欧阳修称赞科举制度"无情如造化，至公如权衡"④，所以无论身份贵贱，大家都希望通过学习、科举而获得改变人生的机会。富弼曰："负担之夫，微乎其微者也，日求升合之粟，以活妻儿，尚日那一二钱，令厥子入学，谓之学课。亦欲奖励厥子读书识字，有所进益。"⑤ 所以，科举使大批寒门子弟登上了历史的舞台。

正因为宋代文人能够通过科举的道路取得政治权力，所以他们时刻感到一种"以天下为己任"的精神动力。范仲淹谪居时期依然"先天下之忧而忧，后天下之乐而乐"；苏轼被远谪海南还在想着"平生学道真实意，岂与穷达俱存亡。天其以我为箕子，要使此意留要荒"⑥；王安石力行"新政"；吕大均制定"吕氏乡约"（是由吕氏兄

---

① （元）脱脱等：《宋史》，中华书局 1977 年版，第 12997 页。

② （宋）欧阳修：《归田录》卷一，中华书局 1981 年版，第 17 页。

③ （宋）郑樵：《通志》卷二五《氏族略一》，中华书局 1987 年影印本。

④ 《论逐路取人札子》，（宋）欧阳修著，李逸安点校《欧阳修全集》卷一百一十三，中华书局 2001 年版，第 1716 页。

⑤ （宋）李焘撰：《续资治通鉴长编》卷一五〇庆历四年六月戊午引富弼奏语。

⑥ 孔凡礼点校：《苏轼诗集》卷四十一，《吾谪海南，子由雷州，被命即行，了不相知，至梧乃闻其尚在藤也，旦夕当追及，作诗示之》，中华书局 1982 年版，第 2243 页。

弟在蓝田推演的中国第一部成文的乡村民约）；范仲淹设"义庄"以赡族人等，也正是被这种使命感所促使。北宋的儒者文士多热衷并积极投入现实社会政治生活，以期实现其社会理想。《荀子·儒效》言，"儒者在本朝则美政，在下位则美俗"①，在朝使政治美善，在下位使风俗淳美，宋儒正是在实践着这些理想的知识分子品格。

钱穆先生在讨论宋代"士大夫的自觉与政治革新运动"时说："宋朝的时代，在太平景况下，一天一天的严重，而一种自觉的精神，亦终于在士大夫社会中渐渐萌苗。所'自觉精神'者，正是那辈读书人渐渐自己从内心深处涌现出一种感觉，觉到他们应该起来担负着天下的重任。"钱穆先生强调这种"自觉精神""并不是期望进士及第和做官"②。这种自觉精神的表现就是范仲淹的"居庙堂之高则忧其民，处江湖之远则忧其君"、张载的"为天地立心，为生命立命，为往圣继绝学，为万世开太平"、文天祥的凛然正气等。而宋人对于百姓及百姓生存状态表现——民俗的关注，又何尝不是其士大夫自觉意识的表现之一呢？

第二节　文人自觉与宋代民俗诗歌

魏晋时期，文学已经成为一种自觉的创作。曹丕认为"盖文章经国之大业，不朽之盛事"③，极力抬高了文学的地位。宋代诗人具有更

---

① 王先谦撰，沈啸寰、王星贤点校：《荀子集解》卷四，中华书局 1988 年版，第 120 页。

② 钱穆：《国史大纲》，商务印书馆 1994 年版，第 558 页。

③ 曹丕：《典论·论文》，（梁）萧统编，（唐）李善注《文选》卷五十二，上海古籍出版社 1986 年版，第 2271 页。

加主动的创作意识与更加自觉的创作精神。苏轼被贬海南蛮荒之地，在当时而言几乎没有回到中原的可能，还是为自己的一手好诗文而洋洋自得，说"长留五车书，要使九子读"①"但令文字还照世，粪土腐余安足梦"②，即使苏辙比其兄较为消极，说"虽令子孙治家学，休炫文章供世用"③，尽管不如其兄有"照世"的心思，尽管说"休炫文章供世用"，还不是依然希望儿孙传承家学吗？

宋代诗人的创作意识深入骨髓，他们时时刻刻不忘记创作。在看到异乡不同的风土人情时创作，自己参与民俗活动时创作，在节庆的日子里创作……这些都促进了民俗诗歌的繁荣。例如，李洪《清明自释》曰，"强课新诗作寒食，不堪重忆故园饧"④，在寒食这个节日里，他身在他乡，本来就无限寂寞，但是诗人依然勉强自己作诗，而一个"课"字反映了他把作诗当作自己必修的功课。吕本中《寒食》曰，"松坞云窗睡足时，溪藤闲展试毛锥。薄才岂敢追能事，寒食江村合有诗"⑤，诗中一"合"字突出了在宋代诗人的观念中，在节日中自然应该作诗，似乎诗歌是节日不可缺少的一部分。陈与义在《清明》诗中说，"不用秋千与蹴鞠，只将诗句答华年"⑥，尽管陈与义在民俗活动与文学活动的对立中选择了后者，但是足以说明他在这个民俗节日中诗情更高。并且，他的诗作正显示了他的诗歌其实是对于民俗的观察，

---

① 《借前韵贺子由生第四孙斗老》，孔凡礼点校《苏轼诗集》卷四十二，中华书局1982年版，第2303页。

② 《过于海舶，得迈寄书、酒作诗，远和之，皆粲然可观。子由有书相庆也，因用其韵赋一篇，并寄诸子侄》，孔凡礼点校《苏轼诗集》卷四十二，中华书局1982年版，第2304页。

③ 《同子瞻次过远重字韵》，陈宏天、高秀芳点校：《苏辙集·栾城后集》卷二，中华书局1990年版，第901页。

④ （宋）李洪：《芸庵类稿》卷四，影印文渊阁四库全书本。

⑤ 傅璇琮主编：《全宋诗》，北京大学出版社1998年版，第28册，第18253页。

⑥ （宋）陈与义：《简斋集》卷十一，影印文渊阁四库全书本。

他用诗歌把民俗和诗情结合起来。范成大《立春日郊行》曰，"春来不饮兼无句，奈此金幡彩胜何"①，在范成大看来，在这样一个节日中如果不饮酒作诗，该是多么有愧于这些"金幡彩胜"啊！而这些"金幡彩胜"正是民俗的代表物象，足见范成大以诗表现民俗的意识是多么强烈。而以上这些也说明了宋代文人对于民俗的主动反映精神。作者才是文学创作的主体，无论客观的世界怎样丰富，如果对此反应冷漠，那也不可能创作出什么东西来。在宋代，正是诗人有作为文人的主动创作意识及文学的自觉精神，才促进了民俗诗歌的繁荣。

宋代诗人作为文人，其文学自觉精神主要表现在唱和与共鸣、夸耀与游戏上。

一　唱和与共鸣

宋人在节日里多聚会，文人聚会免不了吟诗作赋，王之望《和人元夕》反映了文人在元夕聚会饮酒作诗的生活：

> 长安百尺朱楼高，传筹夜醉闻鸡号。
>
> 金吾弛禁玉漏永，九衢遍走狂欢遨。
>
> 访寻三曲选清唱，交结五陵皆大豪。
>
> 笑将千金买斗酒，轻若九牛亡一毛。
>
> 赋诗更作文字饮，止酒一篇羞和陶。
>
> 笔端百韵斗奇险，坐上几人推俊髦。②

节日宴会赋诗自然免不了节日民俗的反映，自然也促进了民俗诗

---

① （宋）范成大著，富寿荪标校：《范石湖集》卷三，上海古籍出版社 2006 年版，第 26 页。

② （宋）王之望：《汉滨集》卷一，影印文渊阁四库全书本。

歌的繁荣。诗人之间互相勉励作诗，例如，释宝昙《和赵介夫除夜》提到"诸君此夕须千首，老子今唯十九篇"①，释宝昙不属于文人，只是宋代僧人文化水平很高，且与文人多有交往。而赵介夫属于文人，从本诗中，可以看到宋人在节日中互勉作诗。王十朋曰，"手把菖蒲对佳节，兴来呼酒劝同僚""愿因角黍询遗俗，学士宁无六一词"②。欧阳修有诗曰："愿因角黍询遗俗，可鉴前王惑巧言。"③ 王十朋此诗是要求朋友在这个端午节中也应该作几首诗出来。

梅尧臣《范饶州坐中客语食河豚鱼》："春洲生荻芽，春岸飞杨花。河豚当是时，贵不数鱼虾。……若此丧躯体，何须资齿牙。持问南方人，党护复矜夸。皆言美无度，谁谓死如麻。……"④ 说明南方人爱食河豚的民俗。欧阳修《六一诗话》详细说明了此诗的本事：

> 河豚常出于春暮，群游水上，食絮而肥。南人多与荻芽为羹，云最美。故知诗者，谓只破题两句，已道尽河豚好处。圣俞平生苦于吟咏，以闲远古淡为意，故其构思极艰。此诗作于罇俎之间，笔力雄赡，顷刻而成，遂为绝唱。

从诗本事可以看出，该诗就是作于宴会间、餐桌上的。并且，因为民俗熟悉而少构思，以致以苦吟著称的梅尧臣顷刻之间就作出如此好诗。可以想到，宋代文人逢节日必要聚会，在节日里作诗，一般情况下会涉及节日里的民俗，而节日民俗也是民俗的一个重要组成部分。

---

① 傅璇琮主编：《全宋诗》，北京大学出版社 1998 年版，第 43 册，第 27152 页。

② （宋）王十朋：《梅溪集·后集》卷十二，《五月四日与同僚南楼观竞渡因成小诗四首明日同行可元章登楼有成五首》，影印四库全书本。

③ （宋）欧阳修著，李逸安点校：《欧阳修全集》卷八十三，《端午帖子词二十首·皇帝阁六首》（其四），中华书局 2001 年版，第 1213 页。

④ （宋）梅尧臣著，朱东润编：《梅尧臣集编年校注》卷八，上海古籍出版社 1980 年版，第 117 页。

不仅在节日里、宴会上大家会就一些民俗进行反复唱和，有时一人有了新的题材，大家也会积极响应，而民俗就成为宋人关注的新题材。例如，梅尧臣写农具诗是受了孙端成的影响，题为《和孙端叟寺丞农具十五首》，王安石写农具蚕具诗是受到梅尧臣的影响，题为《和圣俞农具诗十五首》，其后牟巘还创作了《和渔具十绝》，同属于农具诗歌的系列。

当前人有了好的题材，而不同时代的人也会为新的题材所影响，进行模仿创作，如洪迈指出"韩文公《送穷文》柳子厚《乞巧文》，皆模拟扬子云《逐贫赋》"（《容斋随笔续笔》卷十五"逐贫赋"条）。《荆楚岁时记》记载"送穷"的民俗为：

> 按金谷园记云："高阳氏子瘦约。好衣敝食糜。人作新衣与之。即裂破，以火烧穿着之。宫中号曰'穷子'。正月晦日巷死。"今人作糜、弃破衣。是日祀于巷。曰送穷鬼。[①]

《荆楚岁时记》产生于南朝梁时代，汉代是否存在"送穷"的民俗，扬雄的《逐贫赋》是不是针对"送穷"的民俗而发，有待讨论。但是后人对于这篇文章的模仿却是实际存在的。钱锺书先生说："子云诸赋，吾必以斯为巨擘焉。……后世祖构稠叠，强颜自慰，借端骂世，韩愈《送穷》、柳宗元《乞巧》、孙樵《逐痁鬼》出乎其类。"[②] 尽管钱锺书指出后来人对于扬雄《逐贫赋》创作风格的模仿，而从其所举作品可见，后人同时也是对于扬雄写作题材的模仿。

文是如此，诗歌也一样。当有好的题材，大家都会唱和，即使有

---

① （南朝梁）宗懔撰，宋金龙校注：《荆楚岁时记》，山西人民出版社1987年版，第30页。

② 钱锺书：《管锥编》（三）二八"全汉文卷五十二"，生活·读书·新知三联书店2001年版，第174页。

的不是面对面地唱和。例如，韩愈初到潮州曾经作《初南食贻元十八协律》反映其饮食习惯，苏颂在《虏中纪事》诗中描写了"夷俗华风事事违"的情况，然后说"退之南食犹成咏，若到穷荒更费辞"①，这句话足见其写作目的是希望自己该诗可以和韩愈的民俗诗歌一比。再以苏轼"岁暮三首"（引文见第一章第五节）为例，说明宋人唱和前人民俗诗歌的情况。苏轼作"岁暮三首"记录"馈岁""守岁""别岁"的民俗诗歌以后，首先是苏辙唱和，其后唱和的人不断，甚至大家都押用一韵。释德洪的《馈岁》《守岁》与苏轼《馈岁》《守岁》的韵脚相同。朱松作《次韵彦继用前辈韵三首》同样分为《馈岁》《守岁》《别岁》，他说用前辈韵，但是，前辈是谁呢？他的《馈岁》诗歌韵脚为"佐""货""卧""坐""磨""过""和"，与苏轼的《馈岁》诗歌韵脚一字不差，显然和的是苏轼的韵。其云"次韵彦继"，足见彦继也是用了苏轼的韵，和了苏轼的诗歌。其后面两首《守岁》《别岁》也同样是用了苏轼的韵。黄庭坚曾作"竹夫人"的诗歌，曾几《竹奴诗》序曰："因读，山谷《竹奴、脚婆诗戏作》，山谷既以竹夫人为竹奴，余亦名脚婆为锡奴焉。"② 其明言受到黄庭坚的影响。敖陶孙《为竹奴解嘲用山谷先生韵》亦足见有黄庭坚的影响在其中。

这样效仿前辈所作的民俗诗歌还有很多，例如，洪刍作《学韩退之体赋蛤蟆一篇》、陆游作《春社日效宛陵先生体四首》、方岳作《和放翁社日四首》等。梅尧臣创作《和孙端成农具诗十五首》《和孙端成蚕具诗十五首》，由题目可以看到，其朋友孙端成已经写了农具诗和蚕具诗，他随之唱和，梅尧臣的诗歌出来后，王安石也随之唱和，写

① 傅璇琮主编：《全宋诗》，北京大学出版社1998年版，第10册，第6423页。
② （宋）曾几：《茶山集》卷八，影印文渊阁四库全书本。

了《和圣俞农具诗十五首》，对同样的十五种农具进行了吟咏。看来这些具有浓郁民俗风味的生产工具已经成为诗人新的感兴趣的写作对象，并相互感染，激发了其他诗人的创作欲望。

王镃写《春游》："薄暖轻寒未肯分，游衫换作粉红新。绿香酒影摇宫扇，红皱裙文上舞裀。杨柳锦鞍春富贵，海棠银烛夜精神。风流难学唐崔护，花下题诗忆故人。"① 记录了时人的春游民俗，描写了他们的衣服、饰物、出行工具，最后说自己的这首诗歌难以和唐代崔护的《题都城南庄》相比，虽然具有自谦的成分，但其写作目的不言自喻，明显具有希望超越前人的意识。

王十朋在由鄂渚到夔州的路上，写下了长诗《自鄂渚至夔府途中记所见一百十韵》，他在诗歌最后说"欲赓刘与杜，辞鄙甚篘蕘"②，表达了向刘禹锡和杜甫学习的愿望，因刘禹锡与杜甫都曾在夔州一带留下了大量的诗歌。刘禹锡于长庆二年（882）任夔州刺史时，这年正月来到建平（今巫山县）见到民间联歌《竹枝》，吹短笛击鼓，边唱边舞，以"曲多为贤"，带有赛歌的性质。他由此受到启发，就仿效屈原作《九歌》的方式，作《竹枝》九篇，"俾善歌者扬之"。宋代黄庭坚称赞刘禹锡的竹枝词说："刘梦得竹枝歌九章，词意高妙，元和间诚可以独步，道风俗而不俚，追古昔而不愧。"③ 杜甫从唐代宗大历元年（766）四月抵达夔州到大历三年（768）正月离夔出峡，一年零十个月内共赋诗429首，被誉为"夔州三百篇，高配风雅颂"④，前人

① （宋）王镃：《月洞吟》，影印文渊阁四库全书本。
② （宋）王十朋：《梅溪集·后集》卷十二，影印文渊阁四库全书本。
③ 《跋刘梦得竹枝歌》，《黄文节公全集》正集卷二十五，刘琳、李勇先、王蓉贵校点《黄庭坚全集》，四川大学出版社2001年版，第657页。
④ 《少陵先生》，（宋）王十朋《梅溪集·后集》，卷十四，影印文渊阁四库全书本。

盛赞杜甫"诗到夔州老更工"①。杜甫在夔州作的诗歌有大量的民俗描写，如"岁时伏腊走村翁"②（《咏怀古迹五首》其四）。王十朋的诗歌是对于他们二人诗歌的主动继承。

所以，宋代的民俗诗歌是在前人的启发下，在文人之间的相互切磋勉励中走向繁荣。例如，李之仪《和人腊日》云："又听村村腊鼓鸣，年丰物阜庆清平。星霜陡觉岁华晚，时序只伤今古情。装景雪花飞点点，催诗云叶乱英英。自惭伏腊尤多误，和语烦公子细评。"③唐户部侍郎萧炅因其曾将《礼记》中"伏腊"读为"伏猎"，故被讥为"伏猎侍郎"。诗人此处"自惭伏腊尤多误"表示自谦，"和语烦公子细评"则表示希望朋友指正诗歌。李流谦《峡中赋百韵》曰："就令十年读，未胜行天下。耳目异闻见，襟灵豁陋寡。杜陵半九州岛，诗书入嘉话。马迁多经践，有文资博雅。吾惭笔墨斐，丝麻视菅蒯。未能朋侔矜，粗足儿童诧。"④"菅蒯"，茅草之类，可编绳索，常用来比喻微贱的人或物，这里比喻自己的作品微贱，不能与杜甫、司马迁之类如同"丝麻"的优秀作品相提并论。

上文所及，无论是与朋友切磋诗歌还是对刘禹锡、杜甫、司马迁的效仿与比较，都具有努力创作的意识。而作为文人，一旦有了新的挑战，就会积极尝试，挑战——超越——创新从而形成一种循环。正是因为互相琢磨、主动创作的意识，才使宋代民俗诗歌异常繁荣。

---

① （金）曹之谦：《寄元遗山》，《元诗选》，影印文渊阁四库全书本。
② （唐）杜甫著，（清）仇兆鳌注：《杜诗详注》卷十七，中华书局 1979 年版，第 1505 页。
③ （宋）李之仪：《姑溪居士后集》卷八，影印文渊阁四库全书本。
④ （宋）李流谦：《澹斋集》卷二，影印文渊阁四库全书本。

二 夸耀与游戏

宋代的文人是学富五车的，十分重视学问。在宋代，如果学问不高是要被耻笑的，学术大家尤甚。《史氏菊谱·后序》记载了一则史料：

> 王介甫武夷诗云："黄昏风雨打园林，残菊飘零满地金。"欧阳永叔见之，戏介甫曰："秋花不比春花落，为报诗人子细看。"介甫闻之，笑曰："欧阳九不学之过也，岂不见楚辞云：'夕飡秋菊之落英'。"①

可见，在宋代，人们很重视学问，"以才学为诗"，何其宜也！只是以前学者片面地认为才学是对于书本知识的掌握，所以在分析宋诗的时候往往通过分析诗歌中典故的运用来说明宋诗"以才学为诗"的倾向。而通过研究宋代民俗诗歌就会发现，所谓"才学"不仅仅指书本知识，宋代诗人也以生活、民俗等知识为才学。

另外，作为文人，扩大自己的视野、丰富自己的阅历，也是进行文学创作的必要条件。例如，杜甫足迹踏遍九州岛，他的诗歌被称为"诗史"，为人所称道。司马迁创作史记，足迹遍天下，他在《史记·太史公自序》中说："二十而南游江、淮，上会稽，探禹穴，窥九疑，浮于沅、湘；北涉汶、泗，讲业齐、鲁之都，观孔子之遗风，乡射邹、峄；厄困鄱、薛、彭城，过梁、楚以归。"② 这样才有"成一家之言"的皇皇巨著《史记》。所以，古人有"读万卷书，行万里路"之愿。李流谦在《峡中赋百韵》曰："马迁多经践，有文资博雅。吾惭笔墨斐，丝麻视菅蒯。未能朋侜矜，粗足儿童诧。"从作者自谦的言辞中，

---

① （宋）史正志：《史氏菊谱》，影印文渊阁四库全书本。
② （汉）司马迁：《史记》卷一百三十，中华书局 1959 年版，第 3293 页。

还可以看到时人认为广博的见闻有助于文学创作。所以，文人们到了不同地方，多留意不同的民俗以增长自己的见闻。并且，从这几句诗歌中，我们还能发现时人以博闻为骄傲，"未能朋俦矜"是自谦，正说明宋人在友朋之间交流异地风情和异族民俗等见识来显示自己的才学。

陆游说，"长谣为子说天涯，四坐听歌且勿哗。蛮俗杀人供鬼祭，败舟触石委江沙。此身长是沧浪客，何日能为饱暖家。坐忆故人空有梦，尺书不敢到京华"①，又说"故巢肯作儿女恋，异境会向乡间夸。一杯径醉帻自坠，灯下发影看鬖髿"②，说明陆游有时"此身长是沧浪客"，不得已而行走各地，有时不肯像小儿女一样对故巢恋恋不舍，所以行走他乡，但是"天涯"之所见所闻、民俗风情，正可以向朋友宣讲。李光《黎人二首》曰，"异境尽凭诗写去，郡僚争喜得新闻"，他人"喜得新闻"的愿望正促使了经历异域民俗风情的诗人创作民俗诗歌。

范成大《晓发飞鸟晨霞满天少顷大雨吴谚云朝霞不出门暮霞行千里验之信然戏纪其事》：

> 朝霞不出门，暮霞行千里。今晨日未出，晓气散如绮。心疑雨再作，眼转云四起。我岂知天道，吴农谚云尔。古来占滂沱，说者类恢诡。飞云走群羊，停云浴三豨。月当天毕宿，风自少女起。烂石烧成香，汗础润如洗。逐妇鸠能拙，穴居狸有智。蜉蝣强知时，蜥蜴与闻计。垤鸣东山鹳，堂审南柯蚁。或加阴石鞭，或议阳门闭。或云逢庚变，或自换甲始。刑鹅与象龙，聚讼非一理。不如老农谚，响应捷如鬼。哦诗敢夸博，聊用醒午睡。③

---

① 钱仲联校注：《剑南诗稿校注》卷二，《秭归醉中怀都下诸公示坐客》，上海古籍出版社2005年版，第168页。

② 钱仲联校注：《剑南诗稿校注》卷六，《初到荣州》，上海古籍出版社2005年版，第499页。

③ （宋）范成大著，富寿荪标校：《范石湖集》卷十六，上海古籍出版社2006年版，第228页。

诗歌由吴地占雨民俗"朝霞不出门，暮霞行千里"出发，胪列了自古以来大量的占雨民俗①，可见其学识之渊博。可是有意思的是他偏偏声称"哦诗敢夸博，聊用醒午睡"。"敢"在这里是"不敢"之意，其

---

① 该诗所含占雨民俗如下：（一）"飞云走群羊"，《太平御览》卷八引"京房易飞候"语："凡候雨，有黑云如群羊奔，如飞鸟，五日必雨。"（二）"停云浴三豨"，《太平御览》卷十引黄子发《相雨书》曰："四方北斗中无云，唯河中有云，三枚相连，状如浴豨者，三日大雨。"（三）"月当天毕宿"，毕，星名。二十八宿之一，为白虎七宿的第五宿。有星八颗，以其分布之状像古代田猎用的毕网，故名。古人以为此星主雨。《诗·小雅·渐渐之石》曰："月离于毕，俾滂沱矣。"毛传曰："月离阴星则雨。"（四）"风自少女起"，《三国志·魏书·管辂传》裴松之注引《辂别传》曰："至日向暮，了无云气，众人并嗤辂。辂言：'树上已有少女微风，树间又有阴鸟和鸣。……其应至矣。'……到鼓一中，星月皆没，风云并兴，玄气四合，大雨河倾。"少女风指西风，"兑为少女，位西方，此谓风从西来耳"（清黄生《义府·少女风》）。（五）"烂石烧成香"，晋王嘉《拾遗记·员峤山》曰："〔神龟〕时出烂石上……此石常浮于水边，方数百里，其色多红。烧之，有烟数百里，升天则有香云；香云遍润，则成香雨。"（六）"汗础润如洗"，指下雨前在柱石上会出现水珠。范成大《次韵卿舅即事》之二曰："晚来础汗南风壮，会有溪云载雨过。"（七）"逐妇鸠能拙"，据《埤雅》《尔雅翼》等书说，斑鸠性拙，不能营巢，天将雨则逐其雌，霁则呼而返，故俗语曰，"天将雨，鸠逐妇"。（八）"穴居狸有智"，《搜神记》卷十八曰："董仲舒下帷讲诵，有客来诣。舒知其非常。客又云：'欲雨'，舒戏之曰：'巢居知风，穴居知雨，卿非狐狸，则是鼹鼠。'客遂化为老狸。"（九）"蜉蝣强知时"，王褒《圣主得贤臣颂》曰："世必有圣智之君而后有贤明之臣。虎啸而谷风冽，龙兴而致云气，蟋蟀俟秋吟，蜉蝣出以阴。"（十）"蜥蜴与闻计"，《古今事文类聚》引《夷坚志》曰："刘居中至嵩山巅，有大蜥蜴数百。皆长三四尺。人以食食之，抚摩其身，滋腻如脂。一日聚绕水盆边，各就取水，才入口即吐霓，已圆结如弹丸，积之于侧。俄顷累累满地，忽震雷一声，起，弹丸皆失去。明日，人来言：'昨午雨雹大作。'乃知蜥蜴所为。"苏轼"长笑蛇医一寸腹，衔冰吐雹何时足"（《次韵舒尧文祈雪雾猪泉》），次公注："蛇医，蜥蜴别名，世人多以蜥蜴祈雨。"（十一）"垤鸣东山鹳"，《诗经·豳风·东山》"鹳鸣于垤"，毛传曰："垤，蚁塚也，将阴雨则穴处先知之。"郑玄笺："鹳，水鸟也，将阴雨则鸣。"（十二）"堂审南柯蚁"，此言蚂蚁知雨。古槐中蚁穴被称为"审雨堂"。《说郛》卷一百一十七引唐徐炫《玄怪记》曰："卢汾梦入蚁穴，见宫宇危豁，题曰'审雨堂'。"（十三）"或加阴石鞭"，《水经注》曰："夷水有阴阳石，居民每旱则鞭阴石，雨则鞭阳石，往往有效。"（十四）"或议阳门闭"，《太平御览》卷十一《汉书》曰："董仲舒为江都相理国，以春秋灾异之变推阴阳所错行，故求雨闭诸阳纵诸阴，其止雨反是。"（十五）"或云逢庚变，或自换甲始"，俗谚曰："久旱逢庚变，雨涝遇甲晴"。（十六）"刑鹅"，苏轼说，"而况刑白鹅，下策君勿取"（《答郡中同僚贺雨》）"苍鹅无罪亦可怜，斩颈横盘不敢哭"（《次韵舒尧文祈雪雾猪泉》）《东坡志林》云："鹅能惊盗，亦能却蛇……有二能而不能免死，又有祈雨厄，悲夫！"（十七）"象龙"，刻画龙形，山海经曰："为应龙之状乃得大雨"。汉杨雄《法言·先知》曰："象龙之致雨也，难矣哉！"李轨注："象，似也，言画缯刻木以为龙而求致雨，则不可得也。"

自称不敢夸博，给读者以"此地无银三百两"之感。

宋代诗人以丰富的民俗知识为傲，也以民俗来创作游戏。例如，一则关于郑樵"爆竹"诗的本事：

> 张丞相浚为帅日，除夕莆人郑樵客郡中，与观火爆。丞相命赋诗，给竿字为韵。樵口占云："驹隙光阴岁已残，千门竹爆共团栾。烧成熠熠丹砂块，碎尽琅琅碧玉竿。唤转韶光新景焕，辟除恶魅旧时寒。主人从此占佳瑞，再入为霖洒旱干。"①

可见，郑樵"爆竹"诗作于观"火爆"的情景下，应张浚之要求张口而来，作该诗如同一场文字游戏而已。再如梅尧臣以"蜡药""蜡酒""蜡脯""蜡笋"四种民俗事物作为吟咏对象分别作诗。他自述创作的具体情形是："尚书宴相公腊日投壶，输诗七首，便以腊日所用物赋，先成四首上呈。"② 邓深《观游女次韵》云，"丽人春游相百十，此风长沙云旧习"③，他在引言中介绍了创作背景："长沙风俗，每岁二月妇女纷然出城扫墓，谓之上山，率以日午而返。因游帅漕花圃，歌饮尽欢，穷日而后散。时与张庆夫坐观于竹迳，张赋诗，乃次韵书所见。"从以上三人创作诗歌的原因看，均具有随意性，正因为其"随意"，才说明宋人往往在无意中有意地把民俗作为一种新的试人文学才能的游戏。

---

① （清）郑方坤编：《全闽诗话》，影印文渊阁四库全书本。
② （宋）梅尧臣著，朱东润编：《梅尧臣集编年校注》卷十八，上海古籍出版社1980年版，第502页。
③ （宋）邓深：《大隐居士诗集》卷上，影印文渊阁四库全书本。

第三节　诗人之思与宋代民俗诗歌

宋代诗人多出身寒门，来自民间，通过科举之路走上仕途。宋代官员俸禄丰厚，生活优裕，所以他们一般不为生计所困。但是以俸禄养家糊口，也不同于前代的一些世袭贵族生活奢侈。正因为宋代诗人来自于民间，所以对于中下层百姓生活习俗非常熟悉，而他们广博的学识、宽阔的视野又使他们在回视自身的生活环境时不同于普通的百姓，他们从民俗生活中品味生活、体会人生、寻求哲思，所以，他们身在民俗生活之中而心在民俗之外。他们以诗人的眼光反观所熟悉的民俗，促使民俗诗歌的繁荣和民俗的诗意展现。

一　诗人的从俗心态

在宋代，诗人大多具有乡村的生活经历，他们不是普通百姓生活的旁观者，而是切实地融入了乡村生活，与农人同哭泣、同欢笑。宋代民俗诗歌的繁荣是因为诗人都生活在浓郁的民俗生活当中，到处是人们参与民俗活动的情况，如陆游的下列诗句，"釜粥芬香饷邻父，阑猪丰腯祭家神""斗饤春盘儿女喜，捣筛腊药婢奴忙"[1]"开正父老频占候，已决今年百稼登"[2]"岁猪鸣屋角，傩鼓转

---

[1]　钱仲联校注：《剑南诗稿校注》卷七十四，《岁未尽前数日偶题长句》，上海古籍出版社 2005 年版，第 4080 页。

[2]　钱仲联校注：《剑南诗稿校注》卷七十四，《初春》，上海古籍出版社 2005 年版，第 4091 页。

街头"①。宋代诗人自己也生活在民俗活动之中，他们都有一颗热爱生活的心灵，兴致勃勃地参与民俗，陆游说，"僧乞铭师塔，巫邀赛土神"②，反映自己被邀请参加民俗活动。再如陆游在除夕的时候参加了一系列的民俗活动："铜瓶垂碧井，手自浸屠苏。松煤染兔颖，秉烛题桃符。登梯挂锺馗，祭灶分其余。……罗幡插纱帽，一醉当百壶。"③

并且宋人也乐意从俗，如刘攽《上巳》诗："风光亹亹逼人来，过去清明更不回。巳日家人还被禊，蜀江清水快流杯。关关啼鸟如相和，冉冉残花欲尽开。自笑野心安淡泊，亦能随众上春台。"④ 在诗歌中，他不仅写了上巳时"被禊""流觞曲水"的民俗，而且表明自己心态淡泊，但是也能随俗而行。有的人觉得像俗人一样参与一些民俗活动是可笑的，但是，他们依然参与民俗，朱淑真在参与七夕乞巧的民俗时说："免俗未能还自笑，金针乞得巧丝归。"⑤ 吴芾说："未能免俗强随缘，聊挂灯球记上元。席上虽无罗绮绕，游人来往亦喧喧。"⑥

宋人士大夫有时与民同乐，姑且从俗，如范成大《丙申元日安福寺礼塔》"石笋新街好行乐，与民同处且逢场"⑦、田况《成都遨乐诗·二十一日游海云山》"自愧非才无异绩，止随风俗顺民情"。有时与子同乐姑且从俗，如李之仪在《端午》诗中曰，"散诞何妨儿女戏，

① 钱仲联校注：《剑南诗稿校注》卷四十九，《残历》，上海古籍出版社2005年版，第2969页。
② 钱仲联校注：《剑南诗稿校注》卷七十八，《农家》，上海古籍出版社2005年版，第4248页。
③ 钱仲联校注：《剑南诗稿校注》卷四十九，《辛酉除夕》，上海古籍出版社2005年版，第2976页。
④ （宋）刘攽：《彭城集》卷十四，影印文渊阁四库全书本。
⑤ 冀勤辑校：《朱淑真集注·后集》卷三，《七夕口占》，中华书局2008年版，第147页。
⑥ （宋）吴芾：《湖山集》卷十，《山居上元》，影印文渊阁四库全书本。
⑦ （宋）范成大著，富寿荪标校：《范石湖集》卷十七，上海古籍出版社2006年版，第232页。

漂流不觉岁时新"①、谢薖《端午即事》曰，"卯饮缘佳节，昌阳荐一卮。儿咨射团事，妻诵赐衣诗。懒检三闾传，争缠五彩丝。平生几端午，随分作儿嬉"②。有时是诗人自己喜欢从俗而行，保有一颗天真的童心，如陆游《上元》"偷闲聊与少年同"③、郭印《立春》"市酒岂能供燕笑，官娃无复问秋纤。强随儿童追时节，菜压香盘未损廉"④、刘子翚《次韵张守立春》"殷勤分彩胜，为掩鬓边霜"⑤。由上可见宋人的随俗心态及宋人对于普通百姓生活的认同。

二 距离之美：补偿与感悟

但是，诗人毕竟是诗人，诗人虽乐于随俗而行，但却不是浑浑噩噩地顺其流而扬其波，而是带着诗人的眼光打量着自身生存于其中的民俗。陆游《初夏怀故山》曰："镜湖四月正清和，白塔红桥小艇过。梅雨晴时插秧鼓，苹风生处采菱歌。沉迷簿领吟哦少，淹泊蛮荒感慨多。谁谓吾庐六千里，眼中历历见渔蓑。"⑥ 他离开了故乡，所以对故乡的回忆就成为心理的补偿。陆游还说，"自古达人轻富贵，例缘乡味忆还乡"⑦。宋代士大夫大多来自于民间，走入仕途，远离家乡，远离农村生活步入都市生活。民风民俗是他们非常熟悉的东西，回忆民风民俗就是补偿他们对乡村生活的心理缺失。李泽厚在《美的历程》中论及宋元山水意境时说：

①　（宋）李之仪：《姑溪居士后集》卷八，影印文渊阁四库全书本。
②　（宋）谢薖：《竹友集》卷五，影印文渊阁四库全书本。
③　钱仲联校注：《剑南诗稿校注》卷六，上海古籍出版社 2005 年版，第 535 页。
④　（宋）郭印：《云溪集》卷十一，影印文渊阁四库全书本。
⑤　（宋）刘子翚：《屏山集》卷十六，影印文渊阁四库全书本。
⑥　钱仲联校注：《剑南诗稿校注》卷二，上海古籍出版社 2005 年版，第 190 页。
⑦　钱仲联校注：《剑南诗稿校注》卷六十四，《初冬绝句》，上海古籍出版社 2005 年版，第 3638 页。

他们（宋代世俗大夫地主）的现实生活既不再是在门阀士族压迫下要求奋发进取的初唐时代，也不同于谢灵运伐山开路式的六朝贵族的掠夺开发，基本上是一种满足于既得利益，希望长久保持和固定，从而将整个封建农村理想化、牧歌化的生活、心情、思绪和观念。……不同于少数门阀贵族，经由考试出身的大批世俗地主士大夫常常由野而朝，由农（富农、地主）而仕，由地方而京城，由乡村而城市。丘山野壑、野店村居成了他们的荣华富贵、亭台楼阁的一种心理上必要的补充和替换，一种情感上的回忆和追求，从而对这个阶级具有某种普遍的意义。

——《美的历程·宋元山水意境》

　　这种对民风民俗的温馨回忆之情一旦弥漫，整个社会就形成了一种对乡村风土人情的整体性审美欣赏。陆游看到农家生活说"数家清绝如图画，炊黍何妨得小留"[1]。其审美欣赏以"如图画"来表示。宋代的一些民俗诗歌也往往以"如图画"为目标。柳永《望海潮·东南形胜》浓墨重彩地铺叙展现了杭州的繁荣壮丽景象，可谓"承平气象形容曲尽"[2]，柳永最后说"异日图将好景，归去凤池夸"[3]，要等以后将美景画下来，回京时向人们夸耀。陆游《初春杂兴》曰："问途来野店，秣蹇憩山邮。何处无诗思，平生惯旅愁。翩翩下鸥鹭，点点散羊牛。传入王孙画，千金未易酬。"[4]

　　而诗人从民俗中获得的最大感悟莫过于"生机"。宋代民俗诗歌

---

① 钱仲联校注：《剑南诗稿校注》卷五十，《舟中作》，上海古籍出版社2005年版，第3009页。

② （宋）陈振孙撰，《直斋书录解题》，卷二十一，中华书局1987年版，第616页。

③ （宋）柳永著，薛瑞生校注：《乐章集》卷下，中华书局1994年版，第169页。

④ 钱仲联校注：《剑南诗稿校注》卷五十，上海古籍出版社2005年版，第2986页。

善于刻画人物，从人物中发现"生机"，宋人诗人还善于"以雅化俗"，使民俗显得富于诗意。其"生机"与"诗意"存在相通的地方。宋代民俗诗歌是在诗意中寻找"生机"，在"生机"中寻找诗意。如释文珦《水村即事》所描写的水村民俗与风景："祭鼓冬冬野庙，茅茨小小人家。水际数株榆柳，篱边几陆桑麻。"① 诗人写祭祀的鼓声响亮、热热闹闹。而这样的场景不是发生在繁华的都市中，而只是发生在一个小小水村的野庙中。这份喧闹的背景是富于诗情画意的几株柳树轻拂水面，疏疏落落的篱笆边几垄桑麻。动与静，狂与柔调和在一起。再如释文珦《村行即事》："客中颇觉身无事，徐步西村引兴长。茅舍竹篱分向背，麦畦麻棱间青黄。少妇乘时方煮茧，老翁择日又移秧。农家满眼皆生意，应是无心出此乡。"② 这也可以为宋代民俗诗歌诗意化作注解了。

在宋代民俗诗歌中，诗人之眼光不仅体现在诗人诗意地关注社会，还体现在诗意地关注人的内心，关注人本身的生存意义。一些民俗之物也常常引起宋代诗人的思考。例如，苏辙的《车浮》，苏辙解释"车浮"曰："结木如巢，承之以箦，沉之水中，以浮识其处，方舟载两轮挽而出之，渔人谓之车浮，此《诗》所谓汕也。"汕，《尔雅·释器》曰"罧谓之汕"。郭璞注："今之撩罟。"③ 再根据苏辙所解释的车浮来看，车浮，是一种置于水中的捕鱼器具，它引发了苏辙的感慨："寒鱼得汕便为家，两两方舟载小车。谋食旋遭芳饵误，求安仍值积薪遮。情存未免人先得，欲尽要令物莫加。身似虚舟任千里，世间何处

---

① （明）解缙等纂：（明）《永乐大典》卷三五七九，中华书局1986年版，第2079页。
② （宋）释文珦：《潜山集》卷十，影印文渊阁四库全书本。
③ （晋）郭璞注，（宋）刑刑昺疏：《尔雅注疏》卷六，《十三经注疏》，中华书局1980年版，第2599页。

有罩置。"① 苏辙此诗是写由车浮而引发的感慨，他看到鱼儿进入车浮内休息，自以为安全，不料为人类所捕。联想到人在社会中也往往处在危机四伏的地方还自以为很安全。人要做到无欲无求，才能做到外物不加于身，才能虚己以游世，才是保全自身之道。

范成大《浣花戏题争标者》也反映了他的哲学思考。诗如下："凌波一剧便捐生，得失何曾较重轻。蜗角虚名人尚爱，锦标安得笑渠争。"② 浣花溪在成都西五里，一名百花潭。《岁华纪丽谱》这样记载浣花溪竞渡的民俗："四月十九日，浣花佑圣夫人诞日也。太守出笮桥门，至梵安寺，谒夫人祠，就宴于寺之设厅。既宴，登舟观诸军骑射，倡乐导前，泝流之百花潭，观水嬉竞渡。官舫民船，乘流上下，或幕帟水滨，以侍游赏，最为出郊之盛。"③ 陆游《老学庵笔记》（卷八）记载："四月十九日，成都谓之浣花遨头，宴于杜子美草堂沧浪亭，倾城皆出，锦绣夹道。自开岁宴游，至是而止，故最为盛于他时。"④ 而范成大则从民俗中看到了人生哲理。

陆游说："医翁暮过囊探药，筮叟晨占手布著。谁谓人间足忧患，未妨古俗自熙熙。"⑤ 他从民俗中观察民众怡然自得的生活状态，反思文人的生存状态总是充满忧患，体现出对自我的否定与批判。

诗人往往对于人生真谛认识清楚，故而对于生活的要求不高，习惯于简朴的生活。诗歌多反映其身边的民俗生活。纸帐，是一种民间

① 陈宏天、高秀芳点校：《苏辙集·栾城集》卷十三，中华书局1990年版，第253页。

② （宋）范成大著，富寿荪标校：《范石湖集》卷十七，上海古籍出版社2006年版，第245页。

③ 《岁华纪丽谱》，影印文渊阁四库全书本。

④ （宋）陆游著，李剑雄、列德权点校：《老学庵笔记》卷八，中华书局1979年版，第108页。

⑤ 钱仲联校注：《剑南诗稿校注》卷七十四，《晚晴出行近村闲咏景物》，上海古籍出版社2005年版，第4076页。

常用的帐子，由藤皮茧纸缝制而成。据明高濂记载其制法为："用藤皮茧纸缠于木上，以索缠紧，勒作皱纹，不用糊，以线折缝缝之。顶不用纸，以稀布为顶，取其透气。"① 苏辙《和柳子玉纸帐》道："夫子清贫不耐冬，书斋还费纸重重。窗明晓日从教入，帐厚霜飙定不容。京兆牛衣聊可藉，公孙布被旋须缝。吴绫蜀锦非嫌汝，简淡为生要易供。"② 该诗写出宋人休息以藤皮茧纸为帐的民俗，但是突出了对"简淡为生"生活方式的赞赏。再如苏辙的《和柳子玉地炉》："凿地泥床不费功，山深炭贱火长红。拥衾熟睡朝衙后，抱膝微吟莫雪中。宠辱两忘轻世味，冰霜不到傲天工。遥知麻步无人客，寒夜清樽谁与同。"③ 写出宋代人"凿地泥床"做成地炉，冬天下面烧起木炭，用来取暖的民俗。苏辙写这一民俗主要突出了"宠辱两忘轻世味，冰霜不到傲天工"这样一种潇洒的人生境界。苏辙还写了"踏藕"的民俗，所谓"踏藕"是指收获藕时，入水用脚掌踩去藕周围烂泥并把它挑出。唐杜甫《陪郑公秋晚北池临眺》曰"采菱寒刺上，踏藕野泥中"④，只是涉及这一民俗，苏辙《踏藕》则详细描写这一民俗活动："春湖柳色黄，宿藕冻犹僵。翻沼龙蛇动，撑船牙角长。清泉浴泥滓，粲齿碎冰霜。"诗歌最后又言"莫使新梢尽，炎风翠盖凉"⑤，看来，引起作者创作欲望的是担心新梢被弄尽，来年夏天不能长出亭亭的荷花来，耽误了文人的雅兴。

---

① 《遵生八笺》卷八，影印文渊阁四库全书本。
② 陈宏天、高秀芳点校：《苏辙集·栾城集》卷四，中华书局1990年版，第66页。
③ 同上书，第65页。
④ （唐）杜甫著，（清）仇兆鳌注：《杜诗详注》，中华书局1979年版，卷十四，第1178页。
⑤ 陈宏天、高秀芳点校：《苏辙集·栾城集》卷五，中华书局1990年版，第89页。

三 身在俗中与超然物外

正因为宋诗人生于民俗之中，熟悉民俗生活，而又用诗人的眼光反观民俗生活，所以宋诗人对于民俗是采取一种若即若离的态度，既在俗中，又超然俗外。

一方面，宋人在随俗中追求真实的生活、童真的心灵，滕茂实曰："宫花插帽枝枝秀，菜甲堆盘种种新。拘窘经时成土俗，聊从一醉适天真。"① 李正民曰："细饼堆盘随旧俗，磔牛当路乐村民。流光衮衮催人老，心地闲来只任真。"② 另一方面，宋人还在民俗活动中，从他人的参照系中，突出自己特立独行的文人行径。例如，陆游的《闰二月二十日游西湖》曰："西湖二月游人稠，鲜车快马巷无留。梨园乐工教坊优，丝竹悲激杂清讴。追逐下上暮始休，外虽狂醒乐则不。岂知吾曹淡相求，酒肴取具非预谋。青梅苦笋助献酬，意象简朴足镇浮。尚惭一官自拘囚，未免匹马从两驺。南山老翁亦出游，百钱自挂竹杖头。"③ 再如杨蟠曰，"南邻祭灶喧，北里驱傩哗"④，作者用"喧""哗"二字突出在除夕之夜他人的热闹，但这正是反衬自己年过四十的凄凉心境——"明朝四十过，暮景真易斜"。韩维《答和邻几元夕圣俞及予过之》曰，"天衢十二大树春，楼前结彩移嵩岷。游人衮衮去不已，街头雪泥踏作尘"，写出了元夕的热闹，但是接下去笔锋陡转，"骀它馆中好古士，纷华过眼轻浮云"⑤。"骀它馆"中的这些好古

---

① 《立春》，（元）元好问编《中州集》卷十，影印文渊阁四库全书本。
② 《立春》，（宋）李正民《大隐集》卷十，影印文渊阁四库全书本。
③ 钱仲联校注：《剑南诗稿校注》卷一，上海古籍出版社 2005 年版，第 55 页。
④ 《除夕次东坡守岁韵》，傅璇琮主编《全宋诗》，北京大学出版社 1998 年版，第 8 册，第 5051 页。
⑤ 《南阳集》卷五，影印文渊阁四库全书本。

之士，只是把这些繁华当作过眼云烟。韩维在《答贺中道灯夕见诮》中使用了同样的方法，他首先写灯夕的热闹，"前时官家不禁夜，九衢艳艳烧明釭。彩山插天众乐振，游人肩摩车毂撞"，用来比照贺中道"君于此时守经籍，直欲行业纯不尨"①的行为，说明朋友能够忍受寂寞，坚守事业。李弇《端午日》曰："高门高挂艾天师，玉臂还缠五彩丝。我只一杯昌歜酒，羲皇窗下读骚辞。"②突出自我在民俗中的行为。

再如薛嵎《守岁五首》中的两首诗歌：

> 儿辈呼卢不计钱，地炉围坐笑声喧。
> 老夫自算吟边事，栽竹移花近百篇。③（其一）

> 平日过从乏贵游，更来湖上棹扁舟。
> 除将儿女行行拜，邻舍相逢坐即休。（其五）

诗歌写守岁的民俗活动，大家围坐在一起，孩子们通过呼卢（赌博）游戏来打发时间，儿女们成群结队来拜年。而诗歌又凸显出自己不同于他人沉浸于一团欢笑中，于欢笑之外寻找自我的存在——吟诗，又反映自己于此民俗活动中的心态——随遇而安。因为他在邻居来的时候只是坐一坐罢了，来时没有热情招待，去时没有依依不舍，有的只是一份自在与从容。

宋人总是一面生活在现实之中，一面又超然物外。如陆游《病中杂咏十首》其六：

---

① 《南阳集》卷五，影印文渊阁四库全书本。
② （宋）陈起编：《江湖后集》卷二十，影印文渊阁四库全书本。
③ 《云泉诗》，影印文渊阁四库全书本。

> 身似头陀不出家，杜陵归老有桑麻。
>
> 茶煎小鼎初翻浪，灯映寒窗自结花。
>
> 残药渐离愁境界，乱书重理淡生涯。
>
> 等闲一事还超俗，断纸题诗字乱斜。①

作者自言已经身似一个僧人了，但是却没有选择出家的生活。下文写煎茶、熬药、理书、题诗之类日常生活中的等闲琐事。但是，作者不觉其琐，不觉其烦，说"等闲一事还超俗"，所以"等闲"与"超俗"二者是统一的。在作者看来，日常琐事也是超俗的，因为作者的心态平和，亲近生活又超然尘外。陆游另曰，"身入儿童斗草社，心如太古结绳时"②，作者"身"与"心"对举，突出了身在斗草之类的民俗之中，心在太古混沌状态的超俗之外的对立统一的状态。陆游曰，"野寺无晨粥，村伶有夜场。吾心静如水，随事答年光"③，诗歌突出民俗之闹与己心之静的对立统一，以幽静之心去看民俗的闹，那份喧闹也就显得遥远了一些。陆游在《遣兴》组诗中，言"闲投邻父祈神社，戏入群儿斗草朋"④，他不亦乐乎地投入各种民俗活动中，又言"清闲即是桃源境，常笑渊明欲问津"⑤，主张在世俗生活中寻找内心的清闲，内心的清闲即是桃源胜景，没有必要去他处寻找。仍然体现他以清净之心去观察感受富于动感、富于生机的民俗生活。

所以，宋代写民俗的诗人既在俗中，又超然俗外。宋代的诗人在

---

① 钱仲联校注：《剑南诗稿校注》卷八十五，上海古籍出版社 2005 年版，第 4536 页。

② 《老甚自咏》，钱仲联校注《剑南诗稿校注》卷五十六，上海古籍出版社 2005 年版，第 3288 页。

③ 《出行湖山间杂赋》，钱仲联校注《剑南诗稿校注》卷五十七，上海古籍出版社 2005 年版，第 3303 页。

④ 钱仲联校注：《剑南诗稿校注》卷四十，上海古籍出版社 2005 年版，第 2540 页。

⑤ 同上。

民俗诗歌创作中也体现一种站在高处看风景的心态，项安世《上元》曰，"游客不知千古意，看人看火漫奔奔"①，作者正如一个看风景的人在楼上看着看灯和上元节日的人。有时诗人会亲自参与民俗活动，看民俗活动的情况：

> 儿女炊玉作茧丝，中藏吉语默有祈。
>
> 小儿祝身取官早，小女只求蚕事好。
>
> 先生平生笑儿痴，逢场亦复作儿嬉。
>
> 不愿着脚金华殿，不愿增巢上林苑。
>
> 只哦少陵七字诗，但得长年饱吃饭。
>
> 心知茧卜未必然，醉中得卜喜欲癫。②
>
> ——杨万里《上元夜。里俗：粉米为茧丝，书吉语置其中，以占一岁之福祸，谓之茧卜。因戏作长句》

有时他们就在看别人忙忙碌碌中获得闲适：

> 渐近新年日愈长，不辞扶病举椒觞。
>
> 了无一事干灵府，只合终身住醉乡。
>
> 斗钉春盘儿女喜，捣筛腊药婢奴忙。
>
> 蜀州白首犹痴绝，更与梅花赋断肠。③
>
> ——陆游《岁未尽前数日偶题长句》（其五）

可见，杨万里作为站在更高一层楼上的人，他知道茧卜的不真实性，他看到小儿女的愚痴可笑的天真，但是，他没有作为一个启蒙者

---

① （宋）项安世：《平庵悔稿》（宛委别藏本）卷一〇，江苏古籍出版社 1988 年版。

② （宋）杨万里撰，辛更儒笺校：《杨万里集笺校》卷五，中华书局 2007 年版。第 267 页。

③ 钱仲联校注：《剑南诗稿校注》卷七十四，上海古籍出版社 2005 年版，第 4080 页。

挥舞大旗去打击愚昧，宣传真理，而是随俗而为，饶有兴致地参与其中，得到了吉卜一样兴高采烈，手舞足蹈。陆游任由儿女们在比赛准备春盘，下人们忙着捣筵药品，自己又超然其外，饮椒酒赋梅诗。正是因为宋人以一种轻松随俗的心态参与民俗，身在民俗之中，心在民俗之外，所以最能够感受民俗并且思考民俗，并把民俗提升到诗歌当中。

　　也许中国的诗人看待民俗正走了一条如同僧人参禅一样的道路，第一阶段是看山是山，看水是水；第二个阶段是看山不是山，看水不是水；第三个阶段是看山还是山，看水还是水。首先是先秦阶段，人生活于民俗之中，浑然无觉。民俗是一种自在存在，人们只重视它的实用功能，民俗很少成为他们作品的主旨所在。魏晋六朝时期文人高高在上，其所看到的民俗不是下层百姓生活的本身。唐代文人的热情被建功立业的英雄主义情结取代，无暇来顾及民俗本身。统治者看待民俗只是重视它的教化功能，典籍中的民俗承载着教化，失去了本来的味道。而宋代，出于民间、熟悉民间生活的诗人再重新回到民间，是一种看山还是山的阶段。突出了民俗的客观化，突出了民俗的参与主体——平民百姓，当然还因为作者心怀热爱之情，民俗诗歌还带有一层诗意，让人陶醉。

上编结语

左思在《三都赋序》中说："见'绿竹猗猗'，则知卫地之产，见'在其版屋'则知秦野西戎之宅，故居然而辨八方。"[①] 可见采集民俗的人是这样从诗歌中发现民俗的。但是这些诗歌的主旨却不在于此，"绿竹猗猗"出自《诗经·卫风·淇奥》，关于该诗的创作主旨，《毛诗序》言，"美武公之德也"，郑玄笺"绿竹猗猗"曰，"兴也"[②]。"在其版屋"出自《诗经·秦风·小戎》，"版"字《诗经》为"板"。关于该诗的创作主旨，《毛诗序》曰："美襄公也。""在其板屋"下文为"乱我心曲"，郑玄笺该句为"妇人所用，闵其君子"[③]，所以从诗歌的功用看，"诗可以兴，可以观，可以群，可以怨"[④]，但是，从诗歌的创作目的看，诗人的创作本意却不在于传达诗歌所包含的所有信息。以考察民俗为目的而采集的诗歌，其作者并不一定出于反映民俗

---

① （梁）萧统编，（唐）李善注：《文选》，上海古籍出版社 1986 年版，第 173 页。

② 郑玄笺，孔颖达疏：《毛诗正义》卷三，《十三经注疏》，中华书局 1980 年版，第 320 页。

③ 郑玄笺，孔颖达疏：《毛诗正义》卷六，《十三经注疏》，中华书局 1980 年版，第 370 页。

④ 《论语·阳货》，何晏集解，刑昺疏《论语注疏》卷十七，《十三经注疏》，中华书局 1980 年版，第 2525 页。

的目的。但是前代的采诗者多是这样做的，后代的民俗研究者也多是从诗歌中挖掘其民俗内容的。

与前代民俗诗歌相比，宋代诗人具有明确的民俗意识，宋代民俗诗歌以民俗为主要创作对象，使民俗诗歌从其他题材中独立出来。本书也不同于前代的研究，本书把民俗诗歌兴盛于宋作为一个文学现象进行深入的研究，并从中研究宋代民俗诗歌兴盛的原因、独有的特点及对传统题材的推进。本书的研究立足于诗人的创作主旨，重视宋代诗歌的整体性，而不是割裂诗歌本身。

时、地、人是造成民俗差异的主要原因，也是后代的研究者进行民俗分类研究的依据。而这也正是从诗歌中体现出来的诗人观察民俗的视角。所以，本书上编前三章以时、地、人三个维度考察宋代民俗诗歌的繁荣情况，并分别对其原因进行分析。诗人出使、为官、遭贬等经历开阔了诗人的视野，使诗人感受到不同的民俗习惯，同时也使诗人因为对比而对家乡的民俗有了更深的认识，所以宋代反映地域民俗的诗歌异常丰富。宋代诗人吏隐和耕读的思想解决了隐与仕的矛盾，促进了诗人关心农民的生活，农民的民俗自然也深受关注。宋人对太平盛世的摹写及盛世不再的哀叹对于记载时代民俗也起到了促进作用，表现时代民俗的诗歌出现繁荣局面也是自然而然的。

本书上编前三章实际上是对宋代民俗诗歌繁荣情况的呈现。本书上编后三章重点分析现象后面的本质。上编第四章重点考察传统题材与民俗结合产生的新变化，也就是各类传统题材的民俗化倾向。该章三节内容与前面三章分别照应。第一节与第一章照应，考察了以具有地域特征的纪行诗歌民俗化倾向，第二节与第二章照应，突出了同为反映农村农民生活的田家诗歌的民俗化倾向。第三节与第三章照应，因为宋代的咏物诗歌很多是关于当时社会存在的民俗之物，是对于时俗的反映。这些反映了民俗诗歌对于文学的促进作用。

　　宋代民俗诗歌的繁荣不仅指诗歌数量的增多，更主要的是民俗诗歌具有不同于前代民俗诗歌的特点。宋代民俗诗歌具有民俗对象化、人物具象化、风格俚俗化和民俗诗意化的特点，这些特点融为一体，使宋代的民俗诗歌形成了自己的特性，体现出自己特有的风貌。使对于宋代民俗诗歌的研究成为必要，这是本书重心之所在。民俗对象化分析了宋代诗人主动关注民俗的意识，在诗歌中利用诗歌的序言、注释、题目或者诗歌本身解释民俗、客观地呈现民俗，使读者了解民俗，体现了诗人反映民俗的主动性。宋代的诗人还喜欢评论民俗，考证民俗，在这些诗歌中民俗也就是诗人创作的主体对象。人物具象化分析了宋代民俗诗歌另外一个特点，即关注民俗中的人物。民俗者，民之俗也。离开了人物的活动，民俗就变得空洞。宋代的诗歌善于客观反映民俗活动中的人物形象，突出他们身上的生机和活力。民俗是与民相关的，而民似乎总是与俗相连，所以民俗与俗的人和俗的事相关。为了体现民俗的风貌，宋代的民俗诗歌还采用方言俗语入诗，采用民间的文学体裁——竹枝词，这些使民俗诗歌呈现出俚俗之美。那些熟悉的俗言俗语、不入流的民间小调却恰恰给人以美感，这些正是民俗诗歌的魅力所在。诗歌终究是一种追求美的文学，宋代民俗诗歌不仅通过俚俗化唤起读者亲切的美感，还通过诗人的审美眼光观察民俗，写出民俗的诗意，使普通的民俗诗意化。

　　诗歌是诗人思想情志的反映，诗歌的繁荣和诗歌独有特性的形成与诗人本身有着必然的联系。宋代诗人来自民间，为官以后与下层百姓有着一种天然的亲切态度，宋代诗人更具有淑世精神，并且，作为官员也需要观察民风民俗，宋代诗人的这种官员身份及官员意识促进了民俗诗歌的繁荣。宋代诗人更加看重自己的文士身份，更具有文学创作的主动性，宋代文人的节日聚会、诗作唱和活动非常丰富，这也促进了民俗诗歌的创作。民俗创作甚至成为文人之间的一种游戏。诗人最主要的特征还是用诗意的眼光关注生活。所以，宋代的诗人用诗意的眼光打量民俗，这使其对于民俗的观照达到了更高的一个层次，是一种主动的、自觉的、诗意的观照。这些是本书上编第六章所表达的内容。

下编

南宋诗歌嬗变的民俗观照

第一章　南宋民俗诗歌的发展阶段

宋代重视民俗研究，南宋时期尤盛。在这种风气影响之下，中兴时期的作家身上也渗透了浓浓的民俗意识，其诗歌也染上了民俗的色彩。该时期的民俗诗歌蔚为壮观，是这个时期较为典型的文学特色。而反过来，欲要研究民俗诗歌，也需要从研究南宋时期的民俗研究状况入手。南宋民俗研究的丰富可以从以下两个方面看出。

（一）私家民俗笔记丰富。北宋时期，文人笔记多记载朝廷掌故及文人轶事，如苏辙的《龙川略志》《龙川别志》、欧阳修的《六一诗话》，也记载一些笔记生活中有趣的点点滴滴，如苏轼的《东坡志林》。但是在宋代南渡之后，记载民俗风情的笔记多了起来。例如，记载都市生活的《东京梦华录》，成书于高宗绍兴十七年（1147）。此后，此类著作渐次多了起来。例如，《都城记胜》《西湖老人繁胜录》《梦粱录》《武林旧事》皆是仿效其体例。有的笔记还记载边疆和少数民族习俗。例如，范成大的《桂海虞衡志》，是其于南宋孝宗乾道八年（1172）至淳熙二年（1175）于广南西路静江府（今广西桂林）所作的，记述广南西路风土民俗。再如南宋周去非《岭外代答》，是他仕于广西所获得的最有价值的成果。分地理、土风、物产、边帅、法制、财计等20门，共294条，记载当时岭南（即今两广）的山川、古迹、物产资源及少数民族的社会经济、生活习俗等情况，兼及南海诸国和大秦、木兰皮国等。宋朱辅撰《溪蛮丛笑》，《四库提要》认为他是南宋末年人。该书以条目体例形式记述了公元12世纪时沅江流域各民族的风俗习惯、土产方物及文物古迹。还有的笔记考证典章事故、民俗来历等。例如，南宋朱翌《猗觉寮杂记》、南宋王楙《野客丛书》、南宋赵彦卫《云麓漫钞》，还有南宋末年至元代初期陈元靓的《岁时广记》等。

（二）方志的扩大和完善。方志，记录四方风俗、物产、舆地及故事传说等的簿册。《周礼·地官·诵训》曰："掌道方志，以诏观事。"郑玄注："说四方所识久远之事，以告王观博古。"《后汉书·西域传论》曰："至于佛道神化，兴自身毒，而二汉方志莫有称焉。"《文选·左思〈吴都赋〉》曰："方志所辨，中州所羡。"张铣注："方志谓四方物土所记录者。"可见，方志是民俗资料的重要保存文献。

我国的地方志从周代起源，到宋代始成形，在北宋时代，有全国性的区域志，如《太平寰宇记》《元丰九域志》，但地方性的方志不多。但是到了南宋时期，各地竞相编修自己的地方志，如周淙《临安志》、张津《四明图经》、高似孙《剡录》、范成大《吴郡志》等。不仅如此，而且"入宋以来，方志的编纂，不但内容扩大了，体例也日臻完善。唐以前的地方志，内容主要是记自然地理方面，而从宋代开始，人文地理方面的内容越来越丰富。在这些方志里，一般都分别记载了各州县建县沿革、山川物产、风俗形势、人物仙释等方面的内容。"①

---

① 刘德仁、盛义编：《中国民俗史籍举要》，四川民族出版社1992年版，第132页。

宋代因为市民阶层的兴起，新的社会层次形成不同的社会风气和习俗，对于原来的习俗具有一定的冲击力。宋代的上层人士一直重视风俗的教化作用。南宋时期朱熹撰《家礼》一书探讨礼与俗的关系，以期对汉族社会的风俗文化加以礼制的约束，达到整肃风俗、实现文治教化的目的。南宋时期楼钥认为"国家元气，全在风俗，风俗之本，实系纪纲"①（《论风俗纪纲》），对民俗的意义进行提升。

本章分三节分别讨论南渡时期、中兴时期、晚宋时期的民俗诗歌创作情况。

第一节　南渡时期

南宋对于民俗的关注在南渡初期就已经开始了，靖康二年（1127），神州陆沉，宋王朝皇室南迁，文人学士纷纷随之南渡。刘子翚《望京谣》描绘了这一时期的社会状况："州桥灯火夜无光，夹道狐狸昼相逐。往时汴泗绝行舟，市粜十千尘满斛。衣冠避胡多在南，胡马却食江南粟。谋臣武士力俱困，海角飘摇转黄屋。"② 黄屋，古代帝王专用的黄缯车盖，借指帝王之车。这里指靖康之难，钦徽二帝被掳，宋王室南逃，大批士人也随之南迁躲避战乱。

这一时期，诗人一方面面临着国破家亡，背井离乡的剧痛。诗人的作品表现抗敌御侮，收复山河的呼声与呐喊。另一方面，诗人不得

---

① （宋）楼玥：《论风俗纪纲》，转引自王利器《风俗通义校注·叙例》，中华书局1981年版，第1页。

② 刘子翚：《屏山集》卷十一，影印文渊阁四库全书本。

不面对新的生活，适应他乡的民俗文化。所以，南宋初期民俗诗歌获得了巨大的发展，一方面，是对于故土或者故都民俗的回忆，另一方面，是对于他乡新民俗的新奇观照。

一　民俗回忆

南宋作为北宋王朝的延续，整个社会都弥漫着一种对于故土，尤其是故都的追思。例如，在北宋时期，洛阳的牡丹名冠天下，形成了赏花的习俗，每年二月二日被立为花朝节。《御定佩文斋广摹芳谱》曰："唐开元中天下太平，牡丹始盛于长安。逮宋惟洛阳之花为天下冠，一时名人高士如邵康节、范尧夫、司马君实、欧阳永叔诸公尤加崇尚，往往见之咏歌。"[①]　正因为如此，宋南渡行宫后苑遍植牡丹，匾曰"伊洛传芳"。[②]　可见南宋皇室对于故都风俗的追思。南宋士人也追忆北宋时的民俗风情。朱敦儒常言"山阴富水竹，有洛阳许下气象"[③]，朱敦儒看到山阴盛产富水竹，马上想到与洛阳风物相似，可见"洛阳许下气象"时刻在其心中萦绕。南渡以来现实中的种种困境，使上上下下在颠沛流离中无法找到安适之感，正因如此，也只好在追忆中原往事中得到些许的慰藉。孟元老《东京梦华录序》曰："一旦兵火，靖康丙午之明年，出京南来，避地江左，情绪牢落，渐入桑榆。暗想当年，节物风流，人情和美，但成怅恨。近与亲戚会面，谈及曩昔，后生往往妄生不然，仆恐浸久，论其风俗者，失于事实，诚为可惜，谨省记编次成集，庶几开卷得睹当时之盛。"[④]

刘子翚《汴京纪事》二十首也用诗歌回忆故京民俗：

---

①　《御定佩文斋广摹芳谱》卷三十二，影印文渊阁四库全书本。
②　（明）陶宗仪：《南村辍耕录》卷十八，齐鲁书社 2007 年版，第 246 页。
③　（元）陆友仁：《研北杂志》（丛书集成初编），中华书局 1991 年版。
④　（宋）孟元老撰，伊永文笺注：《东京梦华录》，中华书局 2007 年版，第 1 页。

笃耨清香步障遮，并桃冠子玉簪斜。

一时风物堪魂断，机女犹挑韵字纱。（一一）

万炬银花锦绣围，景龙门外软红飞。

凄凉但有云头月，曾照当时步辇归。（一二）

天厩龙媒十万蹄，春池蹴踏浪花飞。

路人争看萧衙内，月下亲调御马归。（一五）

梁园歌舞足风流，美酒如刀解断愁。

忆得少年多乐事，夜深灯火上樊楼。（一七）

仓黄禁陌夜飞戈，南去人稀北去多。

自古胡沙埋皓齿，不堪重唱蓬蓬歌。（一八）

辇毂繁华事可伤，师师垂老过湖湘。

缕衣檀板无颜色，一曲当时动帝王。（二十）①

二　他乡民俗的观照

吕本中曰"儿女不知来避地，强言风物胜江南"②。南渡初期的诗人到了异地，衣食住行与故乡有异，诗人诗歌多反映异乡的风物、民风民俗。刘子翚就是其中一位典型的诗人，其《余柑》诗反映了

---

① （宋）刘子翚：《屏山集》卷十八，影印文渊阁四库全书本。
② （宋）吕本中：《东莱诗集》卷十二，影印文渊阁四库全书本。

异地风物："炎方橄榄佳，余柑岂苗裔。风姿虽小殊，气韵乃酷似。驿颜涩吻余，仿佛清甘至。侯门收寸长，粉骨成珍剂。犹闻杂蜜草，少转森严味。"① 其《谕俗》是共十二首的组诗，诗歌反映了南宋战乱所带来的民风民俗的变化，旨在劝谕百姓，抛弃恶俗而向善俗。例如，其三批评了闽粤地区杀子的民俗："何州无战争，闽粤祸未销。或言杀子因，厉气由此招。蛮陬地瘠狭，世业患不饶。生女奁分赀，生男野分苗。往往衣冠门，继嗣无双鬓。"② 其八则抨击粤人的悍骄民俗："粤人多悍骄，风声亦惟旧。儿童仅胜衣，挟箠相格斗。艺精气益横，质化心忘陋。家饶喜称侠，世乱甘为寇。岂伊天性然，习俗所成就。"

三 今昔对比中的节日感慨

每逢佳节倍思亲，节日往往更能够激发离人的怀乡之情。吕本中自建炎二年（1128）避难流落江南，羁旅他乡，在寒食之日想到无人上坟扫墓，想到与寒食节接近的上巳节，也没有被禊的心情：

三年羁旅逢寒食，万里江山隔故园。

坟墓荒凉谁拜扫，东风吹泪湿黄昏。③

——《寒食》（其一）

淮南江北半胡兵，想见春风战血腥。

无复良辰修被禊，空将新火发兜零。

——《寒食》（其二）

---

① （宋）刘子翚：《屏山集》卷二十二，影印文渊阁四库全书本。
② （宋）刘子翚：《屏山集》卷十二，影印文渊阁四库全书本。
③ 傅璇琮主编：《全宋诗》第 28 册，北京大学出版社 1998 年版，第 18253 页。

所以，南渡诗人面对节物，往往沉痛于心，再如陈与义《元夜》：

> 今夕天气佳，上天何澄穆。列宿雨后明，流云月边速。
>
> 空檐垂斗柄，微吹生丛竹。对此不能寐，步绕庭之曲。
>
> 遥睇浮屠颠，数星红煜煜。悟知烧灯夕，节意亦满目。
>
> 历代能几诗，遍赋杂珉玉。栖鸦亦未定，更鸣伴余独。
>
> 百年滔滔内，忧乐两难复。唯应长似今，寂寞送寒燠。①

面对元宵的明月而不能眠，遥看佛塔上的红灯笼更加伤感，因为自己避难他乡，犹如栖鸦之未定，所以只有深深的寒意与深深的寂寞。其《元日》诗曰："五年元日只流离，楚俗今年事事非。后饮屠苏惊已老，长乘舴艋竟安归。携家作客真无策，学道剋心却自违。汀草岸花知节序，一身千恨独霑衣。"②

曾几在寒食日感慨："满域风雨无杯酒，故国松楸欠纸钱。"③（《寒食只旬日间风雨不已》）。周紫芝亦在寒食之日感慨兴怀，作《寒食曲》：

> 三月江南好春色，买酒家家作寒食。男呼女唤俱出游，扶路醉归欢乐极。街头尽日无人行，多在山村少在城。踏歌赛愿一时了，上冢归来闻笑声。岂料如今一百五，画戟满城椎战鼓。子孙半作泉下人，薄酒不浇山上土。死者已往生者存，随分欢娱各儿女。烹鱼裹菜当盘飧，花作红妆鸟歌舞。君不见江南江北多战场，去年白骨无人藏。④

---

① （宋）陈与义：《简斋集》卷六，影印文渊阁四库全书本。
② （宋）陈与义：《简斋集》卷十二，影印文渊阁四库全书本。
③ （宋）曾几：《茶山集》卷六，影印文渊阁四库全书本。
④ （宋）周紫芝撰：《太仓稊米集》卷一，影印文渊阁四库全书本。

民俗文化是出于人类文化仪式的最底层，这就决定了它是一个民族最牢固的文化，是传统文化的主要内容，是一个民族的"根"，我们每一个人都属于某一族群，对族群成员而言，原生性的纽带和情感是与生俱来、根深蒂固的。所以，在经历了社会变迁后，人们沉痛地回忆以前的文化因素，尤其在新文化的不适应期间。尤其这种沉痛与国家兴亡联系在一起，又因为南宋尽管偏安一隅，却不是亡国，士大夫尽可以缅怀自己的民俗文化。

第二节　中兴时期

由于南宋时期浓厚的民俗意识，处于南宋中兴时期的诗歌也受到这些思想意识的影响，在诗歌中多反映民俗、表现民俗。复旦大学博士韩立平在分析中兴诗坛的时候指出，"南宋中兴诗歌的主题与风貌，最为显著的特征即为强烈的纪实精神，这主要表现在两种题材的诗歌创作中：1. 民生风俗；2. 使北纪行"①。其实，使北纪行诗歌中也含有大量的民俗成分。所以，换言之，中兴时期有大量的民俗诗歌，不管是"民生风俗"诗歌还是"使北纪行"诗歌。并且，《中国文学大辞典》评价范成大，重点突出了他的《四时田园杂兴》和《腊月村田乐府》，认为他的这些田园诗"犹如生动的农村风俗画，展示了丰富多彩的宋代农村风土人情"（第五卷）。

用民俗的眼光观照南宋中兴时期的诗歌，可以看出以中兴四大家

---

① 韩立平：《南宋中兴诗坛研究》，博士学位论文，复旦大学，2009年。

为代表的诗歌在表现民俗方面各具特色。而尤袤因其作品散失太多，流传下来的太少，本书暂不研究。

一　杨万里童眼看民俗

因为民俗具有传承性和广泛性，所以民俗为广大民众所参与，大家视其为正常和平凡的事情，似乎引不起诗人的诗情。而杨万里总是用一颗童心童眼去看待民俗，达到出人意料的效果，给人以新奇的意象。

南宋理学家陈淳视"小儿嬉戏事"为"鄙俚"之事，其《示儿定孙二绝》曰："童蒙发轫最初时，庸圣分歧谨近之。凡百小儿嬉戏事，汝皆鄙俚不须为。"① 而杨万里却总是还有一颗童心，用一双童趣化的眼睛去看待世俗的生活和生活中的习俗。杨万里诗歌的童心童趣历来受到研究者的关注。杨万里诗歌中的童心和童趣不仅表现在创作了许多可爱的儿童形象（见《农民、市人、儿童——民俗观照下南宋诗歌的人物像》），并且还表现在用童趣化的眼光关注着生活中的民俗活动：

> 下泷小舫戴尖篷，未论千峰与万峰。
> 只是舟人头上笠，也堪收入画图中。②
>
> ——《过鼓鸣林小雨二首》
>
> 稚子排窗出，舟人买菜还。③
>
> ——《舟过桐庐三首》

---

① （宋）陈淳撰：《北溪大全集》卷三，影印文渊阁四库全书本。
② （宋）杨万里撰，辛更儒笺校：《杨万里集笺校》卷十五，中华书局2007年版，第764页。
③ （宋）杨万里撰，辛更儒笺校：《杨万里集笺校》卷二十四，中华书局2007年版，第1244页。

后面山无数，南头柳更多。人家逼江岸，屋柱入沧波。

——《舟过桐庐三首》

这是杨万里创作于路途中的诗歌，杨万里注意到了沿途的风土民情：注意到舟人头上之笠，注意到桐庐这个地方多水的特点，房屋多盖在江岸边，甚至屋柱子还在水里，家家沿江而修建的房屋，家家窗子向江面而开，所以孩子们都趴在窗子边，排成了一排。这里的民俗之景物，突出了其新奇的细节，这正是儿童观察世界的方法，有时只抓住自己感兴趣的一点点。

杨万里的民俗世界总是和孩子们联系在一起的。《万安道中书事三首》曰，"携家满路踏春华，儿女欣欣不忆家"[1] 写春日踏青的民俗，其中"儿女"构成了民俗活动的主体。再如《观迎神小儿社》"花帽铢来重，绡裳水样秋。强行终较懒，妍唱却成羞。鹦鹉栖葱指，芙蕖载锦舟。休看小儿社，只益老人愁"[2]。"社"即迎神赛会的"会"，亦名"社会""社火""社陌"，南宋时大都在除夕、元宵等节日于各庙会举行。成人军士、伎女装扮表演的为多，也有儿童扮演的，如当时杭州有"小儿竹马""儿童清音"等社。

杨万里的其他民俗诗歌也多是用儿童的眼光打量着这个民俗世界，用儿童的口吻去表述。例如，其在桑茶坑道中所描写的民俗：

田塍莫笑细于椽，便是桑园与菜园。

---

① （宋）杨万里撰，辛更儒笺校：《杨万里集笺校》卷十五，中华书局 2007 年版，第 748 页。

② （宋）杨万里撰，辛更儒笺校：《杨万里集笺校》卷二十五，中华书局 2007 年版，第 1304 页。

岭脚置锥留结屋，尽驱柿栗上山颠。①

——《桑茶坑道中八首》（其二）

秧畴夹岸隔深溪，东水何缘到得西。

溪面只销横一枧，水从空里过如飞。

——《桑茶坑道中八首》（其五）

诗人在桑茶坑道中看到了当地各种的民俗：在岭脚结屋，在山上栽种果木；在水面上架起木槽，把水从一边引到另外一边。诗人没有过多地考证其民俗形成的原因，而只是如实描述目光所及的民俗的外在形态，而这种如实甚至有点简单，类似于儿童观察世界的好奇视角。

再如：

人家争住水东西，不是临溪即背溪。

拶得一家无去处，跨溪结屋更清奇。②

——《明发西馆，晨炊蔼冈四首》（其二）

也知水碓妙通神，长听春声不见人。

若要十分无漏逗，莫将戽斗镇随身。

——《明发西馆，晨炊蔼冈四首》（其三）

这两首诗歌具有异曲同工之妙，诗歌写蔼冈的习俗，有的人家的房屋居然跨溪而建，真是令人感到新奇。而水碓是利用水力春米的器械，自然需要在水车上安装戽斗，而诗人在反映这一民俗的时候，居然用儿童的不合常理的思维方式说：如果去掉戽斗，自然可以不再漏逗。但是如果去掉戽斗，水碓的作用何在呢？

① （宋）杨万里撰，辛更儒笺校：《杨万里集笺校》卷三十四，中华书局2007年版，第1749页。

② 同上书，第1767页。

杨万里从学习江西诗派入手，但是最终跳出了江西诗派的樊篱，诗歌清新活泼，自成一体，被人称为"诚斋体"。而其充满童心童趣的诗歌是诚斋体最为典型的一部分。杨万里也用童心童趣来观照民俗，描绘出了一首首活泼的富有情趣的民俗生活画面。

二　范成大史心存民俗

宋人注重民俗的保存，吕希哲作《岁时杂记》两卷，据陈振孙《直斋书录解题》记载，吕希哲"在历阳时与子孙讲诵，遇节日则休，学者杂记风俗之旧，然后团坐饮酒以为乐，久而成编。承平旧事，犹有考焉"①。周必大曰："侍讲吕公，当全盛时，食相门之德，既目击旧礼，又身历外官，四方风俗，皆得周知。追记于册，殆无遗者。惟上元一门，多至五十余条，百年积累之盛，故家文献之余，兹可推矣。"②（《题吕侍讲希哲岁时杂记后》）

南宋中期，修史存史已经成为普遍的风气，并且在这种风气影响下，各地竞相整理地方志，有意识地保存地方的资料，而百姓一时之民俗也是其中一个重要的内容。周去非也是一个例子，他任桂林通判时创作《岭外代答》，作品以史料的形式保存了相当丰富的民俗风情。范成大本身也是史学家，其所著《吴郡志》50 卷是中国最早的具有正式规模的地方志之一。范成大出使金国创作了《揽辔录》，为官静江府（今桂林市）知府、广西经略安抚使时创作了《桂海虞衡集》。这些史料本身就有保存民俗的价值，而其《吴郡志》又专门单列"风俗"一条，更见其对民俗的有意识保存。

受此种意识所激发，诗人多用诗歌去歌咏民俗，甚至，诗歌的传

① （宋）陈振孙：《直斋书录解题》卷六，上海古籍出版社 1987 年版，第 192 页。
② （宋）周必大：《文忠集》卷四十八，影印文渊阁四库全书本。

播比地方志更为快捷，更便于人们了解。范成大是其中最为典型的一个，范成大的诗歌也同样用史心去反映民俗。除了《上元纪吴中节物徘谐体三十二韵》《腊月村田乐府》外，还有《围田叹四绝》，该诗则保存了吴中围田习俗：

> 万夫堙水水干源，障断江湖极目天。秋潦灌河无泄处，眼看漂尽小家田。① 边百亩古民田，田外新围截半川。六七月间天不雨，若为车水到山边。壑邻罔利一家优，水旱无妨众户愁。浪说新收若干税，不知逋失万新收。台家水利有科条，膏润千年废一朝。安得能言两黄鹄，为君重唱《复陂谣》。

三 陆游悠然醉民俗

陆游一生对两个地方情有独钟，一个是生活了八年的蜀中，一个是家乡山阴。陆游也有大量的诗作反映两地的民风民俗。

陆游于乾道五年（1169）受任夔州通判，次年出发去赴任。至淳熙五年（1178）奉诏离蜀。历时八年，其间大部分时间在蜀中度过。其《东楼集序》中曾说："余少读地志，至蜀汉巴夔，辄怅然有游历山川，揽观风俗之志。"而为官蜀中期间，陆游实现了他的夙愿。此后，陆游诗中多次提到"未尝举箸忘吾蜀""自计前生定蜀人"，他是把四川看作他的第二故乡的。在入蜀的路上，他一路行来一路诗：

> 硖中山多甲天下，万嶂千峰通一罅。
>
> 峒民无地习耕稼，射麋捕虎连昼夜。

---

① （宋）范成大著，富寿荪标校：《范石湖集》卷二十八，上海古籍出版社 2006 年版，第 393 页。

女儿薄命天不借，青灯独宿江边舍。

黎明卖薪勿悲咤，女生岂有终不嫁。①

——《书驿壁》

买花西舍喜成婚，持酒东邻贺生子。

谁言农家不入时，小姑画得城中眉。②

——《岳池农家》

地近函秦气俗豪，秋千蹴鞠分朋曹。

苜蓿连云马蹄健，杨柳夹道车声高。③

——《山南行》

道路上的民俗诗歌主要是陆游的所见，诗歌在描写民俗的同时重在写自身的感受，在《书驿壁》中，陆游饱含同情地安慰有晚嫁习俗的女子不要伤悲，终有得到归宿的一天。《岳池农家》描写一派充满生机和活力的农家民俗景观，突出了作者的感慨："农家农家乐复乐，不比市朝争夺恶。"而《山南行》则突出了作者对于关中要塞军事位置的思考："国家四纪失中原，师出江淮未易吞。会看金鼓从天下，却用关中作本根。"

蜀中自古有游乐之俗，而陆游到了蜀中之后，因为政治上失意，陆游放纵自己尽情享受蜀中的民俗。他作了《成都行》《戏咏西州风土》《天申节前三日大圣慈寺华严阁燃灯甚盛游人过于元夕》《丁酉上元三首》等。现抄录《成都行》如下：

倚锦瑟，击玉壶，吴中狂士游成都。成都海棠十万株，繁华

---

① 钱仲联校注：《剑南诗稿校注》卷二，上海古籍出版社 2005 年版，第 208 页。
② 钱仲联校注：《剑南诗稿校注》卷三，上海古籍出版社 2005 年版，第 218 页。
③ 同上书，第 232 页。

盛丽天下无。青丝金络白雪驹，日斜驰遣迎名姝。燕脂褪尽见玉肤，绿鬟半脱娇不梳。吴绫便面对客书，斜行小草密复疏。墨君秀润瘦不枯，风枝雨叶笔笔殊。月浸罗袜清夜徂，满身花影醉索扶。东来此欢堕空虚，坐悲新霜点鬓须。易求合浦千斛珠，难觅锦江双鲤鱼。①

而陆游《怀成都十韵》（节选）则对该时期的生活作了一个很好的总结：

> 放翁五十犹豪纵，锦城一觉繁华梦。竹叶春醪碧玉壶，桃花骏马青丝鞚。斗鸡南市各分朋，射雉西郊常命中。壮士臂立绿绦鹰，佳人袍画金泥凤。椽烛那知夜漏残，银貂不管晨霜重。一梢红破海棠回，数蕊香新早梅动。酒徒诗社朝暮忙，日月匆匆迭宾送。②

他离开蜀中之后，对于成都的民俗仍念念不忘。例如，《冬夜与溥庵主说川食戏作》曰：

> 唐安薏米白如玉，汉嘉栮脯美胜肉。大巢初生蚕正浴，小巢渐老麦米熟。龙鹤作羹香出釜，木鱼瀹菹子盈腹。未论索饼与馈饭，最爱红糟并缹粥。东来坐阅七寒暑，未尝举箸忘吾蜀。何时一饱与子同，更煎土茗浮甘菊。③

陆游《薏苡》诗自注说："蜀人谓其实为薏米，唐安所产尤奇。"诗中还提到大巢菜、小巢菜、龙鹤菜、木鱼子、索饼、土茗等四川乡土风

---

① 钱仲联校注：《剑南诗稿校注》卷四，上海古籍出版社 2005 年版，第 345 页。
② 钱仲联校注：《剑南诗稿校注》卷十，上海古籍出版社 2005 年版，第 825 页。
③ 钱仲联校注：《剑南诗稿校注》卷十七，上海古籍出版社 2005 年版，第 1303 页。

味的野菜、茶饭。

陆游自从三十四岁入仕开始，每当政治失意的时候，就退守家乡。尤其晚年的二十年时间，陆游一直生活在家乡山阴，过着一种农民式的生活。他生活在浓郁的民俗之中，其诗歌多反映自己民俗生活的经历与感受。例如：

> 村东买牛犊，舍北作牛屋。饭牛三更起，夜寐不敢熟。茫茫陂水白，纤纤稻秧绿。二月鸣搏黍，三月号布谷。为农但力作，挤卤变衍沃。腰镰卷黄云，踏碓春白玉。八月租税毕，社瓮浓如粥。老稚相扶携，闾里迭追逐，坐令百世后，复睹可封俗。君不见朱门玉食烹万羊，不如农家小甑吴粳香！①
>
> ——《农家歌》

《农家歌》以熟悉亲切的笔调对山阴农家的民俗娓娓道来，旨在反映自己对于农村生活的认同与赞美和《岳池农家》有异曲同工之妙。在《辛酉除夕》（节选）一诗中则描绘了自己晚年的生活，在民俗中自得其乐：

> 铜瓶垂碧井，手自浸屠苏。松煤染兔颖，秉烛题桃符。
> 登梯挂锺馗，祭灶分其余。僮奴叹我健，却立不敢扶。
> 新春无五日，节物倾里闾。罗幡插纱帽，一醉当百壶。②

该诗反映自己在除夕时节所参与的民俗生活：浸屠苏、题桃符、挂锺馗画像、祭灶后分食食品、帽插罗幡。再如《书喜》：

---

① 钱仲联校注：《剑南诗稿校注》卷五十五，上海古籍出版社 2005 年版，第 3217 页。

② 钱仲联校注：《剑南诗稿校注》卷四十九，上海古籍出版社 2005 年版，第 2976 页。

> 宠辱元知不足惊，退居兀兀伐余生。
>
> 冰鱼可钓羹材足，霜稻方登籴价平。
>
> 邻媪已安诸子养，园丁初葺数椽成。
>
> 乡间喜事吾曹共，一醉宁辞洗破觥。①

诗作抒写自己乐于参与邻里之间的各种民俗喜事。当然，有时诗人对于民俗不是兴致盎然的，但是依然参与民俗，依然在民俗中悠悠然。如《辛酉冬至》：

> 今日日南至，吾门方寂然。家贫轻过节，身老怯增年。
>
> 毕祭皆扶拜，分盘独早眠。惟应探春梦，已绕镜湖边。②

陆游因为"家贫"与"身老"，自注"乡俗谓：吃冬至饭，即添一岁"，所以对于过节不甚重视，但是，依然参与冬至的拜祭民俗，并于拜祭后分食祭肉，然后悠然而眠。

由以上的例子可以看到，陆游民俗诗作的特点多描写自己耳闻目见及亲身感受的民俗，在民俗诗歌创作中多具有自己的主观情感在其中。无论是中年嬉戏于蜀中的游乐之风中还是晚年陶然于淳朴的山阴乡村民俗之中，陆游都悠然沉浸于其中，表现出对于该民俗的从容随俗与欣赏陶醉。

---

① 钱仲联校注：《剑南诗稿校注》卷六十，上海古籍出版社 2005 年版，第 3454 页。

② 钱仲联校注：《剑南诗稿校注》卷四十九，上海古籍出版社 2005 年版，第 2948 页。

第三节 晚宋时期

南宋后期宋金对峙的局面比较稳定，而政坛上的斗争更加险恶。人人自危，也有很多诗人流落江湖。刘克庄的《绳技》诗比喻身处高位的危险："公卿黠似双环女，权位危于百尺竿。身在半天贪进步，脚离实地骇傍观。愈悲登华高难下，载却寻橦险不安。谁与贵人铭座右，等闲记取退朝看。"① 诗坛上主要有四灵诗派、江湖诗派和遗民诗人。四灵诗派主要生活在浙中地区，生活范围狭窄，视野不够开阔，反映民俗的诗歌不多，主要在表现百姓疾苦的诗作中略有反映。江湖诗派表现了对政治的消极态度，他们混迹于百姓生活之中，表现对于百姓民俗生活的关注，主要表现平民生活和世俗人情，有时也为这没落王朝装点门面，粉饰太平。遗民诗人表现民俗有的是出于国家灭亡、保存史料的目的，有的出于躲避政治灾难的目的，借民俗隐晦地表达对于逝去生活的留恋。

一 江湖诗派的民俗诗歌创作

江湖诗派是南宋后期继永嘉四灵后而兴起的一个诗派，因陈起刊刻的《江湖集》而得名。《江湖集》中所录诗人的身份大部分或为布衣，或为下层官吏，他们社会地位卑微，以江湖习气标榜。江湖诗派时时抒发欣羡隐逸、鄙弃仕途的情绪，所以其诗歌往往借助关注农民

---

① （宋）刘克庄：《后村先生大全集》卷二十三，四川大学出版社 2008 年版，第653 页。

农村的民俗,表达隐逸情绪。江湖诗派中成就较著的是戴复古和刘克庄,下面以二人为例说明其民俗诗歌的创作。

刘克庄曰:"生来拙性嗜清幽,因过山家为小留。顶笠儿归行树杪,提瓶妇去汲溪头。参天老竹当门碧,尽日寒泉绕舍流。我料草堂犹未架,规模已被野人偷。"①(《小梓人家》)"稚子呼牛女拾薪,莱妻自鲙小溪鳞。安知曝背庭中老,不是渊明辈行人。"②(《田舍》)表现混迹于百姓中的自我安慰。

刘克庄的《岁晚书事》也反映了岁晚的民俗生活,其四曰"书生元不信机祥,老去无端虑事详。白发社巫云日吉,明朝渫井更苫墙"。③机祥,谓祈禳求福之事,无论是"渫井"或"苫墙"的活动,都要经过"社巫"的占卜。其五曰"郁垒锺馗尚改更,青云变幻几公卿"则反映当时岁晚的时候重新张贴锺馗的画像。其七曰"谁能却学痴儿女,深夜潜烧祭灶香",表明旧时民间多以农历十二月二十四日为祭灶日。刘克庄说,谁能学作痴呆的儿女,到了深夜偷偷地烧起祭灶的香来。

刘克庄《湘中口占》曰,"江边金碧漫层层,户口稀疏塔庙增。楚俗不知黄面老,家家香火事湘僧"④,自注:"无量寿佛是也。""黄面老"指释迦牟尼佛,又称黄面瞿昙、黄面老,如来为金色身,故云黄面。无量寿佛,俗名周宝,法名全真,号宗慧,生于郴州程水(今属湖南资兴市周源山)。

---

① (宋)刘克庄:《后村先生大全集》卷一,四川大学出版社2008年版,第17页。
② 同上书,第33页。
③ (宋)刘克庄:《后村先生大全集》卷三,四川大学出版社2008年版,第79页。
④ (宋)刘克庄:《后村先生大全集》卷六,四川大学出版社2008年版,第193页。

刘克庄有两组题为《田舍即事》的诗作，每组十首，共二十首诗歌①，另有《村居即事》②十首。

> 草草衣装挈自随，婿贫毕竟与齐眉。
>
> 绝胜京洛倾城色，镮向侯门作侍儿。
>
> ——《田舍即事》其八
>
> 儿女相携看市优，纵谈楚汉割鸿沟。
>
> 山河不暇为渠惜，听到虞姬直是愁。
>
> ——《田舍即事》其九
>
> 比屋篝车满，深林鼓笛喧。簇花迎妇担，抛果浴儿盆。
>
> 古礼曾求野，先民或灌园。子孙记吾语，切勿羡华轩。
>
> ——《田舍即事》（其九）
>
> 凋邑租符紧，荒祠木偶新。吏谈长官健，巫诧社公嗔。
>
> 烹犬看承客，吹螺降送神。二豪怀肉返，去诳别村人。
>
> ——《田舍即事》（其十）
>
> 磐石时时垂钓，茅檐旦旦负暄。
>
> 小杓行鱼羹饭，长竿晒犊鼻裈。
>
> ——《村居即事六言十首》

江湖诗派的另一个主力军是戴复古。戴复古的诗歌也反映了村居的百姓生活。例如：

> 自古田园活计长，醉敲牛角取官商。

---

① 分别见（宋）刘克庄《后村先生大全集》卷十四、卷二十六，四川大学出版社2008年版，第313、711页。

② （宋）刘克庄：《后村先生大全集》卷二十五，四川大学出版社2008年版，第684页。

催耕啼后新秧绿，锻磨鸣时大麦黄。

桐树著花茶户富，梅林无实秫田荒。

狂夫本是农家子，抛却一犁游四方。①

——《田园吟》

野老将余到石亭，先呼小豹出相迎。

依凭林谷住家稳，奔走儿童见客惊。

牛豕与人争径路，桑麻绕屋蔽柴荆。

溪边不合栽桃李，犹恐春风惹世情。②

——《石亭野老家》

箫鼓迎神赛社筵，藤枝摇曳打秋千。

坐中翁姬鬓如雪，也把山花插满颠。③

——《村景》

另外，楼钥、方一夔等诗人也有不少反映家乡生产生活与世风民俗的诗作。

二　遗民诗人的民俗诗歌创作

顾炎武说："有亡国，有亡天下。亡国与亡天下奚辨？曰：易姓改号，谓之亡国，仁义充塞，而至于率兽食人，人将相食，谓之亡天下。……是故知保天下，然后知保其国。保国者，其君其臣，肉食者谋之；保天下者，匹夫之贱，与有责焉耳矣。"④ 而宋亡于元，不仅是

---

① （宋）戴复古：《石屏诗集》卷六，四部丛刊本。
② 同上。
③ （宋）陈起编：《江湖小集》卷八十一，影印文渊阁四库全书本。
④ （清）顾炎武著，（清）黄汝成集释，栾保成、吕宗力较点：《日知录集释》，上海古籍出版社 2006 年版，卷十三"正始"一条，第 590 页。

改朝换代，而且是少数民族入主中原，随之而来的是制度与文化的变革，是"天下"的灭亡。所以，时人兴起一种保存历史与文化的意识。而清屈大均说："士君子生当乱世，有志纂修，当先纪亡而后纪存，不能以春秋纪之，当以诗记之。"① 汪元量说"走笔成诗聊纪实"②，舒岳祥说"少陵诗史在眼前"③。他们以诗纪史，不仅以诗歌保存了当时发生的重大历史事件和社会事件，而且保存了当时的民俗生活。汪元量《湖山类稿》即是规模宏大的"宋亡之诗史"（《李珏《湖山类稿》跋》）。现据其中《醉歌》《湖州歌》为例，窥豹一斑。

> 衣冠不改只如先，关会通行满市廛。
>
> 北客南人成买卖，京师依旧使铜钱。④

——《醉歌》

> 金屋煌煌丽九天，朝歌夜舞艳神仙。
>
> 寻常只道西湖好，不识淮南是极边。⑤

——《湖州歌》（其二十四）

> 都人不识有干戈，罗绮丛中乐事多。

——《湖州歌》（其二十九）

> 凤管龙笙处处吹，都民欣乐太平时。

——《湖州歌》（其四十）

以上《醉歌》反映了南北变移时期的民俗变化，而所选的三首《湖州

---

① （清）屈大均：《屈大均全集·翁山文钞》卷一，《东莞诗集序》，人民文学出版社1996年版，第279页。

② （宋）汪元量撰：《湖山类稿·水云集》卷一，影印文渊阁四库全书本。

③ 《题潘少白诗》，见《阆风集》卷二，影印文渊阁四库全书本。

④ （宋）汪元量撰：《湖山类稿·水云集》卷一，影印文渊阁四库全书本。

⑤ 同上。

歌》则写南宋西湖人民不关心时局，还沉浸在享乐的习俗之中。正如《四库全书总目提要》评价《武林旧事》曰："湖山歌舞，靡丽纷华，著其盛，正著其所以衰。"此语用来评价《湖州歌》也是恰如其分的。

遗民诗人在入元以后，不肯失掉气节与统治者合作，但也不能明目张胆地反对，遗民诗人对于政治也多采取一种退避的态度，因此，诗人的故国之思当然要采用一种隐蔽的方式表达，所以对于民俗的观察与回忆就成了他们精神的慰藉。

汪元量入元以后曾获准南归，并入四川游历，创作了大量诗歌反映社会现实与民风民俗。例如，反映川地民俗的《竹枝歌十首》：

> 柘枝舞罢竹枝歌，风烛须臾奈尔何。
> 马玉池中鸿雁密，定王台上骆驼多。
> 湘江日落乱帆飞，不向东归便北归。
> 杨柳渡头村店里，青裙女子卖乌桴。

舒岳祥有《春日山居好》《夏日山居好》《秋日山居好》《冬日山居好》等作品反映民风民俗，例如：

> 春日山居好，闲思二月头。麦青农作暇，萩秀女工休。
> 布谷迟催种，提壶早劝游。老夫同猎较，陌上暖风柔。

> 夏日山居好，茅檐水饼香。蕉衫身俭洁，纱帽顶清凉。
> 润叶桑藏井，新梢笋过墙。莫言炎热苦，胜处苦寒乡。

> 秋日山居好，新凉读旧书。黍馨秋社祭，灯灿夜滩渔。
> 茄摘收花后，瓜尝脱蒂初。旱田三得雨，一饱解忧虞。

元世祖至元二十三年，吴渭等倡办月泉吟社，以《春日田园杂兴》为题征集诗作。其借题于石湖，向范成大的《四时田园杂兴》学习。其借题的同时也继承了范石湖摆脱田园诗一味愉悦与田家叹之类一味悲苦的农民生活，把普通百姓的民俗写入诗歌的写作方法。

> 村村寒食近，插柳遍檐牙。① ——仙村人
>
> 踏歌槌鼓麦秧绿，沽酒裹盐菘芥肥。——杨本然
>
> 祀备枌榆祈稔岁，宴酣花柳乐清时。——吕文老
>
> 村妇祈蚕分面茧，老农占岁说泥牛。——刘蒙山
>
> 老盆倾酒试新尝，社鼓村村闹夕阳。——姜霖
>
> 椎鼓踏歌朝祭社，卖薪挑菜晚回家。——感兴吟
>
> 野老新衣逢社喜，山妻椎髻为蚕忙。——草堂后人
>
> 罢社翁分胙，占蚕媪得符。——陈舜道

---

① 《月泉吟社诗》，影印文渊阁四库全书本。其他引用"月泉吟社"的诗歌均见于此，不再一一出注。

第二章　民俗观照下的南宋诗歌新变

第一节　农民、市人、儿童、游人——民俗
观照下南宋诗歌的人物像

　　自《诗经》开始，中国古代诗歌就塑造了许多生动的人物形象。主要分为两类，一类是诗歌中的主人公形象，这类形象是隐含的形象，是通过诗人的自我属性，由读者体会出来的。另一类是诗歌所塑造的人物形象，如《孔雀东南飞》中焦仲卿与刘兰芝的形象，《陌上桑》中秦罗敷的形象，或者《卖炭翁》中的卖炭翁形象，或者杜甫"三吏""三别"诗歌中的人物形象。在宋代，受世俗化思潮的影响，诗人的思想感情、审美意识都具有世俗化的倾向。无论是诗歌中的抒情主人公形象还是诗歌所塑造的形象，都带有世俗化的特点。世俗化决定了诗人的关注对象不再是士人、王侯将相的生活及思想。世俗化决定了生活在世俗生活中的人物都是诗人的关照对象，而不管他是贩夫

走卒还是三姑六婆。下文将从南宋诗歌中农民、市人、儿童及游人形象说明这一问题。

一　农民

说起农民，在读者心中就是"锄禾日当午，汗滴禾下土"的形象。确实，在传统社会中，农民一直生活在社会的底层，没有商人有钱，也没有权贵有势，甚至连受教育的权利也没有，却又从事着繁重的劳作。在传统文学作品中不乏歌咏农民的诗歌。也有农民自己创作的民歌，反映自己的喜怒哀乐之情。还有精英阶层对农民的关注，关注其生活疾苦，反映朝廷政治的得失。

中国传统的咏农诗源远流长，但是早期的咏农诗多存在于民歌之中。文人由于受抒情言志的传统影响，很少把目光投向农村农民。陶渊明是较早表现农民的诗人。此后传统的咏农诗歌沿着两个方向发展，一个是继承陶渊明和唐初的田园诗派，重点表现田园风光和田园愉悦。另一个是表现百姓疾苦的"田家叹"传统，这一传统主要在中唐时期兴起，形成了中国文学史上第一个咏农诗的高潮。到了南宋时期，出现了中国文学史上第二个咏农诗的高潮，表现为创作组诗的涌现，如范成大《四时田园杂兴》六十首、《腊月村田乐府》十首、刘克庄两组《田舍即事》共二十首、华岳《田家十绝》、赵蕃《田家即事八首》、叶绍翁《田家三首》、黄大受《春日田家三首》、毛珝《吴门田家十咏》和赵希逢《和田家》八首等。

关心百姓疾苦是乡村田家诗歌一贯的主题，《庚子荐饥》（戴复古）、《田家叹》（陈造）属于这类作品。但是这一时期的诗歌与前期咏农诗歌相比，在继承前期诗歌的基础上有了一些内在的变化。由于诗人的世俗化，诗歌善于塑造生活在民俗生活中的、实实在在具有生活气息的、世俗化的农民形象。

在南宋时期，写乡村诗歌已经不单单以乡村自然景物为审美对象，而是以人为审美对象。再如《村景》"黄昏吹角闻呼鬼，清晓持竿看牧鹅。蚕上楼时桑叶少，水鸣车处稻苗多"①。诗歌以村景为观照对象，虽然没有出现具体的人物，但是处处景物都是人的活动。再如宋仁伯《村》"又是江南割稻天，家家儿女笑相牵。芙蓉占断清溪水，独许渔人醉舣船"②。诗歌中乡村环境的描写完全是为了衬托人物而存在的，景美，人更美。

而南宋诗歌中的农民生活在一种民俗的活动环境之中。先来看看陆游笔下"东邻西舍"的生活状况：

> 买花西舍喜成婚，持酒东邻贺生子。③
>
> ——《岳池农家》
>
> 东家筑室窗户绿，西舍迎妇花扇红。④
>
> ——《农事稍间有作》
>
> 长笛圌鼟曲调新，东家西舍送迎神。⑤
>
> ——《村居即事》

以上诗歌写"东邻西舍"的生活：有的在举办婚礼，有的祝贺添子；有的在盖房，有的在接新娘；还有的吹笛打鼓进行迎神送神的活动。这些活动均发生在"农家""村居"，都是农民生活的反映。

---

① 金德厚，吴书荫：《陈与义集》卷二十六，中华书局1982年版，第417页。

② （宋）宋伯仁：《海陵稿》，丛书集成续编，新文丰出版公司，第613页。

③ 钱仲联校注：《剑南诗稿校注》卷三，上海古籍出版社2005年版，第218页。

④ 钱仲联校注：《剑南诗稿校注》卷五十七，上海古籍出版社2005年版，第3324页。

⑤ 钱仲联校注：《剑南诗稿校注》卷八十四，上海古籍出版社2005年版，第4487页。

在南宋咏农诗中，生活在民俗生活中的农民不同于前期诗歌中悲悲切切的农民形象。再以刘克庄《田舍即事》为例进行说明：

> 去年赢粟尚储瓶，又见新秋蘸水青。野老逢人说惭愧，长官清白社公灵。古来观社见春秋，茜袂银钗尽出游。欲与鲁人同猎较，可怜身世尚它州。蹴踘鞵尖尘不涴，臂鹰袖窄样新裁。社中年少相容否，也待鲜衣染鬓来。条桑女子两鬟垂，车马过门未省窥。生长柴门蓬户里，安知世有二南诗。草草衣装辈自随，婿贫毕竟与齐眉。绝胜京洛倾城色，镍向侯门作侍儿。儿女相携看市优，纵谈楚汉割鸿沟。山河不暇为渠惜，听到虞姬直是愁。溪上渔郎占断春，一川碧浪映红云。问渠定是神仙否，橹去如飞语不闻。①

刘克庄虽然有时声称"虽作尧时击壤民，田家忧乐尚关身"，但是，在他笔下，百姓的形象是平淡而幸福的。"野老"因为生活富足而感叹"长官清白"，感谢"社公"庇佑。该"野老"非比以前抱怨"苛政猛于虎"的形象，也非比无奈而忍声吞气的卖炭翁形象，他们质朴、知足，一味把丰收的功劳记在清白的"长官"和虚无缥缈的"社公"身上。女子们"茜袂银钗"出游观社；而社中的少年洁净时尚，即使是蹴鞠游戏的鞋子也不沾灰尘，而衣袖窄窄是新流行的式样；"条桑女子"质朴无邪；乡村的夫妇虽然生活贫贱，却也恩恩爱爱，举案齐眉；而乡村的小儿女们则呼朋唤友，一同结伴去看表演。最洒脱的是"溪上渔郎"撑着小船在碧波中来来往往，尽情享受无边的春色。由上可见，在这里生活的男男女女喜欢新衣、喜欢漂亮、喜欢热闹的祭社活

---

① （宋）刘克庄：《后村先生大全集》卷十，四川大学出版社 2008 年版，第 313 页。

动，也喜欢热闹的演出活动，他们的感情生活质朴而恩爱和谐。总之，他们充满了生机勃勃的力量。世俗之人自有他们的快乐，自有他们爱情和自己的生活追求。这也是南宋农民形象最突出的特点。

二　市人

"市人"原本是指集市或城中街道上的人。《左传·文公十八年》曰："夫人姜氏归于齐，大归也。将行，哭而过市，曰：'天乎！仲为不道，杀嫡立庶。'市人皆哭。"[①]《后汉书·王霸传》曰："光武令霸至市中募人，将以击郎。市人皆大笑。"[②] 而随着经济的发展，交易市场的形成，市人的意义演变为市民或者城市中的平民。市人形象在文学作品中都很少出现，一直到宋元以后的小说中，市人或市民的形象才日益增多。其主要原因在于三点。其一，有了集市和交易市场，才有了市人。但古代商品经济不够发达，以市场为生及生活在市场周围的市人也就较少，不能形成一定的社会阶层，这种情况到了宋代才有所改观。随着经济的发展，围绕在都市、城镇、集市等处生活着的许多城市平民，形成了一定的社会阶层。其二，中国传统上是农业社会，自秦汉起就"重农抑商"，商贾也因此被视为贱类，受到社会的歧视。其三，中国的文化重视道德而羞于言利，更不要说"商"与"市"了，市人很少成为文学作品所关注的对象。

南宋时期，各种各样的市场名目繁多，规模大小不一，产生了许多赖市场为生的人们，形成了市民阶层，人们对于经商的看法也有了根本性的改变。南宋的叶适首先批判"重本抑末"的思想，旗帜鲜明

---

① 杨伯峻：《春秋左传注》，中华书局 1990 年版，第 632 页。

② （南朝·宋）范晔撰，（唐）李贤等注：《后汉书》，中华书局 1965 年版，第 1 册，第 735 页。

地反对贱商，认为"四民交致其用而后治化兴，抑末厚本，非正论
也"①。市人社会阶层的生活状态也日益引起人们的关注。在宋代史料
中有很多有关市人的记载：

> 坊巷御街，自宣德楼一直南去，约阔二百余步，两边乃御廊，
> 旧许市人买卖于其间。②

> 五陵年少，满路行歌，万户千门，笙簧未彻，市人卖玉梅、
> 夜蛾、蜂儿、雪柳、菩提叶、科头圆子、拍头焦锤。③

> 而市人门首，各设大盆，杂植艾蒲葵花，上挂五色纸钱，排
> 钉果粽。虽贫者亦然。④

在诗歌发展史中，"市人"形象最早出现在唐诗中。唐诗中的"市人"
形象主要是追逐利益之徒。如"市人日中集，于利竞锥刀"⑤（杜甫
《述古三首》）、"市人矜巧智，于道若童蒙。倾夺相夸侈，不知身所
终"⑥（陈子昂《感遇诗三十八首》），所以谈起市人，读者心中想到
的是商人的狡诈及市民的市侩习气，或者在城市中生存的各色穷苦的
劳动者，如白居易的《卖炭翁》。

宋代诗人笔下的市人是真实客观的，不包含作者过多的感情色彩
和道德评判。如苏轼刚到凤翔上任，兄弟二人初次分别，以诗唱和，

---

① 叶适：《习学记言序目》，中华书局1977年版，第273页。
② （宋）孟元老撰，伊永文笺注：《东京梦华录笺注》卷二"御街"条，中华书局
2006年年，第78页。
③ （宋）孟元老撰，伊永文笺注：《东京梦华录笺注》卷六"十六日"条，中华书
局2006年版，第596页。
④ （宋）周密著，李小龙、赵锐评注：《武林旧事》，卷三"端午"条，中华书局
2007年版，第82页。
⑤ （唐）杜甫著，（清）仇兆鳌注：《杜诗详注》卷十二，中华书局2004年版，第
1020页。
⑥ （唐）陈子昂：《陈子昂集》卷一，中华书局1960年版，第3页。

苏轼深情回忆家乡的民风民俗："忆昔与子皆童卯，年年废书走市观。市人争夸斗巧智，野人暗哑遭欺谩。诗来使我感旧事，不悲去国悲流年。"①（《和子由蚕市》）苏轼在《和子由踏青》中塑造了在闹市卖符行骗的道人形象："何人聚众称道人，遮道卖符色怒瞋。宜蚕使汝茧如瓮，宜畜使汝羊如麇。路人未必信此语，强为买服禳新春。道人得钱径沽酒，醉倒自谓吾符神。"②苏轼诗歌中的"市人"是群像，写"道人"是个像。市人欺瞒无知的农人，道人聚众卖符并勉强路人购买以禳新春，这种行为本该受到抨击，但是苏轼诗作立意不在于抨击市人，欺瞒农人的市人形象也是诗人对于故乡习俗深情回忆的对象，是经过回忆过滤后的宽容。

在南宋诗歌中，诗人笔下的市人形象越来越多。首先是继承了北宋时期的客观真实，董嗣杲"市人祈福心苗异，庙祝求金口角灵"③（《北高峰》）；其次，在南宋时期，市人是充满了生活热情、生机和活力的真实美好的形象，如吕本中提到的"江城气候犹含雪，草市人家已挂灯"④（《追记昔年正月十日宣城出城至广教》），市人不管天气的严寒，早早悬挂上元的彩灯，那在寒冬中摇晃的彩灯正是市人对美好生活的追求，是市人生命意识的炫耀，所以作者接下来说，"如今转觉衰颓甚，病坐南窗冷欲冰"，诗人的颓废之情、对生命的感慨正是通过与市人积极向上意识对比中展现出来的。再如：

> 抵暮渔郎初上船，一竿摇入水精天。

---

① 孔凡礼点校：《苏轼诗集》，中华书局1982年版，第161页。
② 同上。
③ 傅璇琮主编：《全宋诗》第68册，北京大学出版社1998年版，第42701页。
④ （宋）吕本中撰：《东莱诗集》卷十七，影印文渊阁四库全书本。

忍寒不睡妨底事，来早卖鱼充酒钱。①

——杨万里《湖天暮景》

对比柳宗元的"千山鸟飞绝，万径人踪灭。孤舟蓑笠翁，独钓寒江雪"，同样是寒冬湖江上的风景，一静一动，一个具隐士风范，不理会世俗目光而独来独往，而另一个是为了饮酒而不辞勤苦的世俗者形象。再如：

白云人已矣，古屋自苍苔。林下误疑鹤，水边空见梅。

市人携酒至，歌女棹船回。检点幽栖处，湖光似向来。②

——严粲《林和靖祠》

因"梅妻鹤子"被推崇的林逋，其身后的祠堂并没有受到保护，显得有些败落，可见时人并不推崇他，其隐逸的思想自然不会受到赞赏。"湖光"还是以前的那片湖光，而在其祠堂下生活的是普通的、热闹的、富有生机的"市人"：歌女"棹船"而回，市人"携酒"共饮。

人物形象需要环境的烘托，在南宋诗人笔下，市人的生活环境不是嘈杂的，而是如诗如画的。林尚仁曰"帝城花锦地，让与市人居"③（《山居》），这里的"市人"生活在热闹的市场周围，是繁花似锦之地，而有的小市即使不是繁花似锦，也别有一番情趣。例如，洪咨夔《夏至过东市》其二："涨落平溪水见沙，绿阴两岸市人家。晚风来去吹香远，蕲蕲冬青几树花。"④

---

① （宋）杨万里撰，辛更儒笺校：《杨万里集笺校》卷二十七，中华书局2007年版，第1399页。

② （宋）陈起编：《江湖小集》卷十一，影印文渊阁四库全书本。

③ （宋）陈起编：《江湖小集》卷三十三，影印文渊阁四库全书本。

④ 傅璇琮主编：《全宋诗》第55册，北京大学出版社1998年版，第34558页。

三　儿童

中国的传统文化以"孝"为中心，强调"不孝有三，无后为大"，儿童的作用往往体现在传宗接代上，文学作品中儿童的形象少之又少。在封建社会三纲五常中，首先是"父为子纲"，父子的关系总是处于一种封建伦理的纲常之中。中国古代一直以儒家思想为主导，儒家的童蒙教育总是孝悌和笃学。古代的儿童故事多是儿童孝悌和笃学的故事。如孔融让梨，缇萦救父的故事表现"孝悌"的观念。《后汉书·孔融列传》则表现孔融"幼有异才"的机智。有时文学作品出现儿童形象是作为对社会的控诉。例如，汉乐府《孤儿行》是为了突出兄嫂对他的虐待。在古代文学作品中还经常出现"牧童"形象，而牧童的形象其实是作者自己对于自由生活的向往。

还有写给孩子的诗歌，诗歌中多谆谆告诫之语。即使是自己不为五斗米而折腰的陶渊明在面对孩子的时候，也曰"虽有五男儿，总不好纸笔。阿舒已二八，懒惰故无匹。阿宣行志学，而不爱文术。雍端年十三，不识六与七。通子垂九龄，但觅梨与栗"，为孩子的不争气而失望，只得无奈地宽慰自己"天运苟如此，且进杯中物"（《责子》）。而杜甫《自京赴奉先县咏怀五百字》也写到了孩子的可爱形象，如写女儿"学母无不为，晓妆随手抹。移时施朱铅，狼藉画眉阔"，这与其说是为了表现孩子，还不如说是为了显示自己"生还对童稚，似欲忘饥渴"的感慨。还有一些骄儿诗、娇女诗写出了童趣化的活泼可爱的儿童形象。例如，左思的《娇女诗》、路德延《小儿诗》、李商隐《骄儿诗》，表现出作为父亲对于儿女的喜爱之情。

而在宋代诗歌中出现的儿童是世俗化的儿童形象，是民间孩子真实的生活状态。诗人尽可能真实地刻画描写，并不是出于作为父亲的过分喜爱，也不是出于同情和悲悯的心态，宋代诗歌中的儿童多是民俗化的儿童形象。例如，杨万里是描写儿童着力较多的诗人，其笔下的儿童生动活泼，充满了生活的气息和民俗的气息。例如：

> 篱落疏疏一径深，树头花落未成阴。
>
> 儿童急走追黄蝶，飞入菜花无处寻。①
>
> ——《宿新市徐公店》
>
> 梅子留酸软齿牙，芭蕉分绿与窗纱。
>
> 日长睡起无情思，闲看儿童捉柳花。②
>
> ——《闲居，初夏午睡起二绝句》
>
> 稚子金盆脱晓冰，彩丝穿取当银钲。
>
> 敲成玉磬穿林响，忽作玻璃碎地声。③
>
> ——《稚子弄冰》
>
> 风从独树忽然来，雨去前山远却回。
>
> 留许枝间慰愁眼，儿童抵死打黄梅。④
>
> ——《梅熟小雨》
>
> 小儿着鞭鞭土牛，学翁打春先打头。
>
> 黄牛黄蹄白双角，牧童绿蓑笠青箬。⑤
>
> ——《观小儿戏打春牛》

---

① （宋）杨万里撰，辛更儒笺校：《杨万里集笺校》卷三十四，中华书局2007年版，第1728页。

② （宋）杨万里撰，辛更儒笺校：《杨万里集笺校》卷三，中华书局2007年版，第189页。

③ （宋）杨万里撰，辛更儒笺校：《杨万里集笺校》卷十一，中华书局2007年版，第596页。

④ （宋）杨万里撰，辛更儒笺校：《杨万里集笺校》卷七，中华书局2007年版，第389页。

⑤ （宋）杨万里撰，辛更儒笺校：《杨万里集笺校》卷十二，中华书局2007年版，第619页。

作社朝祠有足观，山农祈福更迎年。

忽然箫鼓来何处，走杀儿童最可怜。

虎面豹头时自顾，野讴市舞各争妍。

王侯将相饶尊贵，不博渠侬一饷癫。①

——《观社》

尽日山行意未销，归来再与坐溪桥。

山童抛石落溪水，唤作鱼儿波面跳。②

——《晚归再度西桥》

一叶渔船两小童，收篙停棹坐船中。

怪生无雨都张伞，不是遮头是使风。③

——《舟过安仁》

晴明风日雨干时，草满花堤水满溪。

童子柳阴眠正著，一牛吃过柳阴西。④

——《桑茶坑道中八首》（其七）

夜来春涨吞沙嘴，急遣儿童劚荻芽。⑤

——《蜑户》

南宋其他诗人的诗歌也是如此：

---

① （宋）杨万里撰，辛更儒笺校：《杨万里集笺校》卷三十七，中华书局2007年版，第1936页。

② （宋）杨万里撰，辛更儒笺校：《杨万里集笺校》卷三十八，中华书局2007年版，第1979页。

③ （宋）杨万里撰，辛更儒笺校：《杨万里集笺校》卷三十五，中华书局2007年版，第1796页。

④ （宋）杨万里撰，辛更儒笺校：《杨万里集笺校》卷三十四，中华书局2007年版，第1749页。

⑤ （宋）杨万里撰，辛更儒笺校：《杨万里集笺校》卷十六，中华书局2007年版，第813页。

萧萧梧叶送寒声，江上秋风动客情。

知有儿童挑促织，夜深篱落一灯明。①

——叶绍翁《夜书所见》

昼出耘田夜绩麻，村庄儿女各当家。

童孙未解供耕织，也傍桑阴学种瓜。

——范成大《四时田园杂兴》

雨余溪水掠堤平，闲看村童戏晚晴。

竹马踉蹡冲淖去，纸鸢跋扈挟风鸣。②

——陆游《观村童戏溪上》

花帽笼头几岁儿，女儿学着内人衣。

灯前月下无归路，不到天明亦不归。

——姜夔《观灯口号》

清晓鼕鼕鸣社鼓，前村后村走儿女。③

——李若川《村社歌》

儿童形象也是传统儿童观念的反映与体现。中国的孝文化是孝童形象产生的丰沃土壤，而成人对儿童成才的希冀与渴盼心理则反映在才童身上。当然，父亲眼中的可爱的小儿女形象则是父亲的天性使然。而从以上所举诗歌中可见南宋诗人更加注重世俗孩童的形象，诗中多处出现做着民俗游戏的孩童形象也说明了诗人对于自在淳朴的世俗生活的肯定和向往。

---

① 傅德岷、李元强、卢晋主编：《宋诗鉴赏辞典》，上海科学技术文献出版社2008年版，第467页。

② 钱仲联校注：《剑南诗稿校注》卷一，上海古籍出版社2005年版，第103页。

③ （清）厉鹗辑撰：《宋诗纪事》卷四十六，上海古籍出版社1983年版，第1182页。

　　南宋时期，科举考试的推行确实给了下层读书人翻身进入权力阶层、改变命运和生活的机会，确实让广大寒门士子看到了希望，甚至把这种希望代代传承，有时把自己没有实现的愿望寄托在孩子身上，希望孩子长大后可以光耀门楣、光宗耀祖。但同时，两宋朝代的党争不断让人看到了朝廷斗争的险恶，这些都与平民百姓的世俗生活是相对立的。人人希望富贵，可是，福祸相依，总是让人处于矛盾之中，这种矛盾的心态在苏轼的《洗儿诗》中得到了淋漓尽致的体现。其诗曰："人皆养子望聪明，我被聪明误一生。惟愿孩儿愚且鲁，无灾无难到公卿。"苏轼的这种不合生活逻辑的愿望当然不可能实现，所以，人们只好在矛盾中退而求其次，不得已转向对于世俗生活的欣赏。所以，朝廷政治斗争的险恶，中国士人与生俱来的道家的隐退意识，还有宋代宣导的享乐之风交织纠缠在一起，让诗人对世俗生活充满了向往。同时，儿童时代也是成人的美好回忆，儿童的形象也未尝不是诗人心中的理想生活形象，充满了世俗趣味的儿童形象正是诗人对世俗生活的美好观照。

四　游人

　　游人，最初指代无产业的流浪者。汉桓宽《盐铁论·相刺》曰："古者经井田，制廛里，丈夫治其田畴，女子治其麻枲，无旷地，无游人。"[1] 亦可引申为无田可耕、流离失所的人。例如，《新唐书·韩琬传》曰："夫流亡之人非爱羁旅、忘桑梓也，敛重役亟，家产已空，邻伍牵连，遂为游人。"[2] 后游人又多指在外游荡的人。宋代以前诗歌中的游人则多指代天涯游子。谭用之《塞上》曰"钵略城边日欲西，

---

① 王利器校注：《盐铁论校注》卷五，中华书局 1992 年版，第 253 页。
② （宋）欧阳修等：《新唐书》卷一百一十二，岳麓书社 1997 版，第 2566 页。

游人却忆旧山归"①，张籍《各东西》曰"游人别，一东复一西"②，李白的《菩萨蛮》曰"游人尽道江南好，游人只合江南老"。"游"还有玩物适情之意，如《礼记·少仪》篇曰"士依于德，游于艺。"而闲暇时间外出游玩未尝不是玩物以适情，据此，在宋代，游人则主要指游玩的人。而在宋代外出经商或游宦等天涯远方之人多用"游子"一词。

宋代因为经济的发展，大量的人从土地中解放出来，有的成为大商贾，有的成为城市中的市民阶层，即使在土地上耕作的人，也有了劳作之余的空闲时间。于是人们在劳作之余，在节日或者其他天气晴和的日子多走出家门，或者参与大型的节日活动，或者到风景名胜游玩，于是形成了游人。并且，在宋人看来，游人也是风景的一部分。王安石曰："游观须知此地佳，纷纷人物敌京华。"③（《杭州呈胜之》）所以，宋代的文人往往在作品中展示游人的生活状况。

宋代的都市笔记多记载了当时社会上游人的生活状况。《东京梦华录》是反映北宋东京开封的都市民俗，在描写重大的场合的时候，总是离不开各色游人，如在开封府的元宵灯节上，"游人已集御街两廊下。奇术异能，歌舞百戏，鳞鳞相切，乐声嘈杂十余里，击丸蹴踘，踏索上竿"④"诸僧皆坐狮子上，作法事讲说，游人最盛"⑤"御街游

---

① （宋）郭茂倩编撰，聂世美、仓阳卿校点，《乐府诗集》卷九十二，上海古籍出版社1998版，第978页。

② 同上书，第1002页。

③ （宋）王安石撰，（宋）李壁笺注：《王荆文公诗笺注》卷三十七，中华书局1958年版，第482页。

④ 孟元老撰，尹永文笺注：《东京梦华录》卷六"元宵"条，中华书局2007年版，第540页。

⑤ 孟元老撰，尹永文笺注：《东京梦华录》卷八"重阳"条，中华书局2007年版，第817页。

人嬉集，观者如织"①。在南宋时期，周密《武林旧事》同样反映了南宋都城杭州（杭州，旧名武林）的都市民俗，同样关注了社会中的游人。例如，卷二"元夕"曰，"邸第好事者，如清河张府、蒋御药家，闲设雅戏烟火，花边水际，灯烛灿然，游人士女纵观，则迎门酌酒而去""卷五湖山盛概"："（丰乐楼）宏丽为湖山冠，又甃月池，立秋千梭门，植花木，构数亭，春时游人繁盛"。游人作为群体形象，和熙熙攘攘、喧哗热闹的场景是分不开的，是一种典型的民俗人物形象。

南宋游人多到大自然中去，如王十朋《再用前韵》曰"梦草池塘千顷莲，红云楼阁游人船"②；到山水佳处游玩，曾丰曰"倒指数不胜，百怪千万谲。游人得娱嬉，造物费曲折"③（《游三洲岩》）。宋代游人多在节日中外出观赏，如上元节的游人，"不能免俗强随缘，聊挂灯球记上元。席上虽无罗绮绕，游人来往亦喧喧"（吴芾《山居上元》）④，再如端午节的游人，"吾邦重午节，兴目皆可寓。游人肆喧阗，画舫纷排布。遡风伐鼍鼓，击楫观竞渡。骄豪务相夸，水陆争治具"⑤（陈棣《次韵叶梦符端午》）。

正因为游人形象是世俗化的，游人形象也往往与孤高的抒情主人公形象相对。在古代文献中，"众人"也可以表示来来往往的各色游人。如老子曰"众人熙熙，如享太牢，如春登台"。有时，"众人"自然是区别于言说者自己的人，而言说者本身对于"众人"是持一种优越感的，对于众人的行为，总是持一种否定的态度，如"天下熙熙，

① 孟元老撰，尹永文笺注：《东京梦华录》卷十"大礼预教车象"条，中华书局2007年版，第883页。
② （宋）王十朋：《王十朋全集·诗集》卷二十二，上海古籍出版社1998年版，第393页。
③ （宋）曾丰撰：《缘督集》卷二，影印文渊阁四库全书本。
④ （宋）吴芾撰：《湖山集》卷十，影印文渊阁四库全书本。
⑤ （宋）陈棣撰：《蒙隐集》卷一，影印文渊阁四库全书本。

皆为利来。天下攘攘，皆为利往"（《史记·货殖列传》）。再如：

> 芳树啼莺絮乱飞，疾风吹雨送愁归。
>
> 梨花落莫还乡梦，麦粥凄凉展墓仪。
>
> 倦客忍听溪上曲，游人犹习水边嬉。
>
> 西瞻太白家何在，拟托征鸿寄我衣。①

——吴泳《寒食》

在诗作中，作者以"倦客"的形象出现，在寒食这个本该上坟省亲的日子中，把自我漂泊中的寂寞、相思与游人的热闹嬉戏形成鲜明对比。

再如：

> 杏火烧空泼眼明，游人荡桨渌芜城。
>
> 山歌惯习吴歈调，水戏终含楚些声。
>
> 草满池塘春涨浅，燕归帘幕午风轻。
>
> 踏青旧约谁能问，已喜年来粥有饧。②

——沈与求《清明》

《岁时百问》曰："万物生长此时，皆清洁而明净，故谓之清明。"在大地回春、万物勃发的清明节日里，人们走出家门，到户外去踏青。作者一方面描写游人在明媚的春光中，在芜城绿水中荡桨；另一方面，在对比中显示自己无心踏青旧约，仅仅满足于有甜汤喝的生活。

再如陆游的《闰二月二十日游西湖》：

> 西湖二月游人稠，鲜车快马巷无留。梨园乐工教坊优，丝竹悲

---

① （宋）吴泳撰：《鹤林集》，卷四，影印文渊阁四库全书本。

② （宋）沈与求撰：《龟溪集》卷二，（清）吴之振等辑，（清）管庭芳、蒋光煦补《宋诗钞·宋诗补钞》，生活·读书·新知三联书店1984年版。

激杂清讴。追逐下上暮始休，外虽狂醒乐则不。岂知吾曹淡相求，酒肴取具非预谋。青梅苦笋助献酬，意象简朴足镇浮。尚惭一官自拘囚，未免匹马从两驺。南山老翁亦出游，百钱自挂竹杖头。①

南宋诗人还喜欢写游人游玩过后的情形。姜夔《正月十一日观灯》有云，"沙河塘上春寒浅，看了游人缓缓归""游人归后天街静，坊陌人家未闭门"。杨万里以游人展示一种宁清的境界，如"际晚游人也合归，画船犹自弄斜晖。西湖两岸千株柳，絮不因风暖自飞"②（《西湖晚归》）。其《晓寒》又云："黯黯轻寒淡淡阴，游人便觉减行春。春风也解嫌萧索，自送秋千不要人。"③ 写缺少行春游人的秋千甚至显得如此寂寞。

再如下面两首诗歌，作者将游人与病守或者我辈对举，显示自我的不同。

> 柳絮轻扬晴日暖，竹光不动午阴闲。
>
> 时和岁稔游人乐，一醉聊开病守颜。
>
> ——王之望《皇华馆以上巳落成因修禊事题诗纪之》
>
> 凶年犹幸在家乡，邻里相过具豆觞。
>
> 我辈忍将灯照眼，游人多是火烧肠。④
>
> ——王十朋《元宵邻里携具就弊庐张灯辞之不获因成一绝》

---

① 钱仲联校注：《剑南诗稿校注》卷一，上海古籍出版社 2005 年版，第 55 页。
② （宋）杨万里撰，辛更儒笺校：《杨万里集笺校》卷六，中华书局 2007 年版，第 350 页。
③ （宋）杨万里撰，辛更儒笺校：《杨万里集笺校》卷八，中华书局 2007 年版，第 483 页。
④ （宋）王十朋：《王十朋全集·诗集》卷十六，上海古籍出版社 1998 年版，第 280 页。

南宋诗人多把游人形象置于繁华热闹的情形之中，例如：

游人杂沓半罗绮，一径不惮穿云纡。

——王之道《春晚书怀》

笙箫合沓送歌酒，游人买笑捐金珠。

——曹勋《春风引》

一春才有一日晴，帝里游人争出城。

——杨万里《再和》

一岁欢声沸此宵，游人丽服正飘飘。

——杨万里《再和袁起岩韵》

堤边杨柳密藏鸦，堤上游人两髻丫。

——张孝祥《题断堤寺》

在南宋时期，游人与农夫身份迥异，所思所想也就不同。赵蕃曰："立春日雨虽应时，到今阙然又几日。游人但欣春物荣，农夫痛心田未耕。"（《二月十日夜雨起书曾移忠禾谱后》）游人因为天气晴好而高兴，农夫因为少雨而忧愁。所以，南宋诗作中的游人形象是追逐时光、纵情享乐的世俗化形象。例如，史浩《和乌塘》曰："云绕青山水绕堤，游人陌上手同携。遗簪坠珥欢方洽，只恐楼头日欲西。"这些游人结伴在陌上游玩，以致发簪及珠玉耳饰丢了也不知道，而此时才是玩得最为尽兴的时候，这时最担心的就是太阳西下，没有时间继续欢乐。

再如：

游人侵宵归，风雨恐踵至。

——曹勋《山居杂诗》（其六十八）

游人怕春去，把酒急献酬。

——吴芾《和陶咏贫士》

青春未有阑珊意，付与游人自此忙。

——曹彦约《湖庄杂诗》

趁逐牡丹时，游人推不去。

——洪适《杂咏下玉虹洞》

这些游人慌慌张张、急急忙忙，既不是忙于生产劳动，又不是急于忧国忧民，而是恐"风雨""踵至"，忙于在"青春未有阑珊意"之时"趁逐牡丹"，急于"把酒""献酬"。因为民俗之人一般往往在于享受生命的美好，而没有太多的忧患意识。所以，"游人"的形象中又具有争相追求"游"的过程，追求生命的美好。范成大《点心山》曰，"游人贪胜践，姑吟蜀道易"①，杨万里曰："雪泥没膝霜风紧，也有游人看上元。"（《郡中上元灯减旧例三之二而又迎送使客七首》）

生命是人类永恒的话题，古人总是热衷于用各种办法乞求长生不老，但是，一旦大家发现长生不老是不可能的，一部分转而追求及时行乐。在中国的文化古籍中一直不绝如缕的是惜时的观念，"为乐当及时，何能待来兹"。宋代的士大夫把中国传统文化中惜时的文化与宋代重视享乐的风气结合，也极力鼓励游人享乐。李衡曰："三月江南花满枝，风轻帘幕燕争飞。游人休惜夜秉烛，杨柳阴浓春欲归"。（《乐庵所藏柳影及松梅二画因作二绝摹作砑花牋至今盛行于吴门》）南宋诗人有时也把自己与游人融为一体。杨万里曰："草藉轮蹄翠织成，花围巷陌锦帏屏。早来指点游人处，今在游人行处行。"（《三月三日上忠

---

① （宋）范成大著，富寿荪标校：《范石湖集》卷十八，上海古籍出版社 2006 年版，第 258 页。

襄坟因之行散得十绝句》)）①

南宋诗歌中的游人形象是置身于繁华之中，纵情享乐。这种形象与宋代的都市的繁华是一致的。而有时南宋时期的诗人面对着都市的繁华想起了渡江以前北宋的繁华，眼前的繁华是昔日繁华的再现。例如，武衍原籍汴梁（今河南开封），南渡后寓临安（今浙江杭州）清湖河。他作的《春日湖上》四首反映了杭州西湖的春日景象，其二说，"飞鹊鸣镳鼓吹喧，繁华应胜渡江前"，表明他怀念渡江前的生活，但同样选择了游人来说明现在的繁华。其四曰，"拆桐花上雨初乾，寒食游人尽出关。一片湖边春富贵，断桥船簇夕阳间""船里歌声去复还，游人乐在酒杯间"。

所以，南宋诗作中游人群体形象的出现一方面是社会发展，游人增多的社会现实在诗作中的反映，另一方面，也反映了诗人对于民俗人物的关注。而南宋诗人关注民俗的原因，其一是借游人而反映都市生活的繁华，如刘子翚借游人形象反映昔日汴京城的繁华，"桥上游人度镜光，五花殿里奏笙簧。日曛未放龙舟泊，中使传宣趣郓王"（《汴京纪事》其十四）。诗作充满了对故都汴京繁华的深情回忆！在这种繁华回忆中又包含了作者无声的家园沦丧之感。其二，在这种繁华背后表达南宋诗人普遍的感伤情绪，或因为流落异乡而难过，如章甫曰："万点飞花愁客子，一天明月属游人。"（《灯夕戏简胥直夫》）或感叹繁华背后社会整体的纵情享乐，不思进取，例如林升的《题临安邸》。

---

① （宋）杨万里撰，辛更儒笺校：《杨万里集笺校》卷三，中华书局2007年版，第1597页。

第二节　市场、市声——民俗观照下南宋诗歌的风景线

一　繁华市井：南宋诗人对市场的多方面展示

宋代经济发展，市场经济繁荣，诸多笔记中出现了多样的市场记载。耐得翁《都城记胜》开卷就是"市井"条：

> 自大内和宁门外，新路南北，早间珠玉珍异及花果时新海鲜野味奇器天下所无者，悉集于此，以至朝天门、清河坊、中瓦前、灞头、官巷口、棚心、众安桥，食物店铺，人烟浩穰。其夜市除大内前外，诸处亦然，惟中瓦前最胜，扑卖奇巧器皿百色物件，与日间无异。其余坊巷市井，买卖关扑，酒楼歌馆，直至四鼓后方静，而五鼓朝马将动，其有趁卖早市者，复起开张，无论四时皆然。如遇元宵犹盛，排门和买，民居作观玩幕次，不可胜纪。①

以上记载主要反映了"自大内和宁门外，新路南北"一带的繁荣市场，描绘了从早市到夜市的喧闹场景。周密《武林旧事》"诸市"条则胪列了当时杭州各种各样的主题市场：

> 药市炭桥、花市官巷、珠子市融合坊南、官巷、米市北关外黑桥头、肉市大瓦修义坊、菜市新门外、东青门霸子头、鲜鱼行候潮门外、鱼行北关外水冰桥、南猪行候潮门外、北猪行打猪巷、

---

① 王国平：《西湖文献集成》，杭州出版社 2004 年版，第 2 册，第 32 页。

布行便门外横河头、蟹行新门外南土门、花团官巷口、钱塘门内、青果团候潮门内泥路、柑子团后市街、鲞团便门外浑水闸、书房橘园亭。①

类似以上繁荣的市场动态，在南宋诗歌中大量出现，可见诗人们热衷描绘各色市场的繁荣，他们的目光集中在比较有特色的花市、药市和灯市上。

(一) 锦簇绣围的花市

南宋时期花卉市场非常繁荣，家铉翁诗曰："沙河红烛暮争然，花市清箫夜彻天。客舍风光如昨梦，帝城歌酒又经年。"②（《前岁上元与赵任卿寓临安追逐甚乐今年同在建溪任卿先赴郡席小雪忽作且知早筵遂散独坐无聊因得二诗却寄》）据《武林旧事》记载，南宋花市在"官巷"，《西湖游览志》曰："寿安坊，俗称官巷，又称冠巷。宋时谓之花市，亦曰花团。盖汴京有寿安山，山下多花园，春时赏燕，争华竞靡，锦簇绣围，移都后以花市比之。"③ 南宋中期赵蕃《见负梅趋都城者甚伙作卖花行》则反映时人种花而不种田的现象："昔人种田不种花，有花只数西湖家。只今西湖属官去，卖花乃亦遍户户。"④ 从侧面反映了南宋时期花市的繁荣。

杨万里诗歌则反映了南宋临安和宁门外的花市：

　　病眼仇冤一束书，客舍葭莩菊一株。看来看去两相厌，花意

① （宋）周密著，李小龙、赵锐评注：《武林旧事》卷六，中华书局 2007 年版，第 157 页。
② （宋）家铉翁：《则堂集》卷六，影印文渊阁四库全书本。
③ （明）田汝成：《西湖游览志》，浙江人民出版社 1980 年版，第 161 页。
④ （宋）赵蕃：《淳熙稿》卷六，影印文渊阁四库全书本。

索寞恰似无。清晓肩舆过花市，陶家全圃移在此。千株万株都不看，一枝两枝谁复贵。平地拔起金浮屠，瑞光千尺照碧虚。乃是结成菊花塔，蜜蜂作僧僧作蝶。菊花障子更玲珑，生采翡翠铺屏风。金钱装面密如积，金钿满地无人拾。先生一见双眼开，故山三径何独怀。君不见内前四时有花卖，和宁门外花如海。①

——杨万里《经和宁门外卖花市见菊》

剩雨残风一向颠，花枝酒盏两无缘。

忽逢野老从湖上，担取名园到内前。

芍药截留春去路，鹿葱浓抹夏初天。

众红半霎聊经眼，不枉皇州第二年。②

——杨万里《初夏清晓赴东官讲堂行经和宁门外卖花市》

上面第一首诗重点描写了和宁门外花市中的菊花，这里的菊花不是"一枝两枝"，不是"千株万株"，而是各式各样的大型菊花造型，其中突出的是菊花塑成的菊花浮屠、菊花塔、菊花障子。四时见花，繁华似海。第二首诗歌写风雨过后，本来是花枝凋残，但却见卖花的农人担来新鲜欲滴的各色名花到大内前花市上叫卖，继以花市来写"皇州"繁华。

南宋时期，其他诗人写花市的诗歌还有很多，略举两例，"酒楼弦管暮，花市绮罗春"③（孙雄飞《钱塘感兴》）、"卖声喧市巷，红紫售东风"④（顾逢《花市》）。从这些花市描写之中，读者可以想象南宋

---

① （宋）杨万里撰，辛更儒笺校：《杨万里集笺校》卷二十三，中华书局2007年版，第1184页。

② （宋）杨万里撰，辛更儒笺校：《杨万里集笺校》卷二十，中华书局2007年版，第1019页。

③ 傅璇琮主编：《全宋诗》，北京大学出版社1998年版，第34册，第21526页。

④ 傅璇琮主编：《全宋诗》，北京大学出版社1998年版，第64册，第40081页。

花市的锦簇绣围的景象，看到诗人流连花市中的身影，感受到诗人对于花市的热爱。

(二) 亦市亦会的药市

古代药市，是在常年药市基础上形成的定期、大型的药材集散市场。全国各地都有药市，但最著名的是成都的药市。成都药市因唐朝四川梓州王昌遇9月9日升仙的传说而逐渐形成，药市先在城南玉局观举办，后又转移到城东的大慈寺。时间由原来的9月9日1天延长到3—5天。宋朝成都的药市发展成为官员参与观市、商民共庆的盛会。北宋时期，作为地方行政长官的宋祁曾经察看药市，写下《九日药市作》："五药会广廛，游肩闹相驾。灵品罗贾区，仙芬冒阗舍。撷露来山阿，剐烟去岩罅。载道杂提携，盈檐更荐藉。"① 写四方之人带着从山阿岩罅中采来的药草于重阳日这天汇聚交易。南宋时期，药市常在玉局观、大慈寺两处同时进行，药市甚至可以说是当时成都的代表性名片。南宋时期，诗人每当回忆成都，总会提及药市。诗人笔下的药市不仅仅具有市场实用价值，还是富有诗意的节日盛会。如陆游《初春怀成都》曰："我昔薄游西适秦，归到锦城逢早春。五门收灯药市近，小桃妖妍狂杀人。"② 范成大《九月八日泊池口》曰："回首旧游处，曛黄锦城中。药市并乐事，歌楼沸晴空。"③ 陈造在送人去成都的时候，也免不了说一说成都的药市："蜀民日为药市游，家说追欢不说愁。"④ (《送项平甫教授之成都》) 度正的长诗就具体反映了成都药

---

① 宋祁：《景文集》卷六，影印文渊阁四库全书本。
② 钱仲联校注：《剑南诗稿校注》，上海古籍出版社2005年版，第2册，第945页。
③ (宋) 范成大著，富寿荪标校：《范石湖集》卷十九，上海古籍出版社2006年版，第278页。
④ 陈造：《江湖长翁集》卷七，影印文渊阁四库全书本。

市的盛况，节录如下：

肩舆访药市，散步困两膝。行行初及门，品第已不一。细阅廊宇下，纷然莫穷诘。席地堆雄附，连盘伫参术。云乳色晶荧，沉檀气芬苾。溪毛极草莽，水族包虫蛭。贵者如丹砂，贱者如干漆。苦者如胆矾，甘者如石蜜。陈者如醯醢，新者如枣栗。来为中国用，往往四夷出。海贾冒风涛，蛮商经峷嵂。厚利诱其前，颠沛不遑恤。小亦挟千镪，多至金百镒。开张自寅卯，收拾过酉戌。富豪盛僮奴，羸老携儿姪。车马浩骈填，坌然皆迸溢。晚饮各酩酊，归装满箱帙。①

——度正《步自玉局会饮于判院涂文廨舍正得日字》

度正的诗歌反映成都药市之繁华，如各种药材堆积：雄黄、附子、人参、白术、云乳、沉香、檀香、丹砂、干漆、胆矾、石蜜等，不胜枚举。药材商人有的冒着风涛，漂洋过海而来；有的历经艰险，翻山越岭而来。他们因利益驱使，甘受颠沛。市场繁荣，贫富老幼皆至，车马充塞道路。

（三）诗意盎然的灯市

元宵节无疑是宋代最繁华、最盛大的节日，因此也形成了一个巨大的市场。元宵节最有代表性的民俗活动无疑是悬挂各种彩灯，形成灯市。关于元宵之灯品，周密《武林旧事》曰：

灯之品极多，每以苏灯为最：圈片大者，径三四尺，皆五色琉璃所成，山水、人物、花竹、翎毛、种种奇妙，俨然着色便面

① 傅璇琮主编：《全宋诗》第54册，北京大学出版社1998年版，第33661页。

也。其后福州所进则纯用白玉，晃耀夺目，如清冰玉壶，爽彻心目。近岁新安所进益奇，虽圈骨悉皆琉璃所为，号"无骨灯"。禁中尝令作琉璃灯山，其高五丈，人物皆用机关活动，结大彩楼贮之；又于殿堂梁栋窗户间为涌壁，作诸色故事，龙凤喷水，蜿蜒如生。遂为诸灯之冠。①

范成大，吴郡人。宋吴郡属于江南东道苏州，其地灯品居全国之最。范成大对于灯市情有独钟，多首诗歌反映了故乡苏州灯市的繁华，如《上元纪吴中节物俳谐体三十二韵》（见上编第五章第一节）。由此诗可知，南宋吴郡的灯市在腊月已经开始了。为了买到珍奇之灯，甚至还要以赌决胜负，热闹非凡。范成大《腊月村田乐府十首并序》可以与之呼应："其二《灯市行》，风俗尤竞上元，一月前已买灯，谓之灯市，价贵者数人聚博，胜则得之，喧盛不减灯市。"② 然后，诗歌重点也写了灯市中由彩灯组成的各种造型和各色灯品。有坊巷灯以连枝竹缚成数重乃至数十重的洞门；有舟人接竹桅樯之表置一灯，望之如星；有以生绢糊大方灯，图画史册故事；有以琉璃壶瓶蓄水养鱼，以灯映之；有里门作长灯，题好句其上；有以绢或琉璃照映官府名额。各色灯品有：莲花灯、桥灯、犬灯、鹿灯、万眼灯、琉璃球灯、栀子灯、葡萄灯、小球灯、大滚球灯、马骑灯等。范成大在《灯市行》中进一步歌咏吴中灯市：

> 吴台今古繁华地，偏爱元宵灯影戏。春前腊后天好晴，已向街头作灯市。叠玉千丝似鬼工，剪罗万眼人力穷。两品争新最先

---

① （宋）周密著，李小龙、赵锐评注：《武林旧事》，中华书局2007年版，第49页。
② （宋）范成大著，富寿荪标校：《范石湖集》卷三十，上海古籍出版社2006年版，第409页。

出，不待三五迎东风。儿郎种麦荷锄倦，偷闲也向城中看。酒垆
博簺杂歌呼，夜夜长如正月半。灾伤不及什之三，岁寒民气如春
酣。侬家亦幸荒田少，始觉城中灯市好。①

灯市的繁华可反映出南宋时期的经济繁荣，也说明了其时江南的
相对太平。所以，这些描绘市场的诗歌时有"斗野丰年屡"之赞、
"侬家亦幸荒田少"之叹。

南宋时期，诗人不仅写出了市场的繁华，更重要的是写出了市场
的诗意，如陆游的几首诗：

> 羸马孤愁不可胜，小诗未忍付誊腾。
>
> 一声客枕江头雁，数点商船雨外灯。②
>
> ——《梅市书事》
>
> 野店茶香迎倦客，市街犬熟傍行人。
>
> 墙头妇女更相语，认到先生折角巾。③
>
> ——《肩舆历湖桑堰东西过陈湾至陈让堰小市抵暮乃归》
>
> 春风小市画桥横，桥北桥南次第行。
>
> 绝景惟诗号劲敌，闲愁赖酒作长城。④
>
> ——《小市》

《梅市书事》通过江头雁子、数点商船与雨外的灯光传达出一种凄迷的
孤独思绪，而《肩舆历湖桑堰东西过陈湾至陈让堰小市抵暮乃归》则让

---

① （宋）范成大著，富寿荪标校：《范石湖集》卷三十，上海古籍出版社 2006 年版，
第 410 页。

② 钱仲联校注：《剑南诗稿校注》，上海古籍出版社 2005 年版，第 4512 页。

③ 同上书，第 4361 页。

④ 钱仲联校注：《剑南诗稿校注》，上海古籍出版社 2005 年版，第 3886 页。

读者感到，在暮色中，小小市街给回家的人以温馨之感：野店里飘出的茶香，街道依偎行人的小狗，相熟的人，这些都让人在晚归之时不感到孤独与惶恐。而不管是孤独的思绪还是温馨的感觉，《小市》留给读者的印象都如诗如画，且《小市》更直接指出春风画桥及画桥上来来往往的行人犹如一幅绝妙图画。再如史浩《和题水口草市》有异曲同工之妙："饭裹绿荷朝趁市，香浮青瓷晚登楼。凭谁写入鹅溪绢，一簇人烟古渡头。"① 作者要用鹅溪绢为画布，把草市之景收入保存。

诗情有时是飞鹤冲空的灵动之感，自然界的勃勃生机很容易引发诗人的诗情，诗意与自然之生机、世人之生命力量从来都不是矛盾的。"东风为我添生意，渐放阶前草色青"②（周珣《垛上亭落成》），是自然界充满生机的美景；在诗画一体的王维诗歌中，有"竹喧归浣女，莲动下渔舟"之类充满蓬勃生命力的可爱人群。普通市人勃发的生命激情也给人以诗情画意，因此，热闹的、生机盎然的市场在南宋诗人看来更是一种诗意风景。来看一看范成大的《晚步》："排门帘幕夜香飘，灯火人声小市桥。满县月明春意好，旗亭吹笛近元宵。"③ 就可以体会到"灯火""人声""小市"这些意象组合给人以充满动感的、喧闹的夜市想象，在淡淡的香气之中，在皎洁月光的衬托之下，也留给读者满满的、暖暖的诗意。

二 喧闹市声：南宋民俗诗歌对诗境的创新

中国文学向来青睐宁静的境界，"千山鸟飞绝，万径人踪灭，孤舟蓑笠翁，独钓寒江雪"的意境最能触动文人内心的安静，而市场上嘈

---

① 傅璇琮主编：《全宋诗》第35册，北京大学出版社1998年版，第22157页。
② 傅璇琮主编：《全宋诗》第3册，北京大学出版社1998年版，第2034页。
③ （宋）范成大著，富寿荪标注：《范石湖集》卷三，上海古籍出版社2006年版，第34页。

杂的人声是不被诗人喜欢的，自然很少被写入文学作品。较早涉及市声的作品是屈原的《天问》，其中提到姜子牙的"鼓刀扬声"。"鼓刀"即屠宰时敲击其刀使之发出声音，"扬声"即叫卖，是说姜太公师望在朝歌这个铺子里卖肉时，有意把刀敲得当当响，并高声吆喝招揽顾客，但作者之意不在鼓刀之音、吆喝之声，而在于姜太公其人也。

随着经济的发展，宋代商人为了招徕顾客，更多更广泛地运用"声音"作广告，叫卖是声音广告手段之一种。南宋时期，寻常叫卖之声已经进入了当时文人的视野。南宋耐得翁《都城纪胜》、吴自牧《梦粱录》都有相关记载：

> 今街市与宅院，往往效京师叫声，以市井诸色歌叫卖物之声，采合宫商成其词也。①
>
> 及诸行铺席，皆往都处，侵晨行贩。和宁门红杈子前买卖细色异品菜蔬，诸般嘎饭，及酒醋时新果子。进纳海鲜品件等物，填塞街市，吟叫百端，如汴京气象，殊可人意。②
>
> 叫声，自京师起撰，因市井诸色歌叫卖物之声，采合宫调而成也。如加以嘌唱为引子，次用四句就入者，谓之下影带；无影带者，名散叫。若不上鼓面，只敲盏者，谓之打拍。③

当然，市场上不仅只有叫卖的声音，还有其他各种各样的声音。如周密《武林旧事》对元宵市场上各种声音的描写：

> 簇插飞蛾，红灯彩盝，歌叫喧阗。幕次往往使之吟叫，倍酬其直。……翠帘绡幕，绛烛纱笼，遍呈舞队，密拥歌姬，脆管清

---

① （宋）吴自牧：《梦粱录》卷二十，影印文渊阁四库全书本。
② （宋）吴自牧：《梦粱录》卷十三，影印文渊阁四库全书本。
③ 王国平：《西湖文献集成》第 2 册，第 38—39 页。

吭，新声交奏，戏具纷婴，鬻歌售艺者，纷然而集。①

宋代生活中离不开市声，宋诗中亦反复出现市声，南宋诗人对市声尤为关注。如曾丰曰"市声方较少，春色况犹余"②（《候潮钱塘渡》）、游久言"日出市声朝雾散，云沉海气暮潮归"③（《登巾山》）、曾几云"俗论哄蛙黾，市声殷雷霆"④（《松风亭四首》）等。不仅如此，范成大还在市声中听出了百姓的疾苦，如《夜坐有感》曰："静夜家家闭户眠，满城风雨骤寒天。号呼卖卜谁家子，想欠明朝籴米钱。"⑤《雪中闻墙外鬻鱼菜者，求售之声甚苦，有感三绝》曰："啼号升斗抵千金，冻雀饥鸦共一音。劳汝以生令至此，悠悠大块亦何心。"⑥ 范成大描写市声重在反映商贩在寒冷的天气中贩卖，表达对其同情之感。但如果面对嘈杂的市声，范成大也不能生出美好的情思，由其诗"十里山行杂市声，道傍无处濯尘缨。宝林寺里逢修竹，方有诗情约略生"⑦（《题宝林寺可赋轩》）看来，嘈杂的市声很难引发范成大的诗情。

中国诗歌一贯以静思为美，宋人虽然一如既往表达对市声的厌恶之情，如王庭珪"竹径有佳色，耳根无市声"⑧（《清轩》）、朱弁"斋居绝市声"⑨（《元夕厅设醮》）。陆游说，"市声塞我门，骎呼过我

---

① （宋）周密著，李小龙、赵锐评注：《武林旧事》，中华书局2007年版，第55页。
② （宋）曾丰：《缘督集》卷五，影印文渊阁四库全书本。
③ 林表民：《天台续集别编》卷五，影印文渊阁四库全书本。
④ （宋）曾几：《茶山集》卷二，影印文渊阁四库全书本。
⑤ （宋）范成大著，富寿荪标校：《范石湖集》卷二十五，上海古籍出版社2006年版，第358页。
⑥ （宋）范成大著，富寿荪标校：《范石湖集》卷二十六，上海古籍出版社2006年版，第361页。
⑦ （宋）范成大著，富寿荪标校：《范石湖集》卷九，上海古籍出版社2006年版，第115页。
⑧ （宋）王庭珪：《卢溪文集》卷九，影印文渊阁四库全书本。
⑨ 傅璇琮主编：《全宋诗》第28册，北京大学出版社1998年版，第33661页。

墙"，以为自己"鄙性不耐喧"，以至"悦悦意欲狂"①（《今日史课偶少暇戏作五字》），又说"村居孤寂知何憾，两耳犹胜听市声"②（《枕上口占》），甚至说"市声风便犹关耳，未死终当更徙居"③（《乾道之初卜居三山今四十年八十有一感事抒怀》），表示定要徙居他处以躲避市声。

但是，对于市声如此讨厌的陆游，其诗歌《临安春雨初霁》中的"小楼一夜听春雨，深巷明朝卖杏花"④ 一联被视作反映市声的名句。诗人只身住在小楼上，彻夜听着春雨的淅沥，想到次日清晨，深幽的小巷中传来了叫卖杏花的声音。那一声声卖花的声音叫活了江南的春景，而陆游抓住了那一声声叫卖，也就抓住了江南的春景。《梦粱录》中同样有反映卖花叫卖的，可以参照：

> 四时有扑带朵花，亦有卖成窠时花，插瓶把花、柏桂、罗汉叶，春扑带朵桃花、四香、瑞香、木香等花，夏扑金灯花、茉莉、葵花、榴花、栀子花，秋则扑茉莉、兰花、木樨、秋茶花，冬则扑木春花、梅花、瑞香、兰花、水仙花、腊梅花，更有罗帛脱蜡象生四时小枝花朵，沿街市吟叫扑卖，及买卖品物最多，不能尽述。⑤
>
> 卖花者以马头竹篮盛之，歌叫于市，买者纷然。当此之时，雕梁燕语，绮槛莺啼，静院明轩，溶溶泄泄，对景行乐，未易以一言尽也。⑥

---

① 钱仲联校注：《剑南诗稿校注》，上海古籍出版社 2005 年版，第 3084 页。.
② 同上书，第 3626 页。
③ 同上书，第 3631 页。
④ 同上书，第 1347 页。
⑤ 吴自牧：《梦粱录》卷十三，影印文渊阁四库全书本。
⑥ 吴自牧：《梦粱录》卷二，影印文渊阁四库全书本。

那么，该如何理解陆游的矛盾呢？钱时说，"市声朝暮过楼栏，喧得人来不耐烦。寂寞山前闻叫卖，如何不作此心观"（《卖葛粉》）①由此可见，宋人有时厌恶市声，有时喜欢市声，或不是绝对喜欢和厌恶，而是宋人要在闹与静中寻找一种平衡。宋人做到了古人所说的"大隐隐于市"，宋代的士大夫有隐逸的思想，但很少逃到深山老林、人迹罕至的地方。王庭珪《题刘元弼远庵》曰"门径临官路，耳根无市声"②，一方面，居住在"门径临官路"的地方，另一方面，要修建"远庵"来躲避市声。杨万里说"市声元不近，静听远亦到"③（《笋庵午憩》），其居住之地可以隐约听到市声。陈造说"隐几有妙领，未觉市声喧"④（《次姜尧章赠诗卷中韵》），让人想起陶渊明的诗句"结庐在人境，而无车马喧。问君何能尔？心远地自偏"（《饮酒》），隐居不一定在深山，林亦之说的好："西山檐外见，何必鹿门行。近晚市声合，疏帘野意生。"⑤（《陈文焕秀才所宅近市，凭楼一望，西山宛然堕几案中。县之豪隽唱酬不下数十百篇，野人后来承听，许不必次韵。故为之赋一首》）在生活中感受市声，自能感受到"野意"，而不会过于死寂。

宋代诗人欣赏市声，但最好还是与其保持一种距离之美。换句话说，"市声亦有关情处"⑥（陈起《买花》），宋人对于市声不是躲避，而是在闹与静中找到了最佳的观赏距离，若即若离。如葛胜仲云，"山

---

① 傅璇琮《全宋诗》，第55册，第34316页。
② 王庭珪：《卢溪文集》卷十，影印文渊阁四库全书本。
③ （宋）杨万里撰，辛更儒笺校：《杨万里集笺校》卷二十五，中华书局2007年版，第1303页。
④ 陈造：《江湖长翁集》卷六，影印文渊阁四库全书本。
⑤ 林亦之：《网山集》卷一，影印文渊阁四库全书本。
⑥ （宋）陈起编：《江湖小集》卷二十八，影印文渊阁四库全书本。

色未容飞盖赏，市声时得隔墙闻"（《出院有期呈同院二首》）①，施枢曰："楼台叠翠绕清溪，浅澹云边月一眉。行到市声相接处，傍桥灯火未移时。"②（《龟溪市桥见月》）朱熹说："一曲移舟采涧芹，市声只隔一江云。沙头唤渡人归晚，回首芦峰月一轮。"（《芹溪九曲诗》）③在那隔着"一江云"的暮色笼罩下，市声隐隐约约，晚渡人唤渡的声音在一轮明月的背景下显得那么悠长。当然，也有诗人意识到嘈杂的市声蕴含着无限的生机，以一种欣赏的眼光打量着市声，如陈与义的"市声自杂沓，炉烟自轮囷。莺声时节改，杏叶雨气新"④（《题酒务壁》）。杨万里说，"水与天争一轮玉，市声人语两街灯"⑤（《迓使客夜归四首》），夜归途中的市声感觉是那么温馨。陆游《夜归砖街巷书事》云："近坊灯火如昼明，十里东风吹市声。远坊寂寂门尽闭，只有烟月无人行。"⑥写的是寂寂的晚上，东风送来的自然是若有若无、断断续续的市声，达到动静结合的境界，不至于如死一般的寂静，亦不至于闹腾腾得让人烦躁。陆游还说，"妍日渐催春意动，好风时卷市声来"⑦（《闲意》），春意、好风与市声都给人以生命的律动之感。

所以，南宋诗人还是喜欢市声的，陈起说，"市声亦有关情处，买得秋花插小瓶"⑧（《买花》），叶茵曰，"七层灯火重湖影，千尺阑干两市声。欸乃歌分长短律，往来帆带古今情。"⑨（《松江》）。陈世崇

---

①　葛胜仲：《丹阳集》卷十九，影印文渊阁四库全书本。
②　（清）厉鹗辑：《宋诗纪事》卷七十二，上海古籍出版社 1983 年版，第 1789 页。
③　傅璇琮主编：《全宋诗》第 44 册，北京大学出版社 1998 年版，第 27663 页。
④　（宋）陈与义：《简斋集》卷三，影印文渊阁四库全书本。
⑤　（宋）杨万里撰，辛更儒笺校：《杨万里集笺校》卷一〇，中华书局 2007 年版，第 540 页。
⑥　钱仲联校注：《剑南诗稿校注》，上海古籍出版社 2005 年版，第 2567 页。
⑦　钱仲联校注：《剑南诗稿校注》，上海古籍出版社 2005 年版，第 729 页。
⑧　（宋）陈起编：《江湖小集》卷二十八，影印文渊阁四库全书本。
⑨　（宋）陈起编：《江湖小集》卷四十二，影印文渊阁四库全书本。

曰:"蕉叶柿花宜利少,叫声浑杂市声欢。"①(《元夕八首》)

　　南宋诗人对于市场、市声的关注反映其对于世俗生活的关注,而尤其难能可贵的是,南宋诗人以一种诗意的眼光打量着这些以前被人所厌恶、唯恐避之不及的市场与市声,使市场市声以其民俗化的形象与趣味进入了高雅的诗歌殿堂,成为诗人审美欣赏的对象。同时,也反映了诗人世俗化的审美观,即以俗为美、化俗为雅。

---

① 傅璇琮主编:《全宋诗》第 70 册,北京大学出版社 1998 年版,第 43951 页。

第三章　民俗审美化与南宋诗歌民俗化

　　中国古典诗歌与民俗的关系十分密切，在上古时期，人们在祭祀的时候用诗来礼赞，如《诗经》中的"颂"；有的诗歌则出于娱神的目的，例如，屈原的《九歌》。后来，文学逐渐从实用功能中分离出来。汉代人们认为，诗歌以言志抒情为其主要目的。但真正属于文人创作的诗歌并不是很多。汉代最有代表性的诗作还是在于音乐机关根据民歌而整理的汉乐府。中国古典诗歌自魏晋进入了自觉期，其主要特征即个人写作取代群体写作而成为文苑的主流。但其时的诗歌多为贵族创作，因为当时知识为贵族阶层所垄断，他们诗歌的主题是悠游山水或长生不老。唐代实行科举取士，打破了传统门阀制度，给了下层文人一个进身之阶。大部分诗人抒发的是建功立业的豪情壮志或者空无人迹的隐逸生活，唐代的隐士大部分是一种以隐为手段，希图找到一条成功的终南捷径。唐代前期、中期诗歌是诗人个人情怀的抒发。而到了中晚唐时期，由于社会的变迁，诗人的心态由外向内转移，向社会的底层转移，开始关注民俗。而宋代，由于文化的相对普及，知识下移，诗人来自百姓。诗人的目光一方面关注百姓生活的点点滴滴，另一方面，则关注自己日常生活中的点点滴滴。

在宋代，由于诗歌的繁荣，诗歌在民俗生活中无处不在。民俗生活需要文学的点缀，文学之士也需要在民俗生活中处处显示其文人本色和创作才能。文学也再次成为点缀民俗生活的工具，诗歌也不例外，成为一种生活化的作品。诗歌的民俗化说明了诗歌成了一种实用性的工具，南宋时期的诗歌不仅是诗人之间酬唱的工具，并且成为一种交际的工具，且不说诗歌成为收到礼物后道谢的工具，它还成为各种民俗场合的交际手段，如民俗生活的点缀、商业生活的点缀、民俗聚会的点缀等。

第一节　生活应酬的诗歌化

例如孩子出生时的洗儿、汤饼会、抓周、生日宴等，以及结婚时的催妆诗等。尽管这些诗歌很多是程式化的文字，充满了赞誉，没有多少真情实感，也没有什么写作技巧上的突破。但是，这些诗作的存在，说明了宋代民俗对于诗歌的影响。重要的民俗活动往往推动文学他作，文学与日常生活日益交织在一起。

一　生养礼仪与诗歌

中国古代的传统思想就以生子传嗣为人生大事，甚至婚姻的目的就是为了"嗣亲"，为了"承万世之嗣"。而孟子言"不孝有三，无后为大"（孟子：《孟子·离娄上》）。把生养儿子当作"孝"的一种表现方式。宋人李觏说："寿考人之愿，而夫妇偕老，有嗣家之幸，而其子知道，四者得之，固已足矣。"他不像张载那样有"为天地立心，为生民立命，为往圣继绝学，为万世开太平"的宏图大志，但是却平淡朴实地道出了一般人对于人生的期望，而在这人生四个愿望中，关于儿子的就占了两个，有儿子承嗣就为一大愿望，而如果其子能够通晓道义，就更是锦上添花，别无他求，唯恐贪心过重。而他的话足见儿子在宋人心目中的重要地位。

因为生育的意义所在，所以生育不仅是人生中的一件大事，也是人们日常生活及人际交往中的一件大事，而且由于产妇与婴儿的保养健康所形成的固定习惯，所以形成了各式各样的民俗。为了对于生育民俗有一个大致的了解，我们不妨首先看看《东京梦华录》中关于生育民俗的记载：

　　凡孕妇入月于初一日，父母家以银盆或鍮或彩画盆，盛粟秆一束，上以锦绣或生色帕复盖之，上插花朵及通草帖罗五男二女花样，用盘合装送馒头，谓之"分痛"。并作眠羊、卧鹿、羊、生，果实取其眠卧之义。并牙儿衣物绷籍等，谓之"催生"。就蓐分娩讫，人争送粟迷炭醋之类。三日落脐、灸囟。七日谓之"一腊"。至满月则生色及绷绣钱，贵富家金银犀玉为之，并果子，大展洗儿会。亲宾盛集，煎香汤于盆中，下果子、彩、钱、葱、蒜等，用数丈彩绕之，名曰"围盆"；以钗子搅水，谓之"搅盆"。观者各撒钱于水中，谓之"添盆"。盆中枣子直立者，妇人争取食之，以为生男之征。浴儿毕，落胎发，遍谢坐客。抱牙儿入他人房，谓之"移窠"。生子百日置会，谓之"百晬"。至来岁生日，谓之"周晬"，罗列盘盏于地，盛果木、饮食、官诰、笔研、算秤等，经卷、针钱，应用之物，观其所先拈者，以为征兆，谓之"试晬"。此小儿之盛礼也。①

这些民俗在南宋诗歌中都有或多或少，或详或略的表现。

洗儿诗

"洗儿"又叫"洗三朝""洗三"等。据记载，"洗三朝"在唐代已出现，李德裕《次柳氏旧闻》载："代宗之诞三日，上（玄宗）幸东宫，赐之金盆，命以浴。"②姚汝能《安禄山事迹》卷上曾记载一个特殊的洗儿礼，即杨贵妃为义子安禄山举行洗儿会。

> 后三日，召禄山入内，贵妃以绣绷子绷禄山，令内人以彩舆舁之，欢呼动地。玄宗使人问之，报云："贵妃与禄山作三日洗儿，洗了又绷禄山，是以欢笑。"玄宗就观之，大悦，因加赏赐贵妃洗儿金银钱物，极乐而罢。自是，宫中皆呼禄山为"禄儿"，不禁其出入。③

"洗儿"在宋代已很流行，据上文可知是在满月后举行。在北宋时期，欧阳修曾用洗儿诗歌祝贺梅尧臣五十六岁生子，后来，梅尧臣进行了酬唱。后来，苏轼为儿子作了洗儿诗歌，题为《戏作》，看来，洗儿诗歌还有游戏的性质。北宋时期，洗儿诗歌寥寥无几，而南宋时期就不一样了。南宋时期，洗儿的民俗与诗歌结合得更加紧密。在洗儿之时诗人写诗庆贺已经成为社会习俗的一部分。这一点首先反映在

---

① （宋）孟元老撰，伊永文笺注：《东京梦华录笺注》卷五，中华书局2006年版，第503页。

② （五代）王仁裕等撰，丁如明辑校：《开元天宝遗事十种》，上海古籍出版1985年版，第6页。

③ （唐）姚汝能：《安禄山事迹》卷上，上海古籍出版社1983年版，第11页。

皇宫中的习俗上，这里引用南宋时期的宫词来说明当时情况。王珪《宫词》曰，"中尉传开三日宴，翰林当撰洗儿文"，周彦质《宫词》曰："祝应多男属圣君，词臣常备洗儿文。"南宋诗人多以诗歌祝贺洗儿，所以这一民俗孕育了很多诗歌，如王十朋《万先之生两男作洗儿歌贺之》、杨万里《贺必远叔四月八月洗儿》、徐鹿卿《贺判府生子》、方回《庆陆仁重举男四首》等。

这些诗歌具有程式化的倾向。诗歌多赞颂孩子出生的不平凡，或者称赞对方的家室，如杨万里祝贺叔叔生儿，自夸家室"吾家英杰相间起，胄出关西老夫子。公家宣和中大夫，大江之西推名儒"。或者预言孩子的美好未来，如王十朋说："庆门兰玉行满庭，伯仲叔季双命名。他时四乳类周士，森森八桂同敷荣。"①（《万先之生两男作洗儿歌贺之》）

周晬、生日汤饼会

宋人在小孩子周岁的时候要举行抓周的习俗。孩子在一周岁的时候，还不具备判断思考的能力，只是随机随心地抓取物品，而人们正是通过这无意识的抓取来预测孩子的未来喜好及日后的成就，对此，时人深信不疑。例如，《玉壶清话》卷一记载："曹武惠彬始生，周晬日，父母以百玩之具罗于席，观其所取。武惠左手捉干戈，右手取俎豆。斯须取一印，余无所视。后果为枢密、使相，卒赠济阳王，配享帝食。"②

南宋有关汤饼会的诗歌颇多：

① （宋）王十朋：《王十朋全集·诗集》卷五，上海古籍出版社 1998 年版，第77 页。
② （宋）文莹撰，郑世刚、杨立扬点校：《玉壶清话》卷一，中华书局 1984 年版，第4 页。

马奴今日方周晬，昨夜迢遥梦到家。

盘里应知心所爱，尊前唯祝寿无涯。

咿嚘弄语群儿学，跟跄初行乳母夸。

独上扬州津馆望，江山摇落去鸿斜。①

———《马奴周晬思之因成》

俚俗儿周晬，罗陈试子材。怡愉观物色，拣择取烟煤。

志在文章富，毫挥锦绣开。弟兄心笔砚，予岂怨贫哉。②

———《仲子枋试晬取墨》

梅溪佳气夜葱葱，果得奇儿应梦熊。

汤饼笑欢良不浅，桑弧时节稍相同。

喜将老眼看犹子，首出新诗贺乃翁。

从此吾门如谢傅，芝兰玉树满庭中。③

——王十朋《梦龄得男老者喜甚汤饼会中出诗以贺》

明张岱《夜航船》卷五十五"伦类部"曰："汤饼会：生子三朝宴客，曰汤饼会。其次，满月之日必食汤饼，大办宴席。"关于汤饼会习俗的起源我们已经无从考知，但资料显示汤饼会至少在唐代已经流行。《新唐书·后妃传》曰："王皇后泣曰：陛下独不念阿忠脱紫半臂易斗面，为生日汤饼邪？"④ 阿忠为王皇后的父亲，曾在玄宗生日时为他做汤饼。明代都有生日的时候做汤饼宴的风俗，《初刻拍案惊奇》卷二十曰："转眼间，又是满月，少不得做汤饼会。还有，每年生日那

---

① （宋）蔡襄著，吴以宁点校：《蔡襄集》，上海古籍出版社1996年版，第75页。

② 阳枋：《字溪集》卷一二《附录·纪年录》，《四库全书珍本初集》，商务印书馆1935年版。

③ （宋）王十朋：《王十朋全集·诗集》卷七，上海古籍出版社1998年版，第102页。

④ （宋）欧阳修等：《新唐书》，中华书局1975年版，第3491页。

天吃汤饼。"这种风俗在宋代也是存在的。在南宋，许多诗人士大夫也热衷于参与该民俗，还有在汤饼会上作诗祝贺。例如：

> 七日已叨汤饼客，几时亲赏宁馨儿。有崇佛子于今见，王氏多佳自古奇。培养庆源惟一善，流传家学有余师。异时才气须名世，莫负先生卿相期。①
>
> ——金履详《景定甲子夏五三日王希夷兄有弄璋之庆是时希夷尚在岁寒堂报至以历推之日在参月在东井火在天西北鲁斋先生曰此卿相之命也越七日希夷煮饼岁寒诸朋友与焉桐阳金履祥吉甫为诗以贺》

二 婚礼与诗歌

婚姻在人类延续、社会发展、家族继嗣及个人人生经历中都是具有重要意义的大事。关于恋爱婚姻的诗歌多矣，或者是表达恋爱的相思与美好，如《诗经·静女》《诗经·关雎》，或者表达婚姻中各种遭遇所产生的喜怒哀乐之情，如《诗经·氓》《孔雀东南飞》。在南宋时期，婚礼仪式本身催生了很多婚礼专属诗歌，如催妆诗、婚宴致语口号等。

旧俗新妇出嫁，必多次催促，始梳妆启行，谓之"催妆"，或谓此为古代掠夺婚姻的遗迹。唐段成式《酉阳杂俎·礼异》谓北朝婚礼，夫家领人挟车至女家，高呼"新妇子，催出来"，至新妇上车始止。宋时其礼仪又不同，宋孟元老《东京梦华录·娶妇》曰："凡娶媳妇……先一日，或是日早，下催妆冠帔花粉，女家回公裳、花幞头

---

① 傅璇琮主编：《全宋诗》，北京大学出版社 1998 年版，第 68 册，第 42585 页。

之类。"文人则因此俗有催妆诗词。成婚前夕,贺者赋诗以催新妇梳妆,此诗叫催妆诗。《唐诗纪事》卷三五载有唐陆畅《奉诏作催妆诗》。至宋,又有催妆词,读宋吕渭老《好事近》词之四"彩幅自题新句,作催妆佳阕"可知。其后文人集中作催妆诗词,类为应酬之作,非必成于成婚之夕。韦骧《孙太守席赋催妆》从题目看只是酒席上的赋诗游戏,以民俗为题目。宋曾慥所编写的《类说》也收集了一个小故事,可以说明催妆诗的游戏性质:

> 陈峤字景山,孑然无依,数举不遂。暮年获一名还乡,已耳顺。贤乡里以儒家女妻之,至新婚,近八十矣!合卺之夕,文士竞集,悉赋催妆诗。①

当时文士的催妆诗尽管产生于成婚的民俗之中,其作诗目的乃是戏弄"陈峤",与催妆诗产生的本意不同。

婚礼婚宴的致语口号,属于"致语"的一种。"致语"又名"乐语",明徐师曾《文体明辨序说》曰:"按乐语者,优伶献伎之词,亦名致语……宋制,正旦、春秋、兴龙、坤成诸节,皆设大宴,仍用声伎,于是命词臣撰致语以畀教坊,习而诵之,而吏民宴会,虽无杂戏,亦有首章,皆谓之乐语。"②

宋诗人在婚宴上采用自己拿手的诗歌来表达祝福之情。于是,新婚致语诗歌应运而生。例如,史浩的三首婚宴致语诗歌:

---

① (宋)曾慥编纂,王汝涛校注:《类说校注》,福建人民出版社1996年版,第1229页。

② (明)徐师曾:《文体明辨序说》,人民文学出版社1998年版,第169—170页。黎国韬认为,致语不是起源于宋代的(《"致语"不始于宋代考》,《中山大学学报》2010年底2期)。

夹路红榴取次芳，三槐嫩绿影交相。

解装初憩簪缨客，肆席爰开衮绣堂。

西子随车腾懿德，东床择婿得仙郎。

一卮何止千秋祝，更伫鸣驺下帝乡。①

$\qquad$——《纳孙妇钱氏亲会致语口号》

太宰岩岩正拱宸，笑看双凤度东津。

冰清爱弟为佳婿，玉立难兄处上宾。

火毓鹊炉香蔼蔼，月穿梅影酒粼粼。

主人剩喜机云集，唯祝联镳侍紫宸。

$\qquad$——《婿王肃之就成亲会致语口号》

人物宣城妙九州，乘龙果是属清流。

相逢解赋澄江练，上胜都归叠嶂楼。

画戟林中银漏迥，香梅影底玉杯浮。

洞房咫尺笙歌沸，谁道华胥衹梦游。

$\qquad$——《代人纳婿亲会致语口号》

当然，其他诗人也有新婚致语的诗歌，如姚勉的两首诗歌：

珠帘绣幕蔼祥烟，合卺嘉盟缔百年。

律底春回寒谷暖，堂间夜会德星贤。

彩轺牛女欢云汉，华屋神仙艳洞天。

玉润冰清更奇绝，明年联步璧池边。②

$\qquad$——《新婚致语》

月姊当年付桂香，君家上第绿衣郎。

---

① （宋）史浩撰：《鄮峰真隐漫录》卷三十八，影印文渊阁四库全书本。
② （宋）姚勉撰：《雪坡集》卷四十五，影印文渊阁四库全书本。

只今盛事追龙首，又此佳占叶凤凰。

暖律潜回燕谷冷，名花尽压洛城芳。

从今不把朱陈说，百世姚邹话柄长。

——《礼席致语》

三 建房俗信与诗歌

当然，其他的民俗活动也少不了诗歌的参与，如上梁。上梁是建房筑屋的一件大事，上梁这一民俗活动也富有文学色彩，工匠在房屋将要完工上梁之时，要在大梁上张贴一些吉祥的话，在宋代演变为一种"上梁文"。而宋代的文人也多乐意参与创作，苏轼、辛弃疾都创作有上梁文。宋人也多在房屋竣工之时以诗歌来表达祝福祝贺之意。南宋时期，上梁文有之，上梁诗歌也不少。例如：

竹院主人新筑室，涓吉上梁辰取乙。

鸠工度材合忙冗，分韵题诗能眼逸。[1]

——许及之《次韵才叔分韵得七字》

飞鸟穿堂柱半欹，春晴犹不似春时。

上梁文记临邛魏，天目洪家却立碑。[2]

——方回《湖山堂再修仅有》

再如王十朋的两首贡院上梁的诗歌：

清绝湖山映白苹，翚飞梁栋眼中新。

雪花先作晓来瑞，桂魄正圆天上轮。

---

① 傅璇琮主编：《全宋诗》，北京大学出版社 1998 年版，第 46 册，第 28300 页。
② 傅璇琮主编：《全宋诗》，北京大学出版社 1998 年版，第 66 册，第 41793 页。

夫子庙还元气象，水晶宫发旧精神。

书生战艺真余事，移孝为忠要致身。①

——《贡院上梁》

广厦初成万柱标，修梁巍跨玉虹腰。

况逢此日生千佛，定引群仙上九霄。

下笔蚕声纷战艺，出林莺友竞迁乔。

清源人物从今盛，孝子忠臣满圣朝。②

——《四月八日贡院上梁》

第二节　节日习俗的诗歌化

一　春节与春联

春节贴春联是中国的一种传统习俗，这种民俗在宋代已经形成。春联是由悬挂桃版（或曰桃板）的民俗演变而来的，这种民俗的演变是宋代诗歌与民俗的典型结合。在春节的时候悬挂桃版原本是为了被除不祥，唐韩鄂《岁华纪丽·元日》曰："桃板署门而纳庆，苇绳罗户以祛灾。"宋葛立方："岁时有被除不祥之具，而元日尤多，如桃版、韦索、磔鸡之类是也。"（《韵语阳秋》卷十九）

在宋代有在桃版上题字的民俗。王十朋曰"栀马喧新集，桃符换

---

① （宋）王十朋：《王十朋全集·诗集》卷二十五，上海古籍出版社1998年版，第471页。

② （宋）王十朋：《王十朋全集·诗集》卷二十六，上海古籍出版社1998年版，第495页。

旧书"① （《除日》）、陆游曰"半盏屠苏犹未举，灯前小草写桃符"②
（《除夜雪二首》）、"桃符呵笔写，椒酒过花斟"③ （《己酉元日》）、
"松煤染兔颖，秉烛题桃符"④ （《辛酉除夕》）、潘牛方曰"欢逐儿童
烧竹爆，自拈秃笔写桃符"⑤ （《除夜》）。由此可见，桃版题字已经是
普遍的民俗，没有文化的邻居甚至还要央求书法好的人来写桃符。刘
克庄言："天子未知工草赋，邻人或倩写桃符。"⑥ （《除夕》）王谌曰：
"过门人挽住，相倩写桃符。"⑦ （《饭罢》）

写桃符甚至是诗人的任务，刘克庄曰"桃符聊塞白，免谤作诗
人"⑧ （《岁除即事十首》）。塞白，本谓拼凑文字搪塞或应付考试，这
里诗人把写桃符作为诗人的责任，如果不写，甚至会受人讥谤。写桃
符为什么是诗人的责任呢？这是因为桃符上题的字多为诗句。杨公远
曰"桃板欲题诗未稳，灯花频结兆开先"⑨ （《除夜》），赵庚夫曰"桃
符诗句好，恐动往来人"⑩ （《岁除即事》），刘子寰曰"桃符只被诗催
换，自笑衰翁未老成"⑪ （《续桃符句》）。

这些民俗之作尽管具有程式化的倾向，薛嵎抱怨说"桃符频换句
难新，休对春风诉旧贫"⑫ （《新年换桃符》）。但是诗人总是希望推陈

---

① （宋）王十朋：《王十朋全集·诗集》卷二十三，上海古籍出版社 1998 年版，第
416 页。

② 钱仲联校注：《剑南诗稿校注》卷十九，上海古籍出版社 2005 年版，第 1519 页。

③ 钱仲联校注：《剑南诗稿校注》卷二十，上海古籍出版社 2005 年版，第 1571 页。

④ 钱仲联校注：《剑南诗稿校注》卷四十九，上海古籍出版社 2005 年版，第 2976 页。

⑤ 傅璇琮主编：《全宋诗》，北京大学出版社 1998 年版，第 62 册，第 39205 页。

⑥ （宋）刘克庄：《后村先生大全集》卷一，四川大学出版社 2008 年版，第 16 页。

⑦ （宋）陈起编：《江湖后集》卷十三，影印文渊阁四库全书本。

⑧ （宋）刘克庄：《后村先生大全集》卷四十七，四川大学出版社 2008 年版，四部
丛刊本。

⑨ 傅璇琮主编：《全宋诗》，北京大学出版社 1998 年版，第 67 册，第 42087 页。

⑩ （清）厉鹗辑：《宋诗纪事》卷八十五，上海古籍出版社 1983 年版，第 2072 页。

⑪ 傅璇琮主编：《全宋诗》，北京大学出版社 1998 年版，第 59 册，第 36814 页。

⑫ （宋）薛嵎撰：《云泉诗》，影印文渊阁四库全书本。

出新。李流谦曰"洗我破樽倾竹叶，觅君佳句写桃符"①（《谯允蹈知县和予所作二诗复用韵答之》）。朱淑真也说"桃符自写新翻句"②（《除夜》），自是不甘心人云亦云，落入窠臼。而写得好的诗句诗人自己也引为自豪。刘克庄曰"借屋城中又一春，桃符万口说清新"③（《再和二首》）。因此，民俗与诗歌的结合，不仅拓宽了诗歌的题材，而民俗活动使诗歌传播更加广泛，这种传播也促使诗人创作出更加新颖的作品，促进了诗歌的发展。

二　立春、端午与帖子词

除夕过了就是新的一年，就是所谓的元日，元日标志着新年的开始，也标志着春天的来临。韦庄《立春》曰"殷勤为作宜春曲，题向华笺帖绣楣"④，到了北宋，人们仍很重视立春这个节日。在立春日，有鞭春、戴春燕、缠挂春幡彩胜、戴宜春等习俗。并且在宋代生活审美化的情况下，应运而生了"春帖子"这种诗歌与立春民俗相结合的一个类别。这种春帖子是由前代宜春帖发展而来的，只不过宜春帖采用五言绝句或七言绝句的形式，在北宋时期是专为皇室诸阁所作的。

明代的徐师曾，其《文体明辨序说》曰：

> 按帖子词者，宫中私贴之词也。古无此体，不知起于何时。第见宋时每遇令节，则命词臣撰词以进，而黏诸阁中之户壁，以迎吉祥。观其词乃五七言绝句诗，而各宫多寡不同，盖视其宫之广狭而为之，抑亦以多寡为等差也。然此乃世俗鄙事，似不足以

---

① （宋）李流谦撰：《澹斋集》卷七，影印文渊阁四库全书本。
② 冀勤辑校：《朱淑真集注·断肠诗集前集》卷七，中华书局 2008 年版，第 111 页。
③ （宋）刘克庄：《后村先生大全集》卷十九，四川大学出版社 2008 年版。
④ 陈伯海编：《唐诗汇评》（下），浙江教育出版社 1995 年版，第 2933 页。

烦词臣，而宋人尚之，岂所谓声容过盛之一端欤？今姑采录，以备一体。①

帖子词的创作尽管具有程式化的倾向，但是也不乏好的诗句。例如，清代的赵翼《陔余丛考》卷二十四"帖子词"条曰：

> 宋时八节内宴，翰苑皆撰帖子词。如欧阳公、司马温公集中皆有之。《丹阳集》载春帖子词尤多。如苏子容云："璇宵一夕斗杓东，潋滟晨曦照九重。和气黄风摩盖壤，竟消兵兵事春农。"邓伯温云："晨曦潋滟上帘栊，金屋熙熙歌吹中。桃脸似知官宴早，百花头上放轻红。"蒋颖叔云："昧旦求衣向晓鸡，蓬莱仗下日将西。花添漏鼓三声远，柳吹春旗一色齐。"梁君贶云："东方和气斗回杓，龙角中星转紫宵。圣主问安天未晓，求衣亲护紫宸朝。"皆庄丽可诵，见太平景象。②

到了南宋时期，这种悬挂（或者粘贴）立春帖子的宫廷习俗向民间传播。春帖子原本是一种应用性的诗体，原本由宫廷中的御用文人所执笔创作，南宋时期，不仅这种习俗向宫廷外传播，而且，这种诗体也激发诗人学习模拟，方岳诗有《次韵谢兄立春戏拟春帖子》。郑獬的作品《新春词》四首，拟写宫廷帖子，风格和帖子词很相似，但不是进贡给皇宫诸阁的。诗云，"紫云殿下朝元罢，便领东风到世间"，朝元，指古代诸侯和臣属在每年元旦贺见帝王，诗意为臣子朝元之后，就引领春风回到了世间。范成大有《代门生作立春书门帖子诗四首》：

---

① （明）徐师曾著，罗根泽点校：《文体明辨序说》，人民文学出版社 1962 年版，第 168 页。

② （清）赵翼：《陔余丛考》，河北人民出版社 1990 年版，第 397 页。

暖日黄金柳，光风白玉梅。门阑开寿域，人物满春台。

有喜何须药，无尘即是仙。壶中春日月，聊数八千年。

草木霑云露，峰峦近壁奎。新春行乐处，南北共花溪。

日月添书帙，湖山引杖藜。剩周花甲子，多醉玉东西。①

范成大《代儿童作立春贴门诗三首》则曰：

剪彩宜春胜，泥金祝寿幡。雪梅同雪鬓，相对两凌寒。

绿野添花迳，青春引杖藜。家人行乐处，双劝玉东西。

盛族推山长，修龄号栎翁。屏花春不老，日日是东风。②

其他还有廖刚的《丙申春帖子八首》、姜夔的《戊午春帖子》、程泌的《春贴》一首及余价的《题客次春帖》残句，等等。

并且，桃符题诗与春帖子具有合流的气象。胡仲弓曰"大书春帖当桃符，吟对窗前梅一株"③（《元日》），又曰"屠苏不饮防心醉，春帖慵裁欠句书"④（《次梅庄守岁韵》）。

---

① （宋）范成大著，富寿荪标校：《范石湖集》卷二十七，上海古籍出版社 2006 年版，第 381 页。
② （宋）范成大著，富寿荪标校：《范石湖集》卷三十二，上海古籍出版社 2006 年版，第 430 页。
③ （宋）胡仲弓撰：《苇航漫游稿》卷四，影印文渊阁四库全书本。
④ （宋）胡仲弓撰：《苇航漫游稿》卷三，影印文渊阁四库全书本。

第三节　商业习俗的诗歌化

南宋时期，随着商品经济的发展，时人重视商业，甚至一反传统观念提出"商为本业"，陈耆卿曰："古有四民，曰士、曰农、曰工、曰商。士勤于学业，则可以取爵禄；农勤于田亩，则可以聚稼穑；工勤于技巧，则可以易衣食；商勤于贸易，则可以聚财货。此四者，皆百姓之本业，自生民以来，未有能易之者也。"[1] 叶适亦曰："夫四民交致其用，而后治化兴。抑末厚本，非正论也。"[2] 而随着社会的发展，观念的变化，商人出售商品不仅仅重视商品的质量，更重视服务的质量。为了迎合消费者的精神需求，宋代商人重视商业与文化、文学的结合。而文人也不再轻视商业，诗歌也不以反映商业为俗。所以，诗歌与商业结合，在商业的发展促进之下出现世俗化的倾向，同时，商业习俗与文学结合的时候也出现了诗歌化的倾向。诗歌的商业世俗化与商业的诗歌化是商业与诗歌结合进程中的两个方面。商业的诗歌化具体表现在商店品味的雅化、商业广告的雅化。而诗歌的商业化具体表现在诗歌的广告化、诗歌对于与商业有关的活动、商店、商品贸易及市场的反映（诗歌对于市场的反映前文已经有所论述）。

南宋时期，因社会整体受教育水平和人们欣赏品位都有所提高，商家为了迎合消费者的需求，从而重视环境的雅致，《梦粱录》记临安茶肆曰："汴京熟食店，张挂名画，所以勾引观者，留恋食客。今杭

---

① （宋）陈耆卿：《嘉定赤城志》，中华书局 1990 年版，卷三十七。
② （宋）叶适：《习学记言序目》，中华书局 1977 年版，卷十九。

城茶肆亦如之，插四时花，挂名人画，装点店面。四时卖奇花异汤，冬月添卖七宝擂茶、馓子、葱茶，或卖盐豉汤，暑天添卖雪泡梅花酒，或缩脾饮暑药之属。向绍兴年间，卖梅花酒之肆，以鼓乐吹《梅花引》曲破卖之，用银盂构盏子，亦如酒肆论一角二角。今之茶肆，列花架，安顿奇松异桧等物于其上，装饰门面，敲打响盏歌卖……"① 可见南宋时期，茶肆对于环境精心布置，以吸引消费者。周密《武林旧事》曰："御舟经断桥，桥旁有小酒肆，颇雅洁，中饰素屏，书《风入松》一词于上，光尧驻目称赏久之，宣问何人所作，乃太学生俞国宝醉笔也。……即日命解褐云。"② 该资料也间接说明了酒肆用文人词作作为装饰。

南宋时期，不仅商店的装饰雅化，而商业广告也文学化、诗歌化，如洪迈在《夷坚志》中记载了一则南宋临安专门推销"治暑泄药"的药方广告："暑毒在脾，湿气连脚。不泄则痢，不痢则虐。独炼雄黄，蒸面和药。甘草作汤，服之安药。别作治疗，医家大错。"③ 这样的广告词，显然是揣摩了人们的暑期心理后才精心撰写的，全部广告词仅四十个字，便把"治暑泄药"的特色、成分、制作方法及病家服用时应注意的问题，都交代得一清二楚。

商人注重把商品、商店包装得雅致以吸引消费者，而南宋时期的诗人也具有了商品经济的意识。许多诗人善于用诗作去反映这个看似世俗的商品交换、商业活动等。

---

① （宋）吴自牧：《梦粱录》卷十六《茶肆》，上海古典文学出版社 1956 年版，第 262 页。

② （宋）周密著，李小龙、赵锐评注：《武林旧事》卷三《西湖游幸》，中华书局 2007 年版，第 71 页。

③ （宋）洪迈著，何卓点校，中华书局 1981 年版，第 150 页。

一 诗作中的商业活动

南宋时期，诗作也反映商业活动。叶适诗云"强吹箫鼓迎乌帽，勾引游人近酒前"①，即是描述酒家以奏乐促销卖酒的情形，《武林旧事》也记载了一个故事：

> 小舟时有宣唤赐予，如宋五嫂鱼羹，尝经御赏，人所共趋，遂成富媪，朱静佳六言诗云："柳下白头钓雯，不知生长何年。前度君王游幸，卖鱼收得金钱。"②

可见，宋五嫂的鱼羹经过了皇帝的品尝，销量大增，这则由名人效应引发的故事引起了诗人的注意，朱静佳的诗歌则是反映了这一商品经济中的小故事。再如陈著的《夜梦在旧京忽闻卖花声有感至于恸哭觉而泪满枕上因趁笔记之》则悲痛地回忆了旧京叫卖鲜花的民俗：

> 卖花声，卖花声，识得万紫千红名。与花结习夙有分，宛转说出花平生。低发缓引晨气软，此断彼续春风萦。九街儿女芳睡醒，争先买新开门迎。泥沙视钱不问价，惟欲荡意摇双晴。薄鬓高髻团团插，玉盆巧浸金盆盛。人心世态本浮靡，庶几治象犹承平。③

宋代诗人杨炎正写《钱塘迎酒歌》，反映钱塘新酒开卖所举行的大型商业活动。宋代除了京城外，其他城市实行官府统一酿酒、统一

---

① 《元夕立春喜晴于是郡人久不出矣》，傅璇琮主编《全宋诗》，北京大学出版社1998年版，第50册，第31263页。
② （宋）周密著，李小龙、赵锐评注：《武林旧事》卷三《西湖游幸》，中华书局2007年版，第70页。
③ （宋）陈著撰：《本堂集》卷三十一，影印文渊阁四库全书本。

发卖的榷酒政策。酒按品质等级论价，酒的品质又有衡定标准。每一个地方都有代表性名酒。北宋和南宋官府都曾组织过声势浩大、热闹非凡的评酒促销活动。南宋时京都临安有官酒库，每年清明前开煮，中秋前新酒开卖，先期以鼓乐妓女迎酒穿市，观者如潮。杨炎正《钱塘迎酒歌》序曰："闰八月二十有六日，官妓迎酒，联镳穿市，观者如堵。作《迎酒歌》，以发同观诸公一笑云。"

> 钱塘妓女颜如玉，一一红妆新结束。问渠结束何所为，八月皇都酒新熟。酒新熟，浮蛆香，十三库中谁最强。临安大尹索酒尝，旧有故事须迎将。翠翘金凤乌云髻，雕鞍玉勒三千骑。金鞭争道万人看，香尘冉冉沙河市。琉璃杯深琥珀浓，新翻曲调声摩空。使君一笑赐金帛，今年酒赛真珠红。画楼突兀临官道，处处绣旗夸酒好。五陵年少事豪华，一斗十千谁复校。黄公垆下谩徜徉，何曾见此大堤倡。惜无颜公三十万，往醉金钗十二行。①

二 诗作中的酒楼意象

繁华都市中的喧嚷热闹的酒楼也是南宋诗歌的反映对象。例如，刘克庄的诗歌曰："吾生分裂后，不到旧京游。空作樊楼梦，安知在越楼。"② 刘子翚诗曰："梁园歌舞足风流，美酒如刀解断愁。忆得少年多乐事，夜深灯火上樊楼。"③ 二诗都以"樊楼"作为北宋旧京的代表回忆。而"樊楼"是北宋时期东京城内最大的酒楼，又名矾楼。宋吴曾《能改斋漫録》卷九曰："京师东华门外景明坊有酒楼，人谓之矾

---

① （清）厉鹗辑：《宋诗纪事》卷五十七，上海古籍出版社1983版，第1442页。
② （宋）刘克庄：《后村先生大全集》卷十二，四川大学出版社2008年版，第350页。
③ （宋）刘子翚撰：《屏山集》卷十八，影印文渊阁四库全书本。

楼。或者以为楼主之姓。非也，本商贾鬻矾于此，后改为酒楼，本名白矾楼。"刘克庄作此诗时流寓广州，以广州之繁华可以抚慰其对旧京的渴念。南宋时期亦是酒楼林立，就都城临安来说，就有"青楼酒旗三百家"之称。南宋诗人笔下酒楼的意象也是异常突出，例如，"锦城满目是烟花，处处红楼卖酒家"①"争如二月春风市，卖酒楼头听管弦"②"酒楼倚天沸歌管"③等。

三 诗作中的小店审美

南宋时期，诗人带着亲切诗意的眼光打量商店，其中最具诗意的还是一些具有隐逸风味的，处于乡间路途的野店、村店、溪店。小小的道路中，乡村间的商店、旅店或者酒店成了新的审美对象，例如：

> 草店临流傍蓼汀，午炊于此片时停。
>
> 健农怙岸般卵石，幼妇汲泉携斗瓶。
>
> 荐饭满盂山芋美，开窗匝室野花馨。
>
> 隔篱庵舍极潇洒，万竹中间著小亭。④
>
> ——赵汝鐩《午炊溪店》
>
> 栋宇整齐窗户明，一峰对面一江横。
>
> 下程长是无佳店，佳店偏当未下程。⑤
>
> ——杨万里《题罗溪李店》

① （宋）汪元量：《成都》，《湖山类稿·水云集》，影印文渊阁四库全书本。
② （宋）黄庚：《闻角》，傅璇琮主编《全宋诗》，北京大学出版社1998年版，第69册，第43578页。
③ 于石撰、吴师道选：《紫岩诗选》卷二，《追和东坡次蔡郎中游湖韵》，影印文渊阁四库全书本。
④ 傅璇琮主编：《全宋诗》，北京大学出版社1998年版，第55册，第34250页。
⑤ （宋）杨万里撰，辛更儒笺校：《杨万里集笺校》卷二十五，中华书局2007年版，第1324页。

天下宣城花木瓜，日华露液绣成花。

何须塅子强呈界，自有琼琚先报衙。①

——杨万里《野店多卖花木瓜》

小小楼临短短墙，长春半架动红香。

杨花知得人孤寂，故故飞来入竹窗。②

——杨万里《题青山市汪家店》

毛永乌祈山两崖，家家酒肆向江开。③

——杨万里《乌祈酒》

这些小店脱去了经商盈利的世俗印象，而具有传统的审美特征：首先小店的地理位置极具自然之美：有的"临流傍蓼汀"；有的建造于"万竹中间"；有的"一峰对面一江横"；有的"向江"而开。这些小店的局部环境也给人以舒心之感：有的"开窗匝室野花馨"；有的"栋宇整齐窗户明"；有的"长春半架动红香"。诗人用诗意的眼光打量着这些小店，赋予这些世俗的小店浓浓的诗情画意。这自然也是南宋时期诗歌世俗化的表现之一。

---

① （宋）杨万里撰，辛更儒笺校：《杨万里集笺校》卷三十二，中华书局2007年版，第1668页。

② （宋）杨万里撰，辛更儒笺校：《杨万里集笺校》卷三十四，中华书局2007年版，第1732页。

③ （宋）杨万里撰，辛更儒笺校：《杨万里集笺校》卷二十六，中华书局2007年版，第1360页。

第四章　南宋诗人世俗化心态与
民俗诗歌创作

　　精英的心态是以官本位为思考问题的角度，如范仲淹"居庙堂之高则忧其民，处江湖之远则忧其君"。传统诗人站在官本位的立场赞美或者抨击民俗，如宋代王迈曰"元宵灯火出游敖，斗巧争妍照彩鳌。官府只知行乐好，谁知点点是民膏"①（《元宵观灯》），郑刚中又批评了人们的一味享乐的思想，"烧灯雨何损，不过市井喧。春若无此雨，从谁觅丰年。痴儿骏女临管弦，见雨不止意缺然"②（《壬申年封州自正旦雨至元宵不止》）。在南宋末期，面对国破家亡，诗人抨击了世人的享乐思想。艾可翁，"偶然散策无寻访，何限伤心强笑歌。世味正如春酒淡，市灯不及月华多。人生只合且如此，国势遂成无奈何。年少尚装胡旋舞，不知舞破几山河"③（《元宵》）。

　　而影响南宋诗歌在主旨及风格上嬗变的主要原因是诗人世俗化的心态。宋代随着城市经济的不断发展，市民阶层出现，不同的阶层形

---

　　① （宋）王迈撰：《臞轩集》卷十六，影印文渊阁四库全书本。
　　② （宋）郑刚中撰：《北山集》卷二十一，影印文渊阁四库全书本。
　　③ 傅璇琮主编：《全宋诗》，北京大学出版社 1998 年版，第 68 册，第 43184 页。

成了不同的精神和民俗。而市民阶层在精神层面上表现为一种现世精神与世俗精神。文化的世俗化，肯定现世生活，肯定人的消费欲望和本能冲动，力求从现世生活本身的享受中寻求人生的生存意义。南宋时期，经过北宋经济的发展与积累，尽管偏安一隅，经济还是很发达。表现在文学上，其作品的内容充斥着世俗精神的认同与对于世俗文化的欣赏，而对世俗的认同同时是对于传统儒家精英文化的解构。南宋时期，诗人世俗化的心态正促进了民俗诗歌的创作，成为造成南宋诗歌嬗变的内在动因。

南宋时期，诗人的世俗化心态主要表现为尚奇的心态、娱乐狂欢的心态及家园情结。

第一节　南宋诗人尚奇心态与民俗诗歌创作

一　南宋诗人的尚奇心态

好奇是人类的普遍情感，但是作为中国传统的儒家思想却总是以不尚奇的面貌出现。《论语》曰："子不语怪力乱神。"而世俗百姓总是对于好奇的事物津津乐道。在宋代，随着经济的发展，随着市民的精神文化需求的发展，出现了勾栏瓦舍，而在其中上演的市民文学不外是以离奇情节取胜的说书及各种精彩纷呈的技艺表演。这些文化消费说明了宋人尚奇的风尚。而这种唯奇是求的好奇审美观念便积淀成为一种社会文化心理结构中的集体无意识。苏轼在南海经历九死一生，遇赦回到中原，在渡海的时候还说："兹游奇绝冠平生。"洪迈特别喜

欢搜奇集异，他说："人以予好奇尚异也，每得一说，千里寄声，于是
五年间又得卷帙多寡与前编等，乃以《乙志》名之。凡甲乙二书，合
为六百事，天下之怪怪奇奇尽萃于是矣。"（《夷坚乙志序》）①

二　尚奇心态影响下的民俗诗歌创作

南宋时期，诗人描写道途风物、异乡民俗，往往突出其"奇绝"
的一面。略举数首诗为例：

> 羽士过门卖，新翻样愈奇。坚如龟屋制，精似鹿胎为。
> 邛杖扶相称，唐衣戴最宜。笑他蝉冕客，忧畏白须眉。②
>
> ——刘克庄《棕冠》
>
> 急鼓繁钲动地呼，碧瑠璃上两龙趋。
>
> 一声翻倒冯夷国，千载凄凉楚大夫。
>
> 银碗锦标夸胜捷，画桡绣臂照江湖。
>
> 三年端年真虚过，奇观初逢慰道涂。③
>
> ——杨万里《过弋阳观竞渡》
>
> 钱塘风物更奇绝，杖屦年时记曾访。④
>
> ——王十朋《宝印叔得小假山以长篇模写进士钦逢辰和之某
>
> 次韵并简钦》

---

① 《夷坚乙志》是《夷坚志》的一部分，《夷坚志》是洪迈所经历的宋代社会生活、
宗教文化、伦理道德、民情风俗的一面镜子，为后世提供了宋代社会丰富的历史资料。
《夷坚志》是南宋笔记小说集，书名出自《列子·汤问》；《山海经》为"大禹行而见之，
伯益知而名之，夷坚闻而志之"。《夷坚志》分为甲乙丙丁四志。
② （宋）刘克庄：《后村先生大全集》卷四，四川大学出版社 2008 年版，第 350 页。
③ （宋）杨万里撰，辛更儒笺校：《杨万里集笺校》卷二十四，中华书局 2007 年版，
第 1157 页。
④ （宋）王十朋：《王十朋全集·诗集》卷十五，上海古籍出版社 1998 年版，第
246 页。

荔枝初熟钉金盆，手擘轻红仔细看。

风味由来太奇绝，不教容易到长安。①

——王十朋《食荔枝》

陆游由故乡而入蜀，感受两地的习俗风物不同，所以作诗以夸西州风物和家乡风物，也是为了满足他人的好奇心理。《乡人或病予诗多道蜀中邀乐之盛，适春日游镜湖，共请赋山阴风物。遂即杯酒间作四绝句，却当持以夸西州故人也》曰：

嫩日轻云淡沲天，扑灯过后卖花前。便从水阁杭湖去，卷起朱帘上画船。舫子窗扉面面开，金壶桃杏间尊罍。东风忽送笙歌近，一片楼台泛水来。湖波绿似鸭头深，一日春晴直万金。好事谁家斗歌舞，方舟齐榜出花阴。花光柳色满墙头，病酒今朝懒出游。却就水亭开小宴，绣帘银烛看归舟。②

再如《蜀中广记·风俗记》记载："宋彭永《上元》诗云：'巴人最重上元时，老稚相携看点诗。行乐归来天向晓，道旁闻得唤蚕丝。'注曰：'巴俗，元宵三夜，儿童皆唱巴音彻晓，谓之唤蚕丝。'"诗歌以新奇的眼光看待异地民俗，更担心读者不懂而加以注释说明。

在北宋，诗人由于贬谪或者避难到了南方，对于南方的风物充满了好奇。北宋时期，黄庭坚有咏江南土风的诗歌，题为《戏咏江南土风》，前面还冠以"戏"字，说明了对于这种非传统题材抱着尝试的心态。而到了南宋时期，歌咏异地风俗的诗歌蔚然成风。例如，陈造和方回描写了昌化的土风民俗：

---

① （宋）王十朋：《王十朋全集·诗集》卷二十三，上海古籍出版社1998年版，第428页。

② 钱仲联校注：《剑南诗稿校注》卷十六，上海古籍出版社2005年版，第1260页。

钱塘直出过长洲，质直都无俗太浮。

路入余杭昌化境，土风淳朴似闽瓯。①

——陈造《土风》

阔衣男子荷薪樵，瘿颈妇人昂謦謦。

巨石塞途饶荦确，荒村扃户故萧条。

水风骚屑雨非雨，溪涧复重桥复桥。

授粲割鲜何敢望，尚无漓酒与侬浇。

富有大山无广川，积多冢树少炊烟。

绝奇车盘岭上石，稍阔走马平东田。

竹筐晒谷争晴日，瓦瓮淹薤及冻天。

未信苏湖万顷室，数家荞穄树头悬。②

——方回《戏咏昌化县土风二首》

  在宋代，岭南乃至海南是贬谪官员的地方。南宋时期，被贬谪到岭南地区的官员多用诗歌记载了当地独特的民风民俗。例如，李光、李纲都曾经被贬谪海南，他们的诗作反映了海南的民俗。例如：

燕归茅屋草芊绵，节物方惊海外偏。

风扫落花春寂寂，雨添幽涧水涓涓。

腊醅每谢邻邦馈，北果来从贾客船。

胜日漫逢聊一笑，白头那问岁时迁。③

——李光《人日偶得酒果因与客饮成鄙句并纪海外风物之异》

---

① （宋）陈藻：《乐轩集》卷一，影印文渊阁四库全书本。
② 傅璇琮主编：《全宋诗》，北京大学出版社 1998 年版，第 66 册，第 41566 页。
③ （宋）李光：《庄简集》卷五，影印文渊阁四库全书本。

蛮市虾鱼合，宾居栋宇雄。人烟未寥落，竹树自葱茏。
碧暗槟榔叶，香移薄荷丛。金花翔孔翠，彩幕问黎童。
南极冬犹暖，中原信不通。管宁虽迹远，阮籍已途穷。

四郡环黎母，穷愁最万安。峒氓能悯寇，泷吏岂欺韩。
草屋蓑笪里，孤城瘴海端。民居才百数，道里尚艰难。
径陆忧生蜑，乘桴畏怒澜。飓风能破胆，疠气必摧肝。
去死垂垂近，资生物物殚。舶来方得米，牢馨或无餐。
树芋充嘉馔，鹿蠃荐浅盘。莫藤茶更苦，淡水酒仍酸。
黎户花缦服，儒生椰子冠。槟榔资一醉，吉贝不知寒。①

——李纲《次琼管二首》

《次琼管二首》序言具体交代了琼管的民俗情况和写作目的：

南渡次琼管，江山风物，与海北不殊，民居皆在槟榔木间。
黎人出市交易，蛮衣椎髻，语音兜离，不可晓也。因询万安，
云相去犹五百里，僻陋尤甚，黄茅中草屋二百余家，资生之具，
一切无有。道由生黎山洞，往往剽劫行者，必自文昌县泛海，
得便风三日可达。艰难至此，不胜慨然，赋此纪土风、志怀
抱也。

槟榔也是南方的食物，南宋时期，许多诗人热衷于描述南方风物，
槟榔是其中被吟咏较多的食物。

疏林沧海上，结实已累累。烟湿赪虬卵，风摇翠羽旗。
飞翔金鸒鹭，掩映箨龙儿。漠落哈椰子，匀圆讶荔支。

---

① （宋）李纲：《李纲全集》（上），岳麓书社2004年版，第319页。

当茶锁瘴速，如酒醉人迟。蒌叶偏相称，蠃灰亦谩为。

乍餐颜愧渥，频嚼齿愁疲。饮啄随风土，端忧化岛夷。①

——李纲《槟榔》

壮于荔子大于榛，咀嚼全胜曲糵春。

俚俗相传祛瘴疠，方书或谓建脾神。②

——刘克庄《林卿见访食槟榔而醉明日示诗次韵一首》

似榔内贮杯中物，非曲谁篘瓮面春。

百粤姻盟常主约，三彭谗舌竟无神。

浪云软饱元枵腹，暂借酡颜戏写真。

此遣两行红袖去，锦潮亭下草如茵。③

——刘克庄《四和林卿槟榔韵一首》

诗歌反映了南方有关槟榔的食用习俗：时人认为使用槟榔具有祛除瘴气的功效，时人多和"蒌叶""蠃灰"一起食用，且在婚礼中具有重要的作用，"百粤姻盟常主约"。

由上可见，南宋诗人因为由中原避难，流落南方；或者遭到贬谪，远贬岭南；或者由于为官原因，远赴异乡。此时，他们面对着异乡的风情与风物，怀着不同的心情，以尚奇的心态描述了这些异乡的风物民俗。

南宋时期，随着程朱理学的传播，其对士人的审美影响是深刻的。在理学思想的影响下，士人的审美观崇尚简朴，形成淡雅恬静之风。但是，相比之下，民间依然是"尚奇"的。士大夫之雅静与百姓的好奇与奢华形成鲜明的反差，诗人一方面固守自己宁静简朴的本性，另

---

① （宋）李纲：《李纲全集》（上），岳麓书社 2004 年版，第 319 页。
② （宋）刘克庄：《后村先生大全集》卷三十六，四川大学出版社 2008 年版，第 965 页。
③ 同上书，第 979 页。

一方面，打量着民俗的奇、奢、华。正如杨万里所说"一搭山村一搭奇，不堪风物索新诗"①（《山村》），诗人总是难以抑制对于新奇风物的诗歌表达。

文学本来就是陌生化的追求，而中国传统的古典文学一直不乏"尚奇"的传统。且不说先秦典籍中的"奇正"观念，如《老子》曰："以正治国，以奇用兵"；庄子的"神奇"美学，如《庄子·知北游》曰："故万物一也，是其所美者为神奇，其所恶者为臭腐，臭腐复化为神奇，神奇复化为臭腐。"就单纯文学作品而言，庄子的"奇肆"、楚辞的"奇丽"、汉赋的"巨丽"、乐府的"奇想"，都是文人尚奇的美学追求。而唐代，诗人尚奇表现在对于异域（主要以西域为主）自然风景的描摹。而宋代诗人的尚奇却表现在热衷于异乡的习俗、异乡的风物传播。当然这也与他们自身的阅历有关，也与相关资讯、相关资料的丰富有关，与诗作者自身以知识丰富为荣耀有关，《淮南子·齐俗训》曰"博闻强志，口辩辞给，人智之美也"，这更是宋人尚奇的世俗心态使然。

第二节　南宋诗人娱乐狂欢心态与民俗诗歌创作

众所周知，对于民间生活，有的是"饥者歌其食，劳者歌其事"的自发状态，如《豳风·七月》，诗人如记流水账般罗列了一年到头的生活；有的是精英人士过滤后的生活，如唐代田园诗派中百姓的生

---

① （宋）杨万里撰，辛更儒笺校：《杨万里集笺校》卷三十二，中华书局2007年版，第1652页。

活；或者是站在为君的立场上来俯视百姓生活，重在反映百姓疾苦，使为君者关心百姓，如白居易的新乐府诗。而宋代士大多来自民间，能够以世俗化的心态，真正感受到百姓的心理状态，写出真正具有百姓风味的民俗生活。南宋时期尤其如此。而这种变化的根本原因在于诗人心态的变化。诗人有一种世俗化的心态，所以才有可能创作出真正客观反映世俗生活的诗歌。下面以民间的节日娱乐和市民文艺为例，说明南宋时期诗人诗作中的世俗化心态之———狂欢心态。

一　对节日娱乐的追逐

宋代因为经济的发达，社会表现出重视娱乐的一面。例如，节序赐宴本来是历代沿袭的习惯，但是宋代节序赐宴的官员范围比以前有所扩大，由原来的内朝高官扩大到外朝一般官员，给朝臣馈送节日礼物的活动也更为频繁。由于统治者的提倡和贵族的推波助澜，节日风俗日盛，影响至普通百姓。举国上下皆重视节日娱乐。《东京梦华录》"正月"条曰："正月一日年节，开封府放关扑三日。士庶自早互相庆贺，坊巷以食物、动使、果实、柴炭之类，歌叫关扑。如马行、潘楼街、州东宋门外、州西梁门外踊路、州北封邱门外及州南一带，皆结彩棚，铺陈冠梳、珠翠、头面、衣着、花朵、领抹、靴鞋、玩好之类，间列舞场歌馆，车马交驰。向晚，贵家妇女，纵赏关赌，入场观看，入市店饮宴，惯习成风，不相笑讶。至寒食冬至三日亦如此，小民虽贫者，亦须新洁衣服，把酒相酬尔。"[①] "中秋夜，贵家结饰台榭，民间争占酒楼玩月，丝篁鼎沸，近内庭居民，夜深遥闻笙竽之声，宛若云外。闾里儿童，连宵嬉戏，夜市骈阗，至于通晓。"[②] 周必大在为吕

---

① 孟元老撰，尹永文笺注：《东京梦华录》卷六，中华书局2007年版，第514页。
② 孟元老撰，尹永文笺注：《东京梦华录》卷八，中华书局2007年版，第814页。

希哲《岁时杂记》所作序所言："本朝承平岁久，斯民安生乐业，凡遇节物，随时制宜，虽有古有今，或雅或鄙，所在不同，然上而朝廷，次而郡国，下逮民庶，欢娱熙洽，未尝虚度，则一也。"①

南宋时期的诗作，尤其是节日诗作，则反映了世人重视节日享乐的世俗心态，诗歌中到处是人们纵情享乐的身影，如元宵节上：

> 鳌头移得山三岛，月下传来灯万枝。
> 香陌马嘶红萼锦，翠楼人倚绿杨眉。②
>
> ——黄彦辉《元宵词》
>
> 坐中星斗浑相照，庭下琼瑰更乱飘。
> 佳客莫辞通夕醉，要令来岁记今朝。③
>
> ——吴芾《元宵雪作因成短句》
>
> 笙歌万井喧哗，车马九衢填咽。④
>
> ——姜特立《元宵小饮游人填塞殊可厌》
>
> 游子何须念故乡，酒酣聊发次公狂。
> 人生行乐真佳耳，休苦栖心名利场。⑤
>
> ——郭印《夔州元宵和曾端伯韵四首》
>
> 华灯下上照楼台，无数银花一夕开。
> 月色多情能助兴，游人去了却重回。⑥
>
> ——郭印《夔州元宵和曾端伯韵四首》
>
> 和风酽日又清明，茶事惊呼探火新。

---

① （宋）周必大撰：《文忠集》卷四十八，影印文渊阁四库全书本。
② （明）李蓘编：《宋艺圃集》卷十四，影印文渊阁四库全书本。
③ （宋）吴芾撰：《湖山集》卷七，影印文渊阁四库全书本。
④ （宋）姜特立撰：《梅山续稿》卷十五，影印文渊阁四库全书本。
⑤ （宋）郭印撰：《云溪集》卷十二，影印文渊阁四库全书本。
⑥ （宋）郭印撰：《云溪集》卷十二，影印文渊阁四库全书本。

整顿安舆扶鹤骨，晴郊满意赏青春。①

——程公许《清明日侍亲舆游海云寺四首》

棹翻波浪山如雪，醉杀儿郎喜欲颠。②

——杨万里《端午前一日阻风鄱阳湖，观竞渡》

南宋时期，人们即使在有雨的时候也不放弃佳节的娱乐，如壬申年封州从元日起至元宵一直下雨，城中泥淖没及小腿，而人们犹不放弃烧灯。郑刚中说，"山城泥淖裹人家，雨脚连绵更似麻。元夜何妨灯数点，污渠合是有莲花"③（《壬申年封州自正旦连雨至元宵不止城中泥淖没骭而人家犹烧灯也》）。董嗣杲在元宵的夜里，因为独宿在双泉寺中而感到闷闷不乐，说"万宇灯辉敛暗尘，几年醉赏禁街春。良宵独宿双泉寺，负了吟风啸月身"④（《元宵怀乡二首》），其对于自我在元宵佳节的定位是"吟风啸月身"，表现出其对于世俗生活的认同。

如果说元宵节是世人认可的"人约黄昏后"的短暂放纵，而南宋人把寒食也变成了生命短暂、及时行乐的欢纵。寒食与清明是连在一起的节日，寒食是冬至后一百零五天，清明是寒食后第二天。关于寒食的起源据说是纪念介子推的，因为介子推宁被烧死也不出来做官，为了纪念他，所以这一天要禁火冷食。寒食还有上坟扫墓的民俗，扫墓时，人们要携带酒食果品、纸钱等物品到墓地，将食物供祭在亲人墓前，再将纸钱焚化，为坟墓添上新土，折几枝嫩绿的新枝插在坟上，然后叩头行礼祭拜，最后吃掉酒食回家。清明节是农历二十四节气之

---

① （宋）程公许撰：《沧洲尘缶编》卷十一，影印文渊阁四库全书本。
② （宋）杨万里撰，辛更儒笺校：《杨万里集笺校》卷二十四，中华书局 2007 年版，第 1261 页。
③ （宋）郑刚中撰：《北山集》卷十九，影印文渊阁四库全书本。
④ （宋）董嗣杲撰：《庐山集》卷五，影印文渊阁四库全书本。

一，清明的民俗主要为折柳、踏青、游戏等。因为寒食与清明日期多相近，所以民俗就交叉相融。罗时进师在论述唐代寒食诗歌的时候曾说过："在中国传统节令中，唐代寒食节是一个特殊的文化单元，内在意向矛盾，旨趣两级悖反而共同并存、延展。静态与动态，沉哀与欢乐、尊礼与从欲相互兼容，形成了独特的节俗形式。"① 这种情形在南宋诗歌的表现中有过之而无不及。南宋有许多反映寒食、清明民俗的诗歌，除了表达自我孤寂的思乡念亲之情，还如实展现了市民的生存状态。

例如：

> 桃叶青青杏子肥，清明雨后旧花稀。
>
> 草翻蝴蝶日将晚，门掩秋千人未归。
>
> 春艳浓堪烧美酒，湖光绿好染罗衣。
>
> 柳条满插金车上，一路香尘去似飞。

——郑獬《清明郊外》

南宋诗歌中的节日民俗生活反映出世人及诗人重视娱乐世俗化的心态。生命是人类永恒的话题，对生命的追求也是文学的永恒主题。先秦和秦汉时代，人们热衷于寻找仙山仙人，希冀到达仙境就可以长生不老，而仙境仙人难以寻觅。从魏至晋，道教有了长足进展。服食仙丹以求长生在士人群体中是一种常见的现象，上层社会中信奉道教以求长生不老者也大有人在。服食、炼丹、吞符的人日渐增多，但是"服食求神仙，多为药所误"。到了宋代，人们已经不再相信神仙，更加明白生命的短暂，所以希望抓住时间，及时行乐。"为乐当及时，何

---

① 罗时进：《孤寂与熙悦——唐代寒食题材诗歌二重意趣阐释》，《文学遗产》1996年第2期，第49页。

能待来兹""正短苦夜长，何不秉烛游"，人生苦短、及时行乐是古代诗歌的传统主题。宋人更把这种意识扩大，因在宋人的意识中神仙不可求，长生不能够，那为什么不活得自在快乐一些呢？北宋张商英《和刘尉赤岸上巳》曰："采兰时节近清明，朝野欢娱值太平。坦率从来如庾亮，穷愁素不学虞卿。三年阳渚成何事，一觉邯郸悟此生。把酒花前须醉倒，肯教风雨落繁英。"① 上巳节与清明节时间相近，世人朝野欢娱。张商英赞叹庾亮坦率行事的性情，否定了虞卿的穷愁生活。再分析产生该思想的原因，是因为人生如邯郸一梦，何不"把酒花前须醉倒"，及时行乐呢？

而南宋时期，这种及时行乐的心态在节日民俗诗歌中表现尤其突出。节，本意是竹子的节点，而节日又何尝不是时间的节点呢。在时间的节点上，南宋诗人对于时间更加敏感，所以在节日民俗诗歌中，这种及时行乐的思想表现得尤其突出。例如：

> 俯仰便成陈迹恨，须知此集不论钱。②
>
> ——王之道《和余元明时元明邀余同李次元夜饮》
>
> 微步漂香细，行歌惜夜阑。何人敧醉帽，朱袖簇归鞍。③
>
> ——陈造《元夜病起》
>
> 欲买春无价，常令酒不空。我生随分乐，初不问穷通。④
>
> ——赵善括《清明偶题》
>
> 日落狐狸眠冢上，夜归儿女笑灯前。

---

① （宋）蒲积中编：《岁时杂咏》卷十八，影印文渊阁四库全书本。
② （宋）王之道撰：《相山集》卷十，影印文渊阁四库全书本。
③ （宋）陈造：《江湖长翁集》卷十一，影印文渊阁四库全书本。
④ （宋）赵善括：《应斋杂著》卷五，影印文渊阁四库全书本。

人生有酒须当醉，一滴何曾到九泉。①

——高翥《清明日对酒》

面皮如铁鬓如丝，依旧粗豪似向时。

嗜酒更拚三日醉，看花因费一春诗。

生前富贵谁能必，身后声名我不知。

且趁酴醾对醾醾，共来相与一伸眉。②

——高翥《清明日招社友》

草草携家去踏青，旧阡新冢纸钱轻。

触怀易作中年恶，羡杀儿童笑语声。③

——洪咨夔《次赵保之清明即事》

　　世俗化的心态首先需要打破对于神圣、权威的迷信。宋人具有辨异的精神，首先表现对于身边民俗的辨析。在宋代，由于科技的发展，人们不再迷信神仙，不再相信鬼神。释智圆曰，"草堂闲坐念编民，多尚浮虚少尚真。礼让不修难致福，唯知烧纸祭淫神"④（《湖西杂感诗》），即使身在佛门的僧人也批评百姓生活浮虚，甚至认为人们追求的幸福不是从祭祀神灵中得到的，而应该从完善自己的道德品质入手。刘敞曰"神仙不可学，浅俗如醯鸡"⑤（《华山隐者图》）。陆游曰"不沦鬼录不登仙，游戏杯觥近百年。小市跨驴寒日里，任教人作画图传"⑥（《自咏绝句八首》），通过他的自咏，读者可以看到南宋诗人不迷信鬼神，接近百姓生活的形象。

---

① （宋）高翥：《菊磵集》，影印文渊阁四库全书本。

② 同上。

③ 傅璇琮主编：《全宋诗》，北京大学出版社1998年版，第55册，第34572页。

④ 傅璇琮主编：《全宋诗》，北京大学出版社1998年版，第3册，第1520页。

⑤ （宋）刘敞：《公是集》卷七，影印文渊阁四库全书本。

⑥ 钱仲联校注：《剑南诗稿校注》卷六十一，上海古籍出版社2005年版，第3493页。

正因为宋人不再迷信鬼神，所以南宋诗人过节日，不是迷信神灵与传说，而是用一种娱乐的心态去看待民俗。众所周知，据说七夕是牛郎织女相会的日子，高登却曰"天道杳难凭，人言殊不经，佳期传七夕，欢事污双星。女骇占蛛巧，儿痴托鹊灵。吴诗非好诋，聊与订顽冥"①（《七夕》）。七夕当晚，女子乞巧是传统习俗之一，而朱淑真亦说"三秋灵匹此宵期，万古传闻果是非"，表现对于传闻的怀疑精神，但是朱淑真又说"免俗未能还自笑，金针乞得巧丝归"②（《七夕口占》），尽管不迷信民俗，但还是以与俗同化的心态参与民俗。宋代诗人却热衷于参与民俗活动。郭印曰"不为不祥来祓濯，欲因流水送春归"③（《上巳曲水》），其参与上巳"祓濯"的民俗，不是因为迷信上巳之日的流水可以祓除不祥，而是因为士大夫送春归的高雅情趣。

这种娱乐心态还表现出宋人对功名的反叛和对于知识的消解，如杨万里曰："心知茧卜未必然，醉中得卜喜欲癫。"④（《上元夜里俗粉米为茧丝书吉语置其中以占一岁之福祸谓之茧卜因戏作长句》）

习俗是一种约定俗成的行为方式，习俗具有传承性，表现出相对稳定的行为方式，对身处该文化的人具有约束性。当然习俗也有一定的演变历史，并且随着历史的发展而继续演变。南宋时期，很多习俗尽管保留了其原本的形式，但是习俗的实质内容多有变化，多演变为一种娱乐活动。娱乐的心态是不去思考深刻严肃的问题，不去思考事情的严肃认真意义。例如，关于端午竞渡的习俗传说是为了打捞屈原遗体演变而来的，但是在宋代，端午竞渡成为一种娱乐活动。例如，

---

① （宋）高登：《东溪集》卷上，影印文渊阁四库全书本。
② 冀勤辑校：《朱淑真集注·断肠诗集后集》卷三，中华书局2008年版，第182页。
③ （宋）郭印：《云溪集》卷十一，影印文渊阁四库全书本。
④ （宋）杨万里著，周汝昌选注：《杨万里选集》，上海古籍出版社1962年版，第52页。

周紫芝《竞渡曲》描写了端午竞渡的活动："江风猎猎吹红旗，舟人结束夸水嬉。短衣青帽锦半臂，横波鼓鬣飞鲸鲵。江潮漫漫江水阔，浪花击碎千堆雪。画桡擘水挽不回，白羽离弦箭初脱。归来醉作踏浪歌，应笑吴儿拜浪婆。朱楼相映绿阴里，两岸人家欢乐多。饭筒角黍缠五彩，楚俗至今犹未改。日暮空歌何在斯，不见三闾憔悴时。"诗歌最后一联显示了诗人的感慨。

二　对市民文艺、市民游玩的追捧

市民文艺，如小说、戏剧，乃至杂技百戏等，均或源于宋，或盛于宋。宋人市民阶层重视文化娱乐，孟元老《东京梦华录》记载，"教坊、钧容直遇旬休按乐，亦许人观看""或军营放停乐人，动鼓乐于空闲，就坊巷引小儿妇女观看"①。而南宋时期的市民文艺非常繁荣，如《武林旧事》中的一些记载：

> 大小全棚傀儡……其品甚伙，不可悉数，首饰衣装，相矜侈靡，珠翠锦绮，眩耀华丽，如傀儡、杵歌、竹马之类，多至十余队。②

南宋时期市民文艺繁荣，以致大臣官员上奏提出禁毁百戏，例如，宁宗庆元三年（1197）陈淳上书给时任漳州太守的傅伯成曰：

> 当秋收之后，优人互凑诸乡保作淫戏，号乞冬。群不逞少年，遂结集浮浪无赖数十辈，共相唱率，号日戏头，逐家哀敛钱物，豢优人作戏，或弄傀儡，筑棚于居民丛萃之地，四通八达之郊，

---

① 孟元老撰，尹永文笺注：《东京梦华录》卷五、卷三，中华书局 2007 年版。

② （宋）周密著，李小龙、赵锐评注：《武林旧事》卷二"舞队"条，中华书局 2007 年版，第 57 页。

以广会观者；至市廛近地，四门之外，亦争为之不顾忌。①

陈淳的上书也从反面说明了当时百戏之盛。

市民阶层的壮大，为俗文化的繁荣提供了基础和条件。市民与文人互动交融，南宋时期诗歌也反映了市民对于市民文艺的追捧和喜欢。例如：

> 郭郎线断事都休，卸了衣冠返沐猴。
>
> 棚上偓师何处去，误他棚下几人愁。
>
> 棚空众散足凄凉，昨日人趋似堵墙。
>
> 儿女不知时事变，相呼入市看新场。②
>
> ——刘克庄《无题二首》
>
> 太平处处是优场，社日儿童喜欲狂。
>
> 且看参军唤苍鹘，京都新禁舞斋郎。③
>
> ——陆游《春社四首》
>
> 方坐皋比开讲肆，忽看傀儡至优场。④
>
> ——刘克庄《乙丑元日口号十首》
>
> 斜阳古柳赵家庄，负鼓盲翁正作场。
>
> 身后是非谁管得，满村听说蔡中郎。⑤
>
> ——陆游《小舟游近村舍舟步归》

---

① （宋）陈淳：《山傅寺丞论浮戏书》，《北溪大全集》卷四十七，《四库全书珍本四集》本第9—10页，台湾商务印书馆1973年版。

② （宋）刘克庄：《后村先生大全集》卷二十二，四川大学出版社2008年版，第621页。

③ 钱仲联校注：《剑南诗稿校注》卷二十七，上海古籍出版社2005年版，第1883页。

④ （宋）刘克庄：《后村先生大全集》卷三十五，四川大学出版社2008年版，第949页。

⑤ 钱仲联校注：《剑南诗稿校注》卷三十三，上海古籍出版社2005年版，第2192页。

南宋诗歌的世俗化，还表现为对市民娱乐活动的追求，如游乐、斗鸡、赌博等活动。例如，《武林旧事》记载如下："都城自过收灯，贵游巨室，皆争先出郊，谓之'探春'，至禁烟为最盛。龙舟十余，彩旗叠鼓，交午曼衍，粲如织锦。……京尹为立赏格，竞渡争标，内珰贵客，赏犒无算。都人士女，两堤骈集，几于无置足地；水面画楫，栉比如鱼鳞，亦无行舟之路。歌欢萧鼓之声，振动远近，其盛可以想见。"①

三　南宋诗人狂欢化心态

世人追求享乐的心态也是一种狂欢化的心态，在南宋是一种集体的大众狂欢心态。这种狂欢心态正体现了前苏联著名文艺理论家巴赫金提出的狂欢化理论。

人们不是观看狂欢节，而是生活在其中，而且是所有的人都生活在其中，因为按其观念它是全民的。在狂欢节进行期间，对于所有的人来说，除了狂欢节的生活以外没有其他生活。人们无从离开狂欢节，因为它没有空间界限。狂欢节期间只能按照它的规律，即狂欢节自由的规律生活。狂欢节具有世界性，这是整个世界的特殊状态，是与所有人息息相关的世界的复兴和革新。②

在狂欢中，人与人之间形成了一种新型的相互关系，通过具体感性的形式、半现实半游戏的形式表现了出来。这种关系同非

---

① （宋）周密著，李小龙、赵锐评注：《武林旧事》卷三"西湖游幸"条，中华书局2007年版，第72页。
② ［苏］巴赫金：《弗朗索瓦·拉伯雷的创作与中世纪和文艺复兴时期的民间文化》，钱中文主编《巴赫金全集》（第六卷），晓河、贾泽林、张杰、攀锦鑫等译，河北教育出版社2009年版，第9—10页。

狂欢式生活中强大的社会等级关系恰恰相反。人的行为、姿态、语言，从在非狂欢式生活里完全左右着人们一切的种种等级地位阶层、官衔、年龄、财产状况中解放出来……①

狂欢化心态是对于传统秩序的颠覆。狂欢化本来就是体现为一种大众性，一种对于传统的颠覆性。市人摆脱了日常的劳作，呈现出一种狂欢状态。如《武林旧事》曰：

> 都城自旧岁冬孟驾回，则已有乘肩小女，鼓吹舞绾者数十队，以供贵邸豪家幕次之玩；而天街茶肆，渐已罗列灯球等求售，谓之灯市。自此以后，每夕皆然。三桥等处，客邸最盛，舞者往来最多。每夕楼灯初上，则箫鼓已纷然自献于下，酒边一笑，所费殊不多，往往至四鼓乃还。自此日盛一日。姜白石有诗云：灯已阑珊月色寒，舞儿往往夜深还。只应不尽婆娑意，更向街心弄影看。又云：南陌东城尽舞儿，画金刺绣满罗衣。也知爱惜春游夜，舞落银蟾不肯归。②

该段文字说明了南宋时期临安城自冬孟大祭至元宵的狂欢景象，而罗时进甚至把中国的元宵节与"放荡的节日"相提并论。③

宋人狂欢化的心态还和世俗奢靡的心态遥相呼应。安逸奢靡的生活是人人所向往的，司马迁说，"耳目极声色之好，口欲穷刍豢之味，身安逸乐，而心夸矜势能之荣"（《史记·货值列传》）。而南宋时期，

---

① ［苏］巴赫金：《陀思妥耶夫斯基诗学问题》，生活·读书·新知三联书店 1978 年版，第 176 页。

② （宋）周密著，李小龙、赵锐评注：《武林旧事》卷二"元夕"条，中华书局 2007 年版，第 51 页。

③ 罗时进：《原生态意识与时代性心理的交汇——宋代元宵词文化生成机制探讨》，《唐宋文学论札》，陕西人民出版社 1993 年版，第 306 页。

尽管朝廷偏安一隅，尽管为了屈辱求和，不断向金国输送岁币，但是南宋社会的风气依然追求奢靡。明名臣王鏊在《震泽长语摘抄》中写道："宋民间器物传至今者，皆极精巧。今人卤莽特甚，非特古今之性殊也。盖亦坐贫故耳。观宋人《梦华录》《武林旧事》民间如此之奢，虽南渡犹然。"① 王栐曰，"不惟士大夫之家崇尚不已，市井闾里以华靡相胜"②。《宋史》高宗皇帝整饬奢靡之风也从反面说明了当时的民风的奢靡：

> 绍兴五年，高宗谓辅臣曰："金翠为妇人服饰，不惟靡货害物，而侈靡之习，实关风化。已戒中外，及下令不许入宫门，今无一人犯者。尚恐士民之家未能尽革，宜申严禁，仍定销金及采捕金翠罪赏格。"淳熙二年，孝宗宣示中官祎衣曰："珠玉就用禁中旧物，所费不及五万，革弊当自官禁始。"因问风俗，龚茂良奏："由贵近之家，放效官禁，以致流传民间。粥簪珥者，必言内样。彼若知上崇尚淳朴，必观感而化矣。臣又闻中官服浣濯之衣，数年不易。请宣示中外，仍敕有司严戢奢僭。"宁宗嘉泰初，以风俗侈靡，诏官民营建室屋，一遵制度，务从简朴。又以宫中金翠，燔之通衢，贵近之家，犯者必罚。③

而奢靡又和骄惰相联系，奢靡的生活培养了人的骄纵与惰性，《武林旧事》一书不乏市民骄惰一面的记载：

> 都民骄惰，凡卖买之物，多与作坊行贩已成之物，转求什一

---

① 金沛霖、阎中英、余志强、介挺、张瑞麟主编：《四库全书子部精要（中册）》，天津古籍出版社、中国世界语出版社，1998 年版，第 1159 页。
② （宋）王栐：《燕翼诒谋录》卷二，影印文渊阁四库全书本。
③ （元）脱脱等：《宋史》卷一百五十三，中华书局 1977 年版，第 3579 页。

之利。或有贫而愿者，凡货物盘架之类，一切取办于作坊，至晚始以所直偿之，虽无分文之储，亦可糊口，此亦风俗之美也。①

都民素骄，非惟风俗所致，盖生长辇下，势使之然。若住屋，则动蠲公私房赁，或终岁不偿一镮，诸务税息，亦多蠲放，有连年不收一孔者，皆朝廷自行抱认。诸项窠名，恩赏则有"黄榜钱"；雪降则有"雪寒钱"；久雨九晴，则又有赈恤钱米；大家富室，则又随时有所资给；大官拜命，则有所谓"抢节钱"；病者有施药局；童幼不能自育者，则有慈幼局；贫而无依者，则有养济院；死而无殓者，则有漏泽园。民生何其幸欤！②

正因为这种骄惰奢靡的世俗心态，南宋的民俗诗歌极写民俗生活的奢靡繁华，南宋时期的元宵佳节是奢靡生活的最好表现。朱淑真《元夜》诗曰"争豪竞侈连仙馆，坠翠遗珠满帝城"③，再如傅伯成的《拟和元夕御制》有云："万户千门绣作团，未央宫阙耸巑岏。灯花无数排金粟，月魄当空倚扇纨。香绕御炉烟幂幂，玉瑶仙佩响珊珊。游人共说归来晚，一枕钧天好梦残。"④

需要补充说明的是，宋代经济发达，主流审美却深受理学的影响，重视淡雅。但是，民间文化依然以奢华为美。宋代奢靡与淡雅其实是互补统一的。宋代诗人一方面可以欣赏淡雅的风格与情调，另一方面，可以欣赏奢靡的节日习俗、游乐习俗等。宋代民俗诗歌亦有反映自我游离于世俗繁华之外的情怀或者偶尔与俗俯仰的情怀。

---

① （宋）周密著，李小龙、赵锐评注：《武林旧事》卷六"作坊"条，中华书局2007年版，第164页。
② （宋）周密著，李小龙、赵锐评注：《武林旧事》卷六"骄民"条，中华书局2007年版，第165页。
③ 冀勤辑校：《朱淑真集注·断肠诗集·前集》卷三，中华书局2008年版，第40页。
④ 傅璇琮主编：《全宋诗》，北京大学出版社1998年版，第48册，第30369页。

正如廖奔所论的：

> 宋代艺术有两个明显的特点：一是繁荣的市民文化消费生活带来通俗文艺的极端兴盛，后世一切通俗文艺品种几乎都在此时产生，小唱、鼓子词、诸宫调、词话、讲史、说经、杂剧、南戏、傀儡戏、影戏、版画、招贴画、话本、剧本、词曲本、小泥塑，应有尽有，这在中国艺术史上造成一个大的转折；二是丰裕和有闲使得士大夫阶层充满精力，庄、禅、理的作用使其心境清简，于是他们把目光投向艺术，发挥出极强的创造力，对于古典艺术作了全面的总结与完善化，同时又撷取市井艺术的精华而开辟出生机勃勃的新境界。宋代艺术的延展趋势被金朝拦腰切断，士大夫流入民间，始注意结合民众的审美趣味进行创作，于是新的审美风气出现，预示着之后的大转机——士大夫艺术与通俗文艺的结合。①

廖奔从士大夫艺术与通俗文艺相结合的角度谈宋代艺术，宋代诗歌的狂欢化也是与通俗艺术融合的结果。

罗师时进也谈到宋代理学昌盛与宋代享乐思想的关系，他说：

> 一个健全社会的文化系统中不能没有伦理之维，但同时不能不接受自然的法则，以达到自然与人文的谐和。宋代理学企图以道德的主题覆盖一切社会生活，企图扼制、排斥人的生命本体，创造无欲无邪的境界来升华人性、推进历史，尽管声势浩大，内在基础却极其薄弱，其结果，在文化外观上产生出种种矛盾的现象。最突出的是礼俗的悖逆：礼教高悬于现实之上，摆出正统的、

---

① 廖奔：《宋艺术论》，《文艺研究》2002 年第 1 期。

森严的面孔，而风俗却在生活之中以多情的姿势活跃着、放荡着。①

把这种解释拿来理解宋代诗歌狂欢化的生成机制也是合适的。

第三节　南宋诗人的家园情结与民俗诗歌创作

一　南宋诗人的家园情结

中国古代的作家总是希望"立言"以达到不朽，诗歌亦强调"诗言志"。在南宋时期，诗歌进入一个向"民间写作"的转化。王水照先生评论南宋诗歌曰：

> 属于体制外的不入仕作家，固然不乏表现时代重大主题的作品，宋元之交时期的遗民诗人就是如此。然而相对而言，他们大多对现实政治保持一定的疏离，秉持一种相对纯粹的文学观念，注重个人精神世界的经营，追求情感交流的新自由。他们已不太顾及文学"经国大业，不朽盛事"的儒家教化功能，纯为个人思想感情的抒写需要而写作，甚或变作干谒的手段、谋生的工具。江西诗派的中后期作家、"四灵"和江湖诗人群等，均属"民间写作"的范畴。②

---

① 罗时进：《原生态意识与时代性心理的交汇——宋代元宵词文化生成机制探讨》，《唐宋文学论札》，陕西人民出版社 1993 年版，第 311 页。
② 王水照：《南宋文学的时代特点与历史定位》，《文学遗产》2010 年第 1 期。

　　其"民间写作"的立场，其实是源于民间世俗化的心态。中国文人自古以来就期望"学而优则仕"，如果理想得不到实现，则会"道不行，乘桴浮于海"，隐居起来。而在宋代，士人已经不再选择到深山老林中岩居穴处，大多选择吏隐或者耕读生活。而南宋时期，随着朝廷"主战"与"主和"派的斗争，一些士人即使选择了出仕，也因为政治的斗争，很多时候是在过着闲散的村居生活。而且，因为时局混乱、仕途险恶，士人对于朝廷也是退避三舍的，正如郑樵说，"挂却朝冠便自由"①，所以南宋诗人具有浓郁的乡土情结。古人云，"忠孝难以两全"，忠与孝代表的是家与国反映在士人个体身上的矛盾。而在南宋诗人身上体现的乡土情结无疑也是向世俗的一种精神回归，是一种对于精英意识的反叛。

　　南宋诗人不像李白那样说"大道如青天，我独不得出""仰天大笑出门去，我辈岂是蓬蒿人"，南宋诗人总是一面想隐居，一面为儿女之事所牵绊，所以南宋诗人总是以东汉的向平为隐居的榜样。向平即东汉高士向长，字子平，隐居不仕，子女婚嫁既毕，遂漫游五岳名山，后不知所终（见《后汉书·逸民传·向长》）。南宋诗人总是在诗歌中感叹：

　　　　每羡向平婚嫁了，恣游五岳可曾回。②

　　　　　　　　　　　　　　——牟巘《四安道中所见》

　　　　婚嫁愿早毕，吾其师向平。③

　　　　　　　　　　　　　　——仇远《夜半见月》

---

① 傅璇琮主编：《全宋诗》，北京大学出版社1998年版，第34册，第21780页。
② 傅璇琮主编：《全宋诗》，北京大学出版社1998年版，第67册，第41977页。
③ 傅璇琮主编：《全宋诗》，北京大学出版社1998年版，第70册，第44165页。

南宋诗人也想学道士或者和尚一样脱离尘世，但是满心牵挂的是儿女，王灼曰"儿女苦牵挽，此身陷重围"（《送杨道者永觉》）。"坐缠儿女爱，梦绕苍葡林"（《送性上人》）。故而，南宋诗人对于离开家乡外出做官总是不情愿的，出行之日，便是思归之时，南宋诗人在旅途或者异乡满心牵挂的是家中的儿女，例如：

> 五载走三州，道路险且长。
>
> 屡请方得祠，暂归又怀章。
>
> 挈家入南闽，儿女不尽将。
>
> 余生疾病多，满镜须髻苍。
>
> 到官即有乞，行将返耕桑。①

——王十朋《解舟》

> 远浦三更月，春风一夜程。平生惯安静，多病怯征行。
>
> 急橹夸先后，连山护送迎。关心小儿女，幽梦落东城。②

——袁说友《舟中怀稚子》

> 十日春光九日阴，故关千里未归心。
>
> 遥怜儿女寒窗底，指点灯花语夜深。③

——胡朝颖《旅夜书怀》

> 去年除夕遥怜汝，今岁酒觞期对举。
>
> 谁知人事苦好乖，百里相望竟成阻。
>
> 去年虽深兄弟思，儿女抱负有母慈。
>
> 今年已作生死隔，恸哭无地天使之。

---

① （宋）王十朋：《王十朋全集·诗集》卷二十六，上海古籍出版社1998年版，第484页。

② （宋）袁说友：《东塘集》卷三，影印文渊阁四库全书本。

③ （清）厉鹗辑：《宋诗纪事》卷五十四，上海古籍出版社1983版，第1366页。

哀哉一官竟何直，南北由人长役役。

属儿无恨弟勿嗟，来岁田庐当毕集。①

——赵蕃《除夕万安寄成父并示儿女》

今夕南吾枕，何时北我旌。不应菊花酒，儿女不同倾。②

——杨万里《午憩方虚，坐睡》

由以上诗歌可见，南宋时期的诗人对于外出做官缺少热情，而对于家园及家中的儿女亲人怀有依依不舍的感情。所以，南宋诗人极力抒写儿女在一起阖家团圆的温馨景色。

宁逐儿女戏，要观物化新。③

——汪应辰《再用前韵》

谁信幽居多乐事，晚窗儿女话团圞。④

——陆游《山园杂咏》

水上晴云彩蛛横，许多蜂蝶趁船行。

渔樵引入新花坞，儿女扶登小锦城。

艳粉发妆朝日丽，湿红浮影晚波清。

谁知摇落霜林畔，一段韶光画不成。⑤

——范成大《携家石湖赏拒霜》

金粟枝头一夜开，故应全得小诗催。

<hr>

① （宋）赵蕃：《淳熙稿》卷五，影印文渊阁四库全书本。
② （宋）杨万里撰，辛更儒笺校：《杨万里集笺校》卷三十二，中华书局2007年版，第1640页。
③ （宋）汪应辰：《文定集》卷二十四，影印文渊阁四库全书本。
④ 钱仲联校注：《剑南诗稿校注》卷三十一，上海古籍出版社2005年版，第2123页。
⑤ （宋）范成大著，富寿荪标校：《范石湖集》卷二十九，上海古籍出版社2006年版，第399页。

篮舆缓缓随儿女，引入天香洞里来。①

——范成大《中秋后两日自上沙回闻千岩观下岩桂盛开复舣

石湖留赏一日赋两绝》

杖屦顿轻松，儿女同行散。

少者前已失，老者后仍倦。

隔林吹笑语，相闻如对面。②

——杨万里《后圃散策》

闲携小儿女，桥上看芙蕖。③

——杨万里《休日》

当然，对功名的厌弃、对家园的依恋，也不仅仅是对儿女的牵挂，也可以是对父母、妻子的依恋与牵挂。例如：

行年五十五，万事可休矣。功名与富贵，磨灭何足纪。

但愿早还乡，俯育三百指。婚嫁毕儿女，松楸依怙恃。④

——王十朋《齿落用昌黎韵》

团栾共妻子，糠粃一笑同。⑤

——陈元晋《田家谣》

---

① （宋）范成大著，富寿荪标校：《范石湖集》卷三十一，上海古籍出版社2006年版，第421页。

② （宋）杨万里撰，辛更儒笺校：《杨万里集笺校》卷二十五，中华书局2007年版，第1303页。

③ （宋）杨万里撰，辛更儒笺校：《杨万里集笺校》卷十五，中华书局2007年版，第783页。

④ （宋）王十朋：《王十朋全集·诗集》卷二十一，上海古籍出版社1998年版，第369页。

⑤ （宋）陈元晋：《渔墅类稿》卷七，影印文渊阁四库全书本。

二　南宋家园情结影响下的民俗诗歌创作

正因为南宋诗人对于家园乡土很依恋，但却总是身不由己地漂泊异乡，所以南宋诗歌多抒写乡土之情或描摹乡土的民风民俗，作为自己的心理补偿。因为民间文化是一个特定区域内祖祖辈辈共创和共用的文化传统，换言之，文化具有区分人物身份的标志。社会因为地域、阶层等形成不同的文化，而不同的社会圈子有不同的文化。既有交集，也有并集和补集。每个人因为不同的文化具有不同的个体意义，而民俗因为具有外在展示性、行动规范性，无疑是文化各个层面中最典型的代表。所以，家园因为独特的民俗而具有了独特的意义。而诗人对于家园的回忆，往往借助于对于民俗的回忆得以表达。

节日无疑是民俗最明显的体现，中国的节日也是亲朋好友团圆聚会的时刻，所以，在节日的民俗表达中，诗人的家园情结也体现得最明显。例如：

> 儿女欢呼争乞巧，楼台罗列剩传杯。
> 欲搜好句陪年少，病士惭无工部才。[1]
>
> ——李吕《七夕次韵》
>
> 斗饤春盘儿女喜，捣筵腊药婢奴忙。[2]
>
> ——陆游《岁末尽前数日偶题长句》
>
> 曾孙新长奉椒觞，儿女冠笄各缀行。
> 身作太翁垂九十，醉来堪喜亦堪伤。[3]
>
> ——陆游《己巳元日》

---

[1]　（宋）李吕：《澹轩集》卷二，影印文渊阁四库全书本。
[2]　钱仲联校注：《剑南诗稿校注》卷七十四，上海古籍出版社 2005 年版，第 4080 页。
[3]　钱仲联校注：《剑南诗稿校注》卷八十，上海古籍出版社 2005 年版，第 4340 页。

元宵行乐年年事，儿女嗔人夜不回。①

——杨万里《郡中上元灯减旧例三之二而又迎送使客七首》

免与朋侪争翰墨，聊呼儿女具杯盘。②

——王炎《丙午中秋夜》

老去光阴空叹息，病逢时节转凄凉。

可怜只影无聊赖，儿女三人各一方。③

——蔡戡《至日书怀》

闲挈壶觞游翠霭，尽呼儿女看沧波。④

——喻良能《十月二十三日携家游裴园》

南宋诗人思家的情感也借助民俗诗体来表达。竹枝，本是唐教坊曲名。元郭茂倩《乐府诗集》曰："竹枝本出于巴渝，唐贞元中，刘禹锡在沅、湘，以里歌鄙陋，乃依骚人九歌，作竹枝新调九章，教里中儿歌之。由是盛于贞元元和之间。"而南宋诗人用竹枝词表达家园情怀，说明了诗人对于民俗体裁的偏爱，说明了南宋诗歌的民俗化。例如，汪梦斗的《思家五首竹枝体》曰：

六旬余父身长健，九十重亲发不华。

高堂无人供滫瀡，如何游子不思家。（其一）

淮阴母家田未买，汾曲先庐屋已斜。

人生墓宅颇关念，如何游子不思家。（其二）

---

① （宋）杨万里撰，辛更儒笺校：《杨万里集笺校》卷十二，中华书局 2007 年版，第 627 页。
② （宋）王炎：《双溪类稿》卷四，影印文渊阁四库全书本。
③ （宋）蔡戡：《定斋集》卷十八，影印文渊阁四库全书本。
④ （宋）喻良能：《香山集》卷十一，影印文渊阁四库全书本。

妇授草汁浴蚕子，婢炙松明治枲麻。

东阡西陌要耕麦，如何游子不思家。（其三）

儿多废学自浇花，女近事人今抱牙。

儿女长成忧失教，如何游子不思家。（其四）

荷净轩前水浮鸭，翠眉亭下柳藏鸦。

亦要丁宁春照管，如何游子不思家。（其五）①

在世俗化家园心态作用下，南宋诗人往往摹写家乡的风俗来表达对家乡的记忆。范成大写夏至的习俗曰，"李核垂腰祝馌，粽丝系臂扶赢。节物竞随乡俗，老翁闲伴儿嬉"②（《夏至二首》）。陆游身在外地，心系家乡，在端午的时候回忆家乡的风俗曰，"乡俗嬉游重端五，剩烹团粽唤比邻"③（《入春念归尤切有作》）。其他诗人则数不胜数矣。

以上三节讨论了南宋时期诗人的世俗化心态，以及在这种心态影响下的诗歌创作。南宋诗人的世俗化心态一方面是被动的，是社会发展的影响，另一方面，也是诗人主动的生活态度。南宋诗人往往对于生活采取随俗的心态。汪炎昶曰"牵牛织女定虚传，快意惟须向目前。仰腹晒书真自苦，挂裈随俗底须然"④，对于虚构的事物不再相信，唯有抓住现在，而读书生活太苦，所以不妨随俗而为。黄庚亦曰"他乡

---

① （明）程敏政：《新安文献志》卷五十九，影印文渊阁四库全书本。
② （宋）范成大著，富寿荪标校：《范石湖集》卷二十三，上海古籍出版社2006年版，第32页。
③ 钱仲联校注：《剑南诗稿校注》卷五十三，上海古籍出版社2005年版，第3125页。
④ 《七夕明日次退翁韵》，见傅璇琮主编《全宋诗》，北京大学出版社1998年版，第71册，第44812页。

记节聊随俗，艾虎朱符挂户庭"①。一切随俗，自有道随，白玉蟾曰
"但且任么随俗过，丹成云鹤自然来"②，赵蕃曰"自古结交真有道，
可能随俗似凡儿"③，王迈曰"在家随俗坐守岁，逆旅无聊卧向晨"④，
刘克庄曰"把似与龙争角黍，何如随俗饮菖蒲"⑤，王十朋曰"顺时习
射马嘶风，随俗登山囊系手"。⑥ 所以，南宋诗人的与俗俯仰的心态使
他们对于世俗的东西不再拒绝，更加容易接受世俗化的各种思想，也
使他们乐意留心世俗生活、表现世俗生活。

---

　　① 《端午月山主人酒边即事》，见傅璇琮主编《全宋诗》，北京大学出版社 1998 年
版，第 69 册，第 43586 页。
　　② 《题郑通妙方丈》，见傅璇琮主编《全宋诗》，北京大学出版社 1998 年版，第 60
册，第 37666 页。
　　③ 《次韵王驹父》，见傅璇琮主编《全宋诗》，北京大学出版社 1998 年版，第 49 册，
第 30739 页。
　　④ 《除夜宿江下逆旅呈甥陈宗器》，见傅璇琮主编《全宋诗》，北京大学出版社 1998
年版，第 57 册，第 35777 页。
　　⑤ 《又七言三首》，见刘克庄《后村先生大全集》卷三十八，四川大学出版社 2008
年版，第 1093 页。
　　⑥ 《九日会饮予为唱首自和凡数篇皆因事叙情尔未作重九诗也今再和一篇每句用事
而不见姓名末联外馀皆略存对偶必有能和之者》，见《王十朋全集·诗集》卷五，上海古
籍出版社 1998 年版，第 73 页。

下编结语

靖康之难是宋代政治的一个转折点，随着这个巨大转折带来的是经济、文化一系列的变化。而诗坛也以靖康之难为界，被分为前后两个时期。尽管学界关于宋代诗歌的分期不完全相同，但无疑靖康之难是一个重要的分界点。南宋诗歌在北宋诗歌的基础上有所发展变化，南宋诗歌无论从思想内容还是艺术风格上都具有独特性。本书下编部分重点聚焦南宋时期，从民俗视角观照南宋诗歌的嬗变。

在北宋末期，主导诗坛的是江西诗派。江西诗派继承黄庭坚"夺胎换骨""点铁成金"的诗歌理论，这种方法片面追求"无一字无来处"，而又不能"求新"，于是拾人牙慧，典故连篇，形象枯竭，形成了江西诗派中的末流。这是江西诗派长期以来受人讥评的主要原因。南宋诗坛是在反对江西诗派的樊篱中走出来的，在追求变与活的方面有着不懈的努力。而怎样才可以因变而活？如果从民俗的视角观察他们诗歌的新变，就会发现：把民俗引入诗歌当中，使诗歌的主题民俗化、题材民俗化、语言民俗化就是南宋诗人努力的方向之一。而此后，南宋诗歌的嬗变就是以此为方向的嬗变。严羽《沧浪诗话·诗法》力主学诗必去五俗："一曰俗体，二曰俗意，三曰俗句，四曰俗字，五曰俗韵。"王水照先生指出："他所指摘的'五俗'，恰恰是宋诗中大量存在的创作现实。"①

若追根溯源，诗歌的俗化源头很早，在中晚唐时期已经有了突破，主要从审美上开始"以丑为美"的尝试。而宋代最早提出"以俗为雅"观点的，是北宋时期诗人梅尧臣。据陈师道《后山诗话》中记载，梅尧臣批评闽士写诗不用陈语常谈，主张"以俗为雅"。梅尧臣的诗歌创作，也确实存在"以俗为雅"这一倾向。如他将饭后拉肚子、如厕见蛆虫、喝茶肚子响等俗事俗物写进诗中。这些尝试促进了宋人为自己的行为寻求理论的成立，于是，他们确定了"以俗为雅"的审美理论。苏轼所谓："诗须要有为而作，用事当以故为新，以俗为雅。"（《题柳子厚诗》）黄庭坚所云："盖以俗为雅，以故为新，百战百胜，如孙吴兵法。"（《再次韵杨明叔序》）宋人不仅从实践的角度讨论了"以俗为雅"，更重要的是，宋人从审美的角度，确立了"俗"的审美意义。苏轼在《超然台记》中曰："凡物皆有可观，苟有可观，皆有可乐，非必怪奇。非必怪奇伟丽者也。"黄庭坚也说："若以法眼观，无俗不真。"诗到了南宋后期，则日益俗化，刘克庄、戴复古及其江湖诗派可以说是"诗"俗化到极致的典型代表，这一点也是从宋至清诗评家的共识。

南宋时期都有一种与民同乐的意识。南宋日常生活逐渐审美化、生活艺术化，如酒店装饰雅化，配以文人字画。艺术的俗化与生活的雅化融合在一起，日常生活的审美化需要艺术的俗化，一味高雅的艺术很难走进日常生活，生活的主体群众是与雅士相对的民众。《蟹略》等书把生活与诗歌放在一起，也形成人们对于雅与俗的辩证统一的认

---

① 王水照：《王水照自选集》，上海教育出版社 2000 年版，第 54 页。

识。雅与俗的整个社会形态相互渗透相互转化，没有绝对对立。

相对来说，传统认为魏晋时期是文学的自觉时期，其文学自觉的实质是文学从政治与道德说教中分离出来，成为一种审美的文学。尤其是诗歌，其审美的功能大大加强。而不同时期，人们审美的方式与对象是不同的。在六朝时期，诗人以自然山水为美，在深山幽林中寻找美景，而唐代诗人从田园中寻找诗意，当然，这种田园生活是经过过滤了杂质之后的一种田园牧歌式的美，是一种片面的、甚至缺乏真实性的美。而宋代诗人大多出身庶族，通过自身的努力，通过科举考试走上仕途之路，他们与百姓有着一种天然的联系。他们在平凡普通的民俗生活中发现了美，所以，诗歌与民俗结合。尤其南宋之后，历经战乱，诗人的生活更加与庶民贴合一起，对待民俗有了更加深刻的情感体验。并且，历经战乱，流离他乡，诗人对于昔日繁华和故土的乡土乡情都有一种审美的情感体验。

南宋时期诗人的民俗化视角，是对于传统诗歌主流创作贵族化倾向的一种反拨，是一种从精英文化心态到世俗文化心态的转变。这种回归也是哲学对于现实世界的认知，即格物致知。南宋诗歌创作的民俗文化视角是对于北宋，乃至晚唐，乃至杜甫民俗视角的传承，是对于北宋晚期江西诗派的因袭模拟抄袭之风的反拨。南宋时期的民俗文化视角对于诗歌的俚俗化及南宋时期的诗歌构建具有重要的意义。

参考文献

论著类：

（宋）艾性：《剩语》，影印文渊阁四库全书本。

［苏］巴赫金：《陀思妥耶夫斯基诗学问题》，生活·读书·新知三联书店 1978 年版。

（汉）班固：《汉书》，中华书局 1962 年版。

（宋）毕仲询：《幕府燕闲录》，影印文渊阁四库全书本。

（宋）蔡戡：《定斋集》，影印文渊阁四库全书本。

（宋）蔡絛撰，冯惠民、沈锡麟点校：《铁围山丛谈》，中华书局 1983 年版。

（宋）蔡沈注：《书经集传》，影印文渊阁四库全书本。

（宋）蔡襄著，吴以宁点校：《蔡襄集》，上海古籍出版社 1996 年版。

（汉）蔡邕：《独断》，影印文渊阁四库全书本。

（清）曹庭栋：《宋百家诗存》，影印文渊阁四库全书本。

（明）曹学佺：《蜀中广记》，影印文渊阁四库全书本。

（宋）曹勋：《松隐集》，影印文渊阁四库全书本。

（清）查慎行：《得树楼杂钞》，丛书集成续本，上海书店 1994 年版。

（宋）柴元彪：《柴氏四隐集》，影印文渊阁四库全书本。

（宋）晁说之：《景迂生集》，影印文渊阁四库全书本。

陈伯海编：《唐诗汇评》，浙江教育出版社 1995 年版。

（唐）岑参著，陈铁民、侯忠义校注：《岑参集校注》，上海古籍出版社 1981 年版。

（宋）陈淳：《北溪陈先生全集》，光绪辛巳年新镌本种香别业藏版。

（宋）陈淳：《北溪大全集》，影印文渊阁四库全书本。

（宋）陈棣：《蒙隐集》，影印文渊阁四库全书本。

（宋）陈杰：《自堂存稿》，影印文渊阁四库全书本。

（宋）陈景沂：《全芳备祖》，影印文渊阁四库全书本。

（宋）陈耆卿：《嘉定赤城志》，中华书局 1990 年版。

（宋）陈起编：《江湖后集》，影印文渊阁四库全书本。

（宋）陈起编：《江湖小集》，影印文渊阁四库全书本。

（宋）陈襄：《古灵集》，影印文渊阁四库全书本。

陈寅恪：《金明馆丛稿二编》，上海古籍出版社 1980 年版。

（宋）陈与义：《简斋集》，影印文渊阁四库全书本。

（宋）陈与义撰，金德厚、吴书荫点校：《陈与义集》，中华书局 1982 年版。

（宋）陈渊：《默堂先生文集》，四部丛刊本。

（宋）陈元晋：《渔墅类稿》，影印文渊阁四库全书本。

（宋）陈藻：《乐轩集》，影印文渊阁四库全书本。

（宋）陈造：《江湖长翁集》，影印文渊阁四库全书本。

（宋）陈振孙：《直斋书录解题》，上海古籍出版社 1987 年版。

（唐）陈子昂：《陈子昂集》，上海古籍出版社 2013 年版。

程伯安：《苏东坡民俗诗解》，中国书籍出版社 1994 年版。

（宋）程公许：《沧洲尘缶编》，影印文渊阁四库全书本。

（宋）程颢、程颐：《二程遗书》，上海古籍出版社 2000 年版。

（宋）程颢、程颐：《二程集》，中华书局 1981 年版。

程敏政：《新安文献志》，影印文渊阁四库全书本。

程千帆、吴新雷：《两宋文学史》，上海古籍出版社 1991 年版。

（宋）戴复古：《石屏诗集》，四部丛刊本。

（宋）戴复古：《石屏词》，影印文渊阁四库全书本。

（宋）邓深：《大隐居士诗集》，影印文渊阁四库全书本。

邸富生：《中国方志学史》，大连海事大学出版社 1990 年版。

（宋）董嗣杲：《庐山集》，影印文渊阁四库全书本。

（唐）杜甫著，（清）仇兆鳌注：《杜诗详注》，中华书局 1979 年版。

杜松柏主编：《清诗话访佚初编》，中国台北新文丰出版公司 1988 年版。

（宋）范成大撰，陆振岳点校：《吴郡志》，江苏古籍出版社 1986 年版。

（宋）范成大著，富寿荪标校：《范石湖集》，上海古籍出版社 2006 年版。

（宋）范成大撰，孔凡礼点校：《范成大笔记六种》，中华书局 2002 年版。

范文澜注：《文心雕龙注》，人民文学出版社 1958 年版。

（南朝宋）范晔撰，李贤等注：《后汉书》，中华书局 1965 年版。

方东树著，汪绍楹点校：《昭昧詹言》，人民文学出版社 1961 年版。

（元）方回：《桐江续集》，影印文渊阁四库全书本。

（宋）方岳：《秋崖集》，影印文渊阁四库全书本。

（唐）房玄龄等撰：《晋书》，中华书局 1974 年版。

（宋）费衮撰，骆守中注：《梁溪漫志》，三秦出版社 2004 年版。

（元）费著：《岁华纪丽谱》，影印文渊阁四库全书本。

（明）陈邦瞻：《宋史纪事本末》，商务印书馆 1938 年版。

（宋）冯山：《安岳集》，影印文渊阁四库全书本。

傅德岷、李元强、卢晋主编：《宋诗鉴赏辞典》，上海科学技术文献出版社 2008 年版。

傅璇琮主编：《全宋诗》，北京大学出版社 1998 年版。

（宋）高承：《事物纪原》，影印文渊阁四库全书本。

（宋）高登：《东溪集》，影印文渊阁四库全书本。

（宋）高斯得：《耻堂存稿》，影印文渊阁四库全书本。

（宋）高翥：《菊磵集》，影印文渊阁四库全书本。

（明）高濂：《遵生八笺》，影印文渊阁四库全书本。

（宋）葛胜仲：《丹阳集》，影印文渊阁四库全书本。

（清）顾炎武著，黄汝成集释，栾保成、吕宗力较点：《日知录集释》，上海古籍出版社 2006 年版。

（宋）郭茂倩编撰，聂世美、仓阳卿校点：《乐府诗集》，上海古籍出版社 1998 年版。

（清）郭庆藩撰，王孝鱼点校：《庄子集释》，中华书局 2006 年版。

郭绍虞：《中国历代文论选》，上海古籍出版社 1982 年版。

（宋）郭印：《云溪集》，影印文渊阁四库全书本。

（宋）韩驹：《陵阳集》，影印文渊阁四库全书本。

（宋）韩琦：《安阳集》，影印文渊阁四库全书本。

（宋）韩元吉：《南涧甲乙稿》，影印文渊阁四库全书本。

何立智等选注：《唐代民俗和民俗诗》，语文出版社 1993 年版。

何宁：《淮南子集释》，中华书局 1998 年版。

（清）何文焕：《历代诗话》，中华书局 2004 年版。

（魏）何晏集解，刑昺疏：《论语注疏》，《十三经注疏》，中华书局 1980 年版。

郭绍虞编选，富寿荪校点：《清诗话续编》，上海古籍出版社 1983 年版。

（宋）贺铸：《庆湖遗老诗集校注》，河南大学出版社 2008 年版。

（宋）洪适：《盘洲文集》，影印文渊阁四库全书本。

（宋）胡宿：《文恭集》，影印文渊阁四库全书本。

（宋）胡仔纂，廖德明校点：《渔隐丛话后集》，人民文学出版社 1962 年版。

（明）胡震亨：《唐音癸签》，上海古籍出版社 1981 年。

（宋）胡仲弓：《苇航漫游稿》，影印文渊阁四库全书本。

（晋）皇甫谧：《高士传》，影印文渊阁四库全书本。

黄杰：《宋词与民俗》，商务印书馆 2005 年版。

（宋）黄裳：《演山集》，影印文渊阁四库全书本。

（宋）黄庶：《伐檀集》，影印文渊阁四库全书本。

（宋）黄庭坚著，（宋）任渊、史容、史季温注，刘尚荣点校：《山谷诗集注》，中华书局 2003 年版。

（明）李蓘编纂：《宋艺圃集》，影印文渊阁四库全书本。

（宋）黄彦平：《三余集》，影印文渊阁四库全书本。

（宋）黄震：《黄氏日抄》，影印文渊阁四库全书本。

（清）黄宗羲：《宋元学案》，世界书局 1936 年版。

（宋）家铉翁：《则堂集》，影印文渊阁四库全书本。

姜亮夫等撰：《先秦诗鉴赏辞典》，上海辞书出版社 1998 年版。

（宋）姜特立：《梅山续稿》，影印文渊阁四库全书本。

（明）解缙等纂：《永乐大典》，中华书局 1986 年版。

孔安国撰，孔颖达疏：《尚书正义》，《十三经注疏》，中华书局 1980 年版。

孔文仲、孔武仲、孔平仲著，孙永选校点：《清江三孔集》，齐鲁书社 2002 年版。

孔颖达疏：《毛诗正义》，《十三经注疏》，中华书局 1980 年版。

来新夏：《方志学概论》，福建人民出版社 1983 年版。

（宋）李昂英：《文溪集》，影印文渊阁四库全书本。

（宋）李处权：《崧庵集》，影印文渊阁四库全书本。

（宋）李复：《潏水集》，影印文渊阁四库全书本。

（宋）李纲：《李纲全集》，岳麓书社 2004 年版。

（宋）李光：《庄简集》，影印文渊阁四库全书本。

（宋）李洪：《芸庵类稿》，影印文渊阁四库全书本。

（宋）李荐：《济南集》，影印文渊阁四库全书本。

（宋）李流谦：《澹斋集》，影印文渊阁四库全书本。

（宋）李弥逊：《筠溪集》，影印文渊阁四库全书本。

（宋）李焘撰：《续资治通鉴长编》，中华书局 1995 年版。

黎翔凤撰，梁运华整理：《管子校注》，中华书局 2004 年版。

（宋）李心传：《建炎以来系年要录》，中华书局 1956 年版。

（宋）李新：《跨鳌集》，影印文渊阁四库全书本。

（宋）李昭玘：《乐静集》，影印文渊阁四库全书本。

（宋）李正民：《大隐集》，影印文渊阁四库全书本。

（宋）李之仪：《姑溪居士后集》，影印文渊阁四库全书本。

（清）厉鹗辑：《宋诗纪事》，上海古籍出版社 1983 年版。

（宋）廖行之：《省斋集》，影印文渊阁四库全书本。

（宋）林表民：《天台续集别编》，影印文渊阁四库全书本。

（宋）林景熙：《霁山文集》，影印文渊阁四库全书本。

（宋）林亦之：《网山集》，影印文渊阁四库全书本。

（宋）刘攽：《彭城集》，影印文渊阁四库全书本。

（宋）刘敞：《公是集》，影印文渊阁四库全书本。

刘德仁、盛义编著：《中国民俗史籍举要》，四川民族出版社 1992 年版。

刘开扬笺注：《高适诗集编年笺注》，中华书局 1982 年版。

（宋）刘克庄：《后村先生大全集》，四川大学出版社 2008 年版。

刘琳、李勇先、王蓉贵校点：《黄庭坚全集》，四川大学出版社 2001 年版。

（宋）刘跂：《学易集》，影印文渊阁四库全书本。

刘文刚：《宋代的隐士与文学》，四川大学出版社 1992 年版。

（元）刘埙：《隐居通议》，影印文渊阁四库全书本。

（宋）刘应时：《颐庵居士集》，影印文渊阁四库全书本。

（宋）刘子翚：《屏山集》，影印文渊阁四库全书本。

（宋）柳永著，薛瑞生校注：《乐章集》，中华书局 1994 年版。

（唐）柳宗元：《柳宗元集》，中华书局 1979 年版。

（宋）楼钥：《攻媿集》，影印文渊阁四库全书本。

（宋）陆游：《陆游集·渭南文集》，中华书局 1976 年版。

（宋）陆游著，李剑雄、刘德权点校：《老学庵笔记》，中华书局 1979 年版。

（宋）陆游著，钱仲联校注：《剑南诗稿校注》，上海古籍出版社 2005 年版。

陆友仁：《研北杂志》（丛书集成初编），中华书局 1991 年版。

罗时进：《唐宋文学论札》，陕西人民出版社 1993 年版。

（宋）吕本中：《东莱诗集》，影印文渊阁四库全书本。

（宋）吕颐浩：《忠穆集》，影印文渊阁四库全书本。

（宋）吕祖谦编：《宋文鉴》，四部丛刊本。

（宋）梅尧臣著，朱东润编：《梅尧臣集编年校注》，上海古籍出版社 1980 年版。

（唐）孟郊著，韩泉欣校注：《孟郊集校注》，浙江古籍出版社 1995 年版。

（宋）孟元老撰，伊永文笺注：《东京梦华录笺注》，中华书局 2006 年版。

（宋）牟巘：《牟氏陵阳集》，影印文渊阁四库全书本。

（宋）慕容彦逢：《摘文堂集》，影印文渊阁四库全书本。

（宋）欧阳修等：《新唐书》，中华书局 1975 年版。

（宋）欧阳修：《归田录》，中华书局 1981 年版。

（宋）欧阳修著，李逸安点校：《欧阳修全集》，中华书局 2001 年版。

（宋）蒲积中编，徐敏霞校点：《古今岁时杂咏》，辽宁教育出版社 1998 年版。

钱穆：《国史大纲》，商务印书馆 1994 年版。

钱中文主编：《巴赫金全集》，晓河、贾泽林、张杰、攀锦鑫等译，河北教育出版社2009年版。

钱锺书：《谈艺录》，中华书局1984年版。

钱锺书：《管锥编》，生活·读书·新知三联书店2001年版。

（宋）强至：《祠部集》，影印文渊阁四库全书本。

（元）仇远：《金渊集》（丛书集成丛编），中华书局1985年版。

（清）屈大均：《屈大均全集》，人民文学出版社1996年版。

（宋）邵博撰，刘德权、李剑雄点校：《邵氏闻见后录》，中华书局1983年版。

（宋）邵雍：《伊川击壤集》，四部丛刊本。

（宋）沈辽：《云巢编》，影印文渊阁四库全书本。

（宋）史浩：《鄮峰真隐漫录》，影印文渊阁四库全书本。

（宋）史浩：《尚书讲义》，影印文渊阁四库全书本。

（清）史简编：《鄱阳五家集》，影印文渊阁四库全书本。

（宋）史正志：《史氏菊谱》，影印文渊阁四库全书本。

（宋）释道潜：《参寥子诗集》，影印文渊阁四库全书本。

（宋）释惠洪：《冷斋夜话》，影印文渊阁四库全书本。

（宋）释惠洪：《石门文字禅》，四部丛刊本。

（宋）释契嵩：《镡津文集》，四部丛刊本。

（宋）释文珦：《潜山集》，影印文渊阁四库全书本。

（宋）舒岳祥：《阆风集》，影印文渊阁四库全书本。

（宋）司马光：《传家集》，影印文渊阁四库全书本。

（宋）司马光：《书仪》，影印文渊阁四库全书本。

（宋）司马光：《司马氏书仪》，影印文渊阁四库全书本。

（宋）司马光编著：《资治通鉴》，中华书局1956年版。

（汉）司马迁：《史记》，中华书局 1959 年版。

（宋）宋祁：《景文集》，影印文渊阁四库全书本。

（宋）宋庠：《元宪集》，影印文渊阁四库全书本。

（宋）苏过著，舒大刚等校注：《斜川集校注》，巴蜀书社 1996 年版。

（宋）苏泂：《泠然斋诗集》，影印文渊阁四库全书本。

（宋）苏轼撰，孔凡礼点校：《苏轼诗集》，中华书局 1982 年版。

（宋）苏舜钦：《苏学士集》，影印文渊阁四库全书本。

（宋）苏颂：《苏魏公文集》，影印文渊阁四库全书本。

（宋）苏辙著，陈宏天、高秀芳点校：《苏辙集》，中华书局 1990
年版。

（宋）苏籀：《双溪集》，影印文渊阁四库全书本。

田耕宇：《中唐至北宋文学转型研究》，中国社会科学出版社 2009
年版。

（明）田汝成：《西湖游览志》，浙江人民出版社 1980 年版。

（宋）田锡：《咸平集》，影印文渊阁四库全书本。

（元）脱脱等：《宋史》，中华书局 1977 年版。

（宋）汪应辰：《文定集》，影印文渊阁四库全书本。

（宋）汪元量撰，孔凡礼辑校：《增订湖山类稿》，中华书局 1984
年版。

（宋）汪藻：《浮溪集》，影印文渊阁四库全书本。

（宋）王安石：《临川文集》，中华书局 1959 年版。

（宋）王安石撰，李壁笺注：《王荆文公诗笺注》，中华书局 1958
年版。

（宋）王安中：《初寮集》，影印文渊阁四库全书本。

（清）王夫之：《清诗话》，上海古籍出版社 1978 年版。

王利器：《风俗通义校注》，中华书局 1981 年版。

（五代）王仁裕等撰，丁如明辑校：《开元天宝遗事十种》，上海古籍出版社 1985 年版。

（宋）王十朋：《王十朋全集》，上海古籍出版社 1998 年版。

（宋）王十朋：《梅溪集》，影印文渊阁四库全书本。

王水照：《王水照自选集》，上海教育出版社 2000 年版。

（宋）王庭珪：《卢溪文集》，影印文渊阁四库全书本。

（唐）王维撰，陈铁民校注：《王维集校注》，中华书局 1997 年版。

（清）王先慎撰，锺哲点校：《韩非子集解》，中华书局 1998 年版。

（宋）王象之：《舆地纪胜》，江苏广陵古籍刻印社 1991 年版。

（宋）王炎：《双溪类稿》，影印文渊阁四库全书本。

（宋）王洋：《东牟集》，影印文渊阁四库全书本。

（宋）王栐：《燕翼诒谋录》，影印文渊阁四库全书本。

（宋）王禹偁：《小畜集》，四部丛刊本。

（清）王原祁：《佩文斋书画谱》，影印文渊阁四库全书本。

（元）王祯：《王氏农书》，影印文渊阁四库全书本。

（宋）王之道：《相山集》，影印文渊阁四库全书本。

（宋）王之望：《汉滨集》，影印文渊阁四库全书本。

（宋）王镃：《月洞吟》，影印文渊阁四库全书本。

（宋）韦骧：《钱塘集》，影印文渊阁四库全书本。

（唐）韦应物著，孙望编著：《韦应物诗集系年校笺》，中华书局 2002 年版。

（元）卫湜：《礼记集说》，影印文渊阁四库全书本。

（宋）魏了翁：《鹤山先生大全文集》，四部丛刊本。

（宋）魏庆之：《诗人玉屑》，上海古籍出版社 1978 年版。

（宋）文天祥：《文山集》，影印文渊阁四库全书本。

（宋）文彦博：《潞公文集》，影印文渊阁四库全书本。

（宋）文莹撰，郑世刚、杨立扬点校：《玉壶清话》，中华书局 1984 年版。

（清）翁方纲：《石洲诗话》，丛书集成本。

（宋）吴芾撰：《湖山集》，影印文渊阁四库全书本。

（宋）吴可：《藏海居士集》，影印文渊阁四库全书本。

（清）吴乔：《围炉诗话》，丛书集成本。

（宋）吴渭编：《月泉吟社诗》，中华书局 1985 年版。

（宋）吴咏：《鹤林集》，影印文渊阁四库全书本。

（清）吴之振等编：《宋诗钞》，中华书局 1986 年版。

（清）吴之振等辑，管庭芳、蒋光煦补：《宋诗钞·宋诗补钞》，生活·读书·新知三联书店 1984 年版。

（宋）吴自牧：《梦粱录》，影印文渊阁四库全书本。

（宋）吴自牧：《梦粱录》，上海古典文学出版社 1956 年版。

（宋）夏竦：《文庄集》，影印文渊阁四库全书本。

（宋）项安世：《平庵悔稿》（宛委别藏本），江苏古籍出版社 1988 年版。

（宋）项安世：《平庵悔稿》，江苏古籍出版社 1988 年版。

（梁）萧统编，李善注：《文选》，上海古籍出版社 1986 年版。

（梁）萧绎：《金楼子》，影印文渊阁四库全书本。

（宋）谢薖：《竹友集》，影印文渊阁四库全书本。

（宋）邢昺注释：《孝经注疏》，《十三经注疏》，中华书局 1980 年版。

（宋）徐经孙：《矩山存稿》，影印文渊阁四库全书本。

徐师曾著，罗根泽点校：《文体明辨序说》，人民文学出版社 1962 年版。

（宋）徐铉：《徐公文集》，四部丛刊本。

（宋）许棐：《梅屋集》，影印文渊阁四库全书本。

（宋）薛嵎：《云泉诗》，影印文渊阁四库全书本。

（宋）严羽：《沧浪集》，影印文渊阁四库全书本。

（元）杨公远：《野趣有声画》，影印文渊阁四库全书本。

（明）杨慎编：《全蜀艺文志》，影印文渊阁四库全书本。

（宋）杨时：《龟山集》，影印文渊阁四库全书本。

（宋）杨万里著，周汝昌选注：《杨万里选集》，上海古籍出版社 1962 年版。

（宋）杨万里撰，辛更儒笺校：《杨万里集笺校》，中华书局 2007 年版。

（宋）杨亿：《武夷新集》，影印文渊阁四库全书本。

（宋）杨亿等著，王仲荦注：《西昆酬唱集注》，上海书店出版社 2001 年版。

（宋）姚勉：《雪坡集》，影印文渊阁四库全书本。

（唐）姚汝能：《安禄山事迹》，上海古籍出版社 1983 年版。

（宋）叶适：《习学记言序目》，中华书局 1977 年版。

佚名：《新刊大宋宣和遗事》，河洛图书出版社（中国台北）1981 年版。

（汉）应劭撰，王利器校注：《风俗通义校注》，中华书局 2010 年版。

余嘉锡：《世说新语笺疏》，中华书局 1983 年版。

俞琰：《咏物诗选》，成都古籍书店 1987 年版。

（宋）喻良能：《香山集》，影印文渊阁四库全书本。

（金）元好问编：《中州集》，影印文渊阁四库全书本。

（清）袁景澜：《吴郡岁华纪丽》，江苏古籍出版社 1998 年版。

（宋）袁说友：《东塘集》，影印文渊阁四库全书本。

（宋）袁说友等编，赵晓兰整理：《成都文类》，中华书局 2011 年版。

湛之编：《杨万里范成大资料汇编》，中华书局 1964 年版。

张宏生：《江湖诗派研究》，中华书局 1995 年版。

（宋）张九成：《横浦集》，影印文渊阁四库全书本。

（宋）张侃：《张氏拙轩集》，影印文渊阁四库全书本。

张亮采：《中国风俗史》，东方出版社 1996 年版。

（宋）张嵲：《紫微集》，影印文渊阁四库全书本。

张毅：《宋代文学思想史》，中华书局 2016 年版。

（宋）赵蕃：《淳熙稿》，影印文渊阁四库全书本。

（明）赵琦美编：《赵氏铁网珊瑚》，影印文渊阁四库全书本。

（宋）赵汝鐩：《野谷诗稿》，影印文渊阁四库全书本。

（宋）赵汝愚编：《宋朝诸臣奏议》，上海古籍出版社 1999 年版。

赵睿才：《唐诗与民俗关系研究》，上海古籍出版社 2008 年版。

（宋）赵善括：《应斋杂著》，影印文渊阁四库全书本。

（宋）赵善璙：《自警编》，影印文渊阁四库全书本。

（宋）赵湘：《南阳集》，影印文渊阁四库全书本。

（清）赵翼：《陔余丛考》，河北人民出版社 1990 年版。

（宋）真德秀：《西山文集》，影印文渊阁四库全书本。

（宋）曾丰：《缘督集》，影印文渊阁四库全书本。

（宋）曾巩：《南丰先生元丰类稿》，四部丛刊本。

（宋）曾几：《茶山集》，影印文渊阁四库全书本。

（宋）曾慥编纂，王汝涛校注：《类说校注》，福建人民出版社1996年版。

（清）郑方坤编：《全闽诗话》，影印文渊阁四库全书本。

（宋）郑刚中：《北山文集》，中华书局1985年版。

（宋）郑樵：《通志》，中华书局1987年影印本。

（宋）郑獬：《郧溪集》，影印文渊阁四库全书本。

（汉）郑玄笺，孔颖达疏：《毛诗正义》，《十三经注疏》，中华书局1980年版。

（汉）郑玄注，贾公彦疏：《周礼注疏》，《十三经注疏》，中华书局1980年版。

（汉）郑玄注，孔颖达疏，《礼记正义》，《十三经注疏》，中华书局1980年版。

钟敬文主编：《民俗学概论》，上海文艺出版社1998年版。

（宋）周必大：《文忠集》，影印文渊阁四库全书本。

（宋）周必大：《文忠集》卷四十三，影印文渊阁四库全书本。

（宋）周弼：《端平诗隽》，影印文渊阁四库全书本。

（宋）周密著，李小、赵锐评注：《武林旧事》，中华书局2007年版。

（宋）周汝昌选注：《范成大诗选》，人民文学出版社1984年版。

（宋）周紫芝：《太仓稊米集》，影印文渊阁四库全书本。

（宋）朱弁撰，孔凡礼点校：《曲洧旧闻》，中华书局2002年版。

（宋）朱弁：《风月堂诗话》，影印文渊阁四库全书本。

（宋）朱松：《韦斋集》，影印文渊阁四库全书本。

（宋）朱淑真撰，冀勤辑校：《朱淑真集注》，中华书局 2008 年版。

（宋）朱熹集注：《诗集传》，中华书局 1958 年版。

（宋）朱翌：《灞山集》，影印文渊阁四库全书本。

（南朝梁）宗懔著，宋金龙校注：《荆楚岁时记》，山西人民出版社 1987 年版。

（宋）邹浩：《道乡集》，影印文渊阁四库全书本。

论文类：

成玮：《百代之中：宋代行记的文体自觉与定型》，《文学遗产》2016 年第 4 期。

韩立平：《南宋中兴诗坛研究》，博士学位论文，复旦大学，2009 年。

李德辉：《论宋代行记的新特点》，《文学遗产》2016 年第 4 期。

李霞峰、李桂英：《试析杜诗中的唐代节日民俗》，《杜甫研究学刊》1995 年第 2 期。

廖奔：《宋艺术论》，《文艺研究》2002 年第 1 期。

刘果：《民俗视角下的唐代诗歌》，《求索》1995 年第 2 期。

罗时进：《孤寂与熙悦——唐代寒食题材诗歌二重意趣阐释》，《文学遗产》1996 年第 2 期。

罗时进：《陆游〈游山西村〉诗旨发微——兼说唐宋社日民俗》，《铁道学院学报》1992 年第 2 期。

王水照：《南宋文学的时代特点与历史定位》，《文学遗产》2010 年第 1 期。

吴邦江：《宋代节令诗的民俗审美价值》，《湖北师范学院学报》（哲学社会科学版）2008 年第 5 期。

后　记

四十初度，喜讯飞来。书稿拟定出版，拙作有望面世。自此之后，将坚定而执着，不惑而行。

展卷而读，抚卷而思。前尘往事，联翩起舞。求学之路，人生旅途，艰辛与欢笑共并，挫折与期冀同存。然一路走来，关键时候，总有人助。幸甚至哉，附文以纪。

"求学"之"求"，蕴主动之情；"求学"之"学"，含专攻之术。小说之开篇，往往起自鸿蒙之时开天辟地。一人之经历，大多从家族及童年谈起，吾国童子，髫龄入学，由小学而中学，部分由中学而升入大学，大学毕业，似是学习之终结，油盐生活的开始，大类皆然。大学之前，父母之恩，昊天靡极，自不待言。然程式化课程与金榜题目的单纯目的不足以当"求学"二字。吾前期之经历同于此，其间求学之难，或有数倍于他人者，但亦琐屑，只可存诸己心，不足为他人道也。

大学专科毕业，乡镇高中任教。虽云飞越农门，却不甘归于来处（父任职于此校，吾自小长于此校）。星月皎洁，叩问长空：飞翔之梦就此滑落？敢问路在何方？唯学有梦！唯学是途！两年自学，本科是达。

　　闻说之上，硕士在望。而年届婚龄，何去何从？既无求凰之郎，且从媒妁之言。恰遇季君，自部伍探亲归。千禧年，八一节，一见而情衷，三日而婚订。自此之后，此身有托。但女子有家多所累，成功之人多酸情。福兮，幸兮，吾之郎君人不同。撇开朋友之言劝，无虑多变之可能，坚定助我上层楼。郎之心胸令人起敬，郎之情谊令人感动。后以言戏之："不怕吾学成不回，人财两空？"郎君信心满满，自言断定吾逃不掉也。

　　学习在教学之余，尚要避人耳目；读书于育婴之暇，定须见缝插针。而村镇之中信息闭塞，网络尚未普及，既少必要信息，又乏名师授受，两考未中、三次出师、四次不利。其中艰辛，何可言哉！妹妹赠以书籍，邀去蓉城听课。五考之时，心下暗计：时光驹逝，最后一掷，如若不成，当言永弃，拼过搏过，无怨无悔。

　　成绩公布，分数调剂。郎君网络海寻信息，学生克期代呈材料。南疆北国（时郎君季元立在辽宁葫芦岛，学生王成华在广西大学），共此呼吸。李师寅生为之感动，纳入门下。李师办公室教诲以严为主，宴席聚会鼓励为济，为学与为人，言传身教，循循善诱，曾云："'导师'云者，'导'在前，'师'次之。"李师可谓善"导"者也。学海无涯，此其首阶。春秋三载，颇有所获。

　　而毕业之后，何去何从？昔日宏图已成空中楼阁。博士三年的未来一片灰白。大榕树下，茫然无措，红豆之前，失声痛哭。郎君铭誓，不离不弃，消弭百般顾虑，助我奋然前行。至今思之，记忆犹新。而博士三年，负笈蜀国。吕师肖奂，不弃葑菲。传道授业，示之筏渡。师祖张公志烈，时点迷津。川大大师云集，时吾如久旱逢甘霖，深入课堂，转益多师。计聆听其教者，有：祝师尚书、项师楚、周师裕锴、雷师汉卿、王师红、谢师谦等。

　　黔南执教，小家初定，团圆恨晚，其乐融融。而安居之中，常有危机之感：年华易逝，所学恨浅。终得苏大罗师时进垂爱，赐予研读博士后之机会，随堂听课，师门共研。师以"气象""格局"相示，以"使命""承担"相勉。学问之境，浩无际涯，心居其高，峰岭自清。向吾师之学，高山仰止；慕吾师之行，景行行止。

　　噫嘻，稿成以付郎君先读，君曰："以上所记，诉己之艰辛与甘苦，书尾例当致谢，'谢'字何在?"吾曰："君非矣！患难方见真情，愤闷之中弥显启发之效。他人之一言一行，救吾于艰难困苦之中。我记己之艰苦，实念师友与亲人之情。且该书之成，与学之成，一也。人生之途，能时得贵人相助，幸兮，福兮，铭刻于中。虽不言谢，而谢意蕴萦。"郎君无对，默然而同。

丙申冬月十日记于贵阳花溪溪云居

又　记

　　该书以博士学位论文《宋代民俗诗歌研究》为基础，论文是在笔者博士生导师四川大学吕肖奂教授的指导下完成的，也是笔者参与导师主持的 2008 年度教育部人文社会科学重点研究基地重大项目"历代民俗诗歌与民俗文化研究"（项目编号：08JJD840193）的结题成果。

　　笔者在苏州大学中国古代文学博士后流动站进行科研工作期间，得合作导师罗时进先生指点，又给论文增加了一些新的观点和材料。在成书期间，该书还得到中国社会科学出版社文学艺术与新闻传播出版中心主任郭晓鸿博士的认真审阅并提出了宝贵的修改意见。

　　该书的出版得到了四川大学俗文化研究所的资助。

　　在此谨致以诚挚的谢意！